Die Unternehmenssteuerreform 1999/2000

Europäische Hochschulschriften
Publications Universitaires Européennes
European University Studies

Reihe II
Rechtswissenschaft

Série II Series II
Droit
Law

Bd./Vol. 3603

PETER LANG
Frankfurt am Main · Berlin · Bern · Bruxelles · New York · Oxford · Wien

Christoph Prasse

Die Unternehmenssteuerreform 1999/2000

Eine verfassungsrechtliche und steuersystematische Untersuchung mit einzelnen Vorschlägen zur Optimierung der Unternehmensbesteuerung

PETER LANG
Europäischer Verlag der Wissenschaften

Bibliografische Information Der Deutschen Bibliothek
Die Deutsche Bibliothek verzeichnet diese Publikation in der Deutschen Nationalbibliografie; detaillierte bibliografische Daten sind im Internet über <http://dnb.ddb.de> abrufbar.

9
ISSN 0531-7312
ISBN 3-631-50416-0

www.peterlang.de

Gewidmet meinem Sohn Arthur !

Vorwort

Die vorliegende Arbeit hat die Rechts- und Staatswissenschaftliche Fakultät der Ernst-Moritz-Arndt- Universität Greifswald im Wintersemester 2001/2002 als Dissertation angenommen.

Herrn Prof. Dr. Wolfgang Joecks, der die Dissertation betreute, danke ich für die große Freiheit und die nachhaltige Unterstützung, die er mir bei der Ausarbeitung gewährt hat.
Herrn Prof. Dr. Michael Rodi danke ich für die freundliche Übernahme der Zweitkorrektur.

Berlin, im September 2002 Christoph Prasse

Inhaltsverzeichnis

A) Einleitung

Der Gesetzgeber arbeitet schon seit langem an der Änderung der Unternehmensbesteuerung. Dies geschah allerdings meist mit mäßigem Erfolg, da er sich der Kritik der Außenstehenden nie gänzlich entledigen konnte. Hauptkritikpunkte waren vor allem die mangelnde Rechtsformneutralität der Unternehmensbesteuerung und die Gewerbesteuer. Des weiteren ist das Unternehmenssteuerrecht in Teilbereichen sehr kompliziert ausgestaltet, wodurch die Durchsetzbarkeit der Unternehmensbesteuerung erschwert wird. Die Steuerflucht ist ebenso gesellschaftsfähig geworden wie gesetzwidriges Verhalten. Von daher muss durch Steuervereinfachung für mehr Akzeptanz bei den Bürgern gesorgt werden, um so die Durchsetzbarkeit zu erhöhen [1].

Außerdem wird in den Unternehmen das für den Staatshaushalt notwendige Steueraufkommen erwirtschaftet. Gerade die Besteuerung auf dieser Stufe hat für nachfolgende Steuerzugriffe und die Volkswirtschaft entscheidende Bedeutung. Hier zeigt sich insbesondere die Wichtigkeit eines schonenden Zugriffs des Fiskus. Außerdem ist in diesem Bereich die Relevanz unkorrekter Steuernormen besonders groß, da sich fehlerhafte oder ungeeignete gesetzgeberische Maßnahmen auf nachfolgende Stufen auswirken können.

Vor diesem Hintergrund und dem Erfordernis der Produktivitäts- und Beschäftigungserhöhung als den wichtigsten zu beseitigenden Problemen hat auch die Bundesregierung der Legislaturperiode 1998 bis 2002 mehrere Reformvorhaben in die Wege geleitet. In einem ersten Schritt kam es zum Steuerentlastungsgesetz 1999/2000/2002 und zum weitere Korrekturen beinhaltenden StBereinG 1999, welche auch Änderungen bei der Unternehmensbesteuerung zur Folge hatten. Diese Änderungen müssen als erste Stufe der angestrebten Unternehmenssteuerreform in die Untersuchung mit einbezogen werden und bilden den Ausgangspunkt der von der neuen Bundes-regierung in Gang gesetzten legislativen Steuerreform.
Hierauf aufbauend folgten Gesetzesänderungen im Rahmen der Steuerreform 2000 (StSenkG/ StSenkErgG), welche in Teilen auf den Brühler Empfehlungen basierten, wobei vor allem oben genannte Hauptkritikpunkte ausgeräumt werden sollten. Fraglich ist, ob dies grundsätzlich und in verfassungskonformer Weise gelungen ist.
Im Gegensatz zum StEntlG 99/ 00/ 02, wo es weitgehend zu systemgerechten Detailänderungen kam, greift die Steuerreform 2000 bei den Unternehmen tief und richtungsändernd in die bis dahin bestehende Ertragsbesteuerung der Unternehmen ein. Die Steuerreform 2000 ist insofern als Strukturreform einzustufen und stellt damit einen der Schwerpunkte dieser Arbeit dar.

Diese Änderungen des Gesetzgebers stellen einen starken Eingriff in die seit langer Zeit bestehenden und zum Teil veralteten Besteuerungsstrukturen dar. Gerade bei den aktuellen legislativen Neuerungen stellt sich die Frage, inwieweit sich diese in die bestehende Systematik einfügen und ob sie aus verfassungsrechtlicher Sicht tragbar sind.

---

[1] Klein, BB 1998, 1180 (1180).

B) Untersuchungsgegenstand der Arbeit und Überblick

I Untersuchungsgegenstand

Als Schwerpunkt dieser Arbeit werden die gesetzlichen Neuerungen der Unternehmenssteuerreform 1999/ 2000 aus steuersystematischer, durchführungstechnischer und verfassungsrechtlicher Sicht untersucht.
Das Hauptziel ist, eine Aussage über die steuersystematische Konsequenz, die Verfassungsmäßigkeit und die praktische Handhabbarkeit der Unternehmenssteuerreform 1999/ 2000 zu treffen.

Zu Beginn der Untersuchung wird ein Unternehmensbesteuerungskonzept vorgestellt, welches nach Ansicht des Verfassers die Unternehmensbesteuerung optimieren würde.
Dieses Konzept zur Unternehmensbesteuerung weist, im Gegensatz zur ehemaligen bis zum Veranlagungszeitraum 1999 geltenden Rechtslage, eine konsumorientierte Ausprägung auf. Diese konsumorientierte Besteuerung wird näher dargestellt und verfassungsrechtlich geprüft. Daneben wird innerhalb des Konzeptes versucht, die zum Zeitpunkt des Regierungswechsels an der Besteuerung der Unternehmen bestehende Kritik zu beseitigen. Inwieweit eine Annäherung an dieses Konzept durch die Unternehmenssteuerreform 1999/ 2000 erfolgte, wird nach der Betrachtung des jeweiligen legislativen Reformvorhabens untersucht.

Ebenso wird im Rahmen der Arbeit die Rolle der Gewerbesteuer neu überdacht und einer verfassungsrechtlichen Prüfung unterzogen. Gerade der Gewerbesteuer wird in letzter Zeit immer mehr ihre Daseinsberechtigung abgesprochen. Der Ruf nach deren Abschaffung wird lauter. Die derzeit diskutierten Möglichkeiten bei der strukturellen Änderung der Gewerbesteuer werden ebenso Teil der Betrachtung sein, wie die diesbezüglich vom Gesetzgeber vorgenommenen legislativen Neuerungen.

Aus zeitlicher Sicht beschränkt sich die Abhandlung auf Gesetzesvorhaben der in der Legislaturperiode 1998 bis 2002 tätigen Bundesregierung, da deren Reformvorhaben einer einheitlichen politischen Motivation entspringen. Nur durch die Einzelbetrachtung einer Legislaturperiode werden Ausmaß und Richtung sowie die Erreichung der mit den gesetzgeberischen Reformvorhaben verfolgten Ziele ersichtlich. Nachfolgende gesetzgeberische Initiativen aufgrund einer andereren politischer Zusammensetzung des Bundestages verschleiern die ursprünglichen Ziele und Absichten. Die Untersuchung ist somit auf das StEntlG 99/ 00/ 02, das StBereinG 1999, das StSenkG und das StSenkErgG begrenzt.

In sachlicher Hinsicht beziehen sich die Untersuchungen grundsätzlich auf ertragsteuerliche Unternehmen, wie solche gewerblicher und freiberuflicher sowie land- und forstwirtschaftlicher Art. Diese stellen die Hauptsäulen der deutschen Wirtschaft dar. Unter unternehmerischer Betätigung wird hier also die Betätigung im Bereich der Gewinneinkunftsarten verstanden. Soweit zur Erreichung der Steuergerechtigkeit eine rechtsformneutrale Besteuerung nur unter Verwendung eines erweiterten Unternehmensbegriff möglich ist, wird zum Teil auch auf die private Vermögensverwaltung eingegangen.
Die Prüfung konzentriert sich auf die Ertragsbesteuerung durch die Einkommensteuer, die Körperschaftsteuer und die Gewerbesteuer. Soweit es von Bedeutung ist, werden in die Betrachtung weitere Steuerarten einbezogen (z.B. Umsatzsteuer).

Die Untersuchung setzt aber nicht allein bei der Besteuerung bzw. deren Grundlagen, sondern auch bei der Art der Ermittlung des Gewinns ein. Es werden das Maßgeblichkeitsprinzip und dessen derzeitige Durchbrechung sowie Möglichkeiten zu dessen Ersetzung in Augenschein genommen. Neben internationalen Rechnungslegungsmethoden und einem eigenständigen Bilanzsteuerrecht wird insoweit auch die Alternative einer Überschussrechnung eine Rolle spielen.

Weiteres Ziel der Arbeit ist es zu prüfen, inwieweit die hinsichtlich der Unternehmensbesteuerung bestehenden Mängel durch die Gesetzgebung beseitigt werden konnten und ob die mit den Gesetzesvorhaben vom Gesetzgeber verfolgten Ziele erreicht wurden. Sollten noch Mängel zu beheben sein, stellt sich die Frage, ob diese durch andere Reformbestrebungen beseitigt werden könnten und inwiefern daher noch für die Zukunft Handlungsbedarf besteht.
Außerdem werden die legislativen Neuerungen und die eventuell mit ihnen verbundenen Probleme vorgestellt, wobei an entsprechender Stelle Verbesserungsvorschläge erfolgen sollen.

Schließlich bleibt dann am Schluss festzustellen, ob es sich bei der Unternehmens*steuer*reform auch um die seit langem überfällige Reform des Unternehmens*steuerrechts* handelt [2].

II Überblick

Vor der Unternehmenssteuerreform 1999/ 2000 nahm die Kritik an der Unternehmensbesteuerung ständig zu. Diese betraf hauptsächlich die Tarifhöhe, die Gewerbesteuer, die mangelnde Rechtsformneutralität und die unterschiedliche Behandlung der Einkunftsarten. Desweiteren standen der Maßgeblichkeitsgrundsatz und die unterschiedliche Behandlung von Privat- und Betriebsvermögen in der Kritik.

Der Verfasser favorisiert zur grundsätzlichen Beseitigung der angeführten Kritik das von *Lang* entwickelte Betriebssteuerkonzept [3]. Die dort vorgeschlagene Trennung von konsumierbaren und investierten Einkommensteilen ist aus Sicht des Wertesystems der Grundgesetzes geboten.
Außerdem tritt der Verfasser für eine Ausgestaltung der Gewerbesteuer als Gewinnzuschlagsteuer ein.

Mit dem Steuerentlastungsgesetz 99/00/02 erfolgten nur Detailänderungen. Es werden erste Tarifsenkungen eingeführt. Weiterhin kommt es zu einer Verbreiterung und Systematisierung der Bemessungsgrundlage. Das StEntlG 99/00/02 schafft insoweit nur eine solide Ausgangsbasis für die mit dem StSenkG beabsichtigte Strukturreform.

Das StSenkG führte durch die starke Absenkung des Körperschaftssteuertarifes und das Halbeinkünfteverfahren eine konsumorientierte Ausrichtung der Ertragsbesteuerung ein. Diese

---

[2] Vgl. Knobbe- Keuk, DB 1989, 1303 (1308).

[3] Lang, StuW 1989, 3 ff; ders., StuW 1990, 107 ff.

muss allerdings noch ausgeweitet und rechtsformneutral ausgestaltet werden, da insoweit nur Körperschaften und deren Anteilseigner erfasst werden. Die Personenunternehmen unterfallen dieser konsumorientierten Ertragsbesteuerung nicht. Bei den Personenunternehmen kam es dagegen durch die typisierte Ermäßigung der Einkommensteuer um die Gewerbesteuer zu einer Steuerentlastung. Hierdurch sollte die Entlastung der Körperschaften, welche durch die Absenkung des Körperschaftssteuertarifs entstand, ausgeglichen werden. Die jeweiligen Entlastungsmaßnahmen führen zu einer grundsätzlichen Annäherung der Gesamtsteuerbelastung zwischen Personenunternehmen und Körperschaften. Da aber abhängig von der Rechtsform unterschiedliche Entlastungsregeln greifen, kommt es so weiterhin zu einer rechtsformabhängigen Besteuerung. Die jeweilige nach der Rechtsform differenzierende Entlastungsregel stellt eine Verletzung des Gleichheitssatzes dar, da nur im Ausnahmefall bei gleicher Gewinnhöhe eine gleiche Steuerbelastung erreicht wird. Da die Entlastungsmaßnahmen nicht so aufeinander abgestimmt sind, dass die Steuerbelastung, unabhängig davon, ob das Unternehmen als Körperschaft oder Personenunternehmen geführt wird, im Regelfall gleich ist, werden gleiche wirtschaftliche Sachverhalte unterschiedlich besteuert und somit Art. 3 I GG verletzt.

Trotz verfassungsrechtlicher Bedenken sind die gesetzgeberischen Reformmaßnahmen gegenüber der vorher bestehenden Regelung der Unternehmensbesteuerung positiv zu werten.
Die Unternehmensbesteuerung bedarf aber einer weitergehenden Optimierung.

C) Anforderungen und Ansprüche an eine Unternehmenssteuerreform

Bevor die vom Gesetzgeber durchgeführte Unternehmenssteuerreform 1999/ 2000 untersucht werden kann, muss festgestellt werden, welche Schwachpunkte die Unternehmensbesteuerung bis zu jenem Zeitpunkt aufwies und wie unter diesem Gesichtspunkt eine Reform hätte ausgestaltet sein können. Neben dem Hauptschwerpunkt der Arbeit, der Prüfung der einzelnen Maßnahmen an sich, kann so festgestellt werden, inwieweit die einzelnen Reformmaßnahmen die ehemaligen Kritikpunkte ausräumen.
Es kann ein Vergleich der aufgezeigten Schwachstellen des deutschen Unternehmenssteuerrechts mit den auf diesem Gebiet erlassenen Gesetzen und deren Folgen vorgenommen werden. Als Ergebnis dieses Vergleichs könnte eine auf dem Gebiet des Steuerrechts immer öfters zu beobachtende Diskrepanz zwischen dem von politischen Zielen getragenen Handeln des Gesetzgebers und rechtlich bzw. volkswirtschaftlich Erforderlichem zu Tage treten.
Außerdem ist durch das Aufzeigen der Schwachstellen des Unternehmenssteuerrechts ersichtlich, ob auch noch nach der Unternehmenssteuerreform 1999/ 2000 durch den Gesetzgeber zu beseitigender Reformbedarf besteht.

I) Kritik an der Unternehmensbesteuerung vor Erlass des StEntlG 1999/ 2000/ 2002, des StBereinG 1999 und der Steuerreform 2000

An der Besteuerung der Unternehmen wird seit jeher Kritik geübt. Im Folgenden sollen die Hauptkritikpunkte an der Unternehmensbesteuerung, bezogen auf den Zeitpunkt des Regierungswechsels im Jahr 1998, aufgezeigt werden.
Neben (volks-)wirtschaftlichen Aspekten stellt die stetige Verletzung des Leistungsfähigkeitsprinzips das Hauptproblem dar.

Dies ist besonders bedenklich, da die Steuergleichheit nach dem Prinzip der Besteuerung nach der Leistungsfähigkeit beurteilt wird, welches das BVerfG auch aus Art. 3 I GG herleitet [4]. Danach müssen wirtschaftlich gleiche Sachverhalte steuerlich gleich behandelt werden und die gleiche Belastungswirkung zur Folge haben [5]. Das Leistungsfähigkeitsprinzip dient bei Anwendung des Gleichheitssatzes als sachgerechter Vergleichsmaßstab [6].
Dem Leistungsfähigkeitsprinzip ist primär ein horizontaler Vergleichsmaßstab zu entnehmen [7]. Bei gleicher Bemessungsgrundlage muss sich zwingend die gleiche Steuerfolge ergeben.
Als systemtragendes Rechtsprinzip bestimmt es die Systemgerechtigkeit und Systemkonsequenz der einzelnen Besteuerungsregeln [8].

---

[4] BVerfG vom 28. 2. 1984, E 66, 214 (223); vom 4. 10. 1984, E 67, 290 (294).

[5] Birk, Das Leistungsfähigkeitsprinzip als Maßstab der Steuernormen, S. 76 ff., 153 ff.; Frenz StuW 1997, 116 (125). Dieses Verständnis des Leistungsfähigkeitsprinzip entspricht auch dem ökonomischen Effizienzpostulat (Tipke/ Lang, Steuerrecht, Rdnr. 7 zu § 8).

[6] Lang, StuW 1990, 107 (112);Tipke/ Lang, Steuerrecht, Rdnrn. 13, 20, 85 zu § 4.

[7] Zum ganzen Zitzelsberger, Die Gewerbesteuer, S. 174 ff (180).

[8] Tipke, StuW 1971, 1 (2); Tipke/ Lang, Steuerrecht, Rdnr. 13 zu § 4.

Die belastungspolitische Grundentscheidung wird in Form des Steuergegenstandes vorgegeben, wobei dem Gesetzgeber ein gewisser Gestaltungsspielraum bei der Verfolgung seiner Ziele zusteht [9]. Insoweit läuft das Leistungsfähigkeitsprinzip und damit der Gleichheitssatz leer. Die Steuergesetze enthalten dann weitere ins Detail gehende Einzelregelungen. Sofern eine Detailentscheidung ein Gestaltungsziel verfolgt und der Belastungskonzeption eindeutig widerspricht, liegt ein Verstoß gegen das Leistungsfähigkeitsprinzip vor, wenn kein besonderer Sachgrund gegeben ist.
Ohne grundgesetzliche Verankerung des Leistungsfähigkeitsprinzips bleibt dieses aber nur eine von vielen Konkretisierungen des allgemeinen Gleichheitssatzes.
Aus diesem Grund lässt das BVerfG für eine Abweichung vom Leistungsfähigkeitsprinzip zum Zweck der Lenkung alle sachlich einleuchtenden Gründe [10] genügen, sofern die zur Erreichung des angestrebten Zweckes eingesetzten Mittel nicht evident ungeeignet sind [11]. Danach sind nur willkürliche bzw. offensichtlich nicht sachgerechte Differenzierungen und Gleichbehandlungen verfassungswidrig [12].
Unzutreffenderweise unterbleibt eine sachgerechte Abwägung i.S.d. Verhältnismäßigkeitsprinzips. Auf der Grundlage dieses Konzepts lässt die Rechtsprechung so gut wie alle vom Steuergesetzgeber beschlossenen (Un-)Gleichbehandlungen durchgehen [13]. Der dadurch dem Steuergesetzgeber überlassene Gestaltungsspielraum ist zu groß. Sofern man alle sachlich einleuchtenden Gründe für eine Abweichung vom Leistungsfähigkeitsprinzip zulässt, ist zumindest eine sachgerechte Abwägung innerhalb der Verhältnismäßigkeitsprüfung unumgänglich. Bei der Abwägung ist zu beachten, dass das Leistungsfähigkeitsprinzip über den Gleichheitssatz und andere verfassungsrechtliche Normen seine verfassungsrechtliche Verbindlichkeit und Wirkkraft erhält [14].

Neben dem Leistungsfähigkeitsprinzip als dem Fundamentalprinzip des Steuerrechts, sind weitere Prinzipien von Verfassungsrang zu berücksichtigen. Zum Teil sind diese schon in das Leistungsfähigkeitsprinzip integriert. Dies gilt zum Beispiel insbesondere für die aus Art. 1 I, Art. 2 I, Art. 14 I und Art 20 I GG abgeleitete Steuerfreiheit des Existenzminimums [15].
Andere Grundsätze, wie vor allem die Allgemeinheit und die Einfachheit der Besteuerung, werden dagegen vom Leistungsfähigkeitsprinzip nicht abgedeckt. Diese müssen zusätzlich

---

9 Selmer, Finanzordnung und Grundgesetz, AÖR 101 (1976), 399 (448).

10 Unter anderem volkswirtschaftliche, steuertechnische sowie finanz-, gesundheits-, verkehrs- und sozialpolitische Aspekte; BVerfG vom 2. 10. 1969, E 27, 58, 67.

11 BVerfG vom 2. 10. 1969, E 27, 58 (66).

12 Schemmel, StuW 1995, 39 (44); a.A. ist Frenz, StuW 1997, 116 (119), welcher unter Verweis auf die Beschlüsse des BVerfG zur Vermögen- und Erbschaftsteuer schlussfolgert (BVerfG vom 22. 6. 1995, E 93, 121 ff.), dass es zu einer verstärkten Überprüfung des Leistungsfähigkeitsprinzips kommt, wobei Durchbrechungen in höherem Maße rechtfertigungsbedürftig sind. Das BVerfG sucht in der Entscheidung jedoch nur nach einer Rechtfertigung. Eine Verhältnismäßigkeitskontrolle unterbleibt. Der Verweis des BVerfG auf eine andere Entscheidung (BVerfG vom 8. 6. 1988, E 78, 249 (277 f.)) bringt nur zu Tage, dass sich die dort vorgenommene Verhältnismäßigkeitskontrolle nach altbewährten Grundsätzen richtete. Eine steuerliche Verschonung verstößt demnach schon dann nicht gegen den Gleichheitssatz, wenn sie sich in irgendeiner Art und Weise gemeinwohlbezogen rechtfertigen lässt. Die Überprüfung der Verhältnismäßigkeit erfolgt aber weiterhin nach den bisherigen Grundsätzen des BVerfG.

13 Schoch, DVBl. 1988, 863 (882), wonach das Bundesverfassungsgericht den Gesetzgeber von der Geltung des Gleichheitssatzes praktisch frei stellt.

14 Tipke/ Lang, Steuerrecht, Rdnr. 13 zu § 4.

15 Lehner; Einkommensteuerrecht und Sozialhilferecht, S. 365; BVerfG vom 25.09.1992, E 87, 153.

vom Steuergesetzgeber berücksichtigt werden, da es sich um essentiell rechtsstaatliche Anforderungen an das Steuerrecht handelt [16]. Zwischen der Besteuerung nach der Leistungsfähigkeit und der Einfachheit bzw. Verständlichkeit des Steuerrechts ist ein Ausgleich unumgänglich. Pauschalierungen und Typisierungen sind unentbehrliche Hilfsmittel zur Bewältigung der Massenverfahren, auch wenn Einzelfälle im Hinblick auf das Leistungsfähigkeitsprinzip nicht völlig dementsprechend behandelt werden [17]. Des Weiteren ist Grundrechten (z.B. Art. 14 GG) und anderen Verfassungsbestimmungen (z. B. Art. 109 II GG) Rechnung zu tragen. Das Leistungsfähigkeitsprinzip ist also nicht allein maßgebend. Vielmehr sind daneben Grundrechte und andere Verfassungsbestimmungen zu beachten [18], sofern diese nicht schon das Leistungsfähigkeitsprinzip konkretisieren.

Im Folgenden werden, neben der bis zum Jahr 1998 verfehlten Standortpolitik, nur die auffälligsten Problembereiche des deutschen Unternehmenssteuerrechts in Bezug auf das Leistungsfähigkeitsprinzip aufgezeigt.

1. Internationales Steuerbelastungsgefälle

Bei der Frage der Standortwahl war für viele Unternehmen die Steuerbelastung der ausschlaggebende Punkt, sich gegen den Standort Deutschland zu entscheiden. Die Bundesrepublik war zumindest bis zur Trendwende durch das StEntlG 99/ 00/ 02 ein Hoch-/Spitzen-steuerland unter den führenden Industrieländern [19].

Aufgrund ihrer Höhe wird die Steuerbelastung und hier insbesondere der Tarif für die Standortfrage überbewertet, wodurch positive nichtsteuerliche Argumente in den Hintergrund gedrängt werden [20]. Durch die Spitzenbesteuerung wurden zunehmend deutsche Unternehmen in das Ausland abgedrängt. Im Gegensatz dazu senkte sich für ausländische Investoren der Reiz, in den Standort Deutschland zu investieren, zumal für die Bedienung des Teilmarktes Deutschland ein beliebiger Standort in Europa genügt [21]. Der damit zusammenhängende Beschäftigungsrückgang hat einen Rückgang der staatlichen Einnahmen und eine Erhöhung der staatlichen Ausgaben zur Folge.
Zur Vermeidung dieses durch die Besteuerung hervorgerufenen Allokationseffektes müssten die Unternehmensgewinne niedriger besteuert werden. Dies hätte auch die aus volkswirtschaftlicher Sicht nützliche und zur Entlastung der Haushalte erforderliche Schaffung von Arbeitsplätzen zur Folge [22].

---

[16] Schemmel, StuW 1995, 39 (44).

[17] BVerfG vom 10.04.1997, E 96, 1 (6 f.); BVerfG vom 7.12.1999, E 101, 297 (309).

[18] Schemmel, StuW 1995, 39 (45).

[19] Lang, StuW 1990, 107 (108); Borggräfe, BB 1997, 2189 (2190); Rädler, StuW 1996, 252 (254).

[20] Rose, Jahrbuch der Fachanwälte für Steuerrecht 1986/ 87, S. 55.

[21] Lang, StuW 1989, 3 (5).

[22] Borggräfe, BB 1997, 2189 (2194).

Gerade Tarifsenkungen werden als Investitionsanreiz akzeptiert, da diese als Steuervorteile sichtbar sind [23]. Demgegenüber werden Vorteile bei der Zusammensetzung der Bemessungsgrundlage von ausländischen Investoren kaum wahrgenommen.
Solche kompliziert ausgestalteten Vergünstigungen innerhalb der Bemessungsgrundlage vernebeln die Übersicht über die tatsächlichen Belastungsunterschiede bei der Besteuerung der Unternehmen.

Dadurch ist die Steuerbelastung wiederum schwer zu rechtfertigen, da nach *P. Kirchhof* eine Steuer *"nur gerecht (ist), wenn der Steuerpflichtige den Belastungsgrund erkennen und verstehen kann."* [24].

2. *Die unterschiedliche Behandlung der einzelnen Einkunftsarten*

Ebenso wird es mit dem egalitären Prinzip der Einkommensteuer für unvereinbar gehalten, wenn die steuerliche Belastung je nach Einkunftsart differenziert [25]. Das Ideal des deutschen Einkommensteuerrechts ist die synthetische Gesamt- oder Einheitseinkommensteuer [26]. Dies ergibt sich aus dem Leistungsfähigkeitsprinzip, da die Bürger zur Finanzierung der öffentlichen Aufgaben entsprechend ihren Fähigkeiten beitragen sollen, wobei wirtschaftlich gleiche Sachverhalte auch die gleiche Steuer zur Folge haben müssen.
Das deutsche Einkommensteuerrecht ist von Steuerbefreiungen, Pauschbeträgen und Sondersteuersätzen [27] durchsiebt, sodass von einer Gesamteinkommensteuer nicht die Rede sein kann. Das Einkommen muss sich für alle Steuerpflichtigen gleich definieren [28], was nicht der Fall ist, wenn ungerechtfertigte Sondervergünstigungen nur einem Teil von ihnen zugute kommen.

Nach dem Leistungsfähigkeitsprinzip ist die Gleichbehandlung aller Einkunftsarten gefordert. Sofern den Differenzierungen bezüglich der einzelnen Einkunftsarten der Bezug zum Leistungsfähigkeitsprinzip fehlt, ist grundsätzlich eine Verletzung des Gleichheitssatzes gegeben [29]. Allerdings können insbesondere dem Leistungsfähigkeitsprinzip widersprechende Prinzi-

---

[23] Wagner, DB 1998, 2073 (2075); Lang, GmbHR 2000, 453 (454).

[24] Kirchhof, Stbg. 1995, 68 (68).

[25] Reiß, DStJG 17 (1994), S. 7.

[26] Tipke/ Lang, Steuerrecht, Rdnr. 1 zu § 9.

[27] Insbesondere der ehemalige Sondersteuersatz nach § 32c EStG a. F. ließ verfassungsrechtliche Bedenken aufkeimen. Durch die Kappung des ESt.- Spitzensatzes kamen geringer verdienende Gewerbetreibende nicht in den Genuss der Vergünstigung. Bei höheren gewerblichen Gewinnen konnte es zu einer Überkompensation der Art kommen, dass die auf § 32c EStG a. F. basierende ESt.- Entlastung größer war als die Gewerbesteuerbelastung. Aufgrund mangelnder Zielgenauigkeit war insofern von der Verfassungswidrigkeit der Regelung auszugehen. So auch die Kommission zur Reform der Unternehmensbesteuerung, BB 1999, 1188 (1189).

[28] Bareis, StBKG 1997, S. 51 (52).

[29] Reiß, a.a.O. S. 7; dagegen hält Wassermeyer in seinem Resümee über den Vortrag von Reiß in DStJG 17 (1994), S. 329, 331 die Ungleichbehandlung nicht für verfassungswidrig im Sinne einer Gleichheitssatzverletzung. Wassermeyer stellt vielmehr die Frage, ob nach Art. 3 I GG wirklich eine Gleichbehandlung aller Einkunftsarten oder ob nur innerhalb der einzelnen Einkunftsart eine Gleichbehandlung der dort erfassten Einkommensteile der Steuerpflichtigen erfolgen muss. Wassermeyer entnimmt dem Art. 3 I GG ein anders geartetes Gebot der Gleichheit in Bezug auf Steuerobjekt, Bemessungsgrundlage und Tarif als in Bezug auf persönliche Besteuerungsmerkmale wie z. B. Rasse, Geschlecht, Religion. Er schlussfolgert, dass die vollständige Gleichheit der Einkunftsquellen aufgrund der Verschiedenartigkeit der Lebensverhältnisse unmöglich sei. Insbesondere sein

pien (z.B. das Gemeinwohlprinzip, das Bedürfnisprinzip, das Verdienstprinzip) eine Differenzierung rechtfertigen und eine verfassungsrechtliche Verwerfung aufgrund der Durchbrechung des Leistungsfähigkeitsprinzips vermeiden [30].
Abweichungen sind ebenfalls auch aus Gründen der Zweckmäßigkeit und der Vereinfachung zur besseren gleichmäßigen Durchführung i.S.d. Art. 3 I GG bzw. aus anderen sachgerechten Gründen denkbar. Im Rahmen der Rechtfertigung hat für alle in Betracht kommenden sachlichen Gründe eine Abwägung nach dem Verhältnismäßigkeitsprinzip zu erfolgen hat [31].

In seinem bisherigen Zustand wurde das Steuerrecht durch seine Instrumentalisierung für außerfiskalische Zwecke zu einer Unterart des lenkenden Wirtschaftsverwaltungsrechtes degradiert [32].
Die unterschiedlichen Ermittlungsmethoden für die Höhe der einzelnen Einkünfte, Systembrüche sowie systemfremde Elemente mit besagten Lenkungsfunktionen machen die gegenwärtige Einkommensteuer schon faktisch zu einer Schedulensteuer [33]. Mit jeder weiteren Sozial- bzw. Lenkungsmaßnahme wird ein weiterer Schritt in Richtung Schedulensystem [34] zurückgelegt.
Das Schedulensystem wird zu Recht als veraltet und rückständig angesehen [35], obwohl selbst bei hochentwickelten Industriestaaten ein Hang zur Schedulierung zu beobachten ist [36].
Gegen das Schedulensystem bestehen hauptsächlich auch verfassungsrechtliche Bedenken. Nicht für jede Sondervergünstigung lässt sich ein sachgerechter Grund für die Abweichung vom Leistungsfähigkeitsprinzip finden. Entsprechend dem Willkürverbot dürfen für die Abweichung vom Leistungsfähigkeitsprinzip aber nicht irgendwelche beliebigen Gründe in Betracht kommen. Vielmehr ist erforderlich, dass die Abweichung vom Leistungsfähigkeitsprinzip durch eine angemessene Abwägung, insbesondere mit Gründen des Gemeinwohls, gerechtfertigt ist. Zur Zeit ist eine gleichmäßige Besteuerung von Einkommen aus verschiedenen Einkunftsarten grundsätzlich nicht gewährleistet [37].

Auch aus Gründen einer Investitions- bzw. Finanzierungsneutralität ist eine Gleichbehandlung aller Einkunftsarten erforderlich. Hinsichtlich einer optimalen Investitionsentscheidung ist wichtig, dass zur Vermeidung des „Einsperr"-Effektes (Lock-in-Effekt) die Einkommen-

---

Argument bezüglich der Ungleichbehandlung von Gewerbetreibenden und Arbeitnehmern aus Gründen eines Investitionszwangs schlägt fehl, da jede Ertragsquelle ein gewisses Maß an Investitionen benötigt. Auch der Arbeitnehmer muss zum Erhalt seines Arbeitsplatzes in seine Fortbildung investieren.

30 Pelka auf einem Symposium, zusammengefasst von Balke, StuW 1996, 192 (198); Tipke/ Lang, Steuerrecht, Rdnr. 124 ff. zu § 4.

31 Insofern einschränkend Kiesewetter, StuW 1997, 24 (25), welcher nur Differenzierungen aus Vereinfachungs- und Zweckmäßigkeitsgründen zulässt.

32 Klein, BB 1998, 1180 (1182).

33 Kiesewetter, StuW 1997, 24 (24).

34 Von engl. „schedule" = Liste, Tabelle abgeleitet. Unter Schedulensteuer/ Schedulensystem versteht sich, dass die einzelnen Einkommensteile je nach Art und Herkunft innerhalb der Einkommensteuer auch unterschiedliche Besteuerungsfolgen zur Konsequenz haben. Die steuerlichen Folgen innerhalb der Einkommensteuer sind also nach Einkommensteilen gesplittet. Der Begriff der Schedulierung der Einkommensteuer stellt den Gegensatz zur synthetischen Gesamteinkommensteuer dar, bei welcher grundsätzlich alle Einkommensteile auch die gleichen steuerlichen Folgen hervorrufen.

35 Tipke/ Lang, Steuerrecht, Rdnr. 1 zu § 9.

36 Z.B. Großbritannien, Schweden, Spanien; Kanzler, FR 1999, 363 (366).

37 Kiesewetter, StuW 1997, 24 (24).

steuer entscheidungsneutral ausgestaltet ist und bei der Einkommensdefinition und -ermittlung für alle Arten von Einkommen dieselben Grundsätze gelten.
Die zur Schedulierung führende, unterschiedliche Behandlung der einzelnen Einkunftsarten stellt einen Verstoß gegen das Neutralitätsprinzip dar.

Außerdem spricht nicht zuletzt der Halbteilungsgrundsatz des 2. Senats des BVerfG dafür, dass die Verfassungsmäßigkeit einer Steuer an der Gesamtbelastung des Steuerpflichtigen im Vergleich zu *anderen* Steuerpflichtigen und damit auch zu anderen Einkunftsarten zu messen sei [38]. Daher sollten die verschiedenen Einkunftsarten gleichbehandelt werden. Das ergibt sich schon aus der Zusammenführung der Einkünfte in der Position „Summe der Einkünfte" (§ 2 III EStG).
Aber auch innerhalb der Einkunftsarten müssen zur Verfassungswidrigkeit führende ungerechtfertigte Sondervergünstigungen unterbleiben.
Sofern ein sachgerechter Grund besteht, sollte die Begünstigung bestimmter Einkommensteile aber ebenso wenig in der Steuerbemessungsgrundlage erfolgen, da dies zu steuersystematischer Unübersichtlichkeit führt.

Das Steuerrecht bedarf aufgrund der Überfrachtung mit Lenkungsnormen einer Vereinfachung unter Beachtung der Steuergerechtigkeit. Aus diesem Grund muss das Steuerrecht von dem Ballast der Lenkungsnormen befreit werden, was insbesondere den Abbau von Steuervergünstigungen und die Beseitigung von Besteuerungslücken betrifft [39].

Aus diesen Gründen muss die Einkommensteuer wieder zu einer synthetischen Gesamteinkommensteuer geformt werden, bei welcher Sonderbehandlungen bestimmter Einkommensteile die Ausnahme darstellen. Die hierauf beruhende Übersichtlichkeit könnte aus dem Steuerchaos herausführen und für mehr Akzeptanz bei den Bürgern sorgen.

Des Weiteren liegt neben der Gewerbesteuerbelastung gerade auch in der unterschiedlichen Behandlung der Einkunftsarten der Ansatz zu einer rechtsformabhängigen Besteuerung [40]. Da der wirtschaftliche Erfolg, je nach Einordnung in die entsprechende Einkunftsart, unterschiedlich behandelt wird, besteht schon aus diesem Grund Anlass zu Rechtsformüberlegungen [41].

Somit sollte der zur Schedulierung gehende Trend gestoppt und die gesonderte Ausgestaltung der einzelnen Einkunftsarten rückgängig gemacht werden [42].

---

[38] Kanzler, FR 1999, 363 (367).

[39] Hinsichtlich der Einkommensteuer- Bemessungsgrundlage wird von der Arbeitsgruppe für Steuerreform der Steuerjuristischen Gesellschaft e. V., StuW 1996, 203 (204) empfohlen, alle Ausnahmetatbestände zu eliminieren und die Grundnormen, insbesondere das objektive und subjektive Nettoprinzip, beizubehalten.

[40] Aus diesem Grund verneint Reiß (a.a.O. S. 7) die Notwendigkeit einer rechtsformunabhängigen Besteuerung und fordert nur die Gleichbehandlung der Individuen bezüglich ihres erzielten Einkommens (siehe hierzu auch Wassermeyer in seinem Resümee, DStJG 17 (1994), S. 330). Dies aber zu Unrecht, da auch Unternehmen, hierzu zählen auch die von juristischen Personen betriebenen, Zuordnungsobjekt wirtschaftlicher Leistungsfähigkeit sein können.

[41] Reiß, a.a.O., S. 10.

[42] Reiß, a.a.O.; a. A. Kanzler, FR 1999, 363 (367), der sich mit einer verfassungsmäßigen Schedulierung durchaus anfreunden kann.

3. Die unterschiedliche Behandlung von Betriebs- und Privatvermögen

Gleiche wirtschaftliche Gegebenheiten müssen grundsätzlich auch die gleiche steuerliche Berücksichtigung finden. Dies gilt insbesondere auch im Verhältnis von unternehmerischer Betätigung zu nichtunternehmerischer Betätigung [43].
Der Einkünftedualismus mit der insbesondere differenzierenden Erfassung von Veräußerungsgeschäften bei Betriebs- und Privatvermögen muss beseitigt werden.

Veräußerungsgewinne von Privatvermögen unterfallen nur in den Ausnahmefällen des Spekulationsgeschäftes (§ 23 EStG) und der wesentlichen Beteiligung (§ 17 EStG a.F.) der Besteuerung. Gerade die Veräußerung des dem Erwerb dienenden Privatvermögens innerhalb der §§ 19, 20, 21, 22 EStG (Überschusseinkünfte) unterliegt nicht der Besteuerung.
Die stillen Reserven des Betriebsvermögens innerhalb der §§ 13, 15, 18 EStG sind dagegen generell steuerverstrickt und werden einer Besteuerung unterworfen.
In Steuergestaltungen wurde diese Steuerverschonung immer wieder genutzt.
Es entsteht durch dieses Rechtslage eine Sogwirkung, weg vom unternehmerischen Risikokapital, was weniger Investitionen zur Folge hat.

Weiterhin werden allein gewerbliche Einkünfte von der Gewerbesteuer erfasst. Hierdurch unterfällt die Veräußerung von Einzelwirtschaftsgütern des gewerblichen Betriebsvermögens einer weiteren Belastung. Wie die spätere Untersuchung zeigen wird, beinhaltet die Gewerbesteuerbelastung der gewerblichen Einkünfte an sich aber keinen Verfassungsverstoß [44]. Nach Art. 28 II 3 GG ist eine wirtschaftskraftbezogene Belastung gefordert.

Die unterschiedliche Behandlung des Betriebs- und des Privatvermögens hat dabei auch erste Überlegungen hinsichtlich der Rechtsformwahl zur Folge. Insbesondere die steuerliche Behandlung des Sonderbetriebsvermögens der Gesellschafter von Personengesellschaften hat große steuerlich belastende Auswirkungen zur Folge [45].

Es ergibt sich nicht aus der Verfassung, inwieweit in die Einkunftsermittlung auch die Veräußerung des der Einkunftserzielung dienenden Vermögens einzubeziehen ist [46]. Weder Art. 3 I GG noch der Finanzverfassung kann eine Aussage zugunsten der Reinvermögenszugangstheorie oder zugunsten der Quellentheorie entnommen werden. Damit bleibt verfassungsrechtlich offen, ob und inwieweit Vermögensmehrungen in der einkommenssteuerlichen Bemessungsgrundlage zu erfassen sind. Gerade der Typus der Einkommensteuer lässt nicht erkennen, ob einer bestimmten Einkommenstheorie zu folgen ist. Weiterhin ist die Einkommensteuer gerade nicht auf die vollständige Erfassung subjektiver Leistungsfähigkeit ausgerichtet [47]. Das Einkommen als Ausschnitt der persönlichen Steuerkraft muss gesetzlich definiert werden [48]. Bezüglich der Vorgabe des Steuergegenstandes hat der Gesetzgeber einen Gestaltungsspielraum.

---

43 Englisch, DStZ 1997, 778 (780); Frenz, StuW 1997, 116 (127).

44 Siehe unter Punkt C II 3 b aa.

45 Reiß, a.a.O., S. 14 f.

46 Hierzu Schön, StuW 1995, 366 (367 ff).

47 Schön, StuW 1995, 366 (370).

48 So auch Hennrichs, StuW 1999, 138 (145).

Die strukturellen Unterschiede zwischen Reinvermögenszugangs- und Quellentheorie und die daraus resultierenden Belastungsunterschiede verbieten aber bei der Einkommensermittlung eine parallele Anwendung beider Systeme. Die parallele Anwendung führt zu ungerechtfertigten Ungleichbehandlungen der Steuerpflichtigen.
Zur Verfassungswidrigkeit kommt es insbesondere, wenn eines der beiden Systeme in seiner Gesamtheit erhebliche gleichheitswidrige Vorteile aufweisen würde. Dies ist der Fall, da es im Rahmen der Überschusseinkünfte, aufgrund der Steuerfreiheit der Veräußerungsgewinne hinsichtlich des Privatvermögens, zu einer konkreten Minderbelastung kommt.

Insofern drängt sich eine Verletzung des Leistungsfähigkeitsprinzips und damit ein Verstoß gegen Art. 3 I GG auf [49].
Die Nichterfassung von Veräußerungsgeschäften des zum Privatvermögen gehörenden Erwerbsvermögens ist auch mit dem Markteinkommensprinzip nicht vereinbar [50]. Der Einkünftedualismus ist zu beseitigen [51].

In diesem Zusammenhang könnte daran gedacht werden, die Erfassung stiller Reserven nicht nur auf das zu Erwerbszwecken dienende Privatvermögen zu beschränken, sondern generell auf den gesamten Privatbereich auszudehnen, ohne an eine Spekulationsfrist anzuknüpfen. Dies ist aber abzulehnen, denn aufgrund des verfassungsrechtlich festgeschriebenen Nettoprinzips müssten auch Veräußerungsverluste erfasst werden. Im Privatbereich wird es aber grundsätzlich bei nicht zu Erwerbszwecken eingesetzten Wirtschaftsgütern zu einem Veräußerungsverlust kommen, da mangels Abschreibungen keine stillen Reserven entstehen und die meisten Wirtschaftsgüter keiner Wertsteigerung unterliegen. Die Verlustverrechnung kann zwar auf artgleiche Gewinne beschränkt werden, jedoch dürfte es grundsätzlich auch insoweit zu einer Überkompensation der Veräußerungsgewinne kommen. Des Weiteren würde die Besteuerung aller privaten Veräußerungsgewinne an der praktischen Durchführbarkeit scheitern. Aus Verwaltungsvereinfachungsgründen könnte eine Erfassung von nicht zu Erwerbszwecken eingesetzten privaten Wirtschaftsgütern auf grundsätzlich wertsteigernde Wirtschaftgüter, wie z.B. Immobilien, Fahrzeuge, Antiquitäten usw., beschränkt bleiben. Hierbei erscheint die Auswahl der einzubeziehenden Wirtschaftsgüter kompliziert und lässt Bedenken in Bezug auf Art. 3 I GG entstehen. Die generelle Erfassung aller privaten Veräußerungsgewinne ist daher abzulehnen. Möglich wäre aber eine Ausdehnung der Spekulationsfrist bis zu einem Punkt, an dem eine verwaltungstechnische Erfassung auch praktisch gewährleistet ist.

4. Die Privilegierung der nach § 5 I EStG bilanzierenden Unternehmen aufgrund des Maßgeblichkeitsgrundsatzes

a) Der Verstoß gegen das Leistungsfähigkeitsprinzip

Die Ertragsbesteuerung wird unabhängig von der speziellen Ausgestaltung weiterhin eine der Haupteinnahmequellen des deutschen Fiskus bleiben. Anknüpfungspunkt für die Ertragsbesteuerung, insbesondere der Einkommensteuer, ist der in § 4 I EStG definierte Gewinn. Da-

---

[49] Ebenso Schön, StuW 1999, 366 (371).

[50] Wendt, DÖV 1988, 710 (717); Mössner, DStZ 1990, 132 (136); Reiß, DStJG 17 (1994), S. 3, 7.

[51] Lang, Brühler Empfehlungen zur Unternehmensteuerreform, Kommissionsbericht, Anlage I, S. 81 f.

nach ergibt sich der Gewinn aus der Differenz zwischen dem Betriebsvermögen am Ende eines Wirtschaftsjahres und dem Betriebsvermögen am Ende des vorangegangenen Wirtschaftsjahres, korrigiert um die Privatsphäre berührende Betriebsvermögensänderungen (Privatentnahmen, Privateinlagen).
Bei buchführenden Gewerbetreibenden wird für die Frage, was als Betriebsvermögen anzusetzen ist, nach § 5 I 1 EStG auf die „handelsrechtlichen Grundsätze ordnungsgemäßer Buchführung" verwiesen. Die steuerliche Gewinnermittlung greift insoweit auf ein außersteuerrechtliches Normensystem zurück [52]. Aber auch eine Gewinnermittlung mit Rückgriff auf nichtsteuerliche Normen muss dem Eingriffs- und Verteilungscharakter der auf solch einer Gewinnermittlung basierenden Besteuerung Rechnung tragen. Insoweit muss die steuerliche Leistungsfähigkeit unter Einbeziehung von Vereinfachungsgesichtspunkten korrekt erfasst werden. Ob die im Rahmen des Maßgeblichkeitsgrundsatzes vorgenommene Verweisung diesem Anspruch genügt, ist zweifelhaft, da es insbesondere bei einer grundsätzlichen Verweisung auf das handelsrechtliche Vorsichtsprinzip und den damit zusammenhängenden Gestaltungsspielräumen zur Privilegierung der bilanziellen Gewinnermittlung kommen würde. Diesbezüglich bleibt zu untersuchen, ob für die steuerliche Gewinnermittlung auch auf das Vorsichtsprinzip in seiner handelsrechtlichen Ausführung verwiesen wird.

Nach herrschender Meinung sieht man im Maßgeblichkeitsprinzip eine Verweisung auf alle geschriebenen und ungeschriebenen Gewinnermittlungsvorschriften des HGB [53]. Demnach ist insbesondere auch auf das handelsrechtliche Vorsichtsprinzip Bezug genommen.
Diese handelsrechtlich auszulegenden GoB sind aufgrund der Verweisung in § 5 I 1 EStG für die steuerliche Gewinnermittlung maßgebend

Nach einer anderen Ansicht wird nur auf die GoB im Sinne von Prinzipien verwiesen. Nach dieser Ansicht geht Steuerrecht im Zweifel den handelsrechtlichen GoB vor. Als weitere Konsequenz folgt, dass durch die Bezugnahme auf die GoB in § 5 I 1 EStG selbige unter Wechsel ihrer Rechtsqualität in das Steuerrecht transformiert werden und als steuerrechtliche Grundsätze nach steuerrechtlichen Regeln auszulegen und anzuwenden seien. Wo also die handelsrechtlichen GoB einen Interpretationsspielraum offen lassen, ist dieser Spielraum nach steuerrechtlichen Regeln auszufüllen [54]. Sofern es zwischen Handelsrecht und Steuerrecht in steuerrechtlichen Fragen zur Kollision kommt, ist dem Steuerrecht der Vorzug zu geben [55].

Hinsichtlich des Verweises auf obere Prinzipien spricht gegen diese Ansicht, dass sich ein solcher Verweis dem Gesetz nur schwer entnehmen lässt. Hiergegen spricht insbesondere die Entwicklungsgeschichte des § 5 I 1 EStG. Die Vorläufer nahmen auf die „ordnungsgemäß aufgestellte Jahresbilanz" Bezug [56] oder verwiesen auf eine Gewinnermittlung, welche „nach den Grundsätzen" zu erfolgen hat, wie sie „durch das Handelsgesetzbuch" vorgeschrieben

---

[52] Ebenso verweist § 141 I AO für bestimmte, nicht nach § 140 AO buchführungspflichtige, Unternehmer auf einzelne Vorschriften des HGB.

[53] Hennrichs, StuW 1999, 138 (141); Schön, StuW 1995, 366 (374 f.); Tipke/ Lang, Steuerrecht, Rdnr. 308, 311, 324 ff. zu § 9; Schulze- Osterloh, StuW 1989, 242 (247 f.); ders. StuW 1991, 284 (285); Kempermann in Kirchhof/ Söhn, Rdnr. B 38 zu § 5 EStG; ähnlich auch Knobbe- Keuk, Bilanz- und Unternehmenssteuerrecht, § 2 I.

[54] Weber- Grellet, DB 1994, 288 (291).

[55] Weber- Grellet, DB 1994, 288 (291).

[56] § 5 III des Bremischen EStG vom 17. 12. 1874.

sind [57]. Erst durch das EStG von 1925 erfolgte eine Reduzierung auf die heute geltende Wendung „nach den Grundsätzen ordnungsgemäßer Buchführung". Eine sachliche Änderung sollte hierdurch aber nicht herbeigeführt werden [58]. Vielmehr erfolgte die sprachliche Anknüpfung an die GoB in Anlehnung an die in § 38 I HGB (1897) formulierte bilanzrechtliche Generalnorm. Außerdem bestand zu jenem Zeitpunkt im HGB noch kein ausdifferenziertes geschriebenes Gewinnermittlungsrecht. Das Gewinnermittlungsrecht beruhte vielmehr nur auf der Verweisung auf die ungeschriebenen GoB. Erst durch das Bilanzrichtlinien-Gesetz von 1985 wurden die weitgehend ungeschriebenen GoB im HGB fixiert.
Die Nichtänderung der Formulierung in § 5 I 1 EStG im Zuge des Bilanzrichtlinien- Gesetzes wird als Argument dafür benutzt, dass gerade nicht die Vorschriften des HGB in Bezug genommen sind [59].
Eine Änderung des § 5 I 1 EStG war aber auch nicht nötig, da weiterhin grundsätzlich die das Gewinnermittlungsrecht des HGB ausmachenden GoB maßgebend sein sollten. Dies sollte unabhängig davon gelten, ob diese nun in das HGB hineingeschrieben wurden oder nicht. Unter Beachtung dieser Entwicklung ist erkennbar, dass die Bezugnahme auf die handelsrechtlichen GoB nicht im Sinne einer Reduzierung auf Prinzipien bzw. „obere" Grundsätze gedacht war [60].

Aber auch in systematischer Hinsicht ist diese Ansicht abzulehnen. Nach § 141 I 2 AO wird für andere als nach § 140 AO buchführungspflichtige Unternehmer explizit der wesentliche Teil der §§ 238 ff. HGB angeordnet. Es ist aber kaum einzusehen, warum Nicht-Kaufleute für Zwecke der steuerlichen Gewinnermittlung enger an das HGB gebunden sein sollen als Kaufleute, welche im Gegensatz zu den Nicht-Kaufleuten nicht Einzelvorschriften, sondern nur „obere" Grundsätze/ Prinzipien beachten müssen [61].

Weiterhin ist die steuerliche Gewinnermittlung in die verfassungsrechtlichen Grundprinzipien eingebunden. Die Verweisung des § 5 I 1 EStG auf „obere" Grundsätze/ Prinzipien verstößt in diesem Zusammenhang gegen das Prinzip der Tatbestandsbestimmtheit der Besteuerung [62]. Dieses im Rahmen der verfassungskonformen Auslegung zu berücksichtigende Prinzip spricht auch für eine Verweisung auf das gesamte Gewinnermittlungsrecht des Handelsrechtes, insbesondere der Einzelregelungen des HGB. Der besagte Verfassungskonflikt könnte auch durch die Methode der Analogie gelöst werden. Treffender erscheint es jedoch, das Verfassungsprinzip der Tatbestandsmäßigkeit der Besteuerung schon bei der Auslegung des § 5 I 1 EStG zu berücksichtigen, als erst eine im Rahmen der Analogie wieder zu schließende Gesetzeslücke entstehen zu lassen.

Auch in Bezug auf die steuerrechtliche Auslegung der handelsrechtlichen GoB greift die letztgenannte Ansicht nicht.

---

[57] § 22 des Sächsischen EStG vom 22. 12. 1874.

[58] Herrmann/ Heuer/ Raupach, Rdnr. 49e zu § 5 EStG (Stand November 1972); Hennrichs, StuW 1999, 138 (140).

[59] So Weber- Grellet, DB 1997, 385 (385).

[60] Ebenso Hennrichs, StuW 1999, 138 (140).

[61] Schön, StuW 1995, 366 (374 f.).

[62] So auch selbst Weber- Grellet, DB 1994, 288 (289); ders., DB 1997, 385 (389).

Diesbezüglich bleibt zu vermerken, dass § 5 I 1 EStG die handelsrechtlichen GoB nicht in das Steuerrecht transformiert [63]. Die handelsrechtlichen GoB bleiben trotz Verweisung ihrer Rechtsqualität nach Handelsrecht. Insoweit gilt nichts anderes, als wenn sonst im Rahmen des Steuerrechts auf außersteuerliche Normen verwiesen wird. Soweit der Umfang der Verweisung reicht, übernimmt das Steuerrecht die handelsrechtlichen GoB so, „wie es sie vorfindet“ [64].

Damit wird auch auf das handelsrechtliche Vorsichtsprinzip in seiner handelsrechtlichen Ausformung Bezug genommen.
Es wird zu Recht angeführt, dass die handelsrechtlichen Grundsätze ordnungsgemäßer Buchführung keine geeignete Grundlage für die steuerliche Gewinnermittlung bilden [65]. Das die gesamte handelsrechtliche Gewinnermittlung erfassende Vorsichtsprinzip verstößt gegen das Leistungsfähigkeitsprinzip [66]. Es darf gerade nicht im Belieben des Kaufmanns stehen, sich ärmer oder reicher zu machen [67].
Konflikte zwischen handelsrechtlicher Praxis und dem Steuerbilanzrecht sind gerade dann vorprogrammiert, wenn dem Vorsichtsprinzip handelsrechtlich eine alle anderen Rechnungslegungsgrundsätze dominierende Gewichtung beigemessen wird [68].
Daher stellt sich das Vorsichtsprinzip als das eigentliche Problem dar. Die hiermit verbundenen Gestaltungsspielräume stellen eine ungerechtfertigte Begünstigung der nach § 5 I EStG bilanzierenden Unternehmen dar. Daher ist durch diese Gewinnermittlungsart ein Verstoß gegen das Leistungsfähigkeitsprinzip gegeben. Fraglich ist, ob dieser Verstoß aus sachgerechten Gründen bzw. unter Vereinfachungsgesichtspunkten gerechtfertigt ist.

b) Keine Rechtfertigung der Verletzung des Leistungsfähigkeitsprinzips durch sachgerechte Gründe

Die Einflussnahme des handelsrechtlichen Vorsichtsprinzips auf die steuerliche Gewinnermittlung durch die Schnittstelle des Maßgeblichkeitsprinzips verstößt gegen den Grundsatz gleichmäßiger Besteuerung [69]. Das Leistungsfähigkeitsprinzip als Ausfluss des Prinzips der Gleichmäßigkeit der Besteuerung genießt insoweit Vorrang vor den mit dem Vorsichtsprinzip verfolgten handelsrechtlichen Zielen (wie insbesondere Ausschüttungsbemessung und Gläubigerschutz). Sofern es sich überhaupt um Gründe des Gemeinwohls bzw. um solche volkswirtschaftlicher, sozial- oder finanzpolitischer oder steuertechnischer Natur handelt, haben diese nicht ein solches Gewicht, um im Rahmen der Verhältnismäßigkeitsprüfung als

[63] Groh, DStR 1996, 1206 (1209); Hennrichs, StuW 1999, 138 (144); Schulze- Osterloh, DStZ 1997, 281 (286); Schreiber in Blümich, Rdnr. 33 zu § 5 EStG.

[64] Beisse, StuW 1984, 1 (6).

[65] Weber- Grellet, BB 1999, 2659 (2661).

[66] Weber- Grellet, BB 1999, 2659 (2661).

[67] A. A. Moxter, BB 1997, 195 (197), wonach auf das Vorsichtsprinzip auch steuerbilanzrechtlich unter keinen Umständen verzichtet werden darf.

[68] Nach Niehus, DB 1997, 1421 (1422), stellt das Vorsichtsprinzip das alles überragende Prinzip dar; ebenso Beisse, in FS Beusch, S. 77 (83) bzw. ders., BB 1999, 2181 (2182) und Moxter, in FS Döllerer, S. 447 (449), wonach das Vorsichtsprinzip die Rechnungslegung nach Form und Inhalt beherrsche und demgegenüber der Grundsatz der periodengerechten Gewinnermittlung nachrangig sei.

[69] Lang tritt in Brühler Empfehlungen zur Unternehmensbesteuerung, Kommissionsbericht, Anhang I, S. 68 für ein steuerrechtliches Vorsichtsprinzip ein, welches am Verbot der Übermaßbesteuerung ausgerichtet ist.

diese nicht ein solches Gewicht, um im Rahmen der Verhältnismäßigkeitsprüfung als sachgerechter Grund für die Abweichung vom Leistungsfähigkeitsprinzip in Frage zu kommen.

Auch das Argument, dass durch die Einflussnahme des Vorsichtsprinzips auf die steuerliche Gewinnermittlung die Unternehmenssubstanz gestärkt werde, kann die aufgrund des Vorsichtsprinzips begünstigte Bildung stiller Reserven und damit deren verzögerte Besteuerung nicht rechtfertigen. Ein solches Ergebnis wird durch jede Reduzierung von Unternehmenssteuern erreicht.

Es ist kaum ersichtlich, welches Förderziel gerade dadurch greifen soll, dass die aus dem Vorsichtsprinzip resultierenden Steuerbegünstigungen wirken. Hierdurch wird das funktionsfremde Element des Gläubigerschutzes in die Steuerbemessungsgrundlagen hineingetragen.

Die aus dem Vorsichtsprinzip resultierende begünstigte Unternehmensbesteuerung könnte in der Schaffung von Arbeitsplätzen liegen. Dann müsste aber die Begünstigung von Unternehmensinvestitionen gewollt und begründet sein.
Wegen der zahlreichen Investitionsalternativen der Investoren ist eine starke Vereinfachung der steuerlichen Belastungsvergleiche erforderlich, da steuerliche Vorteile für Investoren sichtbar gemacht werden müssen, um von diesen beachtet zu werden. Die aus einer vorsichtigen Gewinnermittlung entspringenden Steuererleichterungen erfordern sehr komplexe Planungsrechnungen, um in ihren Wirkungen erkannt zu werden. Eine solch ausgebaute Unternehmensplanung wird aber bisher nicht praktiziert. In der Praxis werden daher die sich aus dem Vorsichtsprinzip ergebenden Steuervorteile nicht als entscheidungsbeeinflussender Investitionsanreiz empfunden. Die insbesondere ausländischen Investoren verborgen bleibenden Steuervorteile stellen keine wesentlichen Investitionsanreize dar.
Eine zielgenaue Konjunkturbelebung kann somit nicht durch das Vorsichtsprinzip erreicht werden [70]. Die mit der angestrebten Investitionsförderung verbundene Schaffung von Arbeitsplätzen ist nur zufälliger und selten eintretender Nebeneffekt. Des Weiteren steht fest, dass sowohl Tarifsenkungen als auch Sonderabschreibungen deutlich stärkere Investitionsanreize bieten als die am Vorsichtsprinzip orientierten Bilanzregeln [71].

Somit wäre die Wahl des Vorsichtsprinzips für die damit verfolgten wirtschafts- und arbeitsmarktpolitischen Ziele unverhältnismäßig.
Daher fehlt eine sachgerechte wirtschaftliche Begründung für die durch das Vorsichtsprinzip erzeugten Steuervorteile. Die Relevanz des handelsrechtlichen Vorsichtsprinzips für die steuerliche Gewinnermittlung ist damit nicht durch sachgerechte Gründe gerechtfertigt. Der Verstoß gegen das Leistungsfähigkeitsprinzip könnte allerdings noch aus Vereinfachungsgründen gerechtfertigt sein.

---

[70] Ebenso Wagner, DB 1998, 2073 (2075).

[71] Wagner, DB 1998, 2073 (2075).

c) Keine Rechtfertigung des Verstoßes aus Vereinfachungsgründen

Die Motive des Gesetzgebers für den Maßgeblichkeitsgrundsatz waren die Vereinfachung und die Akzeptanz der steuerlichen Gewinnermittlung durch Bezugnahme auf die handelsrechtliche Gewinnermittlung, die Anwendung gesicherter handelsrechtlicher Regelungen und die Anerkennung der Ausübung kaufmännischen Ermessens.

Das Bilanzsteuerrecht muss sich aber als Eingriffs- und Verteilungsrecht an der Verfassung messen lassen. Insbesondere das aus Art 3 I GG abgeleitete Leistungsfähigkeitsprinzip verbietet eine Privilegierung der bilanziellen Gewinnermittlung. Solange die Steuersätze niedrig sind, insbesondere lagen diese zur Zeit der Einführung des Maßgeblichkeitsgrundsatzes im Jahre 1874 lediglich zwischen 0,6 % und 4 %, ist eine Privilegierung aus Vereinfachungsgründen aufgrund geringer Auswirkungen eher zu rechtfertigen als in jetzigen Zeiten, wo sich der Spitzensteuersatz zwischen 40 % und 50 % bewegt.
Praktikabilitätsgesichtspunkte sind gegenüber einer sachgerechten Besteuerung nachrangig, sofern es sich nicht um vernachlässigbar geringe und mit der Vereinfachung typischerweise zusammenhängende Unschärfen handelt. Die Anlehnung an andere Rechtsmaterien ist daher nur zulässig, wenn bezüglich des Leistungsfähigkeitsprinzips nur geringe Belastungsunterschiede auftreten.
Aufgrund der Höhe der heutigen Steuersätze sind solche mit dem Maßgeblichkeitsprinzip verfolgten Vereinfachungen nicht zu rechtfertigen. Gerade die fortwährend steigenden Steuersätze machten daher Differenzierungen in Form von Ausnahmeregelungen und die damit verbundene partielle Aufgabe bzw. Durchbrechung des Maßgeblichkeitsprinzips erforderlich.

Die Zersetzung des Maßgeblichkeitsgrundsatzes wurde so weit vorangetrieben (§ 5 II bis VI EStG [72]), dass jetzt die Ausnahmen die Regel darstellen, sodass selbst der Vereinfachungsgedanke an sich in den Hintergrund getreten ist [73].

Mangels Rechtfertigung kann insbesondere in Bezug auf die Überschusseinkünfte ein Verstoß gegen den Gleichheitssatz konstatiert werden [74].

5. Die Gewerbesteuer

Die Gewerbesteuer stellt eine besondere Belastung für die gewerblichen Unternehmen dar. Die internationale Konkurrenzfähigkeit deutscher Unternehmen wird durch diese Steuer beeinträchtigt. Außerdem wirkt sich für Deutschland die zusätzliche steuerliche Belastung der Unternehmen bei der Standortwahl negativ aus.
Daher muss unabhängig von der Verfassungsmäßigkeit der Gewerbesteuer [75] deren Belastung für die gewerblichen Unternehmen spürbar gemindert werden.

---

72 In der Fassung durch das StEntlG 99/ 00/ 02.

73 Weber- Grellet, DB 1994, 288 (289); ders., BB 1999, 2659 (2661).

74 Ebenso Hennrichs, StuW 1999, 138 (153); Tipke/ Lang, Steuerrecht, Rdnr. 186 f. zu § 9 m.w.N.

75 Hierzu unter Punkt D II 3 b aa.

6. *Die rechtsformabhängige Besteuerung*

a) Der Neutralitätsgedanke und das Leistungsfähigkeitsprinzip

Aus ökonomischer Sicht ist der Idealzustand mit der Entscheidungsneutralität der Besteuerung erreicht [76]. Nach der Neutralität der Besteuerung soll das Verhalten von Wirtschaftssubjekten nicht beeinflusst werden. Somit sollte internationale Standort- und Investitionsplanung ohne Berücksichtigung der Steuerbelastung stattfinden.
Da die Besteuerung aber immer das Verhalten von Wirtschaftssubjekten beeinflusst, liegt Neutralität dann vor, wenn die Besteuerung zumindest hinsichtlich bestimmter Klassen von Entscheidungen neutral ist [77].
Speziell im Unternehmensbereich bezieht sich die Neutralität auf die Rechtsformneutralität, die Finanzierungsneutralität und die Quellenneutralität, wobei der Rechtsformneutralität in der Unternehmensbesteuerung die größte Bedeutung zukommt [78].
Rechtsformneutralität ist dann gegeben, wenn das Steuersystem für die Wahl der Rechtsform des Unternehmens irrelevant ist.
Die Rechtsformneutralität ist über das Leistungsfähigkeitsprinzip als spezifisch steuerrechtliche Ausprägung des Gleichheitsgrundsatzes aus verfassungsrechtlicher Sicht geboten [79].

Die rechtliche Verselbständigung einiger Unternehmensformen ist der bisherige Grund für die unterschiedliche Besteuerung der Personenunternehmen und Kapitalgesellschaften. Durch diese Verselbständigung wurden auch wirtschaftlich eigenständige Zuordnungssubjekte für Vermögensvorgänge geschaffen.
Man war sich einig, dass die verschiedenen Unternehmensrechtsformen unterschiedliche wirtschaftliche Fakten schaffen, wodurch eine differenzierte Besteuerung geboten sei [80].
Dem ist nur für den Fall zuzustimmen, dass der differenzierenden Besteuerung auch tatsächlich verschiedene wirtschaftliche Fakten zugrunde liegen.
Es muss also hinterfragt werden, inwieweit die Rechtsformen in ihrer juristischen Konstruktion tatsächlich unterschiedliche wirtschaftliche Fakten erzeugen [81].
Die Steuerlast ist in diesen Fällen die Konsequenz aus der Entscheidung für eine bestimmte Rechtsform und der damit zusammenhängenden wirtschaftlichen Folgen. Die Rechtsform an sich ist kein geeigneter Faktor für die Bemessung der Leistungsfähigkeit, kann aber gewisse wirtschaftliche Fakten zur Folge haben [82].

Der Strukturfehler ergibt sich, wenn wirtschaftlich gleiche Sachverhalte ungleich oder wirtschaftlich ungleiche Sachverhalte gleich besteuert werden [83]. Die zivilrechtliche Anknüpfung darf bei gleichen juristisch-ökonomischen Sachverhalten bzw. gleicher wirtschaftlicher Leistungsfähigkeit nicht zu einer unterschiedlichen Steuerbelastung führen. Eine unterschiedliche

---

76 Elschen/ Hüchtbrock, Finanzarchiv 1983, 253 (253); Wagner, Finanzarchiv 1986, 32 (41 ff).

77 Seidl, StuW 1989, 350 (350).

78 Seidl, StuW 1989, 350 (350).

79 Englisch, DStZ 1997, 778 (779); BVerG vom 10.11.1999, DStR 1999, 1984 (1985).

80 Tipke, NJW 1980, 1079 (1079); Flämig, ZRP 1980, 237 (242).

81 Lang, StuW 1990, 107 (116).

82 Tipke, NJW 1980, 1079 (1080); Frenz, StuW 1997, 116 (125, 127).

83 BVerfG vom 27.06.1991, E 84, 239 (268).

Besteuerung allein aufgrund der zivilrechtlichen Struktur des Unternehmens verstößt gegen das Prinzip der gleichmäßigen Besteuerung nach der Leistungsfähigkeit [84].
Sofern also die Anknüpfung an das Zivilrecht zu einer ungleichen Besteuerung wirtschaftlich gleicher Sachverhalte bzw. gleichen Besteuerung wirtschaftlich ungleicher Sachverhalte führt, muss eine Abkopplung vom Zivilrecht erfolgen, mit der Maßgabe der Schaffung eigenständiger Ordnungsstrukturen. Dies ist möglich und geboten, da Zivilrecht und Steuerrecht unterschiedliche Lebenssachverhalte regeln. Ein Parallellauf ist weder förderlich noch notwendig. Es handelt sich insoweit um selbständige Rechtsmaterien ohne Vorrangverhältnis [85].

In Bezug auf den Gleichheitssatz ist nochmals auf das ökonomische Prinzip der Entscheidungsneutralität der Besteuerung einzugehen. Diesem entsprechen aus juristischer Sicht die Wettbewerbsneutralität und die Rechtsformneutralität als Ausgestaltungen des Gleichheitssatzes [86]. Es hat also aus verfassungsrechtlicher Sicht eine gleiche Besteuerung aller am Markt teilnehmenden Wettbewerber unabhängig von der Rechtsform zu erfolgen. Die Rechtsformneutralität gebietet die gleiche Steuerbelastung bei gleichen wirtschaftlichen Sachverhalten unabhängig von der Rechtsform. Die Rechtsform kann nur durch Erzeugung wirtschaftlicher Fakten, was einer gesonderten Prüfung bedarf, Einfluss auf die Besteuerung gewinnen. Es hat allein eine wirtschaftliche Betrachtung zu erfolgen.
Die Rechtsformneutralität ist damit Voraussetzung für Wettbewerbsneutralität als Grundsatz des Unternehmenssteuerrechts [87].

Dass die volkswirtschaftliche Situation von einer mangelnden Rechtsformneutralität gezeichnet ist, stellte der Reichsfinanzhof schon 1924 fest [88]: *"Der derzeitige Ausbau der Einkommen- und Körperschaftsteuer bringt es mit sich, dass die Beteiligten zu bestimmten Rechtsformen lediglich aus steuerlichen Gründen gedrängt werden und dass sie auch wegen der Steuer von der einen zur anderen Rechtsform übergehen, ohne im betriebswirtschaftlichen Aufbau ihres Unternehmens etwas zu ändern oder auch nur ändern zu wollen. Das ist vom Standpunkt der Volkswirtschaft und damit auch letzten Endes vom Standpunkt des Steuerfiskus aus ein ungesunder Zustand".*

b) Markante Unterschiede in der rechtsformabhängigen Besteuerung

Entsprechend dem Einzelfall können die steuerlichen Vorzüge der einen oder der anderen Rechtsform überwiegen. Dies hat zur Folge, dass die steuerlichen Erwägungen maßgeblichen Einfluss auf die Wahl der Rechtsform haben. Zum Zeitpunkt des Regierungsvorschlags ließen sich insbesondere die folgenden rechtsformabhängigen Unterschiede feststellen.

---

[84] Wendt, StuW 1992, 66 (75).
[85] Frenz, StuW 1997, 116 (126).
[86] Lang, StuW 1990, 107 (115).
[87] Englisch, DStZ 1997, 778 (780).
[88] RFH vom 3. 12. 1924 in RFHE 16, 15 (19).

aa) Bei der Kapitalgesellschaft gilt das Trennungsprinzip und bei der Personengesellschaft gilt das Durchgriffsprinzip

Steuerrechtssubjekte bei der Einkommensteuer sind natürliche Personen. Bei der Körperschaftsteuer sind es juristische Personen. Entsprechend der zivilrechtlichen Rechtsfähigkeit der Kapitalgesellschaften unterscheidet das Körperschaftsteuergesetz zwischen der Gesellschaft an sich und der Ebene der Anteilseigner (Trennungsprinzip). Von der Kapitalgesellschaft erwirtschaftete Gewinne unterliegen bei ihr der Körperschaftsteuer. Erst die Ausschüttung unterfällt der individuellen Einkommensteuer der Anteilseigner unter Anrechnung der Körperschaftsteuer.

aaa) Anerkennung von Vertragsbeziehungen

Folge des Trennungsprinzips ist die steuerliche Anerkennung von schuldrechtlichen Vertragsbeziehungen zwischen Anteilseignern und der Gesellschaft, soweit diese nicht unangemessen sind.
Beim Einzelunternehmer sind solche Vertragsbeziehungen nicht möglich, da schon zivilrechtlich ein solches „In-sich-Geschäft" nicht getätigt werden kann. Der Einzelunternehmer kann keine Verträge mit sich selbst schließen. Die Personengesellschaft ist, anders als bei der Gewerbesteuer im Rahmen der Einkommensteuer, kein Steuerrechtssubjekt. Die Steuerpflicht trifft vielmehr die hinter der Personengesellschaft stehenden Gesellschafter (Durchgriffsprinzip). Zwar erfolgt eine grundsätzliche Anerkennung der schuldrechtlichen Beziehungen zwischen der Personengesellschaft und ihren Gesellschaftern, jedoch will das Einkommensteuerrecht eine Annäherung an den Einzelunternehmer erreichen [89]. Daher kommt es in § 15 I 1 Nr. 2 EStG zu einer Umqualifizierung der Einkünfte hinsichtlich der den Personengesellschaftern von der Personengesellschaft erbrachten Vergütungen bei bestimmten schuldrechtlichen Beziehungen, wie Dienst-, Darlehens-, Miet- und Pachtverhältnissen. Da die vorstehenden Verträge in der Praxis die überwiegende Mehrzahl bilden, stellt die Durchbrechung der grundsätzlichen Anerkennung schuldrechtlicher Beziehungen den Regelfall dar.
Die steuerliche Nichtbeachtung bestimmter zivilrechtlich gültiger Verträge hat enorme steuerliche Konsequenzen.
Die Sondervergütungen für die besagten Verträge mindern nicht den gewerblichen Gewinn und werden durch eine Vorwegzurechnung beim jeweiligen Mitunternehmer als Einkünfte aus Gewerbebetrieb erfasst (§ 15 I 1 Nr. 2 EStG). Die Einordnung von Einnahmen in eine bestimmte Einkunftsart wäre innerhalb einer einheitlichen Einkommensteuer grundsätzlich ohne Relevanz, da alle Einkunftsarten entsprechend ihrer Höhe zur Summe der Einkünfte zusammengefasst werden. Eine Umqualifikation gewinnt hauptsächlich aufgrund der Gewerbesteuerbelastung an Bedeutung, da dort nur gewerbliche Einkünfte erfasst werden. Nach Ansicht des BFH [90] werden, obwohl im Rahmen der Gewerbesteuer die Personengesellschaft selbst Steuersubjekt ist, die Sondervergütungen an die Gesellschafter in die Bemessungsgrundlage der Gewerbesteuer einbezogen [91].

---

[89] Seer, StuW 1993, 114 (115 ff).

[90] BFH vom 9. 4. 1981 BStBl. II 1981, S. 621 (622).

[91] Hiergegen zu Recht Seer, StuW 1993, 114 (116) und Knobbe- Keuk, Bilanz- und Unternehmensteuerrecht, § 21 II 6 aa/ bb. Siehe auch unter Punkt d) zur Gewerbesteuer.

Insofern wirkt sich die steuerliche Nichtberücksichtigung bestimmter schuldrechtlicher Verträge zwischen Mitunternehmern und ihrer Gesellschaft nachteilig aus. Dieser Nachteil kann auch nicht durch die Einräumung eines Freibetrages beseitigt werden.
Durch den Rückgriff der Gewerbesteuer auf den Gewinn nach dem EStG/ KStG als Ausgangsbasis (§ 7 GewStG), wirken sich die dort aufgezeigten Mängel in der Unternehmensbesteuerung auch auf der Ebene der Gewerbesteuer aus.
Daneben ist die Umqualifikation aufgrund der unterschiedlichen Behandlung der Einnahmen innerhalb der einzelnen Einkunftsarten auch bei der Einkommensteuer relevant.

bbb) Weitere Konsequenzen aufgrund der unterschiedlichen Behandlung von Privat- und Betriebsvermögen

Weiterhin treten die mit der unterschiedlichen Behandlung von Privat- und Betriebsvermögen zusammenhängenden Folgen auf. Vom Anteilseigner ein seiner Kapitalgesellschaft überlassenes Wirtschaftsgut zählt aufgrund des Trennungsprinzips grundsätzlich zum Privatvermögen. Dagegen gehören als Folge des Durchgriffsprinzips bei einem Mitunternehmer diese Wirtschaftsgüter zum (Sonder-) Betriebsvermögen.

Diese steuerlichen Differenzierungen sind nicht Ergebnis unterschiedlicher wirtschaftlicher Sachverhalte. Diesbezügliche zivilrechtliche Gestaltungen haben grundsätzlich keine unterschiedlichen wirtschaftlichen Fakten zur Folge. Vielmehr werden wirtschaftlich gleiche Vorgänge verschieden besteuert. Die differenzierte steuerliche Anknüpfung allein an die unterschiedliche Rechtsform, ohne dass daraus wirtschaftliche Unterschiede resultieren, stellt einen Verstoß gegen die gleichmäßige Besteuerung wirtschaftlicher Leistungsfähigkeit dar [92].
Die in § 15 I 1 Nr. 2 EStG beabsichtigte Gleichstellung der Mitunternehmer mit dem Einzelunternehmer, welcher schon mangels zivilrechtlicher Möglichkeiten obige Gestaltungen nicht nutzen kann, verkennt die Teilrechtsfähigkeit [93] der Personengesellschaften [94]. Insofern erfolgt eine ungleiche Besteuerung hinsichtlich wirtschaftlich und sogar rechtlich gleicher Sachverhalte.

bb) Tarife bezüglich thesaurierter Gewinne

Bei Personenunternehmen unterliegt der Gewinn unabhängig von einer Thesaurierung/ Investition dem progressiv ausgestalteten individuellen Einkommensteuertarif der Personenunternehmer, da die Personengesellschaft selbst nicht Einkommensteuersubjekt ist. Demgegen-

---

92 Lang, StuW 1989, 3 (8); ders., StuW 1990, 107 (116); Tipke/ Lang, Steuerrecht, Rdnr. 62 zu § 17.

93 Baumbach/ Hopt, Rdnr. 1 ff. zu § 109 HGB.

94 Teilweise anderer Ansicht ist Tipke in NJW 80, 1079, 1081, wo unterschieden wird, ob der Mitunternehmer als Gesellschafter oder als Dritter in Beziehung zur Gesellschaft tritt. Dies wird damit begründet, dass Mitunternehmer wie Einzelunternehmer Arbeit, Wirtschaftsgüter und Kapital im eigenen Betrieb einsetzen, während Anteilseigner von Kapitalgesellschaften im fremden Betrieb investieren. Eine Aufspaltung der mitunternehmerischen Einkünfte in gewerbliche und andere Einkunftsarten erschiene danach unnatürlich. Anders soll es sich dagegen nur verhalten, wenn der Mitunternehmer der Gesellschaft als Dritter gegenübertritt.
Gegen diese Ansicht sprechen aber die großen Abgrenzungsschwierigkeiten, wann der Mitunternehmer als Gesellschafter oder als Dritter seiner Gesellschaft gegenübertritt. Weiterhin wird hier die Teilrechtsfähigkeit der Personengesellschaft missachtet.

über werden die einbehaltenen Gewinne der Kapitalgesellschaften proportional belastet, wobei sich der Steuersatz für einbehaltene Gewinne in der Vergangenheit grundsätzlich am Spitzensteuersatz der Einkommensteuer orientierte [95]. Die Körperschaft ist selbst Steuersubjekt der Körperschaftsteuer.
Diese Ungleichbehandlung kann nicht aus der rechtlichen Verselbständigung gerechtfertigt werden, da alle Unternehmensgewinne unabhängig von der Unternehmensform einer einheitlichen Betriebssteuer unterworfen werden könnten [96].
Insbesondere sind investierte/ thesaurierte Gewinne sowohl für die Gesellschafter von Personengesellschaften als auch die Gesellschafter von Kapitalgesellschaften weder rechtlich noch wirtschaftlich disponibel, so dass es generell nicht gerechtfertigt ist, den Gesellschaftern die Erträge zuzurechnen und deren individueller Einkommensteuer zu unterwerfen [97]. Insofern muss bei Mitunternehmern von Personengesellschaften bezüglich investierter Gewinne eine Änderung folgen.
Da somit gleiche wirtschaftliche Sachverhalte von unterschiedlichen Tarifen erfasst werden, bestehen auch aus verfassungsrechtlicher Sicht Bedenken [98].

cc) Unternehmensveräußerungen

Die doppelte Besteuerungsebene bei der Kapitalgesellschaft im Zusammenhang mit der oben dargestellten Privilegierung des Privatvermögens hat zur Folge, dass Gewinne aus der Veräußerung von im Privatvermögen gehaltenen Anteilen an Kapitalgesellschaften nur in Einzelfällen erfasst werden. Eine Besteuerung erfolgt nur bei wesentlichen Beteiligungen i. H. v. 25 % nach § 17 EStG (Veranlagungszeitraum 1998) bzw. für Veräußerungen der Anteile innerhalb der Frist des § 23 EStG. Allerdings erfolgt eine Verlustberücksichtigung ebenfalls nur sehr eingeschränkt.
Befinden sich die Anteile dagegen in einem Betriebsvermögen, werden die Gewinne stets besteuert.

Gewinne aus der Veräußerung von Einzelunternehmen und Mitunternehmer-Anteilen sind stets zu versteuern § 16 EStG.
Diese ungleiche Besteuerung ist weder zivilrechtlich noch wirtschaftlich vorgegeben. Hier wird wirtschaftlich gleiche Leistungsfähigkeit unvollständig und unterschiedlich erfasst [99].

Unabhängig von der hier vorliegenden Ungleichbehandlung kommt es durch die Besteuerung von Gewinnen aus Unternehmensanteilen zu einer übermäßigen Belastung, die sich weder unter Fairness- noch unter Effizienzaspekten rechtfertigen lässt. Die auf längere Dauer angelegte Investition eines Gewinns in einem Unternehmen und der spätere Verkauf des Unternehmens(-anteils) kann zu einer steuerlichen Belastung von ca. 80 % führen [100].

---

95 Englisch, DStZ 1997, 778 (778).

96 Lang, StuW 1989, 3 (7).

97 Tipke/ Lang, Steuerrecht, Rdnr. 60 zu § 17; Flume, DB 1971, 692 (692); Ritter, StuW 1989, 319 (321).

98 Ebenso Knobbe- Keuk, DB 1989, 1303 (1308).

99 Lang, StuW 1989, 3 (8); ders., StuW 1990, 107 (116).

100 Hierzu ausführlich Rose, BB 2000, 1062 (1063, 1066).

Um notwendige Unternehmensübertragungen nicht zu blockieren sowie zur Sicherung der Altersvorsorge der Betriebsinhaber, sollten Unternehmensübergänge nur in sehr beschränktem Maße besteuert werden.

dd) Gewerbesteuer

Die Gewerbesteuer erfasst zur Zeit nur die gewerblichen Einkünfte. Dabei ist die Einordnung als gewerbliche Einkünfte stark von der Rechtsform abhängig (z.B. Vermögensverwaltung innerhalb von Kapitalgesellschaften). Auch die Gewerbesteuer bleibt damit eine der Hauptursachen für die Wahl einer bestimmten Rechtsform und damit Kritikpunkt in Bezug auf die Neutralität der Besteuerung [101].
Die Anknüpfung an den einkommenssteuerlich qualifizierten Gewinn aus Gewerbebetrieb und das gewerbliche Betriebsvermögen hat zur Folge, dass sich hier die in der einkommenssteuerlichen Behandlung begründete rechtsformabhängige Besteuerung bei der Gewerbesteuer fortsetzt. Durch diese steuerliche Zusatzbelastung auf gewerbliche Einkünfte wirkt sich die rechtsformabhängige Besteuerung verstärkt aus [102]. Da es sich bei der Gewerbesteuer aber nicht um eine „Zusatz" -Einkommensteuer handelt, ist keine Verfassungswidrigkeit gegeben.
Des weiteren bestehen auch noch allein auf die Ausgestaltung der Gewerbesteuer zurückzuführende rechtsformabhängige Besteuerungsmerkmale.
Eine Steuer auf die Erstellung gewerblicher Leistungen darf nicht nach dem Rechtsträger differenzieren [103].
Da die Unternehmensbesteuerung gerade durch Rechtsformunabhängigkeit gekennzeichnet sein sollte, müsste diese auch bei der Ausgestaltung der Gewerbesteuer berücksichtigt werden.

aaa) Laufende Besteuerung

Gegen die Rechtsform der Kapitalgesellschaft spricht der fehlende Freibetrag sowie der mangelnde Staffeltarif. Diese Vergünstigungen werden nur Einzelunternehmern und Personengesellschaften gewährt, da bei diesen der Unternehmerlohn nicht gewerbeertragsmindernd berücksichtigt wird [104]. Der Freibetrag und der Staffeltarif sollen insoweit einen Ausgleich schaffen [105].

Die im Rahmen der Einkommensteuer vorgenommene Annäherung von Einzelunternehmen und Personenunternehmen durch § 15 I 1 Nr. 2 EStG liefert für die Gewerbesteuer als Objektsteuer keine Rechtfertigung des Freibetrages für Personenunternehmen. Hier ist die Personengesellschaft als Unternehmerin Steuersubjekt und somit sind Sondervergütungen an die Mitunternehmer von vornherein nicht innerhalb der gewerbesteuerlichen Bemessungsgrundlage der Personengesellschaft zu erfassen. Insoweit erscheint der Rückgriff auf § 15 I 1 Nr. 2 EStG im Rahmen des § 7 GewStG verfehlt [106].

---

[101] Hey, BB 1999, 1192 (1197).
[102] Reiß, a.a.O., S. 24.
[103] Reiß, a.a.O., S. 25.
[104] BT- Drs. 8/ 3243, S. 8.
[105] Reiß, a.a.O., S. 26; Seer, StuW 1993, 114 (116).
[106] Seer, StuW 1993, 114 (116).

Trotz der aufgezeigten systematischen Unzulänglichkeiten entspricht die von der Rechtsprechung vorgenommene Einbeziehung der Sondervergütungen in die Gewerbesteuerbemessungsgrundlage dem gesetzgeberischen Willen. Da der Freibetrag als typisierende Berücksichtigung eines fiktiven Unternehmerlohnes auch der Personengesellschaft zugesprochen wurde, geht der Gesetzgeber auch von einer Hinzurechnung der Sondervergütungen im Sinne des § 15 I 1 Nr. 2 EStG aus.
Allerdings ist diese pauschale Berücksichtigung immer noch ein Grund, sich für oder gegen eine bestimmte Rechtsform zu entscheiden. Dies widerstrebt dem Ziel einer rechtsformneutralen Besteuerung der Unternehmen.

In diesem Zusammenhang muss nochmals darauf hingewiesen werden, dass es in Bezug auf die Personengesellschaft „Mitunternehmer" gewerbesteuerrechtlich nicht gibt. Nur das gewerbliche Unternehmen stellt den Anknüpfungspunkt der Gewerbesteuer als Objektsteuer dar [107]. Entgegen der h. M. [108] sind daher Sonder- und Ergänzungsbilanzen unberücksichtigt zu lassen. Da somit grundsätzlich Sonderbetriebseinnahmen und Sonderbetriebsausgaben als Zahlungen zwischen Dritten und Gesellschaftern nicht die Ertragskraft des Gewerbebetriebes berühren, wäre auch insoweit ein Unterschied zur Kapitalgesellschaft ausgeräumt, weil auch insoweit dem Trennungsprinzip zu folgen ist.
Sofern man innerhalb der Gewerbesteuer den unsystematischen Rückgriff auf § 15 I 1 Nr. 2 EStG unterlässt, wären die Sondervergütungen im Rahmen der Gewerbesteuer abzugsfähig, mit der Folge, dass der Freibetrag nur Einzelunternehmern zu gewähren wäre.

Die willkürliche Hinzurechnungsvorschrift für Dauerschuldzinsen behandelt sowohl Personengesellschaften als auch Kapitalgesellschaften ungerecht. Ein rechtsformbezogener Unterschied ergibt sich hier aus der Bezugnahme des § 7 GewStG auf den Gewinn nach dem EStG. Insofern wirkt sich wiederum das nur bei den Körperschaften angewendete Trennungsprinzip aus. Nur Anteilseignern an Kapitalgesellschaften ist es hier möglich, die Finanzierung steuerlich wirksam als Fremdfinanzierung auszugestalten. Während somit bei Körperschaften die Dauerschuldzinsen wenigstens zur Hälfte abzugsfähig bleiben, mindern bei Personengesellschaften die an die Gesellschafter gezahlten Dauerschuldzinsen, aufgrund der steuerlichen Nichtanerkennung, den gewerbesteuerpflichtigen Gewinn überhaupt nicht.

Letztlich wären noch spezielle Hinzurechnungen und Kürzungen rechtsformneutral auszugestalten.
Dies betrifft vor allem die Kürzungen nach § 9 Nr. 2, 2a GewStG und die entsprechenden Hinzurechnungen nach § 8 Nr. 8 GewStG. Hier bestehen noch Differenzen bei der Vermeidung von Doppelerfassungen von Gewerbeerträgen (§ 7 GewStG). Gewinnminderungen und Gewinne aus Beteiligungen an Kapitalgesellschaften, die sich im Betriebsvermögen befinden, werden nur dann gewerbesteuerrechtlich neutralisiert (damit die Gewinne/ Verluste der Kapitalgesellschaften nur einmal erfasst werden), wenn eine Beteiligung von mindestens 10 % besteht (§ 9 Nr. 2a GewStG). Für Beteiligungen an Personengesellschaften gilt dies nicht. Hier ist eine Doppelerfassung des Gewerbeertrages unabhängig von einer Mindestbeteiligung der Personengesellschaft nicht möglich (§ 8 Nr. 8 und § 9 Nr. 2 GewStG).

---

107 Knobbe- Keuk, Bilanz- und Unternehmenssteuerrecht, § 22 II 6 b aa/ bb; zur richtigen Behandlung von Sondervergütungen, Sonderbetriebseinnahmen und –ausgaben, a.a.O. § 22 II 6 b cc/ dd.

108 Lang, Steuerrecht, Rdnr. 20 zu § 12 m.w.N.

Im Gegensatz zu Kapitalgesellschaften ist bei Personengesellschaften, für die den Mitunternehmern gehörenden und im Sonderbetriebsvermögen befindlichen Grundstücke, eine Kürzung nach § 9 Nr. 1 GewStG vorzunehmen.

Somit spiegelt sich auch im Rahmen der Gewerbesteuer eine rechtsformabhängige Besteuerung wieder, welche allerdings meist aus der mangelnden Rechtsformneutralität der Einkommensteuer und dem Rückgriff des § 7 GewStG resultiert.

bbb) Sondervorgänge

aaaa) Veräußerung

(1) Gewinne

Die Veräußerung eines Einzelunternehmens, eines Mitunternehmeranteils oder eines im Privatvermögen gehaltenen Anteils an einer Kapitalgesellschaft wird nicht von der Gewerbesteuer erfasst, da die Veräußerungsgewinne i. S. d. §§ 16, 17 EStG nicht zum Gewerbeertrag zählen.
Dagegen unterfallen Gewinne aus der Veräußerung von Beteiligungen an Kapitalgesellschaften, wenn sie sich im Betriebsvermögen befinden, grundsätzlich dem Gewerbeertrag (trotz wirtschaftlicher Gleichstellung in § 16 I Nr. 1 EStG auch 100%ige Beteiligungen).

(2) Folgen für den Gewerbeverlust § 10a GewStG

Hinsichtlich eines Gewerbeverlustes bleibt nach einer Anteilsveräußerung bei der Kapitalgesellschaft eine Änderung der Beteiligungsverhältnisse unberücksichtigt, soweit die Voraussetzungen des § 8 IV KStG nicht vorliegen (§ 10a IV GewStG).
Bei einer Mitunternehmerschaft kann dagegen der Gewerbeverlust nur noch insoweit abgezogen werden, wie die betriebsfortführenden Gesellschafter vor der Änderung der Beteiligungsverhältnisse an der Gesellschaft beteiligt waren [109].

bbbb) Erbfall/ Schenkung

Ähnlich stellt sich die Rechtslage hier dar. Bei der Kapitalgesellschaft berührt der auf einem Erbfall/ einer Schenkung beruhende Gesellschafterwechsel den Gewerbeverlust nicht. Dagegen kann bei einer Personengesellschaft in Höhe der Beteiligung, welche aufgrund des Erbfalls/ der Schenkung auf den neueintretenden Gesellschafter entfällt, der Gewerbeverlust nicht geltend gemacht werden.

cccc) Liquidation

Bei der Auflösung einer Personengesellschaft sind die Liquidationsgewinne i.S.d. § 16 III EStG nicht der Gewerbesteuer unterworfen. Dagegen werden Liquidationsgewinne, hinsicht-

---

109 Tipke/ Lang, Steuerrecht, Rdnr. 50 zu § 17.

lich von im Betriebsvermögen gehaltenen Kapitalanteilen, im Gewerbebetrieb des Anteilseigners als laufender Gewinn von der Gewerbesteuer erfasst [110].

Ergebnis:

Auch die Gewerbesteuer weist bezüglich der Rechtsformneutralität noch einige Defizite auf.

c) Modelle zur Herstellung der Rechtsformneutralität

Zur Erreichung einer rechtsformneutralen Unternehmensbesteuerung kam es zur Entwicklung verschiedener Konzepte.

aa) Fortentwicklung des dualistischen Systems

aaa) Konzept

Dieser Vorschlag will eine Annäherung an die Rechtsformneutralität durch Weiterentwicklung des bestehenden Besteuerungssystems erreichen [111]. Hierbei soll eine angemessene Berücksichtigung der Aufwendungen für die Altersvorsorge innerhalb der Personenunternehmen erfolgen. Das bisherige Nebeneinander von Einkommen- und Körperschaftsteuer soll in unveränderter Form erhalten bleiben. Nur hinsichtlich des Tarifs soll es zu einer Modifikation kommen. Der KöSt.- Satz und der ESt.- Spitzensatz sollen gleich sein, um die Begünstigung der thesaurierten Gewinne bei den Kapitalgesellschaften zu beseitigen. Die stärkere Belastung der gewerblichen Einkünfte soll durch Abschaffung der Gewerbesteuer vermieden werden.

bbb) Kritik

Das Ziel des Konzeptes selbst birgt schon Kritik in sich, da man nur eine Annäherung an eine rechtsformneutrale Besteuerung zu erreichen versucht. Die Rechtsformneutralität folgt aber aus dem Leistungsfähigkeitsprinzip und ergibt sich verfassungsrechtlich aus Art. 3 I GG. Das verfassungsrechtliche Wertsystem wird durch diesen Vorschlag nur ungenügend umgesetzt.

Insbesondere stellt die Annäherung bei der Besteuerung der Altersversorgung nur einen Ausschnitt der gleichheitswidrigen Differenzierung bezüglich der steuerlichen Anerkennung von Leistungsbeziehungen zwischen Gesellschafter bzw. Anteilseigner und Gesellschaft dar. Durch den Wegfall der Gewerbesteuer würden die Ungleichbehandlungen an Gewicht verlieren. Aufgrund einkommenssteuerlicher Unterschiede bei den Pausch- und Freibeträgen bleiben die Auswirkungen für den Steuerpflichtigen spürbar [112].
Weiterhin ändert sich auch die unterschiedliche Behandlung der den Gesellschaften von ihren Gesellschaftern bzw. ihren Anteilseignern überlassenen Wirtschaftsgütern nicht.
Auch die unterschiedliche Besteuerung von Anteilsveräußerungen und anderen Sondervorgängen zeigen, dass die Rechtsformneutralität nur unzureichend verwirklicht ist.

---

110 Tipke/ Lang, Steuerrecht, Rdnr. 56 zu § 17.

111 Wendt, StuW 1992, 66 (76).

112 Englisch, DStZ 1997, 778 (781).

Dies gilt selbst hinsichtlich des Tarifs, da unter Berücksichtigung der unterschiedlich anfallenden Kirchensteuer keineswegs gewährleistet ist, dass thesaurierte Gewinne rechtsformunabhängig belastet sind. Bei Personenunternehmen werden die thesaurierten Gewinne weiterhin der Einkommensteuer unterworfen, wobei die durchschnittliche Belastung grundsätzlich unter dem Spitzensteuersatz liegen dürfte. Dieser Nachteil der Kapitalgesellschaften wird auch nicht durch die Möglichkeit der Gewinnausschüttung mit anschließender Kapitalerhöhung ausgeglichen. Insbesondere darf hier der Aufwand des Verfahrens nicht unberücksichtigt gelassen werden [113]. Auch aufgrund unterschiedlicher ESt.-Sätze bzw. der Anzahl der Anteilseigner wird nicht immer ein gesellschaftsrechtliches Einvernehmen ohne weiteres erzielt werden können [114]. Des Weiteren führt bei der Einkommensteuer das Bestehen etwaiger Sondertarife z. B. § 32c EStG a. F. zu einer Ungleichbehandlung.

Letztlich bliebe auch das KöSt.-Anrechungsverfahren erhalten, welches ohne eine Vereinfachung nicht zu einer Harmonisierung innerhalb der EG beitragen kann.

bb) Integrierte Unternehmenssteuer

aaa) Konzept

Dieser von *W. Ritter* stammende Vorschlag sah in der Erstfassung vor, dass eine Unternehmenssteuer in das Gesamtsystem der Besteuerung gewerblicher Einkünfte integriert wird [115]. In der überarbeiteten Fassung war eine Verselbständigung der Personenunternehmen und die Erfassung dort erzielter Gewinne durch eine der Körperschaftsteuer wesensgleichen Unternehmenssteuer nicht mehr vorgesehen [116]. Vielmehr sind die ESt/ KöSt und die GewSt so aufeinander abzustimmen, dass bei typisierender Betrachtungsweise die Gesamtbelastung der gewerblichen Einkünfte mit direkten Steuern den ESt.-Spitzensatz nicht übersteigt. Die maximale ESt.- Durchschnittsbelastung der gewerblichen Gewinne soll dazu dem KöSt.- Satz für thesaurierte Gewinne entsprechen [117]. Die Differenz zum ESt.-Spitzensatz soll dem Ausgleich für die Gewerbesteuerbelastung dienen. Die gewerblichen Gewinne der Einzel- und Mitunternehmer unterfallen dem Progressionsvorbehalt für das übrige Einkommen.
Für die Senkung des Gewerbesteuer-Volumens sollen die Gemeinden einen Ausgleich in Form einer Beteiligung an der Umsatzsteuer erhalten.

---

113 Englisch, a.a.O..

114 So selbst Wendt, StuW 1992, 66 (77).

115 Erstmals Ritter, StuW 1989, 319 (321 ff.); nach Umgestaltung dann in der Form von BB 1990, 2197 (2200 ff.).

116 Auch die Arbeitsgruppe der Deutschen Steuerjuristischen Gesellschaft favorisiert in StuW 1996, 203 (206) den ersteren Vorschlag einer rechtsformneutralen Unternehmensteuer.

117 Ähnlich auch der Vorschlag von Rädler, StuW 1996, 252 (253 f.). Dieser fordert eine Eingliederung der Gewerbeertragsteuer in die Körperschaftsteuer. Hierbei wird ein einheitlicher Steuersatz von 40 % angepeilt. Eine Gegenfinanzierung soll aus dem Bereich des Bilanzsteuerechtes erfolgen. Für Personenunternehmen soll die Möglichkeit einer Option bestehen, sich wie eine Körperschaft besteuern zu lassen.

bbb) Kritik

Bis auf die Höhe der Steuersätze ist dieses Modell in seinen Grundzügen in der derzeitigen Besteuerung verwirklicht worden. Die Tarifbegrenzung für gewerbliche Gewinne der Personenunternehmen erfolgt durch § 32c EStG (a.F.). Auch die Besteuerung der thesaurierten Gewinne der der Körperschaftsteuer unterfallenden Unternehmen erfolgt unterhalb des ESt.-Spitzensatzes [118]. Gerade der Bezug zu § 32c EStG (a.F.) zeigt aber die verfassungsrechtliche Bedenklichkeit dieser Lösung. Die gewerblichen Einkünfte werden durch die Tarifbegrenzung ungerechtfertigt begünstigt. Die synthetische Einkommensteuer geht von einer Gleichbehandlung der Einkunftsarten aus, wozu sich auch das deutsche EStG in § 2 III EStG bekennt. Ein sachgerechter Grund für die Begünstigung und die damit verbundene Durchbrechung des Leistungsfähigkeitsprinzips ist auch nicht in der Gewerbesteuerbelastung zu erbli-cken [119]. Insbesondere stellt die Gewerbesteuer keine Zusatzeinkommensteuer, sondern eine Objektsteuer dar. Des Weiteren ist die Belastung durch die Gewerbesteuer schon im Rahmen der Bemessungsgrundlage durch die Abzugsfähigkeit als Betriebsausgabe hinreichend berücksichtigt worden. Zu beachten bleibt außerdem, dass die Tarifbegrenzung erst ab einer bestimmten Einkommenshöhe greift und untere Einkommensbezieher nicht erfasst, obwohl diese ebenfalls einer Gewerbesteuerbelastung ausgesetzt sein können. Damit ist die Tarifbegrenzung schon ungeeignet, eine durchgängige Entlastung von der Gewerbesteuer zu bewirken, sodass kein sachgerechter Grund für einen solchen Sondertarif vorliegt.
Die Tarifbegünstigung verstößt insoweit gegen Art. 3 I GG, als dass Gewerbetreibende mit niedrigem Einkommen ungerechtfertigt benachteiligt werden [120].
Nur durch sachgerechte und verhältnismäßige Gründe kann eine solche Tarifbegünstigung gerechtfertigt werden, da es sonst auch in Bezug zu den Beziehern anderer Einkunftsarten zu einer Verletzung des Gleichheitssatzes kommt.

Letztlich weicht dieser Vorschlag nur insoweit von dem vorhergehenden Konzept ab, als dass auf die Gewerbesteuer nicht verzichtet wird. Bei Wegfall der Gewerbesteuer müsste *Ritter* ebenfalls zu einer Angleichung der Spitzensätze kommen. Daher kann auch dieser Ansatz nur punktuell zur Rechtsformneutralität der Besteuerung führen [121].

cc) Teilhabersteuer [122]

aaa) Konzept

Hier werden den Gesellschaftern von Personenunternehmen und den Anteilseignern von Kapitalgesellschaften die Unternehmensgewinne unmittelbar zugerechnet und deren persönlicher ESt unterworfen. Es wird der anteilige Gewinn direkt der hinter dem Unternehmen stehenden natürlichen Personen zugeordnet. Unter der Beachtung, dass nur bei einer Ausschüttung oder

---

118 Englisch, DStZ 1997, 778 (781).

119 A.A. Ritter, StuW 1989, 319 (324).

120 Ebenso der BFH in seinem Vorlagebeschluss vom 24. 2. 1999 an das BVerfG, BStBl. II 1999, S. 450; Reiß, a.a.O. S. 25; Arbeitsgruppe der Deutschen Steuerjuristischen Gesellschaft, StuW 96, 203, 206 (insbesondere aus steuersystematischen Gründen).

121 Englisch, DStZ 1997, 778 (781).

122 Engels/ Stützel, Teilhabersteuer, S. 1 ff.

Entnahmebefugnis die Verfügbarkeit gegeben ist und der sich daraus ergebenden Liquiditätsprobleme, wird eine anrechenbare Quellensteuer auf den erzielten Gewinn vorgeschaltet.
Der Steuersatz soll hierbei wie auch bei der Ausschüttung dem ESt.- Spitzensatz entsprechen.
Die Quellensteuer wird im Wege einer Steuergutschrift auf die persönliche Einkommensteuer angerechnet. Es kommt durch diese Methode zu einer Übertragung der Besteuerungsgrundsätze von Mitunternehmerschaften auf die Kapitalgesellschaften. Ob Verluste bei den Unternehmern/ Gesellschaftern geltend gemacht werden oder ob eine institutionale Verlustverrechnung auf Gesellschaftsebene erfolgen soll, ist umstritten [123].
Die Veräußerung des Unternehmens bzw. von Unternehmensanteilen soll nicht ertragsteuerlich erfasst werden [124].

bbb) Kritik

Die Erfassung der laufenden Erträge erfolgt rechtsformneutral, da bei der Besteuerung des Gesamtgewinns letztlich der personenbezogene Steuertarif zur Geltung kommt [125].

Das große Problem dieses Konzepts liegt, neben der komplizierten steuertechnischen Umsetzung, hauptsächlich in der Vereinbarkeit mit dem Leistungsfähigkeitsprinzip [126].
Der Grundsatz der Rechtsformneutralität als Ausprägung des Leistungsfähigkeitsprinzips tritt nämlich zurück, wenn die zivilrechtlichen Gegebenheiten wirtschaftliche Fakten hervorrufen, die eine unterschiedliche Besteuerung gebieten.

Daher ist die zum Teil vertretene unmittelbare unbegrenzte Verlustberücksichtigung bei den Anteilseignern von Kapitalgesellschaften bedenklich. Die Anteilseigner können nur in Höhe ihrer Beteiligung eine Vermögenseinbuße erleiden, da eine weitergehende Haftung ausgeschlossen ist [127]. Der darüber hinausgehende Verlust mindert die Leistungsfähigkeit also nicht. Dies gilt auch hinsichtlich nicht voll haftender Personengesellschafter (Kommanditisten). Insofern wäre eine dem § 15a EStG ähnliche Regelung auch auf Kapitalgesellschafter anzuwenden.
Die andererseits vertretene institutionale Verlustberücksichtigung auf Gesellschaftsebene lässt unberücksichtigt, dass die Leistungsfähigkeit voll haftender Personengesellschafter bei Inanspruchnahme gemindert ist.

Eine Verletzung des Leistungsfähigkeitsprinzips liegt weiterhin in der unmittelbaren Zurechnung der anteiligen Gewinne als persönliches Einkommen des Teilhabers, wobei dies den Kern dieses Modells bildet [128]. Nach dem Leistungsfähigkeitsprinzip kann nur das disponible Einkommen Grundlage der Einkommensbesteuerung sein [129].

---

123 Für Ersteres Engels/ Stützel, Teilhabersteuer, S. 15 Rz. 17; ebenso Reiß, a.a.O., S. 11; letzterer Ansicht ist z.B. Schneider, Körperschaftsteuerreform, StuW 1975, 97 (108, 110).

124 Engels/ Stützel, Teilhabersteuer, S. 13.

125 Wendt, StuW 1992, 66 (75).

126 Wendt, StuW 1992, 66 (75); Lang, StuW 1990, 107 (116).

127 Englisch, DStZ 1997, 778 (782).

128 Tipke, NJW 1980, 1079 (1080).

129 Tipke/ Lang, Steuerrecht, Rdnr. 41 f. zu § 9.

Den Anteilseignern von Kapitalgesellschaften ist nur der ausgeschüttete Gewinn verfügbar. Der thesaurierte Gewinn beeinflusst nur den Wert der Beteiligung. Der Wert der Beteiligung wird aber auch noch durch andere Faktoren, insbesondere künftige Entwicklungen, bestimmt, sodass insofern die Wertsteigerung den anteiligen Gewinn nicht identisch wiedergibt. Es würde zu einer Fiktion von Leistungsfähigkeit kommen, welche in der Regel von der tatsächlichen Leistungsfähigkeit abweicht. Durch das Teilhabersteuermodell wird die Verfügbarkeit des gesamten Gewinnanteils unterstellt, obwohl neben einer Barausschüttung nur die Steuergutschrift als disponibles „Einkommen" angesehen werden könnte [130]. Die Erfassung des gesamten Gewinnanteils verstößt gegen das Leistungsfähigkeitsprinzip [131].
Dies gilt ebenso für die Nichterfassung von Gewinnen aus der Veräußerung von Unternehmen bzw. von Anteilen an diesen.

Des Weiteren fällt gegen die Modelle der Teilhabersteuer ins Gewicht, dass diese Steuer mit dem System der Doppelbesteuerungsabkommen nicht vereinbar ist [132].

dd) Traditionelle Betriebssteuer [133]

aaa) Konzept

Auch dieser Vorschlag zielt in erster Linie auf eine Beseitigung der Diskriminierung der Personenunternehmen. Außerdem besteht die Möglichkeit, die thesaurierten Gewinne niedriger als die aus dem Unternehmen ausgeschütteten Gewinne zu besteuern [134].

Hiernach soll es durch die Betriebssteuer zu einer grundsätzlichen Trennung zwischen Privateinkommen und Unternehmensgewinn kommen. Es soll mit der Betriebssteuer nur die Leistungsfähigkeit der Unternehmen erfasst werden. Die Gewinne von Personenunternehmen und Körperschaften werden so lange einer proportionalen Betriebssteuer unterworfen, bis eine Entnahme der Gesellschafter/ des Einzelunternehmers bzw. eine Ausschüttung an die Anteilseigner erfolgt. Die Entnahme/ Ausschüttung wird durch die progressive Einkommensteuer erfasst.
Die Betriebssteuer wird also neben der progressiven Einkommensteuer erhoben.
Trotzdem wird die Anrechenbarkeit der Betriebssteuer bei der persönlichen Einkommensteuer der Gesellschafter, zur Vermeidung einer Doppelbesteuerung, aber nicht von allen Vertretern befürwortet [135].

---

130 Englisch, DStZ 1997, 778 (782).

131 Ebenso Frenz, StuW 1997, 116 (124).

132 Wendt, StuW 1992, 66 (75).

133 Knobbe- Keuk, DB 1989, 1303 (1305 ff.); dieselbe, Bilanz- und Unternehmenssteuerrecht, Einleitung S. 5 ff.; Betriebsteuerausschuss, StuW 1949, 929 (1012 ff.); Flume, DB 1971, 692 ff.; Heidinger, StuW 1982, 268 (268, 269); in neuerer Zeit Endriss, DB 1998, 1250 ff.

134 Knobbe- Keuk, DB 1989, 1303 (1305).

135 Entgegen dem Entwurf I des Betriebssteuerausschusses, StuW 1949, 929 (1011) bzw. Endriss, DB 1998, 1250 (1251), will Flume, DB 71, 692 (694) die Doppelbesteuerung durch Freibeträge und Steuersatzminderungen abmildern.

Es sollen die Regelungen der proportionalen Körperschaftsteuer (= Betriebssteuer) [136] auf alle Gewerbebetriebe [137] bzw. auf alle bilanzierenden Betriebe übertragen werden [138], unabhängig davon, ob das Unternehmen in der Form einer Körperschaft, Mitunternehmerschaft oder als Einzelunternehmen geführt wird [139].
Unternehmensverluste werden, wie nach geltendem Recht bei Körperschaften, nur auf Betriebsebene zum Verlustabzug zugelassen [140]. Hinsichtlich der Vertragsbeziehungen zwischen Gesellschafter und Gesellschaft sehen nur einige Konzepte eine (Teil-) Regelung vor [141]. Insbesondere soll dann der Abzug eines angemessenen Unternehmerlohns möglich sein [142].
Die Gewerbesteuer geht nach oft vertretener Ansicht in der einheitlichen Betriebssteuer auf und soll daher keine eigene Daseinsberechtigung haben [143].
Nach *Knobbe-Keuk* soll der Gemeindefinanzautonomie durch Umwandlung des Gemeindeanteils an der Einkommensteuer in eine Gemeindesteuer mit eigenem Hebesatzrecht (abgeleitet aus Art. 106 V 3 GG) Rechnung getragen werden [144].

bbb) Kritik

(1) Bezüglich der Rechtsformneutralität kommt es durch die traditionellen Betriebssteuerkonzepte zu einer Gleichbehandlung von Personenunternehmen und Körperschaften, sofern diese dem jeweiligen Betriebsbegriff unterfallen [145]. Dem Betriebsbegriff unterfallende Unternehmen werden einheitlich der Betriebssteuer und persönliches Einkommen aus Entnahmen bzw. Ausschüttungen wird wiederum einheitlich der progressiven Einkommensteuer unterworfen. Daher ist eine rechtsformneutrale Besteuerung innerhalb des von der Betriebssteuer erfassten Bereiches gegeben.
Da nach der überwiegenden Anzahl der Vertreter dieses Konzepts die Gewerbesteuer abgeschafft werden soll, kommt es auch insoweit zur Beseitigung einer rechtsformabhängigen Besteuerung.

Allerdings kommt es im Rahmen der traditionellen Konzepte bei Anteilsveräußerungen zu Verletzungen der Rechtsformneutralität [146].

---

136 Hierzu wird vorteilhafterweise eine gleichzeitige Vereinfachung und Systematisierung des körperschaftssteuerlichen Anrechnungsverfahrens vorgeschlagen. Im Detail Endriss, DB 98, 1250 f.

137 Flume, DB 1971, 692 (694).

138 Betriebssteuerausschuss, StuW 49, 929 (1012).

139 Endriss, DB 1998, 1250 (1251). Endriss schlägt vor, die Einbeziehung der Einzelunternehmer an die Buchführungspflicht zu knüpfen.

140 Endriss, DB 1998, 1250 (1253).

141 Flume, DB 1971, 692 (694); Endriss stellt die Mitunternehmerschaften den Körperschaften hinsichtlich der schuldrechtlichen Vertragsbeziehungen völlig gleich, mit der Nebenfolge, dass das Sonderbetriebsvermögen und damit im Zusammenhang Sonderbilanzen entfallen und es somit zu einer Vereinfachung kommt (DB 1998, 1250 (1253)).

142 Für eine pauschale Berücksichtigung Endriss, DB 1998, 1250 (1252).

143 Endriss, DB 1998, 1250 (1252); Knobbe- Keuk, DB 1989, 1303 (1307).

144 in DB 1989, 1303 (1308).

145 Englisch, DStZ 1997, 778 (784).

146 Seidl, StuW 1989, 350 (353 ff.).

Sofern die Betriebssteuerkonzepte nur gewerbliche Unternehmen erfassen, ist in Bezug auf die restlichen unternehmerischen Betätigungen ebenfalls keine Rechtsformneutralität erreicht, wenn man unter unternehmerischer Betätigung die einkommenssteuerlichen Gewinneinkunftsarten versteht.
Des Weiteren bestehen hinsichtlich solcher Konzepte Bedenken, welche bei der steuerlichen Anerkennung von schuldrechtlichen Leistungsbeziehungen nach der Rechtsform differenzieren, obwohl die wirtschaftlichen Fakten gleich sind.
Auch bei Sondervorgängen wird die Rechtsformneutralität nicht gewahrt, da eine Erfassung als Betriebsgewinn nicht möglich ist und somit eine nach der Rechtsform unterscheidende einkommenssteuerliche Behandlung die Folge ist [147].

(2) Neben der mangelnden Rechtsformneutralität bei Anteilsveräußerungen und anderen Sondervorgängen stellt sich insbesondere das folgende, allen traditionellen Betriebssteuerkonzepten innewohnende, Problem.
Eine Unterscheidung zwischen thesaurierten Gewinnen und entnommenen/ ausgeschütteten Gewinnen muss, um eine Verletzung des Art. 3 I GG zu vermeiden, auch für Nichtunternehmer zu einer Unterscheidung hinsichtlich des konsumierbaren und des nicht konsumierbaren Einkommens führen [148]. Gerade die private Vermögensverwaltung müsste in den Betriebsbegriff einbezogen werden und von der Begünstigung der nicht für den Konsum zur Verfügung stehenden Einkommensteile profitieren können. Dies sehen die traditionellen Betriebssteuerkonzepte aber nicht vor.

Als Rechtfertigung für diese Differenzierung wird angeführt, dass die regelmäßige Steuerbelastung eines Arbeitnehmers/ Sparers grundsätzlich unter der Betriebsteuerbelastung liegt [149]. Dieses Argument greift aber nicht, da es zum einen heute viele nichtselbständige Spitzenverdiener gibt und zum anderen handelt es sich um eine Generalisierung, welche bei weiterer Monopolisierung der Wirtschaft in die andere Richtung umschlagen kann.

Weiterhin versucht man die Unterscheidung mit dem Argument zu rechtfertigen, dass man sich von der Gleichstellung und dem Vergleich des Privateinkommens des Individuums und des Gewinns des Unternehmens trennen müsse [150]. Dies folge daraus, dass das Prinzip der Besteuerung nach der Leistungsfähigkeit personenbezogen sei [151]. Das Unternehmen sei gegenüber dem Unternehmer verselbständigt, was für den Unternehmensgewinn zur Folge hat, dass eine Orientierung an der Leistungsfähigkeit des Individuums unter Berücksichtigung subjektiver Merkmale nicht sachgerecht ist.
Diese Trennung ist dort gerechtfertigt, wo das Individuum nicht auf das Einkommen zum Zweck des Privatkonsums zurückgreift. Es gibt keinen sachgerechten Grund, insoweit zwischen Unternehmern und Nichtunternehmern zu unterscheiden. Daher besteht auch hinsichtlich des im Unternehmen verbleibenden Gewinns kein sachgerechter Grund, diesen gegenüber sonstigen gesparten Einkommen, welche ebenso wie die im Unternehmen verbleibenden Einkünfte nicht für Konsumzwecke zur Verfügung stehen, zu begünstigen. Sowohl Unternehmer

---

147 Englisch, DStZ 1997, 778 (785).

148 Tipke, NJW 1980, 1079 (1080); Wendt, StuW 1992, 66 (72).

149 Knobbe- Keuk, DB 1989, 1303 (1306).

150 Knobbe- Keuk, a.a.O.; Graß, Unternehmensformneutrale Besteuerung, S. 55.

151 Hiergegen zu Recht Frenz, StuW 1997, 116 (124 f.), welcher die Leistungsfähigkeit von Unternehmen anerkennt.

als auch Nichtunternehmer können bezüglich des gesparten Einkommens die Anlageform (Aktien, Grundbesitz, Darlehen an Unternehmen usw.) frei wählen. Insbesondere bei einem Darlehen eines Nichtunternehmers an ein Unternehmen ist nicht ersichtlich, warum im Vergleich dazu die Investition des Betriebsinhabers in sein oder ein anderes Unternehmen anders behandelt werden sollte.

Auch eine Rechtfertigung aus dem Ziel der Förderung der Wirtschaftlichkeit und der damit verbundenen Stärkung der marktwirtschaftlichen Ordnung ist aufgrund des vorstehenden Argumentes nicht möglich. Die Einschränkung des Gleichheitssatzes ist insofern nicht verhältnismäßig [152].

Letztlich greift auch das Argument zu kurz, die Unternehmen seien Gemeinwohleinrichtungen [153]. Eine starke Sozialbindung des Unternehmensvermögens ist durchaus zu bejahen. Im Vergleich zu anderen Vermögensarten ist die Sozialbindung vielfach stärker, wie sich aus der Konkretisierung durch arbeits- und sozialrechtliche Vorschriften ergibt. In den Unternehmen werden bezüglich der Steuern und Abgaben nicht nur die Steueraufkommen auf Unternehmensgewinne, sondern auch das Aufkommen der Lohnsteuer, der Umsatzsteuer u.a. erwirtschaftet. Ein aus der Sozialbindung folgender Gemeinwohlaspekt der Unternehmen ist daher nicht zu leugnen. Dies macht die Unternehmen aber noch nicht zu puren Gemeinwohleinrichtungen [154].
Selbst wenn man die Unternehmen als solche Gemeinwohleinrichtungen ansieht, dürfen gerade deshalb von Nichtunternehmern vorgenommene Investitionen in Unternehmen nicht anders behandelt und von einer Begünstigung ausgeschlossen werden.

Insofern liegt aufgrund der Enge des Betriebsbegriffs ein Verstoß aller traditionellen Betriebssteuerkonzepte gegen das Leistungsfähigkeitsprinzip und Art. 3 I GG vor [155].

(3) Schließlich ist aufgrund des beschränkten Betriebsbegriffs von einer Fehlleitung der Kapitalströme auszugehen [156]. Das Kapital wird im Unternehmen „eingesperrt" und es wird verhindert, dass das Kapital einen produktiveren bzw. innovativeren Weg geht [157].

(4) Des Weiteren sind die Modelle, welche keine Anrechnung der Betriebssteuer bei der Einkommensteuer vorsehen, mit dem Leistungsfähigkeitsprinzip nicht zu vereinbaren [158].

(5) Hinsichtlich der Verlustberücksichtigung bestehen die oben bei der Teilhabersteuer aufgezeigten Bedenken. Die Minderung der persönlichen Leistungsfähigkeit von vollhaftenden Per-

---

[152] Frenz, StuW 1997, 116 (128).

[153] So aber Knobbe- Keuk, DB 1989, 1303 (1306).

[154] Wendt, StuW 1992, 66 (72); Englisch, DStZ 1997, 778 (785); Frenz, StuW 1997, 116 (123); anderer Ansicht Knobbe- Keuk, DB 1989, 1303 (1306).

[155] Englisch, DStZ 1997, 778 (786 f.).

[156] Gattermann, BB 1989, 917 (920); Englisch, DStZ 1997, 778 (787).

[157] Wendt, StuW 1992, 66 (74) tritt aus diesem Grund für eine verwendungsneutrale Besteuerung erwirtschafteter Gewinne ein (76 f.); Knobbe- Keuk führt in DB 1989, 1303 (1305) an, dass es in Deutschland an einem funktionierenden Kapitalmarkt fehle und nichtunternehmerische Kapitalanlagen vorgezogen werden.

[158] Lang, StuW 1989, 3 (10).

sonengesellschaftern wird nicht berücksichtigt, wenn eine Verlustberücksichtigung nur auf Unternehmensebene erfolgt.

(6) Neben einigen Mängeln bei der Rechtsformneutralität sind die traditionellen Betriebssteuerkonzepte auch nicht finanzierungs- und quellenneutral, wie *Seidl* nachweisen konnte [159]. Dies folgt hauptsächlich aus der unterschiedlichen steuerlichen Behandlung von Erträgen aus Beteiligungsfinanzierung an Betriebsvermögen einerseits und von Erträgen aus Fremdfinanzierung bzw. sonstigen Kapitalerträgen andererseits. Daraus ergeben sich sowohl die Bevorzugung bestimmter Finanzierungsquellen als Verstoß gegen die Finanzierungsneutralität als auch die steuerlich unterschiedliche Behandlung je nach Herkunftsquelle als Verstoß gegen die Quellenneutralität.

(7) Letztlich ist als negativ zu vermerken, dass bei einem niedrigen Betriebssteuersatz die Gesellschafter mit hohen persönlichen Steuersätzen für eine Gewinnthesaurierung eintreten, während Gesellschafter mit niedrigen persönlichen Steuersätzen auf die Gewinnausschüttungen angewiesen sind. Die Interessengegensätze zwischen Mehrheits- und Minderheitsgesellschaftern verstärken sich somit noch mehr.

Aufgrund der angeführten Kritik sind die vorstehenden Konzepte abzulehnen. Die fehlende Rechtsformneutralität und die Beseitigung der anderen, zum Zeitpunkt des Regierungswechsels bestehenden Mängel der Unternehmensbesteuerung sind aber nicht die einzigen Anforderungen an eine zukünftige Unternehmensbesteuerung. Daher müssen die weiteren Vorgaben im Folgenden dargestellt werden.

II Ausgestaltung einer zukünftigen Unternehmensbesteuerung

Hinsichtlich eines Reformvorhabens ist anfangs zwischen den zwingenden verfassungsrechtlichen Forderungen und der normativ-ethischen Wirkkraft des verfassungsrechtlichen Wertsystems zu unterscheiden [160]. Die Rechtswissenschaft hat nicht nur das Grenzverhalten der bisherigen Rechtslage gegenüber der Verfassung zu überprüfen, sondern es muss das verfassungsrechtliche Wertsystem optimal verwirklicht werden. Dies wird um so deutlicher vor dem Hintergrund, als dass sich das Grundgesetz nicht auf eine bestimmte Wirtschaftsverfassung festgelegt hat [161] und aufgrund des Gestaltungsspielraums des Steuergesetzgebers ein rationales Steuerrecht vor dem BVerfG nicht erzwungen werden kann [162].
Entwürfe zur Neuordnung müssen also nicht nur die verfassungsrechtlichen Ge- und Verbote, sondern das gesamte verfassungsrechtliche Wertsystem bestmöglich verarbeiten [163].

---

[159] in StuW 1989, 350 (355).

[160] Lang, StuW 1990, 107 (110).

[161] BVerfG vom 20. 7. 1954, E 4, 7 (17f.); vom 11. 6. 1958, E 7, 379 (400); vom 1. 3. 1979, E 50, 290 (337).

[162] Herzog, DStZ 1988, 287 (289).

[163] Um den Rahmen der Arbeit nicht zu sprengen, wird an einigen Stellen der Überprüfung des Grenzverhaltens der Rechtslage allerdings der Vorrang eingeräumt.

Ziel einer Reform der Unternehmensbesteuerung muss die Verbesserung der Rahmenbedingungen für die unternehmerische Betätigung sein. Dadurch wird die Wettbewerbsfähigkeit deutscher Unternehmen und das Wirtschaftswachstum gestärkt, wodurch mehr Arbeitsplätze sowie höhere Einkommen geschaffen werden [164].
Dies waren letztlich auch die Hauptziele der neuen Regierung am Ausgangspunkt der Reformvorhaben.
Neben der Beseitigung der aufgeführten Kritikpunkte müssten aber auch die geänderten gesellschaftlichen Verhältnisse in eine Reform der Unternehmensbesteuerung einfließen.

1. Weitere Anforderungen

a) Grundsatz gleichmäßiger Besteuerung

aa) Das Leistungsfähigkeitsprinzip

Dem Leistungsfähigkeitsprinzip als Ausformung des Gleichheitssatzes muss entsprochen werden. Das gesamte Steuersystem hat diesem Prinzip als Konkretisierung des in Art. 3 I GG verankerten Verfassungsgrundsatzes gerecht zu werden.
Nach *K. Vogel* findet das Leistungsfähigkeitsprinzip daneben grundlegend in Art. 106 GG sowie im Rechtsstaatsprinzip (Art. 20 III GG) und im Sozialstaatsprinzip seine verfassungsrechtliche Stütze [165].

Insbesondere ist die Rechtsformneutralität der Besteuerung als Ausfluss des Leistungsfähigkeitsprinzips zu verwirklichen.
Gerade die wahllose Durchbrechung des Leistungsfähigkeitsprinzips führt zum kaum überschaubaren Steuerchaos, da dieser Grundsatz für die Systematisierung und damit für die Durchschaubarkeit der Besteuerung sorgt. Abweichungen sind nur in Ausnahmefällen zuzulassen, wobei eine sachgerechte Abwägung i.S.d. Verhältnismäßigkeitsprinzips zu erfolgen hat.
Im Grundsatz müssen gleiche wirtschaftliche Sachverhalte auch die gleiche Besteuerung zur Folge haben. Unterschiedliche wirtschaftliche Sachverhalte, die auf individuell gestaltbaren Besonderheiten beruhen, darf der Gesetzgeber auch gleich besteuern, sofern er den steuererheblichen Anknüpfungspunkt im typischen Lebensvorgang erfasst [166]. Der Gleichheitssatz fordert insoweit die Regelung eines allgemein verständlichen und möglichst unausweichlichen Belastungsgrundes, weshalb individuelle Besonderheiten unberücksichtigt bleiben können [167].

---

164 Wendt, StuW 1992, 66 (69).

165 Vogel, DStJG 12 (1989), 123 ff., 144.

166 BVerfG vom 10.04.1997, E 96, 1 (6 f.); BVerfG vom 07.12.1999, E 101, 297 (309).

167 BVerfG vom 10.04.1997, E 96, 1 (7).

bb) Gesellschaftliche Anforderungen an den Indikator der Leistungsfähigkeit

aaa) Anknüpfungspunkte und Gestaltungsspielraum hinsichtlich des Steuergegenstandes

Für die Messung der Leistungsfähigkeit stellt sich die Frage nach dem richtigen Indikator. Hinsichtlich des Zeitpunktes des Steuerzugriffs können drei Leistungsfähigkeitsindikatoren unterschieden werden [168]. Es kann zum einen an das Einkommen (Vermögenszugang) und zum anderen auf das Vermögen (Konsum- und Investitionsfond) oder den Konsum (Güterverbrauch)[169] zurückgegriffen wird [170], wodurch letztlich auch wieder der Gewinn bzw. der ehemalige Vermögenszugang belastet wird.
Bei der Überlegung, welches nun der „richtige" Indikator sei, ist entscheidend, welche gesellschaftlichen Anforderungen an das Steuersystem gestellt werden [171].

Spätestens hier wird klar, dass es den „richtigen" Indikator steuerlicher Leistungsfähigkeit auf Dauer nicht geben kann. Vielmehr muss eine ständige Anpassung an den Gesellschaftswandel erfolgen, wobei der ideale Indikator entsprechend den gesellschaftlichen Verhältnissen sich von der einen Extremposition zur anderen Extremposition bewegen kann und meist eine Kombination aus mehreren Indikatoren sein wird. Entscheidend ist, inwieweit der Staat zum Zweck der Umverteilung in die ökonomische Handlungsfreiheit eingreifen muss. Auch hieraus rechtfertigt sich letztlich der Gestaltungsspielraum des Gesetzgebers bei der Schaffung und Abgrenzung von Steuerquellen.

Meines Erachtens gibt die Verfassung keinen Anhaltspunkt für einen Leistungsfähigkeitsmaßstab [172]. Die Grundrechte, und hier insbesondere der vom BVerfG aus Art. 14 II GG abgeleitete Halbteilungsgrundsatz [173], sagen letztlich nur etwas über die Höhe des Steuerzugriffs aus. Das gilt hauptsächlich für die Steuern auf den Vermögensbestand, wonach der Steuerzugriff auf die Ertragsfähigkeit des Vermögens begrenzt ist [174]. Allein bei einer Anknüpfung an den Vermögensbestand bestehen im Hinblick auf Art. 14 I GG verfassungsrechtliche Bedenken.
Ansonsten ist der Steuerstaat bei der Festlegung des Leistungsfähigkeitsindikators und damit bei der Schaffung und Abgrenzung von Steuerquellen weitgehend frei. Insoweit genügen nach Ansicht des BVerfG sachlich einleuchtende Gründe, wie z.B. volkswirtschaftliche, steuertechnische, finanz- oder sozialpolitische Erwägungen [175]. Beschränkungen bei der Auffin-

---

168 Hierzu Tipke/ Lang, Steuerrecht, Rdnr. 95 ff zu § 4.

169 Zur Ausgabensteuer Mitschke, Finanzarchiv 1980, 274 ff.; Weissflog, StuW 1983, 337 (342 ff.).

170 Unter anderem Thiel auf einem Symposium, zusammengefasst von Balke, StuW 1996, 192 (197).

171 Tipke/ Lang, Steuerrecht, Rdnr. 96 f. zu § 4.

172 Ebenso Tipke/ Lang Steuerrecht, Rdnr. 98 zu § 4; a. A. Wendt, StuW 1992, 66 (71), wonach die Erfassung des Vermögenszuwachses im Zeitpunkt der Konsumierung nicht der zentrale Maßstab sein könne; auch Reiß, a.a.O., S. 6/ 8 steht einer Besteuerung nach der Einkommensverwendung zweifelnd gegenüber; ebenfalls anderer Ansicht Frenz, StuW 1997, 116 (127), der die Anknüpfung an den Konsum als Verstoß gegen das Leistungsfähigkeitsprinzip sieht, wobei allerdings die Möglichkeit der Rechtfertigung besteht.

173 BVerfG vom 22. 06. 1995, E 93, 121 ff; a. A. die Bindungswirkung verneinend und einen aus der Verfassung abgeleiteten Halbteilungsgrundsatz ablehnend Arndt/ Schumacher, NJW 1995, 2603, (2605); ebenso FG Düsseldorf vom 05.11.1997, EFG 1998, 378 (378f); FG Münster vom 15.05.1998, EFG 1998, 1656 (1657f); BFH vom 11.8.99, BStBl. 1999, S. 771.

174 BVerfG, aaO., nach dem Halbteilungsgrundsatz erfolgt die Begrenzung auf die Hälfte des Sollertrages.

175 BVerfG vom 30. 10. 1961, E 13, 181 (202 f.); BVerfG vom 13. 7. 1965, E 19, 101 (111).

dung von Steuerquellen ergeben sich hier zu Recht nur aus zwingenden verfassungsrechtlichen Differenzierungsge- und -verboten (Art. 1 I, 3 II, III, 14 GG) bzw. aus einigen finanzverfassungsrechtlichen Grundsätzen (Art. 106 GG). Innerhalb des insoweit bestehenden Gestaltungsspielraums kommt also jedes durch die Verfassung legitimierte Ziel in Betracht [176]. In Bezug auf den Steuergegenstand ist der Gleichheitssatz aufgrund der Gestaltungsfreiheit des Gesetzgebers zur Wirkungslosigkeit verurteilt und seiner Struktur entsprechend inhaltsleer. Der in Bezug auf Art. 3 I GG relevante Zweck der Besteuerung ist auf die Beschaffung von Staatseinnahmen gerichtet und einer Abwägung nicht zugänglich [177]. Das zur Ausfüllung des Gleichheitsgrundsatzes von außen herangetragene Leistungsfähigkeitsprinzip hilft nur, wenn eine Steuer besteht. Es besagt dagegen nicht, welche Steuern bestehen dürfen und wer oder was besteuert werden muss [178]. In Betracht auf die Außenabgrenzung der Steuerquellen sind zwar sachlich einleuchtende Gründe erforderlich, jedoch ist dem Steuergesetzgeber ein größerer Spielraum zuzugestehen als bei der konkreten Ausgestaltung der Steuer. Eine Verletzung des Gleichheitssatzes scheidet schon dann aus, wenn die Ausnutzung bzw. Nichtausnutzung von Steuerquellen durch sachliche Gründe hinreichend motiviert ist [179].
Insofern ergibt sich aus der Konzeption der Bundesrepublik als Steuerstaat eine Steuerbegründungsfreiheit, welche nur wenigen Beschränkungen unterliegt.

Die Gestaltungsfreiheit des Steuergesetzgebers hinsichtlich der Wahl des Leistungsfähigkeitsindikators bzw. der Steuerquellen ergibt sich auch daraus, dass er durch die Steuerpolitik lenkend auf die Volkswirtschaft und den Staatshaushalt einwirken darf. Dem Staat muss es möglich sein, sich durch seine „Investitionspolitik" von Lasten zu befreien bzw. die Einnahmen zu vergrößern. Der Staat hat gegenüber seinen Bürgern eine Verantwortung wahrzunehmen (z.B. Sicherung des Existenzminimums), welche er mit Steuereinnahmen als der Haupteinnahmequelle finanziert. Die Steuereinnahmen sind aber stark wirtschaftsabhängig. Durch die Besteuerung nimmt der Staat am wirtschaftlichen Erfolg der Bürger teil, um seinerseits mit den so erlangten Mitteln seine Aufgaben erfüllen zu können [180].
Sofern die Wirtschaft floriert, mehren sich die Steuereinnahmen und die vom Staat gegenüber seinen Bürgern wahrzunehmende finanzielle Verantwortung mindert sich, da ausreichend Arbeitsplätze und damit weniger Arbeitslose bzw. Sozialhilfeempfänger vorhanden sind [181]. Kommt es zu einer Verschlechterung der Wirtschaftslage, mindern sich die Einnahmen und erhöhen sich die Ausgaben. Die gestiegenen Ausgaben lassen sich wiederum nur durch eine Erhöhung der Steuer- und Abgabenlast kompensieren. Als nächster Schritt in dieser „Teufelsspirale" ist die daraus folgende Kostensteigerung der unternehmerischen Tätigkeit und der Beschäftigung zu verzeichnen, wobei durch eine Umlage auf die Kunden die Konkurrenzfähigkeit deutscher Unternehmen weiter sinkt [182].

---

176 BVerfG vom 13. 7. 1965, E 19, 101 (112/ 114).

177 Lehner, Einkommensteuerrecht und Sozialhilferecht, S. 303.

178 Zitzelsberger, Die Gewerbesteuer, S. 185.

179 BVerfG vom 30. 10. 1961, E 13, 181 (203).

180 Klein, BB 1998, 1180 (1180).

181 Die Kosten für Arbeitslosigkeit betrugen schon in 1996 rund 160 Mrd. DM. Als weitere Folge der Arbeitslosigkeit sind Mindereinnahmen bei der Lohnsteuer, der Umsatzsteuer und bei weiteren Abgaben zu verzeichnen. In 1996 waren dies rund 250 Mrd. DM. Schließlich entstehen weitere Kosten durch die Sozialhilfe, wenn Arbeitslosengeld bzw. Arbeitslosenhilfe auslaufen. Die Kosten sind seit 1996 bis zum jetzigen Zeitpunkt nur noch weiter gestiegen. Borggräfe, BB 1997, 2189 (2193).

182 Borggräfe, BB 1997, 2189 (2194).

In dieser Situation muss es dem Staat möglich sein, durch eine Verschiebung des Besteuerungszeitpunktes auf die Wirtschaft einzuwirken, um sich vor einem Kollaps zu bewahren. Durch solche von Seiten des Staates getätigten „Investitionen" in Form von Steuerzurückhaltung kann sich der Staatshaushalt auf längere Sicht sanieren.

bbb) Aktuelle Gründe für eine teilweise konsumorientierte Besteuerung

Dem Staat kommt aufgrund steigender Konsumierung gegenüber der Umwelt, den Entwicklungsländern und zukünftigen Generationen eine Verantwortung zu, welcher er endlich gerecht werden muss. Zu diesem Zweck muss der Staat auf den Konsum als Besteuerungszeitpunkt zurückgreifen, indem die für den Konsum zur Verfügung stehenden Mittel einer erhöhten steuerlichen Belastung unterzogen werden.

Außerdem zeigen die vorstehenden Ausführungen, dass den in Unternehmen getätigten Investitionen ein stärkerer sozialer Bezug zukommt als den Einkommensteilen, welche dem einzelnen Individuum für den eigenen privaten Konsum zur Verfügung stehen [183]. Somit sprechen sozialpolitische bzw. volkswirtschaftliche Aspekte für eine teilweise konsumorientierte Besteuerung durch eine Belastung der für den Konsum zur Verfügung stehenden Mittel. Der Staat hat bei seiner „Investitionspolitik" aber immer das Sozialstaatsprinzip aus Art. 20 GG zu beachten und sozialen Missständen vorzubeugen.

Sofern auf ein hohes Maß an Umverteilung Wert gelegt wird, ist einer kapitalorientierten Besteuerung der Vorzug zu geben. Hier wird der Anteil des Staates möglichst früh, also vor dem Konsum abgeschöpft, zu einem Zeitpunkt, in dem das Vermögen entsteht oder zumindest noch nicht verwendet ist. So stellte sich die Lage im 19. Jahrhundert aufgrund der sozialen Missstände dar. Auch heute liegt dieses Verständnis von Steuergerechtigkeit dem geltenden Steuerrecht zugrunde.

An der Wende zum 21. Jahrhundert ist die Situation aber eine etwas andere. Der seit einiger Zeit zu beobachtende Steuerwiderstand in Form von Steuervermeidungsstrategien und die staatliche Lenkungspolitik haben den Gerechtigkeitswert der Einkommensteuer, die steuerliche Leistungsfähigkeit gleichmäßig zu erfassen, ausgehöhlt und zu einer Verkomplizierung des Steuerrechts geführt [184]. Sowohl technische Schwierigkeiten als auch dem Menschen innewohnende Eigenschaften führen dazu, dass eine Einkommensteuer mit starker Progression und einer Orientierung an der Reinvermögenszuwachstheorie [185] nicht gleichmäßig vollziehbar ist. Nicht gleichmäßig durchgeführten Gesetzen mangelt es aber an Gleichheitseffizienz, was wiederum eine Verletzung des Gleichheitssatzes zur Folge hat [186].

---

183 A. A. Frenz, StuW 1997, 116 (122). Dieser ist der Ansicht, dass ein stärkerer Sozialbezug des in Unternehmen investierten Vermögens zu verneinen ist, da erst der Konsum die Nachfrage schafft, auf die die Unternehmen mit ihrer Produktion reagieren. Allerdings übersieht diese Ansicht zum einen die hierzulande starke Exportbranche, zum anderen kann erst jenes Geld ausgegeben werden, welches vorher erwirtschaftet wurde!!

184 So schon Lang in StuW 1990, 107 (114) und seitdem ist es keinesfalls besser, sondern eher noch verworrener geworden.

185 Im Ideal werden global alle realisierten und nichtrealisierten Wertzuwächse erfasst.

186 Tipke/ Lang, Steuerrecht, Rdnrn. 70f, 130 zu § 4; BVerfG vom 27. 6. 1991, E 84, 239; vom 22. 6. 1995, E 93, 121 (134).

In diese Entwicklung fällt nun das Konzept einer konsumorientierten Besteuerung. Hiernach wird die Gesellschaft möglichst freiheitlich und individualistisch konzipiert, wobei dem Bürger die Verantwortung für seinen Wohlstand obliegt [187]. Der Steuerzugriff des Staates erfolgt hiernach unter anderem im Zeitpunkt der Konsumierung, also wenn die Mittel für den Konsum zur Verfügung stehen.
Ein solches Steuersystem ist relativ spar- und investitionsfreundlich, da die Abschöpfung durch die Steuer erst im Zeitpunkt der Einkommensverwendung eintritt, wenn der Steuerpflichtige die Früchte seiner Produktivität, seines Sparens und Investierens erntet [188]. Außerdem können auch die Ergebnisse des Sparens wieder steuergünstig den Wirtschaftskreislauf positiv beeinflussen, sofern keine Verkonsumierung erfolgt. Es kommt so zu einer Optimierung des Volkseinkommens. Als Argument für dieses Konzept wird weiterhin angeführt, dass der Zeitpunkt des Konsumierens aus volkswirtschaftlicher Sicht der richtige Zeitpunkt der Besteuerung ist. Eine Besteuerung der Einkommensentstehung beeinträchtigt die Effizienz der Marktwirtschaft übermäßig [189]. Die zu diesem Zeitpunkt entstehenden Steuerlasten stellen ein mehrfaches Konsumopfer dar.

Hier schließt sich wieder der Kreis zur ökonomischen Handlungsfreiheit, mit dem Ziel, den Wirtschaftsprozess so wenig wie möglich zu beeinflussen (Entscheidungsneutralität der Besteuerung) [190].
Die Entscheidungsneutralität der Besteuerung lässt sich aber nur annäherungsweise erreichen, weil jede Besteuerung die Entscheidung der Steuerpflichtigen zur Einkommenserzielung oder Einkommensverwendung beeinflusst [191]. Völlige Neutralität lässt sich nur ohne Steuern erzielen.

Die Entscheidungsneutralität der Besteuerung ist verwirklicht, wenn zumindest der Zeitpunkt des Erwirtschaftens von einem Steuerzugriff völlig freigestellt ist und die Besteuerung auf den Zeitpunkt der Einkommens- und Vermögensverwendung verlagert wird [192]. Allein aus ökonomischer Sicht wäre daher das Steuermodell einer Ausgabensteuer [193] zu bevorzugen.

---

[187] Tipke/ Lang, Steuerrecht, Rdnr. 97 zu § 4.

[188] Lang, StuW 1990, 107 (114).

[189] Rose, StuW 1989, 191 (191); ders., StVj 90, 1 (10 f.); ders., Konsumorientierte Neuordnung des Steuersystems, S. 14.

[190] Lang, StuW 1989, 3 (5); ders., StuW 1990, 107 (115).

[191] Schneider, StuW 1989, 328 (330).

[192] Lang, StuW 1990, 107 (116).

[193] Hierzu Mitschke, Finanzarchiv 1980, 274 ff.; Weisflog, StuW 1983, 337 (342 ff.); McNulty, StuW 1989, 120 (123 ff.).

b) Die Anforderungen des Sozialstaatsprinzips

Das Leistungsfähigkeitsprinzip wirkt aber auch mit dem in der Verfassung verankerten Sozialstaatsprinzip zusammen. Danach hat der Gesetzgeber den Auftrag, für eine gerechte Sozialordnung zu sorgen. Im Kern handelt es sich um den Ausgleich sozialer Ungleichheiten und um die Gewährleistung sozialer Mindeststandards [194]. Danach hat der Staat Sozialleistungen zu erbringen [195]. In Zukunft hat das Steuerrecht daher auch weiterhin seine Umverteilungsfunktion von Vermögen zwischen den Bürgern wahrzunehmen.

Sofern im Sinne der obigen Ausgabensteuer die Einkommenserzeugung und das bloße Innehaben von Vermögen nicht steuerlich belastet sind, besteht die Gefahr, dass sich die Vermögen extrem auseinander entwickeln und zu sozialen Spannungslagen führen [196]. Dies basiert nicht zuletzt auf dem Steuerstundungseffekt, welcher auf die verzögerte Besteuerung des Einkommens auf der Stufe des Konsums zurückzuführen ist. Aus diesem Grund und der rechnungslegungstechnischen Schwierigkeit den Privatkonsum zu erfassen, ist die Ausgabensteuer abzulehnen. Weiterhin bestehen Probleme, die Ausgabensteuer in das Internationale Steuerrecht zu integrieren [197].
Das aus dem Sozialstaatsprinzip folgende Maß an Umverteilung verbietet es, unternehmerisches Einkommen im Zeitpunkt der Erwirtschaftung völlig von steuerlicher Belastung freizustellen [198].

Die aufgrund des Sozialstaatsprinzips erfolgende Umverteilung durch das Gesamtsteuersystem stellt aber nicht mehr die allein wahrzunehmende Verantwortlichkeit dar. Vielmehr treten zunehmend die Probleme des Konsums hinzu. Der Konsum geht zu Lasten der Umwelt, der natürlichen Ressourcen, der Entwicklungsländer und der nachfolgenden Generationen. Da die Volkswirtschaften noch viel Zeit benötigen werden, um sich entsprechend auf die Probleme übermäßigen Konsums einzustellen, ist es gerechtfertigt, die Prozesse der Einkommenserzeugung zwar nicht freizustellen, aber steuerlich zu schonen und stattdessen den Konsum steuerlich zu verteuern, ohne allein diesen zu erfassen [199].

Auch zur Verbesserung der volkswirtschaftlichen Situation ist eine stärkere Konsumorientierung der Besteuerung erforderlich. Da die investierten Einkommensteile nicht für den Konsum zur Verfügung stehen, würden diese einer niedrigeren Besteuerung unterfallen. Hierdurch wird der Anreiz geschaffen, das Einkommen nicht zu verkonsumieren, sondern eher zu investieren. Die breitangelegte Investition hätte nicht nur eine Steigerung des Bruttosozialproduktes zur Folge [200]. Daneben würde auch eine große Wahrscheinlichkeit für die Schaffung neuer Arbeitsplätze bestehen.

---

194 BVerfG vom 3. 7. 1973, E 35, 348 (355 f.); vom 18. 6. 1975, E 40, 121 (133); vom 29. 5. 1990, E 82, 60 (84); vom 25. 2. 1992, E 87, 153 (153 f.).

195 Aus Art. 14 GG ergibt sich der Vorrang der privatnützigen Befriedigung des existenznotwendigen Bedarfs aus selber verdientem Einkommen vor der Abgabe zum „Wohl der Allgemeinheit" (Lehner, a.a.O., S. 365).

196 Lang, StuW 1990, 107 (117).

197 Tipke/ Lang, Steuerrecht, Rdnr. 116 zu § 4.

198 Englisch, DStZ 1997, 778 (780).

199 So Lang, StuW 1990, 107 (118).

200 Hierunter ist das Jahresergebnis des Wirtschaftsprozesses eines Staates zu verstehen.

Außerdem ist es mit dem Sozialstaatsprinzip zu vereinbaren, durch eine Reform der Besteuerung die Wirtschaftsabläufe möglichst wenig zu stören, um durch die Verbesserung der marktwirtschaftlichen Effizienz das Volkseinkommen zu erhöhen [201].

Die heutigen Gesellschaftsverhältnisse erfordern daher, neben der Beseitigung oben angeführter Kritikpunkte, eine kombinierte kapital- und konsumorientierte Besteuerung.
Eine Reform hätte daher vornehmlichst konsumorientierte Gesichtspunkte zu verarbeiten.

2. *Konkrete Lösungsansätze*

Zur Anpassung der Besteuerung an die gegebenen gesellschaftlichen Verhältnisse und zur Behebung obiger Mängel, wird im Folgenden auf das von *J. Lang* entwickelte Betriebssteuerkonzept für die Ertragsbesteuerung verwiesen [202], wobei kleinere Modifizierungen vorgenommen werden.

a) Trennung der Besteuerung des gesparten und des konsumierbaren Einkommens

Die derzeitigen gesellschaftlichen Erfordernisse hinsichtlich der ökonomischen Handlungsfreiheit, der sozialen Solidarität sowie der Wirtschafts- und Arbeitsplatzförderung verlangen eine getrennte Besteuerung des gesparten (einschließlich des investierten und thesaurierten) Einkommens und des für den Privatkonsum verfügbaren Einkommens.
Auch die aufgrund des übermäßigen Konsums in den Vordergrund tretende Verantwortlichkeit gegenüber der Umwelt, den Entwicklungsländern und zukünftiger Generationen erfordert eine gesonderte Einwirkungsmöglichkeit auf den Konsum.

Es handelt sich um volkswirtschaftlich unterschiedliche Größen, die eine getrennte Besteuerung erforderlich machen, um die Ziele marktwirtschaftlicher Effizienz und sozialer Solidarität optimal umsetzen zu können.

---

201 Lang, StuW 90, 107 (117).

202 Siehe zu den nachfolgenden Ausführungen Lang, StuW 1989, 3 ff.; ders., StuW 1990, 107 ff.; Dieses Konzept wurde im Rahmen der später vorgeschlagenen Inhabersteuer von Lang nochmals überarbeitet (Brühler Empfehlungen zur Unternehmensbesteuerung, Kommissionsbericht, Anhang I). Die Inhabersteuer soll als Komplementärsteuer zur Körperschaftsteuer die rechtsformneutrale gleiche Besteuerung der thesaurierten Gewinne sicherstellen und ist auf die speziellen rechtlichen und wirtschaftlichen Verhältnisse von Personenunternehmen zugeschnitten. Da neben der Einkommensteuer und Körperschaftsteuer dann noch eine Inhabersteuer erhoben wird, treten weitere Verkomplizierungen auf. Aus diesem Grund kann dem nachfolgend entwickelten Konzept einer Inhabersteuer hier nicht gefolgt werden. Insbesondere sind auf wirtschaftliche Fakten zurückzuführende notwendige Differenzierungen auch innerhalb einer einheitlichen Betriebssteuer möglich, wie Lang selbst in dem von ihm zu einem früheren Zeitpunkt entwickelten und hier favorisierten Konzept einer einheitlichen Betriebssteuer nachweist. Meines Erachtens gehen die innerhalb der Inhabersteuer vorgenommenen Differenzierungen zu weit und sind nicht unbedingt zweifelsfrei gerechtfertigt. Insbesondere sind die von der Rechtsform abhängigen verschiedenen Anrechnungsverfahren nicht unbedenklich (Inhabersteuer: Vollanrechnungsverfahren innerhalb der ESt.; Körperschaftsteuer: pauschalierendes Halbeinkünfteverfahren innerhalb der ESt.). Letztlich spielt es aber keine Rolle, welchem seiner beiden Konzepte gefolgt wird, da bezüglich des Kernelementes in beiden Konzepten von der Begünstigung des nicht für Konsumzwecke zur Verfügung stehenden Einkommens ausgegangen wird. Diese Begünstigung investierter Einkommen wird jeweils rechtsformneutral ausgestaltet. Die einzelnen Modifizierungen innerhalb der Inhabersteuer gegenüber dem Grundkonzept können daher auch vernachlässigt werden, weshalb hier von seinem Grundkonzept einer Betriebssteuer mit weitem Betriebsbegriff ausgegangen wird.

Nur so bleibt der Steuergesetzgeber in Bezug auf die gesellschaftlichen Anforderungen flexibel. Er kann zum einen aus Umverteilungsgesichtspunkten das gesparte Einkommen stärker be- bzw. entlasten und zum anderen zur stärkeren Beachtung der neuen Verantwortlichkeiten sowie zum Zwecke der Wirtschaftsförderung entsprechend auf das konsumierbare Einkommen einwirken.

Ohne diese Trennung hätte die Einkommensteuer aufgrund der undifferenzierten Belastungswirkung grundsätzlich die gleichen Auswirkungen auf beide Einkommensteile. Sofern der Steuersatz zum Zwecke der Wirtschaftsförderung gemindert würde, hätte dies auch den gesellschaftlich nicht erwünschten Effekt der Förderung des Konsums zur Folge. Eine Lösung des Konflikts durch unterschiedliche Steuersätze innerhalb der Einkommensteuer mit deren progessiven Tarif sind nicht unbedenklich, wie die verfassungsrechtlichen Zweifel des BFH gegenüber § 32c EStG zeigen. Diese Steuersätze führen innerhalb der Einkommensteuer zur Schedulierung der grundsätzlich einheitlichen Einkommensteuer und bergen damit im Zusammenhang verfassungsrechtliche Bedenken hinsichtlich Art. 3 I GG in sich, da mit zweierlei Maß gemessen wird.
Insofern ist die Aufteilung der Einkommensbesteuerung zu begrüßen. Gespartes Einkommen wird von der Betriebssteuer, wobei von einem weiten Betriebsbegriff auszugehen ist, und konsumierbares Einkommen von der Konsumeinkommensteuer erfasst.

b) Art des Tarifs

Ein konkreter Tarifverlauf ist wissenschaftlich nicht bestimmbar. Jedoch will ein progressiver Einkommensteuertarif aufgrund historischer Gegebenheiten den Bürger nach seiner Opferfähigkeit belasten. Durch den progressiven Tarif sollen soziale Gegensätze abgebaut werden, indem einkommensstärkere Schichten eine größere Einbuße an Konsummöglichkeiten erleiden als weniger wohlhabende Steuerpflichtige. Der Tarif ist daher auf das Steueropfer des Bürgers konzipiert. Opferfähig ist aber nur das für den Privatkonsum verfügbare Einkommen. Für diese opfertheoretische Sichtweise spricht auch das subjektive Nettoprinzip im Einkommensteuerrecht. Hiernach stellt sich eine durch die Besteuerung hervorgerufene Einbuße an Konsummöglichkeiten insoweit als unzulässig dar, als der existenznotwendige und damit indisponiblen Teil des Einkommens erfasst würde [203].
Hinsichtlich der Höhe des existenznotwendigen und damit von der Besteuerung freizustellenden Einkommens, ist konsequenterweise auf den sozialhilferechtlichen Gesamtbedarf des Einkommenserwerbers abzustellen [204]. Neben Art. 14 GG als abwehrrechtliches Pendant zur subsidiären Verantwortlichkeit des Gemeinwesens für die Existenzsicherung des einzelnen [205], ergibt sich auch aus dem Grundsatz von der Einheitlichkeit der Rechtsordnung, dass dem Einkommensbezieher durch die Besteuerung nicht das genommen werden darf, worauf er nach Sozialhilferecht einen Anspruch hat.

Gesparte Einkommensteile, d.h. im Unternehmen investierte/ thesaurierte und sonstige gesparte Einkommen (z.B. Spareinlagen, Lebensversicherung), sind aus der Bemessungsgrundlage der Konsumeinkommensteuer auszuscheiden, da diese aufgrund einer anderweitigen

---

203 Englisch, DStZ 1997, 778 (785).

204 Lehner, a.a.O., S. 409, wonach sozilhilferechtliche Maßstäbe das Leistungsfähigkeitsprinzips bedarfsgerecht konkretisieren.

205 Lehner, a.a.O., S. 365.

Zweckbindung (z.B. für die Altersvorsorge) eben zum jetzigen Zeitpunkt für Zwecke des Konsums nicht zur Verfügung stehen. Dementsprechend sollte der progressive Tarif auf das konsumierbare Einkommen beschränkt bleiben [206]. Soweit gesparte Einkommensteile später zu Konsumzwecken zur Verfügung stehen, kommt ebenfalls der progressive Tarif zur Anwendung.

Des weiteren sind bei einem progressiven Tarif und im Einzelfall begrenzten Kompensationsmöglichkeiten unternehmerische und damit risikobehaftete Investitionen durch einen hohen Grenzsteuersatz stärker betroffen als nicht risikobehaftete Investitionen, wie z. B. festverzinsliche Anlagen. Hohe Gewinne werden besonders stark geschmälert, während Verluste nur zu geringen Steuerminderungen führen. Die dem progressiven Tarif innewohnende stärker werdende Grenzbelastung wirkt sich auf die unternehmerische Initiative und die Investitionsbereitschaft aus diesen Gründen demotivierend aus [207].

Letztlich spricht für eine Trennung, dass aufgrund unterschiedlicher gesellschaftlicher und sozialer Standpunkte aus internationaler Sicht eher mit der Harmonisierung bei der Unternehmensbesteuerung zu rechnen ist. Die aufgrund der unterschiedlichen internationalen Besteuerung des Einkommens entstehenden Verteilungseffekte könnten so gemindert werden [208].
Die internationale Harmonisierung wäre ein globalisierender Schritt in Richtung Entscheidungsneutralität der Besteuerung und ein Fortschritt bei der internationalen Wettbewerbsneutralität. Es bestehen viel größere Schwierigkeiten bei der Anpassung verschiedener, die speziellen gesellschaftlichen Gegebenheiten der Länder widerspiegelnder Progressionsverläufe (abhängig von jeweiliger sozialer Umverteilungskomponente) als bei der Einigung über eine proportionale Unternehmensbesteuerung.

Gesparte Einkommen sind somit aus der progressiven Einkommensbesteuerung der natürlichen Personen herauszunehmen und proportional zu versteuern [209].

c) Begünstigung bestimmter Einkommensteile

Wie schon festgestellt ist der Gesetzgeber bei der Festlegung des Leistungsfähigkeitsindikators bzw. des Steuergegenstandes weitgehend frei und nur hinsichtlich der Grundrechte bzw. bestimmter finanzverfassungsrechtlicher Regelungen beschränkt. Dann kann für die Frage der Begünstigung gewisser Anknüpfungspunkte des Leistungsfähigkeitsindikators nichts anderes gelten. Die Benachteiligung des Konsums durch eine Belastung mit einer höheren progressiven Konsumeinkommensteuer und die Begünstigung gesparter Einkommen durch eine niedri-

---

206 Lang, StuW 1990, 107 (118); a.A. Wendt, StuW 1992, 66 (72), welcher auch thesaurierte Gewinne als verfügbar ansieht. Diese abweichende Ansicht basiert aber auf der Schlussfolgerung, dass generell nur an jeden Vermögenszuwachs bei Vermögenszugang als den alleinigen Leistungsfähigkeitsindikator angeknüpft werden kann. Sofern man, wie hier vertreten, auch an das konsumierbare Einkommen als einen möglichen Leistungsfähigkeitsindikator anknüpft, kommt es aber darauf an, ob das Einkommen für den *Konsum* verfügbar ist.

207 Wendt, StuW 1992, 66 (69).

208 Wendt, StuW 1992, 66 (67).

209 Ebenso Lang, StuW 1990, 107 (120); a.A. Schön, StuW 1995, 366 (368), welcher aus der Verfassung entnimmt, dass ein einheitlicher Tarif gefordert ist.

ge proportionale Betriebssteuer müssen aus volkswirtschaftlichen, sozial- oder finanzpolitischen, steuertechnischen oder anderen sachgerechten Gründen gerechtfertigt sein. Solche Gründe sind aber auch ausreichend, da dem Staat aufgrund seiner sozialen Verantwortung gegenüber den Bürgern ein gewisser Spielraum zur Bewältigung dieser Aufgabe gegeben werden muss, um tatsächlich und effektiv agieren zu können.

Meiner Ansicht nach könnte die derzeitige „Attraktivität" des Wirtschaftsstandortes Deutschland und der damit verbundene Arbeitsplatzabbau sowie die damit zusammenhängenden sozialen Folgen aus volkswirtschaftlicher sowie finanz- und sozialpolitischer Sicht einen ausreichenden Grund für eine niedrigere proportionale Besteuerung gesparter Einkommen bieten [210]. Die Steigerung marktwirtschaftlicher Effizienz ist zur Besserung der ökonomischen Verhältnisse unbedingt erforderlich. Das risikobehaftete Unternehmenskapital schafft Wohlstand und Arbeitsplätze und steht daher auch in einer stärkeren Sozialbindung. Auch durch die private Vermögensverwaltung können im gewissen Umfang Arbeitsplätze geschaffen werden. Entscheidender ist aber hier, dass durch die private Vermögensverwaltung in vielen Fällen andere Unternehmen und damit dortige Arbeitsplätze abgesichert werden (Bereitstellung von Fremdkapital in Form von Vermietung, Darlehen usw.).

Allerdings kann einbehaltenes Unternehmenskapital auch zu (Finanz-) Investitionen im Ausland genutzt werden, sodass nicht zweifelsfrei feststeht, ob der verfolgte gesellschaftliche Nutzen auch immer mit diesem Kapital erreicht wird. Insbesondere bei der in Deutschland bedeutenden Investitionsform des Sparens ist nicht sichergestellt, dass das den Geschäftsbanken zur Verfügung gestellte Kapital der freien Wirtschaft in vollem Umfang als Risikokapital zur Verfügung steht [211]. Die Möglichkeit der Zweckerreichung ist aber schon ausreichend. Da die begünstigte Besteuerung der gesparten Einkommensteile von sachlichen Gründen getragen wird und daher nicht willkürlich erfolgt, ist sie verfassungsrechtlich zulässig.
Schon allein aus diesem Grund ist eine Begünstigung investierter Einkommensteile zu rechtfertigen.

Außerdem sprechen die gesellschaftlichen Anforderungen hinsichtlich der neuen Verantwortlichkeiten für eine Benachteiligung im Sinne einer stärkeren Besteuerung des Konsums [212]. Die Sozialschädlichkeit übermäßigen Konsums in Bezug auf die Umwelt, die Entwicklungsländer und die Bedürfnisse künftiger Generationen greift als sachgerechter Grund für eine Besserstellung investierter und nicht für Konsumzwecke zur Verfügung stehender Einkommensteile ein [213].

---

210 A.A. Wendt, StuW 1992, 66 (73).

211 Englisch, DStZ 1997, 778 (785).

212 Lang, StuW 1990, 107 (120).

213 Lang, StuW 1990, 107 (118); ähnlich Frenz, StuW 1997, 116 (128), allerdings einschränkend dahingehend, dass privates Sparen nur insoweit begünstigt ist, als es in Unternehmensanteile fließt.

d) Lösungsansatz einer allgemeinen Betriebssteuer

aa) Grundsätzliches

Die gesparten Einkommensteile sollten von einer Betriebssteuer (Investitionseinkommensteuer) erfasst werden [214]. Vom Betriebsbegriff sollte neben Gewerbetreibenden, Land- und Forstwirten, Freiberuflern auch die private Vermögensverwaltung erfasst werden [215]. Entgegen den ersten Entwürfen [216] soll die private Vermögensverwaltung wegen der praktisch komplizierten lückenlosen betriebssteuerlichen Erfassung von Investitionen im Bereich der privaten Vermögensverwaltung nur im Fall der Ausübung einer Option von der Betriebssteuer umfasst werden [217].
Eine Einbeziehung der privaten Vermögensverwaltung ist nicht nur hinsichtlich der schwierigen Abgrenzungsprobleme zum Gewerbebetrieb vorteilhaft, sondern auch zur Erfassung des gesamten gesparten Einkommens notwendig.
Da die optimale Lösung eine allgemeine Unternehmenssteuer mit Vollanrechnungssystem wäre, sind auch Körperschaften in das Betriebssteuersystem einzubeziehen [218]. Neuerdings bezieht *J. Lang* die Körperschaften aber nicht mehr in das Betriebssteuerkonzept im Sinne einer allgemeinen Unternehmenssteuer ein, da er zwischen Körperschaften und deren Anteilseignern ein Vollanrechnungsverfahren ablehnt. Für personenbezogene Unternehmen hält er aus verfassungsrechtlichen Gründen ein Vollanrechnungsverfahren zu Recht für geboten. Dagegen ist nach seiner Ansicht ein Vollanrechnungsverfahren für körperschaftssteuerliche Unternehmen ungeeignet, da es sich hier grundsätzlich um Publikumsunternehmen handelt und daher aufgrund des Anrechnungsumfangs bzw. der Vielzahl der Anrechnungsfälle ein Vollanrechnungsverfahren sehr missbrauchsanfällig ist [219].
Die Konsequenz hieraus wäre das Ausgliedern aus der allgemeinen Unternehmenssteuer und das Bestehen einer eigenständigen Körperschaftsteuer neben der Betriebssteuer.
Wie spätere Erläuterungen zeigen werden, ist die Abschaffung des körperschaftssteuerlichen Vollanrechnungsverfahrens aber nicht geboten. Vielmehr ist unter Neutralitätsgesichtspunkten gerade das Vollanrechnungsverfahren auch auf körperschaftssteuerlicher Ebene anzuwenden. Dem Vorwurf der Missbrauchsanfälligkeit kann entgegen gehalten werden, dass eine grenzüberschreitende Lösung möglich ist und insbesondere auch durch Vereinfachungen (z.B. Einführung eines einheitlichen Körperschaftsteuersatzes) eine übersichtliche Gestaltung durchgesetzt werden kann, um Übererstattungen auf der (Konsum-) Einkommensteuerebene und damit Missbräuche zu vermeiden. Daher sind auch körperschaftlich organisierte Unternehmen der allgemeinen Betriebssteuer mit einem Vollanrechnungsverfahren zu unterwerfen.

Im Unterschied zur Teilhabersteuer wird der von der Körperschaft erwirtschaftete Gewinn bei der Betriebssteuer in der Form erfasst, als dass der Gewinn auch der Körperschaft zugerechnet

---

214 In seinen Ausführungen zu den Brühler Empfehlungen von Lang als Inhabersteuer bezeichnet.

215 Ebenso Hey, BB 1999, 1192 (1194); ähnlich das von der Kommission zur Reform der Unternehmensbesteuerung vorgeschlagene Modell 2 der ersten Reformstufe BB 1999, 1188 (1189), sowie das für eine zweite Reformstufe vorgeschlagene Modell einer Inhabersteuer, BB 1999, 1188 (1191).

216 Lang, StuW 1989, 3 (10, 13); ders., StuW 1990, 107 (119).

217 Lang, in FS für Schneider, S. 399 (415).

218 Insoweit auch Lang, StuW 1989, 3 (13); ders. , Brühler Empfehlungen zur Unternehmensbesteuerung, Kommissionsbericht, Anhang I, S. 22.

219 Lang, Brühler Empfehlungen zur Unternehmensbesteuerung, Kommissionsbericht, Anhang I, S. 22.

wird. Gerade auch die Körperschaften als Unternehmen sind Zuordnungssubjekte steuerlicher Leistungsfähigkeit. Erst im Falle der Ausschüttung erfolgt eine Belastung auf der Ebene des Anteilseigners mit Konsumeinkommensteuer. Innerhalb der Betriebssteuer als allgemeiner Unternehmenssteuer kommen natürliche und juristische Personen als Steuerschuldner in Betracht [220].
Im Gegensatz zur Teilhabersteuer werden bei diesem Betriebssteuerkonzept zivilrechtliche Fakten, welche wirtschaftliche Folgen in sich tragen und steuerliche Leistungsfähigkeit indizieren, beachtet.

Zu erfassen ist jede nachhaltige selbständige Betätigung am Markt mit Gewinnerzielungsabsicht. Durch die Weite des Betriebsbegriffs werden die Mängel der anderen Betriebssteuermodelle beseitigt. Diese waren meist auf Gewerbebetriebe beschränkt. Als Folge dessen sind andere Einkunftsarten, insbesondere die private Vermögensverwaltung, benachteiligt worden. Konsequenz jener Modelle wäre ein ungerechtfertigter Verstoß gegen das Prinzip gleichmäßiger Besteuerung (Art. 3 I GG). Zwar führt die (niedrig) proportionale Besteuerung des gesparten Einkommens ebenfalls zu einer Begünstigung, jedoch ist die Trennung zwischen gesparten und konsumierbaren Einkommen aus obigen volkswirtschaftlichen und sozialen Gründen verfassungsrechtlich gerechtfertigt. Aufgrund der Weite des hier vertretenen Betriebsbegriffs besteht, im Gegensatz zu anderen Betriebssteuerkonzepten, für die Begünstigung der von der Betriebssteuer erfassten Einkommensteile gegenüber der für den Privatkonsum verfügbaren Einkommensteile ein sachgerechter Grund. Das Konzept von *Lang* verstößt damit nicht gegen Art. 3 I GG [221].

Aus ökonomischer Sicht wird durch diese weite Betriebsdefinition die Entscheidungsneutralität der Besteuerung nicht verletzt.
Dagegen begünstigt die niedrige proportionale Besteuerung allein der im Unternehmen thesaurierten Gewinne die Selbstfinanzierung und hat dadurch eine ökonomisch störende Einsperrwirkung zur Folge (Lock-in-Effekt). Aufgrund einer optimalen Investitionsentscheidung wird dort investiert, wo die meisten Erträge zu erwarten sind. Durch die steuerliche Begünstigung der Selbstfinanzierung wird diese Investitionsentscheidung gestört, da insoweit auch weniger gute Investitionen gefördert werden, was wieder eine Beeinträchtigung des Kapitalmarktes nach sich zieht [222].
Die Investitionsentscheidung wird nur dann nicht beeinträchtigt, wenn die begünstigende Betriebssteuer wie hier den gesamten Kapitalmarkt, die gesamte Spar- und Investitionstätigkeit einschließlich privater Kapitalanlagen erfasst. Eine solche Betriebssteuer ist mit dem Neutralitätsgrundsatz der Besteuerung vereinbar [223]. Aufgrund des weiten Betriebsbegriffs ist sowohl die Rechtsformneutralität, die Finanzierungsneutralität als auch die Quellenneutralität gewahrt [224]. Ein „Lock- in- Effekt" tritt hier nicht auf.

Schuldrechtliche Leistungsbeziehungen sollen generell auch steuerlich anerkannt werden. Damit ist das Durchgriffsprinzip innerhalb der Personengesellschaften aufzugeben. Es entfällt

---

220 Ebenso Lang in einem seiner früheren Aufsätze in StuW 1990, 107 (120).
221 Englisch, DStZ 1997, 778 (787).
222 Lang, StuW 1989, 3 (10).
223 Seidl, StuW 1989, 350 (355 f.); Lang, StuW 1990, 107 (110).
224 Seidl, StuW 89, 350 (356).

damit die sich aus § 15 I 1 Nr. 2 EStG ergebende Umqualifizierung in gewerbliche Einkünfte. Allein im Bereich einer schedulierungsbereinigten Einkommensteuer wäre eine solche Umqualifizierung ohne Auswirkung. Erst durch die Einbeziehung der Gewerbesteuer treten als Folge der Umqualifizierung die Mängel der Rechtsformneutralität zu Tage. Durch die Anerkennung schuldrechtlicher Leistungsbeziehungen wird dieser auch auf eine eventuell erhobene Gewerbesteuer durchschlagende Fakt rechtsformneutral ausgestaltet [225]. Insbesondere entfällt dann das Sonderbetriebsvermögen der Personengesellschafter [226].
Für Einzelunternehmer und Einzelpersonen müssen Ausgleichsregeln geschaffen werden, um zivilrechtlich unterschiedlich, aber wirtschaftlich gleiche Sachverhalte auch gleich zu besteuern. Insbesondere muss allein für steuerliche Zwecke auch hier die Möglichkeit bestehen, eine Vergütung als Betriebsausgabe abzuziehen und insoweit eine gewerbesteuerliche Be-lastung auszuschließen [227].
Für die Anerkennung schuldrechtlicher Beziehungen und die Ausgleichsregeln für Einzelunternehmer spricht auch die Gleichbehandlung mit der steuerlichen Belastung der Arbeitnehmer. Bei denen erfolgt hinsichtlich des Arbeitslohns auch keine gewerbesteuerliche Belastung. Insofern darf es nicht erheblich sein, ob der Unternehmer seine eigene Arbeitskraft vergütet oder einen Arbeitnehmer einstellt.
Des Weiteren wird durch die Freistellung des auf die eigene Arbeitskraft entfallenden angemessenen Unternehmerlohns von der Gewerbesteuer sichergestellt, dass es in einer großen Anzahl der Fälle zu keiner ertragsteuerlichen Belastung des Existenzminimums kommt. Diese gewerbesteuerliche Freistellung ist auch aus Sicht des subjektiven Nettoprinzips als Ausfluss des Leistungsfähigkeitsprinzips wünschenswert [228].

Des Weiteren erfolgt hinsichtlich der Verlustberücksichtigung eine Differenzierung, soweit dies nach der Rechtsform geboten ist. Im Gegensatz zu den traditionellen Betriebssteuerkonzepten werden auch Sondervorgänge (wie z.B. Veräußerungen §§ 16,17 EStG) vollständig und rechtsformneutral auf der Ebene des Beteiligungsbetriebes [229] betriebssteuerlich erfasst [230].

Auf der Betriebssteuerebene sollte zur Vermeidung einer Mehrfachbelastung auf jeder Ebene eine abschließende Besteuerung erfolgen. Zu diesem Zweck ist die rechtsformneutrale Aus-

---

225 Auch Lang kommt im Ergebnis zu einer rechtsformneutralen Ausgestaltung hinsichtlich der Anerkennung von schuldrechtlichen Leistungsbeziehungen. Allerdings will er generell die Vergütungen der Kapitalgesellschaften an ihre Anteilseigner bzw. der Personengesellschaften an ihre Mitunternehmer wieder hinzurechnen, wie dies derzeit nur für Mitunternehmer in § 15 I 1 Nr. 2 EStG geregelt ist (Brühler Empfehlungen zur Unternehmensbesteuerung, Kommissionsbericht, Anhang I, S. 60/ 73 f.).

226 Im Unterschied zu Lang wird hier also der entgegengesetzte Weg eingeschlagen. Bei einer Streichung des Durchgriffsprinzips innerhalb der Personengesellschaften (und damit Wegfall des Sonderbetriebsvermögens) stellt die als Gewinnzuschlagsteuer ausgestaltete und auch von Gewerbetreibenden (z.B. der Personengesellschaft) erhobene Gewerbesteuer keinen Grund für die Wahl einer bestimmten Rechtsform dar, da das Sonderbetriebsvermögen entfällt und damit nicht mehr in die gewerbesteuerliche BMG einbezogen wird.

227 Als Vorbild könnte die im Entwurf zum StSenkG geplante und durch den Vermittlungsausschuss verworfene Norm des § 4a KStG- E dienen. Hiernach konnten Vereinbarungen und Erklärungen über Vergütungen steuerlich wirksam vorgenommen werden. Voraussetzungen waren eine im Voraus klare und eindeutige Formulierung, die Schriftform und die Vorlage beim Finanzamt vor der tatsächlichen Durchführung.

228 Ebenso Lang, Brühler Empfehlungen zur Unternehmensbesteuerung, Kommissionsbericht, Anhang I, S. 58/ 61.

229 Zu diesem zwischengeschalteten Beteiligungsbetrieb später.

230 Ähnlich Rose, BB 2000, 1062 (1067).

gestaltung eines Veräußerungs- und Schachtelprivilegs empfehlenswert [231]. Die abschließende Besteuerung jeder Unternehmensebene wirkt aber nicht über den Bereich der Proportionalbesteuerung hinaus. Eine aus Wettbewerbsgründen erfolgte niedrige proportionale Besteuerung kann für die Progressivbelastung nicht endgültig sein [232].

Das Betriebssteuerkonzept von *Lang* verwirklicht eine rechtsformneutrale Unternehmensbesteuerung daher optimal.

Da keine Bilanzierung als Voraussetzung für die Anwendung des Betriebssteuerbereiches gilt und ein vereinfachtes Anrechnungsverfahren favorisiert wird, ist auch aus Praktikabilitätsgründen dieses Modell vorzuziehen.

bb) Verhältnis der Betriebssteuer zur Konsumeinkommensteuer

Die bisherige Einkommensteuer wird aufgrund der Eliminierung des gesparten Einkommens aus der Bemessungsgrundlage und deren Unterwerfung unter eine proportionale Betriebssteuer zur Konsumeinkommensteuer. Diese erfasst also das übrige für den Konsum verfügbare Einkommen. Hierzu zählen alle dem Steuerpflichtigen aus dem Beteiligungsbetrieb zu Konsumzwecken fließenden Einnahmen sowie die außerhalb des Beteiligungsbetriebes zufließenden steuerpflichtigen Einnahmen, welche nicht rechtzeitig vor Jahresfrist im Beteiligungsbetrieb investiert wurden (insbesondere zur Bestreitung des Lebensunterhaltes verwendeter Arbeitslohn). Bei der Bereitstellung des von der Betriebsteuer erfassten Einkommens für den Privatkonsum erfolgt also eine Belastung mit progressiver (Konsum-) Einkommen-steuer. Die vorherige Belastung mit der proportionalen Betriebssteuer muss nun durch eine Anrechnung vollständig rückgängig gemacht werden. Die erfolgte Aufteilung der Einkommensbesteuerung macht bei einer vorherigen Erfassung im Rahmen der Betriebssteuer und der späteren Besteuerung mit progressiver Konsumeinkommensteuer zur Vermeidung einer Mehrfachbelastung eine Vollanrechnung unbedingt erforderlich und ist aus Gründen der Gleichmäßigkeit der Besteuerung dringend gefordert [233].

Unter Beachtung der Schwierigkeiten des ehemaligen körperschaftssteuerlichen Vollanrechnungsverfahrens wirkt sich die Vereinheitlichung des Thesaurierungssatzes und des Ausschüttungssatzes des Beteiligungsbetriebes vereinfachend aus.
Die Anrechnung der Betriebssteuer erfolgt in dem Sinne, dass der Konsumeinkommensteuer unterliegende, aus der Betriebssteuersphäre stammende und tatsächlich mit Betriebssteuer belastete Einnahmen, mit einer Steuergutschrift in Höhe der der Auszahlung entsprechenden Betriebssteuer verbunden werden, bis das Konto des Betriebssteuerguthabens leer ist.
Nicht der Betriebssteuer unterliegende Einkünfte sind bei Eintritt in die Betriebssteuersphäre (z.B. nach DBA steuerbefreite Gewinne ausländischer Betriebstätten) auf einem besonderen Konto festzuhalten und ohne Steuergutschrift auszuschütten.

---

231 Lang, Brühler Empfehlungen zur Unternehmensbesteuerung, Kommissionsbericht, Anhang I, S. 46.

232 Lang, GmbHR 2000, 453 (458).

233 Lang, StuW 1989, 3 (10); neuerdings beschränkt Lang aber die Vollanrechnung auf den Bereich der Inhabersteuer und lässt zwischen Körperschaften und deren Anteilseignern statt eines Vollanrechnungsverfahrens nur noch ein pauschalierendes Halbeinkünfteverfahren zu (Brühler Empfehlungen zur Unternehmensbesteuerung, Kommissionsbericht, Anhang I, S. 22 ff.). Dem kann nicht gefolgt werden.

Dies gilt insbesondere auch für die erfolgsneutrale Einzahlung in den Beteiligungsbetrieb aus bereits versteuertem Vermögen und deren ebenso erfolgsneutrale Rückzahlung [234].

cc) Überblick über die Ausgestaltung des Tatbestandes und weitere Einzelheiten

Eine besondere Steuerrechtsfähigkeit wird im Rahmen der Betriebssteuer nicht benötigt. Der Betrieb ist das Steuerobjekt und der Betriebsinhaber, welcher eine natürliche oder juristische Person sein kann, ist der Steuerschuldner. Als Bemessungsgrundlage fungiert der Betriebsgewinn. Die ebenso von der Betriebssteuer erfassten Körperschaften sollten einen eigenen, den Anteilseignern vorgeschalteten Beteiligungsbetrieb haben. Dies ist notwendig, da sonst die Anteilseigner die auf die aus der Körperschaft stammenden Gewinne entfallende Steuer zahlen müssten, obwohl es eventuell an einer Ausschüttung fehlt.
Die Beteiligungen an Personenunternehmen und Kapitalgesellschaften sowie das private Erwerbsvermögen (Kapitalvermögen, Immobilien) werden in einem Beteiligungsbetrieb zusammengefasst. Dieser Beteiligungsbetrieb ermittelt seinen Gewinn durch Betriebsvermögensvergleich bzw. Überschussrechnung [235]. Auf der Ebene des Beteiligungsbetriebes ist insbesondere aus Vereinfachungsgründen die Möglichkeit der Gewinnermittlung nach § 4 III EStG zuzulassen, um Nichtunternehmer, welche mit dem Führen von Büchern nicht vertraut sind, nicht über diesen Weg von der Betriebssteuer auszuschließen [236].

Die Kapitalumschichtungen erfolgen grundsätzlich auf der Ebene des Beteiligungsbetriebes und sind damit steuerneutral, da das Überwechseln in eine andere Anlageform die gleichen Besteuerungsfolgen auslöst wie die Gewinnthesaurierung.
Somit ist die Allokationsfunktion des Kapitalmarktes durch das Konzept einer Investitions-/Konsumeinkommensteuer nicht beeinträchtigt oder aufgehoben [237].

Das Einrichten eines Beteiligungsbetriebes hat weiterhin zur Folge, dass die Interessengegensätze zwischen Mehrheits- und Minderheitsgesellschaftern gedämpft werden. Kein Gesellschafter muss bei einer Ausschüttung steuerliche Nachteile im Vergleich zur Gewinnthesaurierung in Kauf nehmen.

aaa) Zahlungsströme

Die Zahlungsströme zwischen der Betriebssteuersphäre und der Konsumeinkommensteuersphäre werden wie folgt behandelt:
Einzahlungen in den Beteiligungsbetrieb werden dort als Einlagen erfasst. Hierbei sind, entsprechend der Herkunft, zwei unterschiedliche Formen zu unterscheiden.
Erfolgt die Einlage aus dem der Konsumeinkommensteuer unterliegenden Einkommensteil und erfolgte noch keine Besteuerung, so ist dieser Teil bei der Konsumeinkommensteuer von der Besteuerung freizustellen und dem Gewinn des Beteiligungsbetriebes zuzuordnen (z.B.

---

234 Lang, StuW 1990, 107 (120).
235 Lang, StuW 1990, 107 (120).
236 Zur Ergebnisermittlung durch Bilanzierung bzw. Überschussrechnung siehe auch Punkt C II 3.
237 Lang, StuW 1990, 107 (122).

auf Sparbuch direkt eingezahlter Arbeitslohn). Dadurch können auch Arbeitnehmer an einer niedrigen Betriebssteuerbelastung teilhaben.
Sofern allerdings die Einlage schon konsumeinkommenssteuerlich erfasst wurde und damit aus bereits endgültig versteuertem Vermögen stammt, soll die Einlage nach *J. Lang* erfolgsneutral behandelt werden.
Bei Auszahlungen dieser Einlagen verfährt *J. Lang* ebenso. Danach sind Auszahlungen aus dem Beteiligungsbetrieb entweder der Konsumeinkommensteuer unter Anrechnung der auf die Auszahlung entfallenden Betriebssteuer zu unterwerfen oder steuerfrei als Rückzahlungen von Einlagen zu behandeln, die erfolgsneutral in den Beteiligungsbetrieb geleistet wurden.

Dieses Verfahren benachteiligt allerdings Arbeitnehmer bei ihren Sparvorhaben, da Arbeitnehmer grundsätzlich endgültig von der Konsumeinkommensteuer erfasst werden, sofern sie nicht vor Ablauf des Kalenderjahres investieren bzw. sofern keine Direktauszahlung des Arbeitslohns in deren Beteiligungsbetrieb erfolgt [238]. Dagegen unterfallen Unternehmer und private Vermögensverwalter grundsätzlich der niedrigeren proportionalen Betriebssteuer. Nur bei der Entnahme aus dem Beteiligungsbetrieb für Konsumzwecke erfolgt eine Belastung mit der progressiven Einkommensteuer. Einzahlungen der Arbeitnehmer, welche aus endgültig (konsum-) versteuertem Vermögen herrühren, werden nicht der Betriebssteuer unterworfen und erfahren somit auch keine Entlastung von der progressiven Steuer. Aber auch hier steht im Falle der späteren Investition das Einkommen nicht mehr für den Privatkonsum zur Verfügung. Entweder investiert der Arbeitnehmer schnellstmöglich und eventuell überhastet in eine ungünstige Investition, bevor die Arbeitseinkünfte in das konsumversteuerte Einkommen gelangen, oder diese Einkünfte bleiben unabhängig von einer späteren (eventuell günstigeren) Investition mit der progressiven Konsumeinkommensteuer behaftet. Es kommt hier also immer noch zu einer Störung der optimalen Investitionsentscheidung.
Bezieher von Einkünften, die von Anfang an von der Betriebssteuer erfasst werden, unterfallen nur mit den für Zwecke des Privatkonsums erfolgten Entnahmen der progressiven Besteuerung.
Die Arbeitseinkünfte sind insoweit nicht den Betriebseinkünften gleichwertig, da eine aus dieser Einkunftsart betriebene Investitionstätigkeit aufgrund der verkürzten zeitlichen Investitionskomponente diskriminiert wird.
Die Arbeitnehmer werden insofern immer noch benachteiligt, sodass eine gleichmäßige Besteuerung nicht gegeben scheint.

Zur Lösung dieses Problems könnte man nachfolgende Überlegungen anstellen.
Es sind auch Zahlungen aus endgültig (konsum-) versteuertem Vermögen der Betriebssteuer zu unterwerfen, wobei der Unterschiedsbetrag zu vergüten ist. Der Unterschiedsbetrag ist derjenige Betrag, um den sich die Konsumeinkommensteuer mindern würde, wenn die Einkünfte gleich im Veranlagungszeitraum des Bezuges investiert worden wären.
Die späteren Auszahlungen aus dem Beteiligungsbetrieb des Arbeitnehmers unterfallen dann natürlich auch der progressiven Konsumeinkommensteuer unter Anrechnung der Betriebssteuer.
Diese Lösung würde auch den Zeitpunkt des Konsums besser beachten, da insoweit die Konsumvermutung rückgängig gemacht wird und die persönlichen Verhältnisse im Zeitpunkt der

---

238 Auf diese Fälle beschränkt Lang die Möglichkeiten der Arbeitnehmer, von der Betriebsteuer zu profitieren (Brühler Empfehlungen zur Unternehmensbesteuerung, Kommissionsbericht, Anhang I, S. 49 sowie Anlage 2 zu Anhang I, S. 10 Punkt 8. 6.).

Auszahlung zu Konsumzwecken aus dem Beteiligungsbetrieb maßgebend sind. Nur das tatsächlich für den Konsum verfügbare Einkommen würde dann mit der progressiven Konsumeinkommensteuer belastet. Die progressive Besteuerung könnte damit durchgängig auf den Zeitpunkt des Konsums verlagert werden.
Diese Lösung betrifft auch die Einkünfte aus selbständigen nicht nachhaltigen Tätigkeiten, sofern Investitionen erfolgen.

Allerdings ist diese Lösung aus technischen Gründen nicht praktikabel und somit nicht durchsetzbar. Das zur Zeit wohl kaum zu überwindende Problem besteht darin, dass jeder der progressiven Steuer unterfallende Einkunftsteil in jedem Jahr aufgrund unterschiedlicher Einkommenshöhe einer unterschiedlichen Steuerbelastung unterliegen kann.
Somit müsste horizontal eine Trennung der in jedem Jahr erzielten Einkommen erfolgen, wobei auch die Ausgaben für den Konsum den unterschiedlich steuerlich belasteten Einkommensteilen zugeordnet werden müssten. Dies würde im Schwierigkeitsgrad das ehemalige Körperschaftsteuer-Vollanrechnungsverfahren (1977) um einiges übertreffen.
Diese Unpraktikabilität hätte zur Folge, dass die Lösung nicht gleichmäßig durchgesetzt werden könnte und daher nicht einer gleichmäßigen Besteuerung gerecht würde.
Die durchgängige Durchsetzung der Begünstigung des (re-)investierten Einkommens scheitert an der praktischen Machbarkeit und kann aufgrund einer gleichmäßigen Durchführung der Gesetze nicht gefordert werden.

Zur Vermeidung unverhältnismäßigen Verwaltungsaufwandes und überkomplizierter/ undurchführbarer Gesetze ist daher die von *J. Lang* vorgeschlagene Lösung gerechtfertigt [239].
Insbesondere ist die Einbeziehung der anderen der Konsumeinkommensteuer unterliegenden Einkünfte in die Betriebssteuer zwar zeitlich beschränkt, aber sonst grundsätzlich möglich. Somit können Arbeitnehmer hinsichtlich ihrer Einkommen aus nichtselbständiger Arbeit nur bei einer Direktauszahlung in den Beteiligungsbetrieb bzw. bei einer Investition bis zum Jahresende an der Betriebssteuer teilhaben [240]. Weiterhin darf nicht vergessen werden, dass die vorzeitige endgültige Belastung mit progressiver (Konsum-) Einkommensteuer gerade auch aus der Nichtinvestition und der Verfügbarkeit zu Konsumzwecken folgt.
Die Vereinfachung dient der besseren Durchführung des gesamten Konzepts und damit auch der gleichmäßigen Besteuerung, so dass insofern ein Verstoß gegen das Leistungsfähigkeitprinzip nicht gegeben ist.

bbb) Verhältnis der Tarife

Des weiteren wird im *Lang'schen* Konzept eine Abstimmung des Proportionalsteuersatzes und des progressiven Tarifs für erforderlich gehalten. Zur Vermeidung von Nachzahlungen wird vorgeschlagen, den Betriebssteuersatz an den Eingangssteuersatz des progressiven Tarifs der (Konsum-) Einkommensteuer zu koppeln. In diesem Sinne wäre ein höherer Eingangssteuersatz unter gleichzeitiger Anhebung des Grundfreibetrages zu wählen. Die Abstimmung

---

239 Tipke/ Lang, Steuerrecht, Rdnr. 130 zu § 4.

240 Hier zeigen sich wieder die Nachteile einer auf das Kalenderjahr bezogenen Abschnittsbesteuerung.

der Steuersätze und die damit zusammenhängende Vermeidung von Nachzahlungen würden außerdem das Anrechnungsverfahren vereinfachen [241].

Hierbei wird konkret ein Betriebssteuersatz von 36 % vorgeschlagen, welcher dann gleichzeitig dem Eingangssteuersatz des progressiven Einkommensteuertarifs entsprechen sollte. Ein solch niedriger Betriebssteuersatz wäre ein starker wirtschaftlicher Anreiz und würde ein deutliches Zeichen für die Belebung des Wirtschaftstandortes Deutschland setzen. Die Vorgaben für die Brühler Kommission beliefen sich für die Gesamtbelastung der thesaurierten Gewinne auf 35 %. Ein niedriger Betriebssteuersatz kommt des Weiteren den Harmonisierungsbestrebungen innerhalb der EU bezüglich der direkten Unternehmensbesteuerung zugute.

Zu beachten ist aber, dass bei der Wahl des Betriebssteuersatzes und der Kopplung an den Eingangssteuersatz der Einkommensteuer den aus dem Sozialstaatsprinzip folgenden Umverteilungsaspekten Rechnung getragen werden muss. Eine Kopplung des Betriebssteuersatzes an den Eingangsteuersatz der Einkommensteuer stößt insoweit auf Bedenken. Aus sozialpolitischen und verfassungsrechtlichen Gründen wird man für die Steuerfreistellung des Existenzminimums und die niedrige Besteuerung kleiner Einkommen eintreten müssen, was einen Eingangssteuersatz von deutlich unter 36 % zur Konsequenz hätte.
Bei einer schon zu Beginn der Unternehmenssteuerreform 1999/ 2000 geplanten deutlichen Absenkung des Eingangssteuersatzes der Einkommensteuer auf unter 20 %, droht bei einer Kopplung zwischen Eingangssteuersatz und Betriebssteuersatz eine Auseinanderentwicklung der Privatvermögen. Das Auseinanderdriften der Privatvermögen könnte einen solchen Umfang annehmen, dass soziale Spannungslagen nicht mehr auszuschließen wären [242]. Den mit der Betriebssteuer verfolgten Umverteilungsaspekten und damit dem Sozialstaatsprinzip würde bei einem solch niedrigen Betriebssteuersatz nicht ausreichend Rechnung getragen werden. Aus Gründen des Sozialstaatsprinzips ist daher eine Kopplung an den Eingangssteuersatz zu versagen und ein gegenüber dem Einkommensteuer- Eingangssatz höherer Betriebssteuersatz festzusetzen. Dem hieraus entstehenden Anreiz für niedrig besteuerte Einkommensteile zu verstärktem Konsum könnte gegebenenfalls durch die Einführung eines abgestuften Tarifs bei der Betriebssteuer entgegengewirkt werden [243]. Bei Ablehnung eines abgestuften Tarifs wäre der Anreiz zu verstärktem Konsum aber trotzdem durch soziale Gründe gerechtfertigt. Insoweit ist den aus dem Sozialstaatsprinzip abgeleiteten Gründen der Vorrang einzuräumen.

dd) Bemessungsgrundlage

Ein niedriger Betriebssteuersatz macht grundsätzlich aus Finanzierungssicht eine Verbreiterung der Bemessungsgrundlage erforderlich. Die Verbreiterung der Bemessungsgrundlage durch Abbau von Steuervergünstigungen und Schließung von Besteuerungslücken beseitigt die ungleiche Steuerbelastung und dient der Steuervereinfachung.

Allerdings fragt sich, was die richtige Bemessungsgrundlage ist, da sich die Reinvermögenszugangstheorie rechtlich nicht durchgesetzt hat und aus praktischer Sicht die gleichmäßige

---

241 Sofern eine Nachzahlung aus der Investition von dem Existenzminimum unterfallenden Einkommen resultieren sollte, ist diese zu erheben, da der Bürger diesen Teil gerade nicht für seinen Privatkonsum benötigte.

242 Siehe unter Punkt C II 1 b.

243 So der Vorschlag von Englisch, DStZ 1997, 778 (787).

Erfassung der Wertzuwächse außerhalb des erwirtschafteten Markteinkommens nicht möglich ist. Die Konsequenz aus den Schwierigkeiten bei der praktischen Durchsetzung ist die Begrenzung der Bemessungsgrundlage auf die erwirtschafteten und am Markt realisierten Einkommen.

Die vollständige Erfassung des Markteinkommens beinhaltet insbesondere die derzeitig nicht erfolgende vollständige Besteuerung der Gewinne aus der Veräußerung des dem Einkommenserwerb dienenden Privatvermögens. Insbesondere auch aus systematischen Gründen ist es nicht einzusehen, dass Abschreibungen bei den Überschusseinkünften zum Ansatz gebracht werden, ohne dass eine Wertaufholung durch eine Erfassung späterer Veräußerungseinkünfte sichergestellt ist. Die Beseitigung des Einkünftedualismus ist aus Finanzierungsgesichtspunkten, dem Grundsatz der gleichmäßigen Besteuerung und unter dem Aspekt der Steuervereinfachung sowie aus systematischen Gründen erforderlich [244].

Sofern mangels Ausübung der Option die private Vermögensverwaltung nicht innerhalb des Beteiligungsbetriebes der Betriebssteuer unterliegt und diesbezügliche Veräußerungsgewinne dort erfasst werden, muss eine Erfassung im Rahmen der Konsumeinkommensteuer sichergestellt sein. Wurde die private Vermögensverwaltung nicht in den Beteiligungsbetrieb einbezogen, kann immer noch durch eine Einzahlung des Veräußerungserlöses in einen eventuell bestehenden Beteiligungsbetrieb eine Erfassung durch die Betriebssteuer erfolgen, wenn noch keine endgültige Besteuerung durch die Konsumeinkommensteuer vorliegt.
Durch die generelle Besteuerung der Gewinne aus der Veräußerung des dem Einkommenserwerb dienenden Privatvermögens kommt es zur vielfach geforderten Beseitigung des Einkünftedualismus [245].

Die Bemessungsgrundlage der Betriebssteuer wird innerhalb des Beteiligungsbetriebes grundsätzlich durch die Investitionseinkünfte gebildet. Die Höhe der Gewinne aus dem Beteiligungsbetrieb und den Investitionseinkünften wird durch die Gewinnermittlungsvorschriften bestimmt.
Sofern Gewinne des der Betriebssteuer unterliegenden Beteiligungsbetriebes entnommen werden, unterliegen diese unter Anrechnung der Betriebssteuer der progressiven Konsumeinkommensteuer, sofern es sich nicht um steuerbefreite Gewinne oder um die Rückzahlung erfolgsneutraler Einzahlungen handelt. Neben diesen Entnahmen/ Auszahlungen aus dem Beteiligungsbetrieb werden außerdem Arbeitseinkünfte und Einkünfte aus sonstiger selbständiger, aber nicht nachhaltiger Tätigkeit durch die Konsumeinkommensteuer belastet.

ee) Ergebnis zur Beseitigung der bestehenden Kritikpunkte

Dieses Betriebssteuerkonzept verwirklicht im Bereich der Einkommen- und Körperschaftsteuer eine Anpassung an die gesellschaftlichen Verhältnisse. Durch die Wahl eines niedrigen proportionalen Betriebssteuersatzes kann sich Deutschland innerhalb des internationalen Steuerbelastungsgefälles günstig positionieren. Der weite Betriebsbegriff innerhalb der Be-

---

[244] Hierzu siehe auch oben hinsichtlich der Kritik an der Unternehmensbesteuerung zum Zeitpunkt des Regierungswechsels.

[245] Lang, Brühler Empfehlungen zur Unternehmensbesteuerung, Kommissionsbericht, Anhang I, S. 66/ 80.

triebssteuer unter Einbeziehung der privaten Vermögensverwaltung führt weiterhin zu einer rechtsformneutralen Unternehmensbesteuerung. Außerdem kommt es, durch die Besteuerung der aus der Veräußerung des dem Einkommenserwerb dienenden Privatvermögens resultierenden Gewinne, zur Beseitigung des Einkünftedualismus. Da unabhängig von Art und Herkunft die Einkommensteile jeweils auf Betriebssteuer- und Konsumeinkommensteuerebene gleich behandelt werden, erfolgt eine synthetische Ausprägung der Einkommensteuer, welche allein durch den Dualismus von Betriebssteuer (Investitionseinkommensteuer) und Einkommen-steuer (Konsumeinkommensteuer) eine gerechtfertigte „Schedulierung" erfährt.

e) Integration einer kommunalen Gewinnzuschlagssteuer [246]

aa) Der Ersatz der Gewerbesteuer nach dem Konzept von *J. Lang*

J. Lang plädierte zuerst für eine Abschaffung der Gewerbesteuer und eine Beteiligung der Gemeinden an der Umsatzsteuer oder der Betriebssteuer [247]. Neuerdings tritt *J. Lang* für eine Revitalisierung der Gewerbesteuer ein [248]. Alle diese Vorschläge sollen hier untersucht werden.

aaa) Abschaffung der Gewerbesteuer

Daher ist zunächst zu prüfen, ob und in welcher Form die offene Abschaffung bzw. eine Abschaffung durch die Nichterhebung der Gewerbesteuer in ihrer jetzigen Form überhaupt möglich ist.

Eine Abschaffung durch Änderung der Verfassung ist unter den Voraussetzungen des Art. 79 GG jederzeit machbar.

Ob die einfachgesetzliche offene Abschaffung bzw. die Nichterhebung der jetzigen Gewerbesteuer möglich ist, ist umstritten.

Zum Teil wird davon ausgegangen, dass Art. 106 VI GG i. V. m. Art. 28 II GG eine Bestandsgarantie für die Gewerbesteuer enthalte [249]. Demnach kann der einfache Gesetzgeber nur Einzelheiten ändern, damit die Regelung des Art. 106 VI GG nicht leer läuft. Es wird dem Art. 106 VI GG eine Bestandsgarantie der dort aufgeführten Steuern entnommen, wonach es sie, zumindest dem Grunde nach und aufkommenstechnisch, geben müsste.

---

[246] Ein Vorschlag dieser Art tauchte schon viel früher bei Ritter, BB 1983, 389 ff., auf.

[247] Tipke/ Lang, Steuerrecht, Rdnr. 61 zu § 4; Lang, StuW 1990, 107 (124); ebenso für die Beteiligung der Gemeinden an der Betriebsteuer als Ersatz für Gewerbesteuer Englisch, DStZ 1997, 778 (787).

[248] Lang, Brühler Empfehlungen zur Unternehmensbesteuerung, Kommissionsbericht, Anhang I, S. 53.

[249] Stern, Staatsrecht II, S. 1152 hinsichtlich der Realsteuern in Art. 106 VI GG a.F.; ebenso Hidien, BB 2000, 485 (486), welcher zwar grundsätzlich die einfachgesetzliche Abschaffung zulässt, jedoch ausnahmsweise bei der Gewerbesteuer, aufgrund deren spezifischer Ausgleichsfunktion im bundesstaatlichen Finanzausgleichssystem eine institutionelle, absolute Bestandsgarantie begründet. Dies ist aber abzulehnen, da schon nach Art. 28 II GG eine Gemeindesteuer abgesichert ist, welche in einem ähnlichen Maße wie die Gewerbesteuer für die Einhaltung der Finanzautonomie zu sorgen hat. Dies muss aber gerade nicht unbedingt die Gewerbesteuer sein.

Nach *Bonk* kann eine Abschaffung der Gewerbesteuer in ihrer jetzigen Ausgestaltung und deren Ersatz bzw. deren andersartige Ausformung eine Änderung des bisherigen Art. 106 VI GG darstellen [250]. Ein solcher Fall soll dann gegeben sein, wenn von Art. 106 VI GG letztlich nur eine „leere Hülle" übrig bliebe, wenn also die derzeitige Gewerbesteuer in ihrer Grundkonstellation nicht mehr fortbestehen sollte bzw. nicht mehr erhoben würde. Es liege dann eine verfassungsrechtlich relevante Änderung vor, welche nur unter den Voraussetzungen des Art. 79 GG möglich sei. Sobald also bei einem Ersatz der Gewerbesteuer oder einer Änderung der Steuertypus der neuen Steuer nicht mehr dem der traditionellen Gewerbesteuer entsprechen würde, müssten nach dieser Ansicht die Voraussetzungen einer Verfassungsänderung vorliegen.

Diese Ansicht verkennt allerdings, dass Art. 106 VI GG nur eine „Wenn-Dann-Vorschrift" ist. Aus Art. 106 GG ergibt sich eine Ertragszuweisung nur für den Fall, dass eine Steuer mit dem dort aufgezeigten Steuertypus tatsächlich existiert. Sofern Steuern, welche in Art. 106 VI GG aufgeführt sind, einfachgesetzlich abgeschafft wurden, unterbleibt eine Ertragszuweisung. Art. 106 VI GG regelt nur die Ertrags- und i. V. m. Art. 105 GG die Gesetzgebungszuständigkeit bezüglich bestimmter Steuertypen [251]. Art. 106 VI GG enthält dagegen nicht die Aussage, dass bestimmte Steuern erhoben werden müssten [252].
Außerdem würde sonst jede Änderung des materiellen Steuerrechts eine Verfassungsänderung bedeuten, da die Änderung ein gewisses Leerlaufen der bisherigen Regelung zur Folge hat [253]. Damit würde aber den Vorschriften über die Steuergesetzgebungskompetenzen (Art. 105 GG) der Boden entzogen.

Nach herrschender Ansicht enthält Art. 106 VI GG daher keine institutionelle Garantie der dort aufgeführten Steuern [254]. Von der Gesetzgebungskompetenz ist daher auch die Befugnis zur Abschaffung der Gewerbesteuer umfasst, weil die in Art. 106 GG genannten Steuern erhoben werden können, aber nicht müssen.

Für diese Ansicht spricht außerdem das Steuerfindungsrecht des Bundes und der Länder, da dieses als negative Kehrseite das Recht enthält, eine bestehende Steuer einfachgesetzlich abzuschaffen [255]. Spätestens seit Wegfall des Steuerkatalogs in Art. 105 II GG ist der Streit um das Steuerfindungsrecht gegenstandslos geworden. Das konkurrierende Gesetzgebungsrecht des Bundes umfasst alle denkbaren Steuern. Eine Beschränkung darf auch nicht über den Umweg des in Art. 106 GG aufgeführten Kataloges herbeigeführt werden. Als einzige Begrenzung ergibt sich aus Art. 106 GG, dass der Steuergesetzgeber auf das dortige Steuerer-

---

250 Bonk, FR 1999, 443 (444 (dort unter 3.)).

251 Zitzelsberger, Die Gewerbesteuer, S. 171.

252 Zitzelsberger, Die Gewerbesteuer, S. 173.

253 Scholz, BB- Beilage 11/ 1988, S. 9 (6.2).

254 Korioth, Der Finanzausgleich zwischen Bund und Ländern, S.429; Maunz in Maunz/ Dürig/ Herzog, Rdnr. 19, 21 zu Art. 106; Siekmann in Sachs, Rdnr. 38 zu Art. 106; Brockmeyer in Schmidt- Bleibtreu/ Klein, Rdnr. 17 c zu Art. 106; auch Rodi, Die Rechtfertigung von Steuern als Verfassungsproblem, S. 166, 178, verneint eine institutionelle Garantie des GG zugunsten der Gewerbesteuer.

255 Brockmeyer in Schmidt- Bleibtreu/ Klein, Rdnr. 5 zu Art. 105 GG, Manssen, Greifswalder Antrittsvorlesungen, 145, 151f.; Fischer- Menshausen in v. Münch/ Kunig, Rdnr. 14a zu Art. 106 GG; Osterloh, NVwZ 1991, 828 (828); a.A. Pieroth in Jarass/ Pieroth, Rdnr. 2 zu Art. 106 GG; Maunz in Maunz/ Dürig/ Herzog, Rdnr. 20 zu Art. 106 GG; Hidien, BB 2000, 485 (486).

tragsverteilungssystem Rücksicht zu nehmen hat [256]. Ein funktionierendes bundesstaatliches System erfordert eine Finanzordnung, die sicherstellt, dass der Gesamtstaat und die Gliedstaaten am Gesamtertrag der nationalen Leistungen sachgerecht beteiligt werden [257]. Das grundgesetzlich vorgesehene Verteilungssystem muss in seinen Grundzügen erhalten bleiben und darf nicht umgangen werden [258]. Eine Ertragsaushöhlung bestehender Steuern muss daher unterbleiben [259].

Damit ist eine Abschaffung der Gewerbesteuer auch ohne Grundgesetzänderung (Art. 79 GG) auf einfachgesetzlichem Wege möglich.

Allerdings ist in diesem Zusammenhang der Art. 28 II 3 GG zu beachten. In dieser Verfassungsnorm ist die Bestandsgarantie für eine den Gemeinden zustehende, mit Hebesatzrecht ausgestattete wirtschaftskraftbezogene Steuerquelle enthalten. Da zur Zeit die Gewerbesteuer die einzige Steuer ist, welche die Voraussetzungen des Art. 28 II 3 GG erfüllt, kann diese nicht ersatzlos abgeschafft werden. Dies würde einen Eingriff in die Selbstverwaltungsgarantie der Gemeinden bedeuten, da den Gemeinden eine wirtschaftskraftbezogene, mit Hebesatzrecht ausgestattete Steuerquelle zusteht. Das muss nicht unbedingt die Gewerbesteuer sein [260]. Aufgrund der Einheit der Verfassung und der bereits vorhandenen Regelungen bezüglich der Kommunen innerhalb der Bestimmungen des X. Abschnitts ist Art. 28 II 3 GG eine exten-

---

256 Hidien, BB 2000, 485 (486).

257 BVerfG vom 9. 2. 1972, E 32, 333 (338).

258 So zur Ergänzungsabgabe BVerfG vom 9. 2. 1972, E 32, 333 (338).

259 Fraglich ist, ob das Steuerfindungsrecht durch die Kopplung von Art. 105/ 106 GG auf die in Art. 106 GG aufgeführten Steuern beschränkt wird, da sich für Steuern, welche nicht den in Art. 106 GG aufgeführten Steuertypen ähnlich sind, keine Ertragsverteilung aus der Finanzverfassung ergibt und damit eine Änderung im finanziellen Ausgleichssystem zu befürchten wäre.
Gegen die entscheidende Einflussnahme neuartiger Steuern auf das finanzielle Ausgleichssystem ist anzuführen, dass es sich bei den neu eingeführten und den bestehenden Steuern gerade nicht um ähnliche Steuertypen handelt und die praktische Relevanz der nicht in Art. 106 GG aufgeführten Steuertypen gering bleiben wird. Die geringe praktische Relevanz ergibt sich schon aus dem Fakt, dass es nur noch in Randbereichen andere Steuertypen gibt, für deren Erhebung sachlich einleuchtende Gründe sprechen würden. Ein Schutz des derzeitigen finanziellen Ausgleichssystems gegenüber neuartigen Steuertypen ergibt sich weiterhin aus Art. 14 GG (insbesondere Halbteilungsgrundsatz). Hiernach ist aus grundrechtlicher Sicht die Höhe neuartiger Steuern zur Zeit generell auf ein minimales gegen Null tendierendes Aufkommen begrenzt.
Eine aufkommensmäßige Beschränkung bei der Einführung neuartiger bzw. bei der Umgestaltung bestehender Steuern ergibt sich auch aufgrund der bestehenden und verfassungsrechtlich geschützten Finanzordnung. Denn wie der Finanzverfassung zu entnehmen ist, dürfen nicht in Art. 106 GG aufgeführte Steuern bezüglich des Aufkommens nur eine untergeordnete Rolle spielen, wenn sie zusätzlich zu den dort aufgeführten Steuern erhoben werden (ebenso Kirchhof, JURA 1983, 505, 508). Anders verhält es sich dagegen nur, wenn sie an die Stelle in Art. 106 GG aufgeführter Steuern treten sollen (z.B. die Betriebssteuer als Ersatz für die Körperschaftsteuer und für Teile der Einkommensteuer). Somit braucht das Steuerfindungsrecht nicht auf in Art. 106 GG aufgeführte Steuertypen begrenzt werden. Eine ertragstechnische Aushöhlung dortiger Steuern ist nicht zu befürchten, da dem Steuerfindungsrecht hinsichtlich der Aufkommenshöhe Grenzen gesetzt sind. Die Finanzordnung kann daher nicht ins Wanken geraten.
Die Ertragsverteilung neuartiger Steuern, welche nicht den in Art. 106 aufgeführten Steuerarten zugeordnet werden können, ist daher dem einfachen Gesetzgeber zu überlassen (ebenso Brockmeyer in Schmidt- Bleibtreu/ Klein, Rdnr. 6 zu Art. 106 GG). Sofern dennoch Verschiebungen im Finanzierungsgefüge entstehen, kann bei Einhaltung der weiteren verfassungsrechtlichen Vorgaben ein Anspruch auf Neufestsetzung des Umsatzsteuerverteilungsschlüssels entstehen (Art. 106 IV GG).

260 BT- Drucksache, 13/ 8340, S. 2.

sive Auslegung verwehrt [261]. Dem Art. 28 II 3 GG ist daher kein Bestandschutz für die Gewerbesteuer zu entnehmen. Bei Abschaffung der Gewerbesteuer erfordert somit Art. 28 II 3 GG nur einen entsprechenden Ersatz.

Zwischenergebnis:

Der einfache Gesetzgeber könnte somit im Rahmen seiner Kompetenz den Steuertypus der Gewerbesteuer durch Nichterhebung offen abschaffen, sofern die Voraussetzungen des Art. 28 II GG durch eine andere Steuer erfüllt bleiben.

bbb) Beteiligung an der Umsatz- oder Betriebssteuer

Die Abschaffung der Gewerbesteuer und nur eine Beteiligung an der Umsatz- oder Betriebssteuer widerspricht gerade Art. 28 II 3 GG, wonach den Gemeinden eine mit Hebesatzrecht ausgestattete wirtschaftskraftbezogene Steuerquelle zusteht. Allein das bezüglich der Grundsteuer bestehende Hebesatzrecht würde den verfassungsrechtlichen Anforderungen nicht genügen, da die Grundsteuer nicht wirtschaftskraftbezogen ist. Der Gemeinde soll durch Art. 28 II 3 GG gerade ein Instrument zur Wirtschaftslenkung in die Hand gegeben werden. Somit muss das Hebesatzrecht gerade in Bezug auf eine wirtschaftskraftbezogene Steuerquelle bestehen. Aufgrund des Systems des Art. 106 GG kann ein Hebesatzrecht nur in der Verfassung verankert und nicht durch den einfachen Gesetzgeber eingeführt werden [262]. Ein Hebesatzrecht ist verfassungsrechtlich nach Art. 106 VI 2 GG nur für die Gewerbesteuer und die Grundsteuer sowie den Gemeindeanteil an der Einkommensteuer Art. 106 V 3 GG verankert. Für die Umsatzsteuer ist ausdrücklich kein Hebesatzrecht vorgesehen. Ohne Verfassungsänderung würde bezüglich der Betriebssteuer nur dann ein Hebesatzrecht bestehen, wenn diese dem Einkommensteuer- oder dem Gewerbesteuertypus entsprechen würde.

Dass die Betriebssteuer nur den Gewinn investierter Einkommen erfasst, spricht nicht gegen den Einkommensteuertypus, da diese Einkommen schon jetzt der Einkommensteuer unterliegen. Entscheidend gegen den Typus der Einkommensteuer spricht aber die Nichtberücksichtigung persönlicher Verhältnisse des Betriebsinhabers als natürliche Person. Die Einkommensteuer mit ihrem progressiven Tarif ist darauf angelegt, das disponible Einkommen zu erfassen. Das subjektive Nettoprinzip (Berücksichtigung notwendiger privater Ausgaben) als Ausfluss des Leistungsfähigkeitsprinzips ist wesentlicher Bestandteil des Einkommensteuertypus [263]. Die Betriebssteuer erfasst aber nur die Gewinne aus gespartem Einkommen, ohne persönliche Verhältnisse mit einfließen zu lassen. Des weiteren sind auch die Körperschaften der Betriebssteuer unterworfen [264].
Somit entspricht die Betriebssteuer nicht dem Typus der Einkommensteuer, mit der Folge, dass sich aus Art. 106 V 3 GG kein Hebesatzrecht herleiten lässt.

---

261 Scholz in Maunz/ Dürig/ Herzog, Rdnr. 84 a zu Art. 28 GG.

262 Brockmeyer in Schmidt- Bleibtreu/ Klein, Rdnr. 11a zu Art. 28 GG.

263 Kirchhof in Kirchhof/ Söhn, Randziffer C 106 zu § 2 EStG.

264 Lang, StuW 1989, 3 (13).

Fraglich ist, ob sich ein Hebesatzrecht eventuell aus Art. 106 VI 2 GG ergibt. Dazu müsste die Betriebssteuer dem Gewerbesteuertypus entsprechen.
Die Gewerbesteuer belastet einen mehr oder weniger großen Bereich der Unternehmen. Derzeit sind dies nur Gewerbebetriebe. Für Unternehmen gibt es keinen einheitlichen Rechtsbegriff. Vielmehr wird der Begriff je nach Willen und Zweck des Gesetzes verwendet [265]. Im Ertragsteuerrecht gehören zu den unternehmerischen Einkünften solche aus Gewerbebetrieb, freiberufliche Einkünfte sowie Einkünfte aus Land- und Forstwirtschaft [266].
Insofern erscheint eine Ausdehnung auf diese unternehmerischen Bereiche möglich. Die Betriebssteuer erfasst aufgrund ihres großen Anwendungsbereiches auch die private Vermögensverwaltung und bei einer Investition auch die Arbeitseinkünfte. Im Gegensatz zu den land- und forstwirtschaftlichen Unternehmern, welche dem Grundsatz nach auch gewerblich tätig sind, wobei nur die Sonderzuweisung in § 15 II EStG eine Aufteilung der Unternehmenseinkünfte zur Folge hat, stellt die Vermögensverwaltung aus ertragsteuerlicher Sicht gerade keine gewerbliche Tätigkeit dar [267]. Eine gewerbliche Tätigkeit im ertragsteuerlichen Sinne setzt gerade voraus, dass der Rahmen einer privaten Vermögensverwaltung überschritten wird [268]. Daher ist die private Vermögensverwaltung nicht als unternehmerische Tätigkeit einzustufen.

Sofern man argumentiert, dass die private Vermögensverwaltung auch dem Unternehmerbegriff aus § 2 I UStG unterfallen kann, ist zu beachten, dass die ertragsteuerliche Betrachtung vorzuziehen ist.
Die Einbeziehung der privaten Vermögensverwaltung würde letztlich auch die äquivalenztheoretische Rechtfertigung der Gewerbesteuer völlig zu Fall bringen, da durch die private Vermögensverwaltung kaum Arbeitnehmer beschäftigt werden und demzufolge auch eine Zurechnung mittelbaren Nutzens entfallen würde [269].
Da nicht nur unternehmerische Einkünfte, sondern auch die private Vermögensverwaltung und unter Umständen auch der Arbeitslohn dem Anwendungsbereich der Betriebssteuer unterfallen, entspricht die Betriebssteuer auch nicht dem Gewerbesteuertypus [270].

Die Betriebssteuer könnte ihrer Ausgestaltung nach in gewisser Hinsicht dem Körperschaftsteuertypus ähneln [271]. Insbesondere werden auch im Körperschaftsteuerrecht keine persönlichen Verhältnisse natürlicher Personen berücksichtigt. Weiterhin werden Betriebssteuerkonzepte vielfach durch Umwandlung des Körperschaftsteuerrechtes entwickelt [272]. Außerdem werden auch dort alle Einkunftsarten erfasst. Der Anwendungsbereich umfasst bei einer Betriebssteuer neben den Körperschaften auch alle sonstigen Betriebe im Sinne einer weiten Auslegung dieses Begriffs.
Allerdings könnte der Vergleichbarkeit mit dem Körperschaftsteuertypus entgegenstehen, dass es sich bei der Betriebssteuer um eine Unternehmenssteuer handelt und Unternehmenssteuern

---

265 Baumbach/ Hopt, Rdnr. 31 vor § 1 HGB.

266 Tipke/ Lang, Steuerrecht, Rdnr. 490 zu § 9.

267 R 137 I 3 EStR.

268 Schmidt in Schmidt, Rdnr. 50 zu § 15 EStG.

269 Hierzu siehe unten zur Rechtfertigung der Gewerbesteuer.

270 Hidien, BB 2000, 485 (486); a.A. wohl Lang, Brühler Empfehlungen zur Unternehmensbesteuerung, Kommissionsbericht, Anhang I, S. 59/ 62 f.

271 A.A. Hidien, BB 2000, 485 (486).

272 z.B. Lang, StuW 1989, 3 (13); ders., StuW 1990, 107 (119); Endriss, DB 1998, 1250 (1251).

nicht mit Personensteuern vergleichbar sind [273]. Die Körperschaftsteuer ist zwar als „Einkommensteuer" der juristischen Personen eine Personensteuer, jedoch besteht hier die Besonderheit, dass innerhalb der Körperschaftsteuer nicht die subjektive Leistungsfähigkeit der Anteilseigner berücksichtigt wird. Insofern besteht eine Annäherung an die Unternehmenssteuer. Die Körperschaftsteuer ist zwar nach der Art des Steuergegenstandes grundsätzlich als Personensteuer einzustufen, weist aber auch etliche Merkmale einer Unternehmenssteuer auf. Damit wären Betriebssteuer und Körperschaftsteuer vergleichbar.

Unabhängig davon, ob man nun der Körperschaftsteuer eine Zwitterstellung zwischen Personen- und Unternehmenssteuer einräumt und damit die Betriebssteuer dem Typus der Körperschaftsteuer zuordnet oder ob man die Betriebssteuer als eigenen Steuertypus ansieht, weil man die Körperschaftsteuer als reine Personensteuer einordnet, ergibt sich aus der Verfassung kein Hebesatzrecht.
Ein solches müsste für die Betriebssteuer unter den Voraussetzungen des Art. 79 GG erst eingeführt werden.

Die zukünftige Gemeindefinanzierung muss sich außerdem in ein Steuersystem einfügen, welches nicht nur der im Grundgesetz verankerten Finanzautonomie der Gemeinden entspricht, sondern auch dem diesbezüglich gegenwärtig erreichten Niveau der Finanzautonomie nicht abträglich ist [274]. Auch aus diesem Grund wäre daher allein eine stärkere Beteiligung der Gemeinden an einer Gemeinschaftsteuer ohne Hebesatzrecht als Ersatz für die derzeitige mit einem Hebesatzrecht der Gemeinden ausgestatteten Gewerbesteuer problematisch, weil ein Großteil finanzieller Eigenverantwortung abgeschnitten würde.

Zwischenergebnis:

Aus vorgenannten Gründen ist unter dem Blickwinkel des Art. 28 GG eine andere Lösung erforderlich.

ccc) Der Vorschlag einer kommunalen Unternehmenssteuer

Neuerdings schlägt *J. Lang* eine kommunale Unternehmenssteuer vor, welche er durch Revitalisierung der bestehenden Gewerbesteuer erreichen will [275]. Neben Änderungen der Hinzurechnungs- und Kürzungsvorschriften soll insbesondere der Steuergegenstand erweitert werden. Demnach werden auch Betätigungen im Bereich privater Vermögensverwaltung erfasst, sofern eine Bilanzierung erfolgt.

273 Tipke, Die StRO, Band II, S. 829.

274 Zitzelsberger, DStR 2000, 2 (6).

275 Lang, Brühler Empfehlungen zur Unternehmensbesteuerung, Kommissionsbericht, Anhang I, S. 53 ff.

aaaa) Umgestaltung der Gewerbesteuer

Eine anderweitige Ausgestaltung der Gewerbesteuer (wie hier als kommunale Unternehmenssteuer) kann eine Änderung des Steuertypus nach sich ziehen. Für diesen Fall wäre eventuell der Name der Steuer noch der gleiche, jedoch würde es sich um die versteckte Abschaffung bzw. die Nichterhebung der bisherigen Steuer und die Einführung einer anderen Steuer handeln (insoweit könnte auch eine Änderung in den Zuständigkeiten eintreten).

Diese als typenverändernde Denaturierung bezeichnete Änderung würde eine Beseitigung der Gewerbesteuer darstellen [276]. Es stellt sich die Frage, ob dies unter verfassungsrechtlichen Gesichtspunkten zulässig ist.
Nach *Zitzelsberger* erlaubt die Regelungskompetenz des Gesetzgebers auch, eine Steuer so zu verändern, dass sie dem bisherigen Steuertypus nicht mehr entspricht [277].
Hiergegen ist aber anzuführen, dass sich als Folge dessen die Ertragszuständigkeit ändern könnte. Aber gerade die Ertragszuständigkeit steht nicht zur Disposition des einfachen Gesetzgebers. Nur sofern der Steuertypus in Art. 106 GG nicht aufgeführt bzw. einer dortigen Steuer nicht ähnlich ist, liegt die Ertragsverteilung im Ermessen des Gesetzgebers [278]. Der Name der Steuer spielt insoweit keine Rolle. Entscheidend gegen die obige Ansicht spricht weiter die Anknüpfung der Gesetzgebungszuständigkeit in Art. 105 GG an die Ertragszuständigkeit des Art. 106 GG. Sofern zum Beispiel die Länder das Steuergesetzgebungsrecht aufgrund des Nichtvorliegens der Voraussetzungen des Art. 72 II GG über eine in Art. 106 II GG aufgeführte Steuer haben und deren Steuertypus soweit verändern, dass es sich um einen in Art. 106 I GG genannten Steuertypus handelt, hätten sie hierzu aufgrund des Art. 105 II GG keine Gesetzgebungskompetenz, wenn der Bundesgesetzgeber von seinem Gesetzgebungsrecht hinsichtlich dieses Steuertyps schon Gebrauch gemacht hat.
Wenn der Bund die Gesetzgebungszuständigkeit besitzt, so umfasst diese auch die Ausfüllung und das Vorhandensein einer dem Steuertyp entsprechenden Steuer.

Des Weiteren spricht gegen diese typusändernde Kompetenz, dass man bei Anerkennung der typenverändernden Denaturierung das Gleichartigkeitsmerkmal des Art 105 IIa GG umgehen würde. Sofern man eine der Ländergesetzgebungszuständigkeit unterfallende Verbrauchsteuer dem Typus nach in eine bundesgesetzlich geregelte Verbrauchsteuer umwandeln würde, hätte der Landesgesetzgeber allein durch die Umwandlung schon die Gesetzgebungskompetenz über eine Bundessteuer wahrgenommen, obwohl dies gegen Art. 105 IIa GG verstößt. Danach hat der Landesgesetzgeber nur die Gesetzgebungszuständigkeit für Verbrauchsteuern, welche bundesgesetzlich geregelten Verbrauchsteuern gerade nicht gleichartig sind.

Der Kopplung der Gesetzgebungszuständigkeit an die Ertragszuständigkeit ist bei einer typenverändernden Denaturierung nicht nur eine mangelnde Gesetzgebungszuständigkeit im Einzelnen zu entnehmen. Vielmehr kann der Schluss gezogen werden, dass seitens der Verfassung eine solche versteckte Beseitigung einer Steuer generell nicht vorgesehen ist.

Damit bleibt festzuhalten, dass eine Änderung der Gewerbesteuer soweit möglich ist, wie damit keine Änderung des Steuertypus einhergeht. Soweit eine Änderung der Gewerbesteuer

---

276 Zitzelsberger, Die Gewerbesteuer, S. 236.

277 Zitzelsberger, a.a.O., S. 237.

278 Brockmeyer in Schmidt- Bleibtreu/ Klein, Rdnr. 6 zu Art. 106 GG.

eine Änderung des Steuertypus nach sich zieht, bleibt nur die Möglichkeit, die Gewerbesteuer offen abzuschaffen und unter Beachtung der Gesetzgebungskompetenzen der Art. 105, 106 GG den neuen Steuertypus einzuführen.
Insoweit setzt der die Bundesrepublik prägende föderalistische Gedanke (eigene Ertrags- und Steuergesetzgebungszuständigkeiten der Länder) dem Gestaltungsspielraum des Gesetzgebers bei der Festlegung des Steuergegenstandes Grenzen.

bbbb) Unzulässige versteckte Abschaffung oder nur Änderung der Gewerbesteuer bei deren Ausgestaltung als kommunale Unternehmenssteuer

Daher ist zu prüfen, ob die Einführung der oben angesprochenen kommunalen Unternehmenssteuer durch Umgestaltung der Gewerbesteuer noch deren Steuertypus entspricht.
Wäre dies der Fall, läge allenfalls eine finanzverfassungsrechtlich zulässige Änderung, statt einer versteckten unzulässigen Abschaffung der Gewerbesteuer durch typenverändernde Denaturierung vor [279].
Allein der Name der Steuer ist dabei nicht entscheidend als vielmehr der Steuertypus, da es sonst in der Macht eines Gesetzgebers steht, sich die Zuständigkeit durch die Wahl einer Steuerbezeichnung selbst zu schaffen [280].

Das Grundgesetz hat die Steuern nach ihrem überkommenen Namen benannt. Darunter ist ein bestimmter Steuertyp zu verstehen, welcher zwar eine gewisse Variationsbreite aufweist, aber einen ihn charakterisierenden Kerngehalt besitzt [281]. Dieser Kerngehalt des Steuertypus ist festgeschrieben.
Fraglich ist nun, ob eine als kommunale Unternehmenssteuer ausgestaltete Gewerbesteuer noch dem Steuertypus der Gewerbesteuer entspricht.

Wie schon oben ausgeführt, entspricht die Einbeziehung der Vermögensverwaltung in den Steuergegenstand nicht dem Typus der Gewerbesteuer. Dem traditionellen Typus der Gewerbesteuer entspricht seit langer Zeit die Erfassung gewerblicher Betätigung. Hiernach ist eine gewisse Betätigungstiefe erforderlich, durch welche gerade der nicht nur unwesentliche Zugriff auf Gemeindeleistungen (z.B. die Infrastruktur) erforderlich wird. Gerade hieraus erfolgt auch die Rechtfertigung der Gewerbesteuer durch das Äquivalenzprinzip. Der Steuergegenstand der Gewerbesteuer könnte daher eventuell noch auf Land- und Forstwirte sowie Freiberufler ausgedehnt werden, obwohl diese ebenfalls eine Negativabgrenzung zur gewerblichen Betätigung darstellen. Im Gegensatz zur privaten Vermögensverwaltung erfolgt bei diesen eine ebenso intensive Betätigung am wirtschaftlichen Verkehr wie bei einer gewerblichen Betätigung. Innerhalb der privaten Vermögensverwaltung werden wirtschaftliche Vorteile nur dadurch erzielt, dass Vermögen zur Erhaltung und Fruchtziehung (in der Regel längerfristig) angelegt werden. Eine *intensive* Beteiligung am allgemeinen wirtschaftlichen Verkehr ist damit aber nicht verbunden. Der traditionelle Gewerbesteuertypus erfasst daher nicht die private Vermögensverwaltung.
Insoweit hat sich der Typus der Gewerbesteuer historisch geformt.

---

279 Sowohl auch Bonk, FR 1999, 443 (444 (dort Punkt 3.)), wonach die nach ihm erforderlich werdende Grundgesetzänderung von der Ausgestaltung der Steuer abhängt.

280 Vogel, HdBStR VI, Rdnr. 55 zu § 87.

281 Soweit auch Zitzelsberger, Die Gewerbesteuer, S. 171.

Zwischenergebnis:

Die Umgestaltung der traditionellen Gewerbesteuer in eine kommunale Unternehmenssteuer stellt daher eine typenverändernde Denaturierung dar. Eine solche versteckte Abschaffung der Gewerbesteuer ist verfassungsrechtlich unzulässig. Insofern müsste die Gewerbesteuer erst offen abgeschafft und die kommunale Unternehmenssteuer unter Einhaltung der Gesetzgebungszuständigkeit eingeführt werden.

cccc) Problem des Hebesatzrechtes

Des Weiteren würde sich auch hier das Problem stellen, inwieweit für diese Steuer in der Verfassung ein nach Art. 28 II 3 GG notwendiges Hebesatzrecht vorgesehen ist. Für eine Herleitung des Hebesatzrechtes aus Art. 106 VI 2 GG müsste die kommunale Unternehmenssteuer wiederum dem Steuertypus der Gewerbesteuer entsprechen. Auch aus diesem Grund wäre es vorteilhaft, wenn der Typus der kommunalen Unternehmenssteuer dem Gewerbesteuertypus entsprechen würde.
Dies ist wie festgestellt aber nicht gegeben, sodass sich für die kommunale Unternehmenssteuer ein Hebesatzrecht auch nicht aus Art. 106 VI 2 GG herleiten lässt.

Es greift auch nicht das Argument, dass es sich bei der kommunalen Unternehmenssteuer ebenfalls wie bei der Gewerbesteuer um eine Real- bzw. Sachsteuer handelt [282]. Art. 106 VI GG bezieht sich gerade einzeln auf die Grundsteuer und die Gewerbesteuer. Ein generelles Hebesatzrecht für Realsteuern beinhaltet Art. 106 VI GG gerade nicht [283].

Auch bei einer kommunalen Unternehmenssteuer wäre aufgrund des Art. 28 II 3 GG die Einführung des Hebesatzrechtes unter den Voraussetzungen des Art. 79 GG notwendig.

bb) Neues Konzept

An dieser Stelle soll daher ein neuer Ansatz der Brühler Kommission aufgegriffen und weiterentwickelt werden [284].

Um den Anforderungen des Art. 28 II 3 GG gerecht zu werden, möchte ich eine kommunale Gewinnzuschlagsteuer vorschlagen. Diese sollte von Gewerbetreibenden, Freiberuflern sowie Land- und Forstwirten unabhängig von der Rechtsform erhoben werden. Die Ausweitung auf

---

282 Insoweit Lang, Brühler Empfehlungen zur Unternehmensbesteuerung, Kommissionsbericht, Anhang I, S. 53, der bei einem Umbau der Gewerbesteuer in eine kommunale Unternehmensteuer von einer Revitalisierung der Gewerbesteuer spricht und, entgegen der hier vertretenen Ansicht, nicht von einer Änderung des Steuertypus ausgeht.

283 A.A. Lang, Brühler Empfehlungen zur Unternehmensbesteuerung, Kommissionsbericht, Anhang I, S. 54.

284 Kommission zur Reform der Unternehmensbesteuerung, BB 1999, 1188 (1189 (Modell 2)/ 1191 (These VI 3)); schon früher in dieser Richtung Borggräfe, BB 1997, 2189 (2196).

alle ökonomischen Betriebe ist naheliegender und mit dem Grundsatz der Wettbewerbsneutralität besser zu vereinbaren.
Durch die Ausweitung des Anwendungsbereichs und der daraus folgenden Senkung der Gewerbesteuerbelastung für den einzelnen Betrieb würde einer Fehllenkung des Kapitals wegen einer zweiten Steuerbelastung entgegengewirkt.

Bezüglich des bei der Gewerbesteuer verfassungsrechtlich verankerten und von Art. 28 II 3 GG geforderten Hebesatzrechtes erscheint es vorteilhaft, deren Steuertypus beizubehalten. Will man aber den Typus der Gewerbesteuer erhalten, so kann die private Vermögensverwaltung nicht in den Anwendungsbereich der als Gewinnzuschlagsteuer ausgestalteten Gewerbesteuer einbezogen werden. Eine Einbeziehung dieser Gruppe ist mit dem Äquivalenzprinzip nicht zu rechtfertigen. Durch die private Vermögensverwaltung werden kaum Arbeitsplätze geschaffen und somit kann die arbeitnehmerbedingte Kostenverursachung nicht mittelbar zugerechnet werden [285]. Insbesondere hat hier die Gemeinde keine ausgeprägte Partnerrolle inne. Die private Vermögensverwaltung greift nicht in solch intensiver Weise auf das Angebot der Gemeinde hinsichtlich der Bereitstellung von Arbeitskräften und Infrastruktur zurück, wie das bei den anderen einbezogenen Unternehmen der Fall ist. Dies zeigt sich auch daran, dass für das Vorliegen von Einkünften aus Gewerbebetrieb erforderlich ist, dass die Betätigung am allgemeinen Wirtschaftsverkehr das Maß privater Vermögensverwaltung überschreitet.
Die Abgrenzungsproblematik zwischen Gewerbebetrieb und Vermögensverwaltung bleibt daher leider relevant.
Somit sollten, bis auf die private Vermögensverwaltung, alle der Betriebssteuer unterfallenden Unternehmen in die Gewinnzuschlagsteuer einbezogen werden.

Das auf den Gewinn abgestellt wird, ist zwar verfassungsrechtlich nicht geboten, aber aus mehreren Gründen vorteilhaft.
Zum einen kann so eine verfassungsrechtliche Substanzbesteuerung (Art. 14 GG) völlig und in einfacher Weise ausgeschlossen werden. Weiterhin ist die Anknüpfung an den Gewinn sehr praktikabel und verwaltungsfreundlich, da die gleiche Bemessungsgrundlage wie im Rahmen der Betriebs- bzw. Einkommensteuer maßgebend ist [286]. Sofern später die Unternehmenssteuerbelastung inklusive einer Art. 28 II 3 GG gerecht werdenden Gemeindesteuer auf einen bestimmten Höchstprozentsatz fixiert werden soll [287], gelingt dies nur, sofern man von der gleichen Bemessungsgrundlage ausgeht. Anderenfalls ist der festgelegte Wert nur näherungsweise zu erreichen. Eine Fixierung der Höchstbelastung ist bei unterschiedlichen Bemessungsgrundlagen nicht möglich.

Bei der Umformung der Gewerbesteuer als Gewinnzuschlagsteuer ist zu beachten, dass rechtsformausgleichende Regelungen (wie z.B. Freibetrag, Staffeltarif) zurückgeführt werden können. Insbesondere im Rahmen der Gewinnermittlung bei der Betriebssteuer, auf welche auch weiterhin bei der Gewerbesteuer zurückgegriffen wird, kommt es zu einer rechtsformneutralen Ausgestaltung der Ertragsbesteuerung. Neben den rechtsformausgleichenden Regelungen müssen auch die allein innerhalb der Gewerbesteuer bestehenden rechtsformabhängige Regelungen beseitigt werden.

---

285 Siehe unter Punkt D II 3 b aa bbb.

286 Ebenso Borggräfe, BB 1997, 2189 (2196).

287 So die Vorgaben für die Brühler Kommission, FR 1999, 580 (581).

Für Einzelunternehmen braucht ein Freibetrag in Höhe des Unternehmerlohns bei der Gewerbesteuer nicht extra eingeführt zu werden, da ein solcher Unternehmerlohn schon durch Ausgleichsregelungen hinsichtlich der Gewinnermittlung bei der Betriebssteuer berücksichtigt würde. Somit würde ein angemessener Unternehmerlohn unabhängig von der Rechtsform den Gewinn generell mindern und keiner gewerbesteuerlichen Belastung unterliegen [288].

aaa) Umgestaltung der Gewerbesteuer

Die Änderung einer Steuer durch den einfachen Gesetzgeber ist soweit zulässig, wie damit keine Änderung des Steuertypus zusammenhängt.

bbb) Unzulässige typenverändernde Denaturierung oder zulässige Änderung der traditionellen Gewerbesteuer

Fraglich bleibt daher, ob die als Gewinnzuschlagsteuer ausgestaltete Gewerbesteuer noch mit dem Steuertypus der traditionellen Gewerbesteuer übereinstimmt.
Für die Zuordnung einer konkreten Steuer unter die Steuertypen der Art. 105 ff GG ist ein Gesamtvergleich erforderlich [289].

Zum Teil wird angeführt, dass durch die Beseitigung aller Hinzurechnungen und Kürzungen die Gewerbesteuer dann dem Steuertypus der Einkommensteuer/ Körperschaftsteuer gleichartig sein würde [290].
Bei der Gewerbesteuer kann auch vom Gewinn als Bemessungsgrundlage ausgegangen werden [291]. Dieser erfasst ebenfalls die Wirtschaftskraft und ist daher verfassungsrechtlich nicht zu beanstanden.
Die Gewinnzuschlagsteuer ist ebenso wie die Gewerbesteuer in ihrer jetzigen Fassung eine Unternehmensteuer/ Realsteuer. Bei beiden werden keine persönlichen Verhältnisse berücksichtigt. Es handelt sich also nicht um Personensteuern. Des Weiteren ist bei beiden der Steuergegenstand das Unternehmen. Das bei der jetzigen Ausgestaltung der Gewerbesteuer der Steuergegenstand auf Unternehmen i. S. v. Gewerbebetrieben beschränkt ist, stellt sich nicht als zwingend dar. Vielmehr könnte die jetzige Gewerbesteuer auch auf alle Unternehmen ökonomischer Art ausgedehnt werden [292].

Innerhalb des erforderlichen Gesamtvergleichs zwischen den Steuern ist auch das Leistungsfähigkeitsprinzip zu berücksichtigen. Bei Unternehmen ist Leistungsfähigkeit im Gegensatz zur individuellen Leistungsfähigkeit nicht in der Steuerzahlfähigkeit, sondern in der Überwäl-

---

288 Dies wäre aus Sicht der Rechtsprechung des BVerfG zur Steuerfreistellung des Existenzminimums zu begrüßen (BVerfG vom 25. 2. 1992, E 87, 153 (153)).

289 Vogel, HdBStR VI, Rdnr. 59 zu § 87.

290 So Zitzelsberger, Die Gewerbesteuer, S. 237. Dieser stimmt insoweit zu, als dass dem Leistungsfähigkeitsprinzip nicht entnommen werden kann, welche Größe als Maßstab zu nehmen ist (a.a.O., S. 182). Allerdings hält er die für die Gewerbesteuer zum Bezug genommene Größe des Gewerbeertrags mit den gewinnunabhängigen Hinzurechnungen und Kürzungen für das Kernelement des Gewerbesteuertypus.

291 so auch Tipke, Die StRO, Band II, S. 841; Borggräfe, BB 1997, 2189 (2196); hierzu unter Punkt D II 3 b aa eee.

292 Zitzelsberger, Die Gewerbesteuer, S. 185.

zungsfähigkeit der Steuerlasten zu sehen, da Unternehmen an sich auf Dauer keine Steuerlasten tragen können [293].
Die Gewinnzuschlagsteuer greift hierzu auf den Gewinn als Kriterium für Überwälzungsfähigkeit zurück. Nach *Tipke* soll dies der ideale Ausgangspunkt sein [294]. Bei dem Gewinn als Ausgangsgröße schließt man sich aber wieder in gewisser Weise dem individuellen Leistungsfähigkeitsprinzip an. Indem man Zinsen und Mieten als Minderungen der Leistungsfähigkeit der Unternehmen ansieht, wird aber auf die Steuerzahlfähigkeit und nicht so sehr auf die Überwälzfähigkeit der Steuerlasten abgestellt. Trotzdem ist der Gewinn als Indikator für die Überwälzfähigkeit anzusehen, da dort auch die Umsätze erfasst sind, welche m. E. als das Hauptkriterium der Überwälzungsfähigkeit anzusehen sind [295].
Da der Gewerbeertrag nach § 7 GewStG als Ausgangspunkt auf den Gewinn zurückgreift und damit beide Steuern grundsätzlich vom Gewinn ausgehen, sind sowohl bezüglich der Bemessungsgrundlage als auch hinsichtlich des Leistungsfähigkeitsindikators Gemeinsamkeiten gegeben.
Der Gewerbeertrag nach § 7 GewStG knüpft in gewisser Weise ebenso wie eine Gewinnzuschlagsteuer an die Leistungsfähigkeit an. Nur geht er aufgrund der Hinzurechnungen und Kürzungen von einer verobjektivierteren Leistungsfähigkeit aus. Das Leistungsfähigkeitsprinzip setzt hier bei einer verobjektivierten Wirtschaftskraft ein. Dass die Gewerbesteuer nur Gewerbebetriebe erfasst, stellt keinen Verstoß gegen das Leistungsfähigkeitsprinzip dar [296].

Die als Gewinnzuschlagsteuer ausgestaltete Gewerbesteuer ist auch schon deshalb nicht der Einkommen- bzw. Körperschaftsteuer vergleichbar, da diese im Grundsatz Personensteuern sind [297] und es sich bei der Gewinnzuschlagsteuer um eine Unternehmenssteuer handelt. Auch wenn man der Körperschaftsteuer eine Zwitterstellung zwischen Personen- und Unternehmenssteuer einräumt, steht die Gewinnzuschlagsteuer der traditionellen Gewerbesteuer näher als dem Typus der Körperschaftsteuer. Die Gewinnzuschlagsteuer wird gerade nicht von einer gewissen Personengruppe, wie dort von den juristischen Personen, erhoben. Vielmehr ist die Person irrelevant, da die Gewinnzuschlagsteuer als Realsteuer auf eine Sache als Steuergegenstand zurückgreift. Bei der Körperschaftsteuer handelt es sich dagegen letztlich immer noch um eine Personensteuer. Wie schon angedeutet, sind aber Personen- und Unternehmenssteuern nicht miteinander vergleichbar [298]. Eine Gewinn- Gewerbesteuer ist eine Objektsteuer

---

293 Zitzelsberger, a.a.O., S. 163.

294 Tipke, Die StRO, Band II, S. 843.

295 Es ist nicht einzusehen, warum ein geringer Verlust bei riesigen Umsatzzahlen gegen die Leistungsfähigkeit eines Unternehmens sprechen soll. Gegen den Umsatz als Überwälzungskriterium könnte sprechen, dass dauernde Verluste kein Zeichen von Leistungsfähigkeit sind. Hier ist aber zu beachten, dass die Leistungsfähigkeit in Form von Überwälzung erst tatsächlich im Augenblick der Insolvenz zum Ende kommt. Bis dahin kann das Unternehmen ungehindert am Wirtschaftsleben teilhaben und Steuerlasten überwälzen. Es kann also nicht nur derjenige Steuern überwälzen, der Gewinn macht, sondern auch derjenige, welcher am Wirtschaftsleben mit hohen Umsatzzahlen teilnimmt. Außerdem spricht für eine wirtschaftliche Leistungsfähigkeit ja gerade auch, dass das Unternehmen trotz Verluste seine Arbeiter bezahlt und durch weitere Ausgaben bei den Vertragspartnern für Einnahmen sorgt. Erst der Eintritt der Insolvenz hebt die Leistungsfähigkeit des Unternehmens auf, da es ab dem Zeitpunkt nicht mehr innerhalb der freien Wirtschaft überlebensfähig ist.

296 Zur Verfassungsmäßigkeit der derzeitigen Gewerbesteuer unter Punkt D II 3 b aa.

297 Seer, StuW 1993, 114 (115).

298 hiergegen Zitzelsberger, Die Gewerbesteuer, S. 309, welcher unter dem Prüfmaßstab des Art. 3 I GG verfassungsrechtliche Bedenken erhebt, soweit sich die Gewinn- Gewerbesteuer zu einer Sonderbelastung für gewisse Einkunftsarten entwickelt.

und keine von der objektiven und subjektiven Leistungsfähigkeit getragene Einkommensteuer [299].
Mit *Tipke* ist zu Recht davon auszugehen, dass *„eine an den Gewinn anknüpfende Unternehmens-Objektsteuer ...immer ein aliud gegenüber einer die subjektive Leistungsfähigkeit berücksichtigenden Personen- oder Subjektsteuer (ist)."* [300].

M.E. ist im Rahmen des Gesamtvergleichs festzustellen, dass die jetzige Gewerbesteuer und die Gewinnzuschlagsteuer zum gleichen Steuertypus gehören. Eine Gewinnzuschlagsteuer ist in ihren Grundzügen der Gewerbesteuer vergleichbar. Somit wäre bei der Umgestaltung der Gewerbesteuer in eine Gewinnzuschlagsteuer keine unzulässige typenverändernde Denaturierung der Gewerbesteuer, sondern nur eine zulässige Änderung gegeben. Die Gewinnzuschlagsteuer ist daher nicht der Einkommen- bzw. Körperschaftsteuer, sondern der Gewerbesteuer gleichartig [301].

Die jetzige Gewerbesteuer könnte daher ohne Verletzung der Finanzverfassung durch den einfachen Gesetzgeber in eine Gewinnzuschlagsteuer umgestaltet werden.

ccc) Rechtfertigung der Gewinnzuschlagsteuer

Nach grundsätzlicher Ansicht wäre eine solche Steuer, da sie eine Unternehmenssteuer darstellt, gerechtfertigt [302]. Eine solche Rechtfertigung ergibt sich aus dem Äquivalenzprinzip, da Leistungen der öffentlichen Hand auch den Unternehmen zugute kommen. Dies gilt um so mehr, als dass die Gewinnzuschlagsteuer nicht nur auf Gewerbebetriebe beschränkt ist, sondern auch Freiberufler sowie Land- und Forstwirte erfassen würde.
Wer mit *Wendt* allerdings zuverlässige und quantifizierbare Indikatoren/ Steuerbemessungsgrundlagen fordert, anhand derer zwar nicht konkret/ individuell, aber zumindest ungefähr auf die Nutznießung der Besteuerten aus der Gemeindeaktivität oder auf die durch die Besteuerten verursachten Ausgaben der Gemeinde geschlossen werden kann, wird enttäuscht [303]. Der Gewinn ist hierfür nicht zuverlässig genug. Vielmehr ist hier von einer groben Gruppenäquivalenz auszugehen, wobei innerhalb der Gruppe Abstufungen nach Leistungsfähigkeitsgesichtspunkten vorgenommen werden. Allerdings dürfte hier aufgrund der Masse der den Unternehmen zurechenbaren Gemeindeleistungen (wobei auch eine mittelbare Kostenverursachung in die Betrachtung einbezogen wird [304]) das Äquivalenzprinzip noch besser als bei der jetzigen Ausgestaltung der Gewerbesteuer berücksichtigt sein.

---

[299] Tipke, a.a.O., S. 843.

[300] Tipke, a.a.O., S. 829; a. A. wohl Wendt, BB 1987, 1257 (1260), der bei einer Abweichung vom Prinzip der individuellen Leistungsfähigkeit der Personen von einer Sonderbelastung spricht. Demnach sind Unternehmenssteuern generell als Sonderbelastung zu sehen (ebenfalls in diese Richtung Scholz, BB- Beilage 11/ 1988, S. 2 (2.)). Es wird dort fälschlicherweise nur vom individuellen Leistungsfähigkeitsprinzip der Personen ausgegangen. Mit Tipke, a.a.O., S. 841 und Zitzelsberger a.a.O., S. 161 ist zu Recht zwischen der Leistungsfähigkeit der Personen und der Leistungsfähigkeit der Unternehmen zu unterscheiden.

[301] so auch Tipke, Die StRO, Band II, S. 843.

[302] Tipke, Die StRO, Band II, S. 826, 838.

[303] Wendt, BB 1987, 1257 (1263).

[304] Siehe unter Punkt D II 3 b aa bbb.

Eine Gewinnzuschlagsteuer in der hier beschriebenen Ausgestaltung ist meines Erachtens aus dem Äquivalenzgedanken gerechtfertigt.
Da die Gewinnzuschlagsteuer eine Unternehmenssteuer ist, muss sie auch nicht als zusätzliche Personensteuer gerechtfertigt werden [305].

ddd) Vereinbarkeit mit Art. 3 I GG

Sofern es von einigen bezüglich der Gewerbesteuer als Verstoß gegen Art. 3 I GG angesehen wurde, dass nur Gewerbebetriebe erfasst wurden, erscheint dieser Vorwurf aufgrund der Einbeziehung der Freiberufler sowie der Land- und Forstwirte in die Gewinnzuschlagsteuer nun ausgeräumt zu sein.
Des Weiteren ist die Gewinnzuschlagsteuer, wie schon festgestellt, gerade keine Gemeindeeinkommensteuer, welche zusätzlich zur Bundeseinkommensteuer nur einzelne Einkünfte erfasst. Dies wäre als Verstoß gegen die Kernaussage des Leistungsfähigkeitsprinzips zu werten und hätte vor dem Gleichheitssatz keinen Bestand [306].

eee) Ausgestaltung der Gewinnzuschlagsteuer aufgrund Art. 28 II GG

Die bisherige Gewerbesteuer wurde bislang der den Gemeinden in Art. 28 II 3 GG garantierten wirtschaftskraftbezogenen mit Hebesatzrecht ausgestatteten Steuerquelle gerecht. Durch die Umgestaltung der Gewerbesteuer in eine Gewinnzuschlagsteuer muss diese den Voraussetzungen des Art. 28 II 3 GG entsprechen.

aaaa) Wirtschaftskraftbezogenheit

Die Wirtschaftskraftbezogenheit bezieht sich primär auf die wirtschaftliche Situation und die Leistungskraft der jeweiligen kommunalen Gebietsräume [307]. Insofern knüpft Art. 28 II 3 2. HS GG an den Begriff der Wirtschaftskraft des Art. 104a IV 1 GG an. Es handelt sich um einen unbestimmten Rechtsbegriff. Wesentlich für die Wirtschaftskraft ist die Produktivität der kommunalen Wirtschaftsräume. Wobei wiederum die Zahl der Einwohner/ Erwerbstätigen und die auf sie entfallende Wertschöpfung maßgebend ist.
An diese Wertschöpfung kann dann die Steuer systemgerecht anknüpfen [308].
Die Gewinnzuschlagsteuer erfasst die jeweils in den Gemeinden ansässigen Unternehmen. Als Bemessungsgrundlage geht sie vom Gewinn aus. Dieser ist Zeichen wirtschaftlicher Wertschöpfung. Insbesondere handelt es sich weder um eine Substanzsteuer noch um eine Sollertragsteuer, sondern um eine die tatsächliche Wirtschaftskraft erfassende Steuer.
Die Wirtschaftskraftbezogenheit der Gewinnzuschlagsteuer ist daher zu bejahen.

---

[305] Tipke, a.a.O., S. 829.

[306] Zitzelsberger, a.a.O., S. 191.

[307] Scholz in Maunz/ Dürig/ Herzog, Rdnr. 84 d zu Art. 28 GG; Nierhaus in Sachs, Rdnr. 70 zu Art. 28 GG.

[308] Scholz, a.a.O.

bbbb) Hebesatzrecht der Gemeinden

Nach Art. 28 II 3 GG ist erforderlich, dass die wirtschaftskraftbezogene Steuerquelle mit einem Hebesatzrecht der Gemeinden ausgestattet ist. Dies stellt an sich kein Problem dar, da der Steuertypus der Gewerbesteuer erhalten bleibt und die Verfassung speziell für die Gewerbesteuer in Art 106 VI 2 GG ein Hebesatzrecht vorsieht.

Einige Problempunkte ergeben sich aber in Bezug auf Art. 28 II 3 GG, wenn man vorausschauend auf eine rechtsformneutrale Unternehmensbesteuerung blickt, bei der die Höchstgesamtbelastung der Unternehmenseinkünfte, inklusive der als Gewinnzuschlagsteuer ausgestatteten Gewerbesteuer, fixiert und z.B. 35 % betragen soll. Diese Ziele gab der Bundesfinanzminister einer Ende 1998 eingesetzten Kommission zur Reform der Unternehmensbesteuerung (Brühler Kommission) vor [309]. Eine solche Fixierung der Gesamtbelastung hätte auch Beschränkungen des Hebesatzrechtes zur Folge. Fraglich ist, ob eine solche Beschränkung aus verfassungsrechtlicher Sicht zu verkraften ist.

Bei einer Höchstgesamtbelastung der Unternehmen von 35 % liegt die Höchstgrenze für die Hebesätze bei 308 %, sofern die investierten Gewinne im Rahmen der Betriebssteuer mit 25% belastet werden [310]. Solche Hebesätze entsprechen in vielen Gemeinden aber schon nicht mehr der Realität, da in der Regel die 400%- Marke überschritten wird.
Eine Begrenzung der Hebesätze könnte sich als Eingriff in die Finanzautonomie der Gemeinden darstellen (Art. 28 II 1 u. 3 GG). Nach Art. 106 VI 2 GG steht den Gemeinden das Hebesatzrecht für die Gewerbesteuer aber nur im Rahmen der Gesetze zu. Dies ist allerdings wieder im Licht des Art. 28 II 3 GG zu sehen. Auch die gemeindliche Finanzhoheit untersteht dem Gesetzesvorbehalt des Art. 28 II 1 GG [311]. Die vertretbare Grenze einschränkender Gesetze liegt beim Kernbereich der kommunalen Selbstverwaltung [312].
Steuerautonomie (als Teil der Finanzautonomie) umfasst aber nicht nur die Ertragszuständigkeit. Autonomie ist insbesondere das Recht, eigene Rechtsnormen zu erlassen [313]. Dies ergibt sich auch ausdrücklich aus Art. 28 II 3 2. HS GG.

Es wird vertreten, dass jeder Gemeinde von Verfassung wegen ein angemessener Spielraum für die Festsetzung von Hebesätzen verbleiben muss. Danach erscheinen Höchstsätze verfassungsrechtlich unzulässig, da Gemeinden, welche die Höchstgrenzen erreicht haben, das Hebesatzrecht entzogen würde [314].
Sofern man sich dieser Meinung anschließt, wäre das Ziel der Fixierung der Gesamtbelastung einer rechtsformneutralen Unternehmenssteuer unter Einbeziehung der Gewerbesteuer nur unter einer Verlagerung des Hebesatzrechtes auf den Gemeindeanteil an der (Konsum-) Einkommensteuer zu erreichen [315]. Dies ist aufgrund des Art. 106 V 3 GG auch verfassungsrechtlich zulässig.

---

[309] Kommission zur Reform der Unternehmensbesteuerung, BB 1999, 1188 (1191).

[310] Zur Berechnung Wagner/ Baur/ Wader, BB 1999, 1296 (1296).

[311] Herzog in Maunz/ Dürig/ Herzog, Rdnr. 84 a zu Art. 28 GG a.E..

[312] BVerfG vom 23. 5. 1968, E 23, 353 (369); vom 15. 10. 1985, E 71, 25 (36).

[313] Köbler, Juristisches Wörterbuch, S. 36 „Autonomie" unter Bezugnahme auf Art. 28 II 1 GG.

[314] Zitzelsberger, Die Gewerbesteuer, S. 231.

[315] Für diese Lösung bei Wegfall der Gewerbesteuer auch Dziadkowski, StuW 1987, 330 (342).

Gerade die Einkommensteuer ist auch als wirtschaftskraftbezogen anzusehen [316]. Die sich dann ergebende Abhängigkeit der Steuerbelastung vom Wohnort würde auch keinen Verstoß gegen das Leistungsfähigkeitsprinzip bedeuten, da die Ursache hierfür in der Hebesatzautonomie der Gemeinden liegt [317]. Die Gesetzesgleichheit endet an der Grenze der zuständigen Gebietskörperschaften, also hier an der Gemeindegrenze [318].
Dann wäre die Steuerautonomie trotz eines Höchsthebesatzes für die als Gewinnzuschlagsteuer ausgestaltete Gewerbesteuer gewahrt.
Allein das Hebesatzrecht bezüglich der Grundsteuer (Art. 106 VI GG) genügt den Anforderungen des Art. 28 II 3 GG dagegen nicht, da es sich insoweit nicht um eine wirtschaftskraftbezogene Steuer handelt [319].

Meines Erachtens bleibt auch bei Festschreibung einer Höchstgrenze für Hebesätze genügend Spielraum für die Ausübung des Hebesatzrechtes. Insbesondere können die Hebesätze gesenkt werden, um eine Gewerbeansiedlung zu begünstigen. Außerdem ist unter dem Blickwinkel des Verbots einer übermäßigen Besteuerung (Art. 14 GG) eine unbegrenzte Ausübung des Hebesatzrechtes sowieso nicht möglich.
Die Steuerautonomie als Ausfluss der Selbstverwaltungsgarantie (Art. 28 II 1 GG) wird durch eine Hebesatzbeschränkung bei der wirtschaftkraftbezogenen Steuerquelle auch deshalb nicht unzulässig eingeschränkt, da bezüglich der Grundsteuer das Hebesatzrecht vollständig erhalten bleibt.

Bezüglich der Finanzmasse als Grundlage der Handlungsfähigkeit muss die Gemeinde ihre Pflichtaufgaben erfüllen und freiwillige Selbstverwaltungsaufgaben wahrnehmen können, wobei für letztere 5 bis 10 % der Gesamtmittel als Untergrenze veranschlagt werden [320]. Die eigenverantwortliche Aufgaben- und Ausgabenwahrnehmung bedingt zwingend einen Anspruch auf Bereitstellung einer diesen Bedürfnissen adäquaten Finanzausstattung [321]. Es ist also ein Mindestanteil an eigenem Steueraufkommen erforderlich, der wenigstens zur Deckung eigener freiwilliger Aufgaben ausreichen muss [322].
Durch die Festschreibung der Höchstgrenze dürfte dieses Mindestvolumen aber grundsätzlich nicht berührt sein.
Die Bemessungsgrundlage ist schon durch die Änderung der Gewinnermittlungsvorschriften aufgrund des StEntlG 99/ 00/ 02 verbreitert worden. Weiterhin erfasst die Gewinnzuschlagsteuer neben Gewerbetreibenden auch Freiberufler sowie Land- und Forstwirte. Somit könnten zur Erlangung derselben Finanzmasse die Hebesätze soweit gesenkt werden, dass selbst bis zur Erreichung der Obergrenze von 308 % noch ein ausreichender Spielraum verbleibt.
Bei der Gewinnzuschlagsteuer dürften also hinsichtlich der adäquaten Finanzausstattung der Gemeinden trotz Hebesatzbeschränkung keine Probleme auftauchen. Aufgrund der verbreiterten Bemessungsgrundlage (Gewinn, erfasste Unternehmen) ist bei ungefähr ähnlichen Tarifen

---

316 Nierhaus in Sachs, Rdnr. 70 zu Art. 28 GG.
317 A.A. Zitzelsberger, DStR 2000, 2 (6).
318 Tipke/ Lang, Steuerrecht, Rdnr. 80 zu § 4.
319 Scholz in Maunz/ Dürig/ Herzog, Rdnr. 84 d zu Art. 28 GG.
320 Dreier, Rdnr. 145 zu Art. 28 GG.
321 Zitzelsberger, Die Gewerbesteuer, S. 219.
322 Zitzelsberger, Die Gewerbesteuer, S. 224.

[323], trotz eventueller Absenkung der Hebesätze, mit einem Steueraufkommen nahe dem der bisherigen Gewerbesteuer zu rechnen.

Eine Hebesatzbegrenzung hinsichtlich der als Gewinnzuschlagsteuer ausgestalteten Gewerbesteuer wäre unter dem Aspekt der Finanzautonomie und der Finanzausstattung verfassungsrechtlich zulässig. Auch speziell aus Art. 28 II 3 GG ergeben sich keine Bedenken.

cccc) Keine eigene Steuerquelle erforderlich

Fraglich erscheint, ob Art. 28 II 3 GG fordert, dass den Gemeinden eine eigene selbständige Steuerquelle zustehen muss. Danach richtet sich, ob die Gewinnzuschlagsteuer auch als Teil einer einheitlichen Unternehmenssteuer formuliert sein könnte oder nicht.
Von einer, nur den Gemeinden zustehenden Steuerquelle ist zwar dem Wortlaut in Art. 28 II 3 GG nichts zu entnehmen, jedoch wird dies nach teilweise vertretener Ansicht angenommen [324].
Meiner Ansicht nach ist die formelle Ausgestaltung, ob nun als eigenständige Gemeindesteuer oder als Teil einer Gemeinschaftsteuer, nicht entscheidend. Vielmehr kommt es auf die Einhaltung der materiellen Voraussetzungen des Art. 28 II GG an (insbesondere Hebesatzrecht als Ausfluss der Steuerautonomie, Wirtschaftskraftbezogenheit, adäquate Finanzausstattung der Gemeinden usw.) [325].
Außerdem ist auch der Anteil an einer Gemeinschaftsteuer in gewisser Weise eine eigene Steuerquelle, da dieser Teil ja nur der Gemeinde zusteht [326].

Insbesondere würde bei entsprechender Ausgestaltung hinsichtlich des Hebesatzrechtes und der Aufkommenshöhe die Finanzautonomie der Gemeinden dem jetzigen Niveau entsprechen und es würde nicht zu einer Beschneidung der finanziellen Eigenverantwortung kommen. Insofern wäre eine solide zukünftige Gemeindefinanzierung denkbar und zulässig.

dddd) Realsteuergarantie

Eine Realsteuergarantie ist der Verfassung nicht zu entnehmen [327]. Eine solche ergibt sich weder aus Art. 28 II GG noch aus Art. 106 VI GG. Die Gemeinden haben keinen verfassungsrechtlichen Anspruch auf das Weiterbestehen von Realsteuern. Dies galt auch schon vor der Änderung des Art. 106 VI GG durch das Gesetz zur Änderung des GG v. 20.10.1997 [328].

---

[323] Unter dem Gesichtspunkt einer rechtsformabhängigen Ausgestaltung ist der Freibetrag und der Staffeltarif, wie oben ausgeführt, auf gewerbesteuerlicher Ebene abzuschaffen.

[324] In diese Richtung Bonk, FR 1999, 443 (448 (2. Absatz: „... einer (nur) den Gemeinden zustehende...".) bzw. (2. Sp. oben: „ für eine eigene ... Steuerquelle...".)).

[325] Ebenso wohl diejenigen, welche es bezüglich Art. 28 II 3 GG als ausreichend ansehen, den Gemeindeanteil der Einkommensteuer mit einem Hebesatzrecht auszustatten, z.B.: Scholz in Maunz/ Dürig/ Herzog, Rdnr. 84d zu Art. 28 GG; Brockmeyer in Schmidt- Bleibtreu/ Klein, Rdnr. 11a zu Art. 28 GG.

[326] Auch Zitzelsberger spricht von einer eigenen Steuerquelle der Gemeinden (a.a.O., S. 225), stellt aber später klar, dass hierfür auch ein Anteil an einer Gemeinschaftssteuer genügt (a.a.O., S. 234 (Fn.326)).

[327] Zitzelsberger, a.a.O., S. 224 f.

[328] BGBl. I 1997, S. 2470.

Seit der Änderung des Art. 106 VI GG steht aber fest, dass laut Verfassung der Typus der Gewerbesteuer nicht mehr dem Realsteuercharakter entsprechen muss [329].

eeee) Örtliche Radizierbarkeit

Zwar steht den Gemeinden keine Realsteuergarantie zu, jedoch müssen ihnen solche Steuerquellen verbleiben, die auf die Gemeindebürger und das Gemeindegebiet bezogen sind (also auf die Gemeinde radizierbar sind) [330]. Dies sind nicht nur die als Realsteuern bezeichneten Steuerquellen.
Da die Gewinnzuschlagsteuer die im Gemeindegebiet ansässigen Unternehmen erfasst, ist diese Voraussetzung erfüllt.

Zwischenergebnis:

Die Umgestaltung/ Änderung der jetzigen Gewerbesteuer in eine Gewinnzuschlagsteuer ist ohne Verfassungsänderung möglich.
Eine solche Steuer ist mit der Verfassung zu vereinbaren. Sie wird insbesondere den Grundrechten und den Vorgaben des Art. 28 II GG gerecht.

f) Zusammenfassung

Eine getrennte Besteuerung der gesparten und konsumierbaren Einkommensteile ist vorteilhaft und verfassungsrechtlich möglich sowie aus Sicht des Wertesystems des Grundgesetzes geboten.
Das Konzept der Betriebssteuer (Inhabersteuer) unterliegt aufgrund seines weiten Betriebsbegriffs unter Einbeziehung der privaten Vermögensverwaltung im Gegensatz zu den traditionellen Betriebssteuerkonzepten keinen verfassungsrechtlichen Bedenken. Neben der Konsumorientierung der Besteuerung muss innerhalb einer Unternehmenssteuerreform die Beseitigung des Einkünftedualismus verfolgt werden.
Auch eine Umgestaltung der Gewerbesteuer in eine Gewinnzuschlagsteuer wäre zu begrüßen.

Unter dem Schwerpunkt D der Arbeit wird sich zeigen, inwieweit der Gesetzgeber die vorstehenden Argumente und Vorschläge hinsichtlich einer Steuerreform in seine legislativen Neuerungen hat einfließen lassen und inwieweit er durch seine Gesetzesvorhaben (StEntlG 99/ 00/ 02, StBereinG 1999, Steuerreform 2000) begünstigend oder belastend auf die Unternehmensbesteuerung einwirkt.
Das vorstehende Konzept beseitigt die zu Beginn der Unternehmensteuerreform 1999/ 2000 bestehenden Hauptkritikpunkte (Tarifsenkung, Senkung der Gewerbesteuerbelastung des einzelnen Gewerbebetriebes durch breiteren Anwendungsbereich, Rechtsformneutralität, Beseitigung des Einkünftedualismus). Die daneben erfolgende Anpassung der Besteuerung an die

---

329 Dies ergibt sich nur noch aus § 3 II AO, welcher im Zuge der Umgestaltung der Gewerbesteuer ebenfalls geändert werden müsste.

330 Zitzelsberger, a.a.O., S. 225.

gesellschaftlichen Verhältnisse ist ebenfalls notwendig, sodass sich der Gesetzgeber bei seinen legislativen Neuerungen durch das vorstehende Konzept leiten lassen sollte.
Soweit eine Umsetzung des Konzeptes im Rahmen der Unternehmenssteuerreform 1999/ 2000 nicht erfolgt, bleibt der Reformbedarf erhalten, wenn nicht durch andere, ebenso zielgenaue Maßnahmen das gleiche Resultat erzielt wird.

Zunächst sollen aber einige Überlegungen zur Gewinnermittlung durch Bilanzierung gemacht werden.
Da der Gewinn sowohl innerhalb der Betriebssteuer als auch innerhalb der vorgeschlagenen Gewinnzuschlagsteuer die Bemessungsgrundlage bildet und in den meisten Fällen durch Bilanzierung ermittelt wird, muss diese Gewinnermittlungsart gerecht ausgestaltet sein. Die diesbezüglich aufgeworfene Kritik muss beseitigt werden [331]. Da die Ermittlungsart entscheidenden Einfluss auf die endgültige Steuerbelastung hat, ist dies um so wichtiger.

3. *Die Gewinnermittlung der Bilanzierenden*

a) Eigenständiges Steuerbilanzrecht

aa) Ausgangsposition

Die Motive für den Maßgeblichkeitsgrundsatz sind überholt [332]. Aus diesem Grund wird der Ruf nach einem eigenständigen Steuerbilanzrecht immer lauter [333]. Die Vielzahl der Ausnahmeregelungen[334] kennzeichnen den Beginn eines sich herauskristallisierenden eigenständigen Steuerbilanzrechtes und machen die eigenständige Normierung eines solchen erforderlich, um Übersichtlichkeit zu wahren.

Auch die unterschiedliche Zwecksetzung von Handels- und Steuerbilanz spricht für ein eigenständig kodifiziertes Steuerbilanzrecht.

aaa) Funktion der Handelsbilanz

Es geht in erster Linie um die Ermittlung des Gewinns, der ohne Schmälerung künftiger Entnahmemöglichkeiten und damit ohne Gefährdung des Unternehmens an die Gewinnberechtigten ausgeschüttet bzw. von diesen entnommen werden kann. Es handelt sich insoweit um einen auf der Grundlage des imparitätischen Realisationsprinzips ermittelten verlustantizipierten Umsatzgewinn [335]. Der primäre Zweck der Jahresüberschussermittlung besteht darin, in Bestimmung des verteilbaren Gewinns, den dem Unternehmen entziehbaren Betrag zu ermitteln [336].

---

331 Hierzu unter Punkt C I 4.

332 Hierzu unter Punkt C I 4 c.

333 U.a. Fühlbier/ Gassen, DB 1999, 1511 (1513).

334 Solche erfolgten gerade auch im Rahmen des StEntlG 99/ 00/ 02.

335 Weber- Grellet, BB 1999, 2659 (2660).

336 Weber- Grellet, BB 1999, 2659 (2660); ders., DB 1994, 288 (289).

Das Handelsrecht verfolgt eine vorsichtige Ausschüttungsbemessung. Die einseitige Betonung des Vorsichtsgedankens ist nur unter Ausschüttungsgesichtspunkten zu rechtfertigen [337]. Es wird aber auch vertreten, dass das Vorsichtsprinzip seine Rechtfertigung durch den Gläubigerschutz und die Schuldendeckungsfähigkeit erlangt [338].

Gleichzeitig eröffnet das Handelsbilanzrecht aufgrund seiner vielen Wahlrechte einen großen Gestaltungsspielraum. Die Gestaltungsmöglichkeiten, welche zur Bildung stiller Reserven, zur Ergebnissteuerung und zur Gewinnglättung genutzt werden können, dienen aber vielmehr dem eigenen Management als den Gesellschaftern.

bbb) Funktion der Steuerbilanz

Der Zweck der Steuerbilanz ist die periodengerechte Ermittlung des Gewinns als Indikator 0der wirtschaftlichen Leistungsfähigkeit, mit dem Ziel einer gesetzmäßigen, insbesondere gleichmäßigen Besteuerung [339]. Im Gegensatz zum Handelsrecht geht es bei der Steuerbilanz nicht um Gläubigerschutz, Gewinnglättung, Schuldendeckungsfähigkeit oder um eine vorsichtige Ausschüttungsbemessung. Vielmehr ist im Rahmen der steuerlichen Gewinnermittlung allein eine faire und zutreffende Besteuerung gefordert. Die steuerliche Gewinnermittlung ist darauf gerichtet, den „vollen" Gewinn zu erfassen [340].
Der Fiskus benötigt eine Bemessungsgrundlage, an welche er die leistungsgerechte Besteuerung anknüpfen kann. Das Bilanzsteuerrecht als Teilrechtsordnung des Steuerrechts muss daher ebenso die eingriffs- und verteilungsrechtlichen Vorgaben erfüllen.
Steuerbilanzielle Möglichkeiten, nach denen sich der Kaufmann nach Belieben ärmer oder reicher machen kann, sind mit solchen Vorgaben, insbesondere dem Grundsatz der Gleichmäßigkeit der Besteuerung, nicht zu vereinbaren.

Die steuerrechtliche Gewinnermittlung hat nach steuerrechtlichen Maßstäben zu erfolgen. Die Steuerbilanz dient der steuerrechtlichen Gewinnermittlung. Die steuerbilanzielle Gewinnermittlung muss damit dem Grundsatz der Besteuerung nach der Leistungsfähigkeit und dem Grundsatz der Gleichbehandlung sowie dem Rechtstaatlichkeitsprinzip, hier insbesondere dem Grundsatz der Tatbestandsmäßigkeit, genügen [341]. Die betrieblichen Einkunftsarten dürfen nicht durch die Möglichkeit der Erstellung einer bilanziellen Gewinnermittlung privilegiert werden.

Vielfach wird eine Zweckkongruenz zwischen Handels- und Steuerbilanz damit begründet, dass der Fiskus als stiller Teilhaber grundsätzlich nicht anders gestellt werden dürfe als die anderen Teilhaber am Unternehmen [342].
Dieses Argument ist aber abzulehnen, da das Gesetz selbst den Fiskus nicht nur als stillen Teilhaber sah. Eine strikte Gleichstellung mit den übrigen Teilhabern erfolgte nie, da nicht die

337 Weber- Grellet, BB 1999, 2659 (2660).

338 So Beisse, in FS Beusch, S. 77, 84; ders., BB 1999, 2180 (2182).

339 Thiel, Bilanzrecht, Rdnr. 197 f.; Weber- Grellet, DB 1994, 288 (289); ders., BB 1999, 2659 (2660 f.).

340 BFH vom 3. 2. 1969, BStBl. II 1969, S. 291 (293).

341 Weber- Grellet, BB 1999, 2659 (2660); ders., DB 1994, 288 (289); Thiel, Bilanzrecht, Rdnr. 217.

342 Grundlegend Döllerer, BB 1971, 1333 (1334); Moxter, BB 1997, 195 (195); Knobbe- Keuk, Bilanz- und Unternehmenssteuerrecht, § 2 II 3e.

Identität von Handels- und Steuerbilanz angeordnet war, sondern nur die grundsätzliche Maßgeblichkeit. Der Maßgeblichkeitsgrundsatz war immer von Steuervorbehalten flankiert, welche gerade zu einer abweichenden Behandlung des Fiskus führten [343]. Weiterhin ist der Ansatz unter dem Gesichtspunkt des Gleichheitssatzes (Art. 3 I GG) zweifelhaft, da es nicht um eine Gleichbehandlung von Teilhabern und Fiskus geht, sondern es auf die gleiche steuerliche Belastung der Steuerpflichtigen untereinander ankommt [344]. Der an den Gleichheitssatz gebundene Fiskus kann kein Sonderrecht für bilanzierende Unternehmer schaffen, sondern muss die Gleichbehandlung aller Einkommensbezieher als Ziel verfolgen.

Vor dem Zugriff des Fiskus kann nicht das Maßgeblichkeitsprinzip mit der Verweisung auf das Handelsrecht schützen. Einen solchen Schutz können nur das Verfassungsrecht und die aus diesem abgeleiteten steuerrechtlichen Prinzipien bieten. Das Verfassungsrecht begrenzt den Zugriff des Fiskus und zieht die Grenzen für das vom Gesetzgeber zu regelnde Bilanzsteuerrecht. Die verfassungsrechtliche Nähe des Steuerrechts im Sinne eines Eingriffs- und Verteilungsrechts macht einen Schutz des Steuerrechts durch das Handelsrecht überflüssig. Es ist nicht Aufgabe des Handelsrechtes, die Einhaltung der steuerrechtlichen Prinzipien zu gewährleisten. Das Verfassungsrecht verdrängt insoweit das Handelsrecht.

In der Handelsbilanz soll der entziehbare Gewinn, dagegen in der Steuerbilanz der volle Gewinn ermittelt werden. Vorsicht und Spielräume auf der einen Seite stehen Gleichmäßigkeit und Objektivierung auf der anderen Seite gegenüber. Daher ist von der Inkompatibilität von Steuer- und Handelsbilanz auszugehen. Diese Bilanzen stimmen in ihren primären Zwecken nicht überein.
Strukturelle Unterschiede dürfen nicht verwischt werden. Es kann keine Anlehnung an das Handelsrecht erfolgen, da die unterschiedliche Zwecksetzung insbesondere aufgrund der hohen Steuersätze und der damit zusammenhängenden steuerlichen Auswirkung zu einer Vernachlässigung der für die Besteuerung maßgeblichen Grundsätze führt [345].
Aufgrund der unterschiedlichen Zwecksetzung führt die einfache Maßgeblichkeit zur Deformation des Steuerrechts und die umgekehrte Maßgeblichkeit zur Deformation des Handelsrechtes [346].

bb) Schlussfolgerung

Demnach hat eine Trennung von steuerrechtlicher und handelsrechtlicher Gewinnermittlung zu erfolgen [347]. Der weitere Aufbau eines eigenständigen Bilanzsteuerrechts scheint unausweichlich.

---

343 Hennrichs, StuW 1999, 138 (144).

344 Wagner, DB 1998, 2073 (2075).

345 Weber- Grellet, DB 1994, 288 (290).

346 Schulze- Osterloh, StuW 1991, 284 (293).

347 Für die Aufgabe des Maßgeblichkeitsprinzips ebenfalls Fülbier/ Gassen, DB 1999, 1511 (1513); Hoffmann, DB 1999, Gastkommentar in Heft 15; Hennrichs, StuW 1999, 138 (151); a.A. Lang, Brühler Empfehlungen zur Unternehmensbesteuerung, Kommissionsbericht, Anhang I, S. 69, wonach ein reformiertes Steuerbilanzrecht immer noch an das Handelsrecht angelehnt sein soll und nur unter dem Vorbehalt eines steuergesetzlichen Bilanzrechts steht.

Durch die Aufgabe des Maßgeblichkeitsprinzips könnten sowohl Steuer- als auch das Handelsrecht sich entsprechend ihren Zielen entfalten [348]. Das Bilanzsteuerrecht hat den Gewinn unter Leistungsfähigkeitsgesichtspunkten zu erfassen und muss sich an den Vorgaben des Verfassungsrechts orientieren.

Die einzige Chance für die Beibehaltung des Maßgeblichkeitsprinzips liegt aus steuerrechtlicher Sicht in der Änderung des mit der Handelsbilanz verfolgten Zwecks. Sofern dieser dem mit der Steuerbilanz verfolgten Zweck ähnelt, kann eine, an diesem neuen, mit der Handelsbilanz verfolgten Zweck ausgerichtete Reform des Handelsbilanzrechts (Beseitigung der Wahlrechte, Festlegung der AfA-Methoden, Einschränkung der Rückstellungsbildung) dem Maßgeblichkeitsprinzip eine neue Daseinsberechtigung verschaffen. In diesem Zusammenhang ist auf die derzeitige Diskussion über die Öffnung handelsrechtlicher GoB für internationale Rechnungslegungsmethoden einzugehen.
Diese Diskussion über die Anpassung der handelsrechtlichen GoB sowie die Öffnung der Konzernabschlüsse börsennotierter deutscher Unternehmen für International Accounting Standards (IAS) und/oder Generally Accepted Accounting Principles (US- GAAP) führen zu der Frage, inwiefern sich ein Einfluss auf die steuerliche Gewinnermittlung ergeben kann und inwieweit sich ein solcher Einfluss als sinnvoll darstellt.

b) Öffnung der handelsrechtlichen GoB für internationale Rechnungslegungsmethoden bzw. deren grundsätzliche Einflussmöglichkeit auf die steuerliche Gewinnermittlung

Sofern man am Maßgeblichkeitsgrundsatz festhält, ist fraglich, inwieweit internationale Rechnungslegungsmethoden (z.B. IAS oder US-GAAP) Einfluss auf die steuerliche Gewinnermittlung erhalten können [349]. Gerade eine solche Öffnung der handelsrechtlichen GoB könnte dazu führen, die handelsrechtlichen GoB neu zu strukturieren. Die internationale Standardisierung verfolgt den Zweck einer weitergehenden, zukunftsorientierten Information aller an den Jahresabschlüssen interessierten Kreise, wobei das Vorsichtsprinzip zurücktritt [350]. Durch eine solche Einflussnahme auf das Vorsichtsprinzip könnte man die handelsrechtlichen GoB einer gleichmäßigen Besteuerung näher bringen.

Dies scheint um so verlockender, als dass man teilweise das Vorsichtsprinzip nicht nur mit dem Steuerrecht für unvereinbar hält, sondern dies auch hinsichtlich des Handelsrechts annimmt [351]. Das Vorsichtsprinzip fördert die Bildung stiller Reserven. Diese werden für den Aktionär undurchsichtig in den Unternehmen „versenkt", wodurch den Märkten Kapital entzogen wird. Weiterhin ist bei dem Vorhandensein großer stiller Reserven für das Management die Versuchung groß, aus teilweise unrationalen Motiven Kapital einzusetzen. Solche Entscheidungen wären bei aufgedeckten stillen Reserven unter Kontrolle der Märkte wahrscheinlich vermieden worden. Es entspricht nicht dem Sinn und Zweck der Handelsbilanz, dem Ma-

---

348 Weber- Grellet, BB 1999, 2659 (2666); a. A. Moxter, BB 1997, 195 (198).

349 Z. B. tritt Lang, Brühler Empfehlungen zur Unternehmensbesteuerung, Kommissionsbericht, Anhang I, S. 69, für die Möglichkeit ein, auch eine nach internationalen Rechnungslegungsvorschriften erstellte Bilanz der steuerlichen Gewinnermittlung zugrunde legen zu können, wobei aber ein zu entwickelndes steuerrechtliches Vorsichtsprinzip zu berücksichtigen sei.

350 Beisse, BB 1999, 2180 (2181).

351 Insbesondere Weber- Grellet, BB 1999, 2659 (2666).

nagement Risikokapital zur Verfügung zu stellen, über welches keine Rechenschaft abzulegen ist[352].

Derzeit haben internationale Rechnungslegungsmethoden noch keinen Einfluss auf den handelsrechtlichen Einzelabschluss, wodurch die Zahlungsbemessungsfunktion hinsichtlich der Besteuerung (§ 5 I 1 EStG) und Ausschüttung (§ 58 II AktG, § 29 GmbHG) unberührt bleibt. Jedoch könnte sich die derzeitige Öffnung der deutschen Konzernrechnungslegung für IAS bzw. US- GAAP (§ 292a HGB) früher oder später auch auf den Einzelabschluss mit seiner Zahlungsbemessungsfunktion auswirken. Gerade die Rechnungslegung großer Unternehmen dient oft als Leitbild künftiger Rechtsentwicklung, so dass Auswirkungen auf den Einzelabschluss und damit mittelbar auch auf die Steuerbilanz nicht ausgeschlossen sind.

Als solche internationalen Rechnungslegungsmethoden kommen insbesondere die International Accounting Standards (IAS) bzw. die Generally Accepted Accounting Principles der US- amerikanischen Rechnungslegung (US- GAAP) in Betracht.

(1) IAS

Hiernach ist vorrangiges Ziel der Rechnungslegung, die Vermögens- und Finanzlage, einschließlich deren Veränderungen, und die wirtschaftliche Leistungsfähigkeit eines Unternehmens darzustellen. Es geht darum, den Kapitalmarktteilnehmer mit entscheidungsrelevanten vergleichsfähigen Daten zu versorgen, damit dieser die für ihn günstigste Kapitalanlage findet. Diese primäre Informationsfunktion lässt keine Beeinflussung durch steuerrechtliche Regelungen zu, so dass eine umgekehrte Maßgeblichkeit nach § 5 I 2 EStG und eine Öffnung der IAS für steuerrechtliche Regelungen nicht denkbar wäre. Innerhalb der IAS hat das Vorsichtsprinzip nicht den Rang eines übergeordneten Grundsatzes. Grundsätzlich sind im Rahmen der IAS Gewinnrealisierungen tendenziell früher und der Ausweis von Verlusten tendenziell später zu erfassen als nach den handelsrechtlichen GoB, wodurch die IAS für die steuerliche Gewinnermittlung interessant werden.
Derzeit erlangen die IAS rechtliche Relevanz für börsennotierte Unternehmen kraft Anerkennung durch die International Organization of Securities Commission (IOSCO), dem weltweiten Zusammenschluss der Börsenaufsichtsbehörden.

(2) US-GAAP

Nach der Zielsetzung der US-amerikanischen Rechnungslegung sollen Rechnungslegungsdaten für die ökonomischen Entscheidungen sämtlicher Interessenten von Nutzen sein. Aufgrund der zentralen Bedeutung der Informationsgewährung fehlt die Ausschüttungsbemessungsfunktion. Die steuerliche und die finanzielle Gewinnermittlung werden streng getrennt [353].
Auch hier sollen durch die rechnungslegenden Unternehmen primär entscheidungsrelevante Daten zur Verfügung gestellt werden, wobei diese hauptsächlich für den Eigentümer bestimmt sind. Das Vorsichtsprinzip hat hier eine geringe Bedeutung und es kommt kaum zur Bildung stiller Reserven.

---

352 Weber- Grellet, DB 1997, 385 (388).

353 Eine Angleichung an die US-amerikanische steuerliche Gewinnermittlung sollte aber unterbleiben, da diese das deutsche Steuerrecht in seiner Kompliziertheit noch übertrifft.

Die US-GAAP sind verbindlich infolge ihrer Anerkennung und Anwendung durch die amerikanische Börsenaufsichtsbehörde Securities and Exchange Commission (SEC).

aa) Mangelnde Eignung

Es ist zweifelhaft, ob die internationalen Rechnungslegungsmethoden den Anforderungen einer am Leistungsfähigkeitsprinzip ausgerichteten steuerlichen Gewinnermittlung entsprechen können. Internationale Rechnungslegungsmethoden, wie insbesondere die IAS oder die US- GAAP, haben grundsätzlich das Hauptziel der Informationsvermittlung, wobei man sich an den Informationsbedürfnissen der Kapitalmarktteilnehmer orientiert [354].

Die Ermittlungskriterien für den Gewinn nach IAS bzw. US- GAAP sind vom jeweils verfolgten Zweck abhängig [355]. Da sich die nach internationalen Standards erstellte Rechnungslegung an eine offene Anzahl von Adressaten richtet, ist eine eindeutige Zweckfeststellung nicht möglich. Nach *Fülbier/ Gassen* [356] hat sich unter vereinfachenden Modellannahmen eine nur der Information dienende Bilanz an einer Ertragswertbilanzierung zu orientieren, um so den Adressaten über zukünftige Nutzungspotentiale und Ressourcenabflüsse zu informieren (Abschätzung der Rendite-Risiko-Struktur).
Dagegen stellt sich bei der steuerlichen Gewinnermittlung ein eindeutiger Zweck heraus, da hier die Ermittlungskriterien nur auf einen Adressaten (Fiskus) ausgerichtet sind.
Dieser Zweck ist ein anderer als bei der Rechnungslegung nach IAS oder US- GAAP, da durch die Steuerbilanz eine Bemessungsgrundlage ermittelt werden soll, welche zu einer Steuerzahlung führt. Der Fiskus interessiert sich grundsätzlich, im Gegensatz zum Kapitalmarktteilnehmer, nicht für prognostiziertes künftiges Geschehen [357]. Aufgrund dieser skizzierten unterschiedlichen Zwecke kommt es im angloamerikanischen Raum zu einer klaren Trennung zwischen informationsorientierter Bilanz und Steuerbilanz [358]. Ein nach internationalen Standards ermitteltes Ergebnis kann daher der steuerlichen Gewinnermittlung nicht zu Grunde gelegt werden, da man dort aufgrund der Zweckdifferenz auf andere Ermittlungskriterien zurückgreifen muss. Allein die innerhalb der internationalen Rechnungslegungsvorschriften eingeschränkten Möglichkeiten zur Bildung stiller Reserven können nicht über die Zweckdifferenz und damit die mangelnde Eignung der internationalen Standards für die steuerliche Gewinnermittlung hinweghelfen [359], da die Standards letztlich nicht auf die Erfassung steuerlicher Leistungsfähigkeit ausgelegt sind. Um den unterschiedlichen Zwecken gerecht zu werden, müssten auch hier wieder Einzelabweichungen erfolgen, wodurch der Maßgeblichkeitsgrundsatz wiederum leer laufen würde.

---

354 Fülbier/ Gassen, DB 1999, 1511 (1512); a.A. Oestreicher/ Spengel, DB 1999, 1513 (1514).

355 So schon Schmalenbach, Grundlagen dynamischer Bilanzlehre, S. 61, wonach sich der Gewinn letztlich nach Zweckmäßigkeitserwägungen bestimmt.

356 DB 1999, 1511 (1512).

357 Fülbier/ Gassen, DB 1999, 1511 (1512).

358 Ebenso Euler, StuW 1998, 15 (23), wonach es als Folge der Zweckdifferenz zu einer Abkopplung der steuerlichen Gewinnermittlung kommt.

359 A. A. Oestreicher/ Spengel, DB 1999, 1513 (1514), allein mit der Begründung, dass die steuerliche Leistungsfähigkeit durch die derzeitigen internationalen Grundsätze treffender konkretisiert wird, als dies nach den derzeitigen handelsrechtlichen GoB der Fall ist.

Aus steuerlicher Sicht würde die Öffnung der handelsrechtlichen GoB für internationale Rechnungslegungsstandards den derzeitigen Rechtszustand nicht verbessern. Der Einfluss internationaler Rechnungslegungsstandards auf die handelsrechtlichen GoB ist daher aus steuerlicher Sicht zu unterlassen, solange die handelsrechtlichen GoB über den Maßgeblichkeitsgrundsatz für die steuerliche Gewinnermittlung Geltung erlangen.

Sofern verschiedene Zwecke verfolgt werden, sollte die generelle Verknüpfung von Rechts- bzw. rechtsähnlichen Materien vermieden werden, um die Entwicklung und Ausprägung der aufgrund der strukturellen Unterschiede erforderlichen Besonderheiten nicht zu blockieren [360]. Dies gilt auch, wenn so zwischenzeitlich das steuerlich erwünschte Ergebnis erreicht wird. Der Maßgeblichkeitsgrundsatz ist daher grundsätzlich abzulehnen. Steuerlich erwünschte Regelungen sollten innerhalb eines eigenständigen Bilanzsteuerrechts kodifiziert werden und nicht durch Verweisung auf eine gesamte Regelungsmaterie Geltung erlangen.

bb) Standards der Wirtschaft als Eingriffsrecht

Als problematisch stellt sich auch der Fakt dar, dass die Herausgeber internationaler Standards private Institutionen sind, denen der für einen steuerlichen Eingriff erforderliche hoheitliche Charakter fehlt. Bei den Standards handelt es sich im Gegensatz zu den GoB nicht um Rechtsnormen, sondern lediglich um Fachnormen [361]. Ihnen fehlt förmliche Gesetzeskraft.
Auf die internationalen Standards hat der deutsche Steuergesetzgeber keinen Einfluss. Es kommt zu einer Selbstverwaltung der Rechnungsleger. Im Fall einer dynamischen Verweisung würde die Bildung der steuerlichen Bemessungsgrundlage allein internationalen privaten Institutionen obliegen.
Zu Recht wird daher bei einer Einflussnahme privater Institutionen auf die Ausgestaltung der steuerlichen Bemessungsgrundlage die Abkopplung des Steuerrechts von den Rechnungslegungsstandards solcher Institutionen gefordert [362]. Hierfür spricht insbesondere auch das Wesentlichkeitsprinzip des BVerfG, wonach der Gesetzgeber die wesentlichen Fragen einer Materie selbst zu regeln hat. Dies ist insbesondere auch bei Steuerzugriffen des Staates der Fall, da hier die Grundrechte der Steuerpflichtigen nicht nur unwesentlich berührt werden [363].
Weitere Probleme ergeben sich daraus, dass es komplizierter würde, das Steueraufkommen für die Haushaltsplanung vorauszuberechnen. Letztlich könnten auch Widersprüche der internationalen Rechnungslegungsmethoden mit eventuell bestehen bleibenden deutschen GoB auftreten, was zu weiteren Komplikationen führen würde [364].
Auch aus den vorstehend genannten Gründen ist die Einflussnahme internationaler Rechnungslegungsstandards auf die steuerliche Gewinnermittlung zu unterbinden.

---

360 Aus diesem Grund hat in den USA die Gewinnermittlung für steuerliche Zwecke nach gesonderten Vorschriften zu erfolgen (hierzu u.a. Oestreicher/ Spengel, DB 1999, 1513 (1515)).

361 Beisse, BB 1999, 1280 (1282).

362 Weber- Grellet, BB 1999, 2659 (2664).

363 Aus diesem Grund will Beisse, BB 1999, 2180 (2185), den die nationalen Standards betreffenden § 342 HGB verfassungskonform dahingehend auslegen, dass Standards als Bemessungsnormen mit dem geltenden Recht und insbesondere mit den GoB im Einklang stehen müssen.

364 Euler, StuW 1998, 15 (22).

cc) Zwischenergebnis

Eine Öffnung der handelsrechtlichen GoB für die internationalen Rechnungslegungsmethoden und deren mittelbare Wirkung über § 5 I 1 EStG für die steuerliche Gewinnermittlung sollte nicht erfolgen. Vielmehr kann im Falle der Beibehaltung des Maßgeblichkeitsgrundsatzes in solchen Bereichen, in denen das Vorsichtsprinzip nicht mit dem steuerlichen Leistungsfähigkeitsprinzip harmoniert, die steuerliche Gewinnermittlung eine begrenzte Ausrichtung bzw. Orientierung an internationalen Standards erfahren.
Hierbei darf aber dem deutschen Steuergesetzgeber nicht die diesem allein zustehende Möglichkeit der Einflussnahme auf die steuerliche Bemessungsgrundlage entzogen werden. Vielmehr müsste die Normierung einzelner Rechnungslegungsstandards durch den deutschen Steuergesetzgeber erfolgen.

c) Weitere Alternative

aa) Darstellung

Als die am meisten vertretene Alternative bei Aufgabe des Maßgeblichkeitsgrundsatzes wird neben der Statuierung eines eigenständigen Steuerbilanzrechts zum weiteren Erhalt der Gewinnermittlung durch Vermögensvergleich die Ausweitung der Überschussrechnung auf die betrieblichen Einkunftsarten favorisiert [365]. Positiv ist an dieser Alternative, dass es zu einer Gleichbehandlung der Einkunftsarten hinsichtlich der Gewinnermittlung kommt. Gleichheitsbedenkliche Unstimmigkeiten würden sich dann aber noch aus dem Einkünftedualismus bezüglich der Steuerverstrickung des Vermögensstammes ergeben. Im Gegensatz zu den betrieblichen Einkunftsarten werden bei den Überschusseinkünften stille Reserven des der Einkunftserzielung dienenden Privatvermögens grundsätzlich nicht von der Besteuerung erfasst. Die Steuerfreiheit der Veräußerungsgewinne im Bereich der Überschusseinkünfte führt zu einer definitiven Minderbesteuerung und in Bezug zur bilanziellen Gewinnermittlung zu einer Verletzung des Gleichheitssatzes Art. 3 I GG [366]. Insofern wäre idealerweise die Harmonisierung auch auf diesen Bereich auszudehnen. Die gleichheitswidrige Begünstigung des der Einkunftserzielung dienenden Privatvermögens sollte durch die Erfassung der in diesem Bereich anfallenden Veräußerungsgewinne beseitigt werden.

bb) Verhältnis der Alternative einer Überschussrechnung zur Alternative eines Betriebsvermögensvergleiches nach einem eigenständigen Steuerbilanzrecht

Die aufgezeigte Alternative der Überschussrechnung wird von einer Ansicht aufgrund der stärkeren Zahlungsorientierung gegenüber der periodengerechteren Gewinnermittlung durch Vermögensvergleich (auch aufgrund eines eigenständigen Steuerbilanzrechtes) für vorzugswürdiger gehalten [367].

---

[365] Hennrichs, StuW 1999, 138 (152); Weber- Grellet, BB 1999, 2659 (2666); Wagner, DB 1998, 2073 (2076 f.).

[366] Siehe unter Punkt C I 3.

[367] Wagner, DB 1998, 2073 (2077); Hennrichs, StuW 1999, 138 (152 f.).

Insbesondere wird angeführt, dass die mit der Bilanz erfolgende periodengerechte Gewinnermittlung nur Prognosezwecken dient. Es gehe bei der Bilanzierung insbesondere darum, den Informationswert bezüglich künftiger Zahlungen zu erhöhen. Bei der Besteuerung bestehen solche Prognoseprobleme nicht. Im Gegensatz zum Aktionär ergibt sich für den Fiskus kein Grund, Unternehmenswerte zu prognostizieren. Der Fiskus kann keine Entscheidungen treffen, bei denen ihm solche Informationen nützlich wären, da er insofern „lästiger Gesellschafter" aller Beteiligten bleibt [368]. Er benötigt keine Informationen bezüglich eines künftigen, sondern nur hinsichtlich des realisierten Cash-Flows. Der mit der periodengerechten Gewinnermittlung verfolgte Prognosezweck kann für Zwecke der steuerlichen Gewinnermittlung unterbleiben. Daher ist nach jener Ansicht die periodengerechte Gewinnermittlung für steuerliche Zwecke irrelevant. Der aufgrund der Periodisierung streitanfällige Betriebsvermögensvergleich sollte daher unterbleiben [369].
Weiterhin wird zu Recht für eine einheitliche Gewinnermittlungsart innerhalb der Ertragsbesteuerung angeführt, dass bei verschiedenen Gewinnermittlungsarten Korrespondenzlücken entstehen, welche zu zeitlichen Verwerfungen bei der Erfassung führen. Dies wird insbesondere auch durch die derzeit notwendige Ermittlung eines Übergangsgewinns infolge des Wechsels der Gewinnermittlungsart (zwischen § 4 III und §§ 4 I bzw. 5 I EStG) deutlich, um so Doppel- bzw. Nichterfassungen zu vermeiden. Sofern nur noch eine Gewinnermittlungsart praktiziert wird, werden solche Lücken grundsätzlich geschlossen.
Aber auch innerhalb der bilanziellen Gewinnermittlung treten zwischen mehreren Unternehmen Korrespondenzlücken auf (z.B. über Rückstellungen gebuchter Aufwand und damit fehlender korrespondierender Ertrag). Diese entfallen bei einer Überschussermittlung auf „Zahlungs-Basis", da sich die steuerlichen Korrespondenzlücken bei der Erfassung von Erträgen und Aufwendungen auf die Überweisungsdauer der Zahlungen und damit grundsätzlich auf Null reduzieren [370]. Allerdings bleiben auch bei einer zahlungsorientierten Gewinnermittlung gewisse periodisierungsbedingte Korrekturen (z.B. in Form von AfA) erhalten. Insofern würde die Überschussrechung nur in Form einer begrenzten Zahlungsrechnung vorliegen [371].
Letztlich liegt aber gerade in dem Vorzug einer stärkeren Zahlungsorientierung auch deren Nachteil. Es erscheint zweifelhaft, ob „Zahlungsfähigkeit" und damit Liquidität als ein sachgerechter Indikator für Leistungsfähigkeit angesehen werden kann [372]. Durch die Zahlungsorientierung der Überschussrechnung bleiben in weiten Teilen reine Bestandsveränderungen unberücksichtigt, welche gerade auch für die Bestimmung der Leistungsfähigkeit maßgebend sind. Als Vorteil der Nichtberücksichtigung von Bestandsveränderungen ist lediglich der Wegfall von Unsicherheiten im Bewertungsbereich festzuhalten.

M.E. ist die Aufstellung einer Steuerbilanz nach einem eigenständigen Steuerbilanzrecht unter Aufgabe des Maßgeblichkeitsgrundsatzes, als die vorzugswürdigere Lösung nach der notwendigen Aufgabe des Maßgeblichkeitsgrundsatzes anzusehen. Hierfür spricht, dass die bilanzielle Gewinnermittlung aufgrund der erfolgenden Periodisierung hinsichtlich einer Abschnittsbesteuerung genauer ist. Gerade die mit der periodengerechten Gewinnermittlung verfolgte zu-

---

368 Wagner, DB 1998, 2073 (2076).

369 Ähnlich Hennrichs, StuW 1999, 138 (152).

370 Hierzu Wagner, DB 1998, 2073 (2077).

371 Dziadkowski, BB 2000, 399 (400).

372 Dziadkowski, BB 2000, 399 (400).

treffende Abschnittsbesteuerung ist Hauptziel der steuerlichen Bilanzierung und nicht der nur hinsichtlich der handelsrechtlichen Bilanzierung zutreffende Prognosezweck [373].
Die Bedeutung der zeitlich genaueren Erfassung des Gewinns erhöht sich noch aufgrund des progressiven Einkommensteuertarifs. Der steuerliche Vorteil der Bilanzierung ist der Glättungseffekt der Periodisierung bei starken Einnahmen-/ Ausgabenschwankungen, welche bei der Überschussrechnung progressive Steuerlasten bewirken [374]. Diese steuerlichen Unterschiede können beachtlich sein.
Gerade bei größeren Unternehmen kommt man durch die Aufstellung einer Bilanz zu genaueren Ergebnissen. Eine periodisierte Gewinnermittlung kommt dem Leistungsfähigkeitsprinzip näher als eine Gewinnermittlung auf „Zahlungs-Basis". Gerade die bei einer zahlungsorientierten Gewinnermittlung erfolgende Nichterfassung der sich nicht in Zahlungsbewegungen ausdrückenden Vermögensmehrungen und -minderungen lassen Zweifel an einer Erfassung der tatsächlichen Leistungsfähigkeit erkennen [375]. Somit ist der BFH zu Recht der Ansicht, dass die Erfassung des Betriebsgewinns gleichmäßig und möglichst periodengerecht zu erfolgen hat [376]. Dies kann mittels Bilanzierung bestens umgesetzt werden.
Nur aufgrund der mit der zwar genaueren, aber komplizierteren Bilanzierung zusammenhängenden Schwierigkeiten hat man für kleinere Unternehmen sowie innerhalb der Überschusseinkünfte die Möglichkeit von Überschussrechnungen zugelassen.
Aufgrund dieser Vereinfachungsgesichtspunkte ist dann auch die innerhalb der Überschusseinkünfte und von kleineren Unternehmen (§ 4 III EStG) durchgeführte Art der Einkunftsermittlung gerechtfertigt.

Da die steuerliche Bilanzierung aufgrund der Periodisierung eher einer zutreffenden Abschnittsbesteuerung und auch einer besseren Erfassung der steuerlichen Leistungsfähigkeit entspricht, ist diese Gewinnermittlungsart nach Aufgabe des Maßgeblichkeitsgrundsatzes zu bevorzugen.

d) Endergebnis

Das Maßgeblichkeitsprinzip behindert die Rechtsentwicklung sowohl des Handels- als auch des Steuerrechts. Daher sollte der Maßgeblichkeitsgrundsatz aufgegeben werden. Dies gilt insbesondere auch bei einer Öffnung der handelsrechtlichen GoB für internationale Rechnungslegungsstandards. Die Zweckverschiedenheit der handelsrechtlichen und steuerrechtlichen Gewinnermittlung sowie die mit den internationalen Rechnungslegungsvorschriften (insbesondere IAS bzw. US- GAAP) verfolgten Ziele erfordern die Aufgabe des Maßgeblichkeitsprinzips. Die steuerliche Gewinnermittlung muss den aus der Verfassung entspringenden Prinzipien entsprechen. Die Einflussnahme anderer Ziele auf die steuerliche Bemessungsgrundlage führen zur Deformation des Steuerrechts.

Die klare und vorzugswürdige Lösung ist die Aufgabe des Maßgeblichkeitsprinzips mit der gleichzeitigen Regelung eines eigenständigen Bilanzsteuerrechts. Die Verfassung und die ver-

---

373 Hennrichs, StuW 1999, 138 (146).

374 Hennrichs, StuW 1999, 138 (153).

375 Ebenso Dziadkowski, BB 2000, 399 (401).

376 BFH vom 29. 1. 1965, BStBl. III 1965, S. 179 (181).

fassungsrechtlichen Prinzipien wie Gleichheit, Leistungsfähigkeit, Eigentumsschutz und Rechtsstaatlichkeit schützen vor dem Zugriff des Fiskus. Der Schutz durch das Handelsrecht ist obsolet.

Als Alternative könnte noch eine Überschussrechnung auf Zahlungsbasis in Betracht gezogen werden. Diese könnte, ebenso wie die Bilanzierung nach einem eigenständigen Steuerbilanzrecht, insbesondere der Forderung nach Objektivierung der Gewinnermittlung, nach Gleichbehandlung aller Einkünfte und nach Vereinfachung gerecht werden.
Dagegen bestehen berechtigte Zweifel, ob eine zahlungsorientierte Gewinnermittlung auch an die tatsächliche steuerliche Leistungsfähigkeit anknüpft, da sich diese nicht allein als bloßer Zahlungsverkehr darstellen lässt. Der Abschnittsbesteuerung wird insofern eine Gewinnermittlung durch Bilanzierung eher gerecht als eine zahlungsorientierte Gewinnermittlung.

D Die gesetzgeberischen Reformmaßnahmen

Nachdem die vor Beginn der Unternehmenssteuerreform an der Unternehmensbesteuerung bestehende Kritik aufgezeigt wurde, können die legislativen Reformmaßnahmen im Einzelnen untersucht werden. Neben der den Schwerpunkt bildenden steuersystematischen und verfassungsrechtlichen Überprüfung der Normen an sich kann so festgestellt werden, inwieweit sich der Gesetzgeber der bisherigen Kritik angenommen und die steuerrechtlichen bzw. volkswirtschaftlichen Missstände in der Unternehmensbesteuerung beseitigt hat. In diesem Zusammenhang sei nochmals auf die anfangs angeführte Kritik hinsichtlich der Tarifhöhe, des Einkünftedualismus, der Privilegierung der nach § 5 I EStG Bilanzierenden, der Abkehr von der synthetischen Einkommensteuer, der Gewerbesteuerbelastung und der mangelnden Rechtsformneutralität verwiesen.
Außerdem bleibt aufgrund der zu Beginn festgestellten geänderten gesellschaftlichen Verhältnisse zu prüfen, ob der Gesetzgeber das kapitalorientierte Besteuerungssystem angepasst und teilweise konsumorientiert ausgerichtet hat.
Interessant erscheint für den Fall einer konsumorientierten Ausrichtung des Besteuerungssystems bzw. bei Beseitigung obiger Kritikpunkte, inwiefern die dargestellten Lösungsansätze aufgegriffen worden sind.
Je nach Umsetzung der herausgearbeiteten Anforderungen an eine Unternehmenssteuerreform wird sich ein mehr oder weniger großer Handlungsbedarf des Gesetzgebers über den Zeitpunkt der Unternehmenssteuerreform 1999/ 2000 hinaus offenbaren.

Gegenstand der Untersuchung der gesetzgeberischen Neuerungen werden das Steuerentlastungsgesetz 1999/ 2000/ 2002 (StEntlG 99/ 00/ 02) [377], das Steuerbereinigungsgesetz 1999 (StBereinG 1999) [378], das Steuersenkungsgesetz (StSenkG) [379] und das Steuersenkungsergänzungsgesetz (StSenkErgG) [380] als die Hauptsäulen der von der neuen Bundesregierung durchgeführten Unternehmenssteuerreform sein.

I Das Steuerentlastungsgesetz 1999/ 2000/ 2002 [381]

Zum 01.01.1999 bzw. 01.04.1999 sowie zum 01.01.2000 sind in einer ersten Stufe der großen Steuerreform schon wesentliche Maßnahmen in Kraft getreten. Weitere Maßnahmen des StEntlG 99/ 00/ 02 werden zum 01.01.2002 wirksam.

Die Steuerrechtsordnung hat die Möglichkeit, eine Grundlage zu schaffen, dass Investitionen von Unternehmern und Unternehmen realisiert werden, indem durch fiskalische Zugeständnisse der Standort Deutschland für Investitionen wieder attraktiv gemacht wird [382].

---

377 Vom 24. 03. 1999, BGBl. I 1999, S. 402.

378 Vom 22. 12. 1999, BGBl. I 1999, S. 2601.

379 Vom 23. 10. 2000, BGBl. I 2000, S. 1433.

380 Vom 19. 12. 2000, BGBl. I 2000, S. 1812.

381 Die Gesetzesangaben in diesem Abschnitt beziehen sich auf die Fassung durch das StEntlG 99/ 00/ 02.

Dementsprechend waren auch die Ziele der neuen Bundesregierung ausgerichtet, welche sie mit dem Steuerentlastungsgesetz erreichen wollte:

- Verbesserung von Wachstum und Beschäftigung durch Stärkung der Investitionskraft der Unternehmen und Belebung des Binnenmarktes
- Entlastung von Arbeitnehmern und Familien
- Schaffung von Steuergerechtigkeit
- Vereinfachung des deutschen Steuerrechts
- **Vorbereitung einer grundlegenden Reform zur Unternehmensbesteuerung** [383].

Somit müssen an dieser Stelle auch die die Besteuerung der Unternehmen betreffenden Änderungen angesprochen werden [384]. Das Steuerentlastungsgesetz stellt also einen ersten Ansatz der Legislative zu einer Unternehmenssteuerreform dar. Des Weiteren sind auch die durch das Steuerbereinigungsgesetz 1999 (StBereinG 1999) erfolgten Korrekturen behandelt.

Die Entlastungen, insbesondere die Tarifsenkungen, mussten zumindest zum Teil gegenfinanziert werden. Dementsprechend kam es zu einer grundlegenden Verbreiterung der Bemessungsgrundlage. Diese erfolgte durch etliche Detailregelungen, welche im Anschluss auf ihre Tauglichkeit untersucht werden. Bei der Einkommen-/ Körperschaftsteuer sind dies vor allem systematische Angleichungen und Änderungen bei der Gewinnermittlung, wovon primär die Unternehmen betroffen sind. Aber auch im Rahmen der Umsatzsteuer kam es durch „Vereinfachungsregelungen" zu einer Gegenfinanzierung.
Mit der Verbreiterung und Glättung der Bemessungsgrundlage wurde auch der Grundstein für die sich anschließenden Reformvorhaben der Steuerreform 2000 gelegt.

1. Das rechtsstaatliche Rückwirkungsproblem (Art. 20 III GG)

Sowohl das StEntlG 99/ 00/ 02 als auch das StBereinG 1999 sind zum großen Teil schon für den gesamten Veranlagungszeitraum 1999 gültig, obwohl diese Gesetze erst Mitte bzw. sogar erst am Ende des Jahres 1999 verabschiedet wurden.
Das Rechtsstaatsprinzip des Art. 20 III GG beinhaltet einen Vertrauensschutz des Bürgers. Danach muss der Bürger im Zeitpunkt seines rechtserheblichen Verhaltens darauf vertrauen können, dass sich rückwirkend keine belastenderen Folgen an sein Verhalten knüpfen, als im Zeitpunkt der Vornahme zu erwarten war. Das Vertrauen des Bürgers in eine sein rechtserhebliches Verhalten betreffende, für ihn günstige Rechtsnorm im Zeitpunkt der Vornahme, ist daher geschützt.
Danach liegt eine belastende Rückwirkung vor, wenn durch steuerliche Gesetze in abgeschlossene Dispositionen des Steuerpflichtigen eingegriffen wird.
Soweit der Steuerpflichtige ein schutzwürdiges Vertrauen hatte, weil er die bestehende Steuergesetzgebung in seine Planung, Kalkulation und Disposition einbezogen hatte und auch unter objektiven Gesichtspunkten einbeziehen durfte, ist eine belastende Rückwirkung unzuläs-

---

382 Borggräfe, BB 1997, 2189 (2196).

383 Kraeusel, StEntlG, Rdnr. 5.

384 Eine allumfassende Untersuchung dieser Materie würde den Rahmen sprengen. Die Neuregelungen werden kurz dargestellt und beurteilt, wobei auf Probleme im Einzelfall näher eingegangen wird.

sig. Gerade die aus der Disposition resultierende Steuerbelastung bzw. -entlastung ist oft für den Steuerpflichtigen ein wesentlicher Planungsfaktor.

a) Die Rechtsprechung des BVerfG

Die Rechtsprechung sieht die Zulässigkeit der Rückwirkung bei Steuergesetzen etwas anders. Bezüglich der Rückwirkung wird vom ersten Senat des BVerfG generell zwischen echter und unechter Rückwirkung unterschieden [385].

Eine echte Rückwirkung liegt vor, wenn ein Gesetz nachträglich ändernd in abgewickelte, der Vergangenheit angehörende Sachverhalte eingreift oder sie erstmalig belastend regelt [386].

Eine unechte Rückwirkung liegt dagegen vor, wenn ein Gesetz auf gegenwärtige, noch nicht abgeschlossene Sachverhalte für die Zukunft einwirkt und damit zugleich eine betroffene Rechtsposition nachträglich entwertet [387].

Die echte Rückwirkung ist bis auf wenige Ausnahmen unzulässig. Dagegen ist die unechte Rückwirkung grundsätzlich zulässig. Als Bezugspunkt für die Beurteilung, ob ein Sachverhalt als abgeschlossen angesehen werden kann, ist nach Auffassung des BVerfG der Tag des endgültigen Gesetzesbeschlusses des Bundestages maßgebend[388].

Für die entscheidende Frage, wann ein Sachverhalt als abgeschlossen angesehen werden kann, stellt das BVerfG aber nicht auf die Gestaltung des Lebenssachverhaltes durch die Disposition des Steuerpflichtigen bezogen auf den Tag des Gesetzesbeschlusses, sondern auf die Abgeschlossenheit des gesetzlichen Tatbestandes ab.

Bei periodischen Steuern nimmt das BVerfG unechte und damit zulässige Rückwirkung an, wenn das Gesetz noch vor Jahresende beschlossen wird und auf den Jahresanfang zurückwirkt [389]. Begründet wird dies damit, dass die endgültige formale Entstehung der Steuer erst mit Ablauf des Veranlagungszeitraums eintritt (z.B. für die Einkommensteuer § 36 I EStG) und damit auch der Sachverhalt hinsichtlich der Einkommensteuer, also der gesetzliche Tatbestand, abgeschlossen ist [390]. Aus der Sicht des BVerfG kann der Steuergesetzgeber noch bis zum 31. 12. eines Jahres gesetzliche Änderungen rückwirkend zum Jahresbeginn erlassen, wodurch auch vor der Gesetzesänderung erzielte Einkünfte betroffen sein können und nachträglich eine andere steuerliche Behandlung erfahren.

Zu dem gleichen Ergebnis kommt der zweite Senat des BVerfG, welcher bei einer gesetzlichen Rückwirkung zwischen einer Rückbewirkung von Rechtsfolgen und einer tatbestandlichen Rückanknüpfung unterscheidet[391], da man auch hier an die formale Entstehung des Steueranspruchs anknüpft [392].

Zu einer anderen Beurteilung der Rückwirkung kommt das BVerfG bei Verschonungssubventionen, welche der Steuerpflichtige während des Veranlagungszeitraums wahrnehmen kann. Abweichend von der formalen Entstehung der Steuer stellt das BVerfG, für die Frage der

---

385 BVerfG vom 14. 7. 1981, E 57, 361 (391).

386 BVerfG vom 28. 11. 1984, E 68, 287 (306).

387 BVerfG vom 26. 6. 1979, E 51, 356 (362).

388 BVerfG vom 11. 10. 1962, E 14, 288 (298); vom 14. 5. 1986, E 72, 200 (261).

389 BVerfG vom 16. 11. 1965, E 19, 187 (195); vom 23. 3. 1971, E 30, 392 (401).

390 BVerfG vom 03.12.1997, E 97, 67 (80).

391 BVerfG vom 14. 5. 1986, E 72, 200 (242 ff.).

392 BVerfG vom 14. 5. 1986, E 72, 200 (253).

Rückwirkung, hier auf den Tag der wirtschaftlichen Disposition ab [393]. Zur Begründung führt das BVerfG an, dass der Steuerpflichtige sich aufgrund des steuerlichen Vorteils für ein bestimmtes wirtschaftliches Verhalten entscheidet. Die Lenkungs- und Gestaltungswirkung des Subventionsangebotes wird durch die wirtschaftliche Disposition des Steuerpflichtigen abschließend erreicht und bildet eine schutzwürdige Vertrauensgrundlage.

Aus Sicht des BVerfG bestehen daher keine Probleme bei der Rückwirkung des StEntlG 99/ 00/ 02 und des StBereinG 1999, da diese Gesetze noch vor Ende des Jahres 1999 beschlossen wurden.

b) Kritik an der Ansicht des BVerfG

Ausfluss des Rechtsstaatsprinzips sind Rechtssicherheit und Vertrauensschutz. Durch den Vertrauensschutz ist aber die Vertrauensbetätigung bzw. die Betätigung im Vertrauen auf eine bestimmte Rechtslage geschützt [394]. Bezogen auf das Steuerrecht bedeutet dies, dass das für die Besteuerung entscheidende Verhalten maßgebend sein muss. Das Rückwirkungsverbot soll zum Zwecke des Dispositionsschutzes Steuerplanungssicherheit gewähren [395]. Entgegen der Ansicht des BVerfG gilt dies nicht nur für konkrete Verschonungssubventionen.
Stellt man dagegen wie das BVerfG grundsätzlich auf die formale Entstehung des Steueranspruchs und nicht auf den verwirklichten Sachverhalt ab, wird die Vertrauensbetätigung des Steuerpflichtigen nicht geschützt. Das Abstellen auf eine Formalie an Stelle der Disposition wird dem Rückwirkungsverbot nicht gerecht.
Ebenso sollte die Unterscheidung zwischen echter und unechter Rückwirkung zugunsten eines einheitlichen handlungsbezogenen Rückwirkungsbegriffs unterbleiben [396].
Insoweit ist bei der Beantwortung der Frage, ob ein Rückwirkungsverbot vorliegt, vom Standpunkt des Steuerpflichtigen auszugehen, da schließlich auch dessen Vertrauen geschützt werden soll.

Hinsichtlich des Bezugspunktes bei der Beurteilung der Frage, ob eine Disposition abgeschlossen und damit eine Rückwirkung überhaupt vorliegt, sollte auf den Zeitpunkt des endgültigen Gesetzesbeschlusses im Bundestag abgestellt werden [397]. Bei Zustimmungsgesetzen ist der Zeitpunkt der Zustimmung des Bundesrates maßgebend.
Schon in diesem Zeitpunkt entfällt das schutzwürdige Vertrauen in den Bestand der bisherigen Rechtsfolgenlage. Der Steuerpflichtige muss dann sein Verhalten auf die neue Gesetzeslage einrichten, da ab dem Gesetzesbeschluss bzw. der Zustimmung mit dem Inkrafttreten der Neuregelung gerechnet werden muss.

---

393 BVerfG vom 03.12.1997, E 97, 67 (80).

394 Offerhaus, DStZ 2000, 9 (13).

395 Offerhaus, a. a.O..

396 Schaumburg, DB 2000, 1884 (1887); Tipke/ Lang, Steuerrecht, Rdnr. 178 zu § 4.

397 BVerfG vom 03.12.1997, E 97, 67 (79); a.A. Schaumburg, DB 2000, 1884 (1888), wobei diese auf die Verkündung abstellt.

c) Einheitlicher dispositionsbezogener Rückwirkungsbegriff

Dem Rückwirkungsbegriff ist die vertrauensrechtlich relevante Disposition des Steuerpflichtigen zugrunde zu legen [398]. Eine Rückwirkung an sich liegt vor, wenn eine Norm in abgeschlossene Dispositionen des Steuerpflichtigen eingreift. Eine Disposition ist abgeschlossen, wenn durch den Steuerpflichtigen ein neuer Sachverhalt gestaltet wurde und dessen Rückgängigmachung rechtliche oder wirtschaftliche Hindernisse entgegenstehen [399].
Ob eine danach vorliegende Rückwirkung verfassungswidrig und unzulässig ist, richtet sich dann nach dem Abwägungsergebnis bezüglich der Interessen des auf eine bestehende Gesetzeslage vertrauenden Steuerpflichtigen und dem Interesse des Gesetzgebers an der gesetzlichen Änderung [400].
Eine Rückwirkung kann also auch zulässig sein. Es kommt letztlich auf die jeweilige zu beurteilende steuergesetzliche Änderung und die durch den ehemaligen Gesetzeszustand gebildete Vertrauensgrundlage an. Bei der Beurteilung ist ein objektiver Maßstab anzulegen. Es kommt also darauf an, auf was sich der Steuerpflichtige hinsichtlich der ehemaligen Rechtslage nach objektiven Kriterien verlassen durfte. Eine generalisierende Aussage, wann eine Rückwirkung zulässig ist, kann daher nicht getroffen werden, da es immer auf den durch die Änderung betroffenen Gesetzesbereich und das durch die ehemalige Regelung vermittelte Vertrauen ankommt.

Eine grundsätzlich unzulässige Rückwirkung ist daher gegeben, wenn ein Gesetz Rechtsfolgen für Vertrauensbetätigungen ändert, die vor dem Gesetzesbeschluss sachlich beendet worden sind und die ehemalige Regelung nach objektiven Gesichtspunkten ein schutzwürdiges Vertrauen hervorgerufen hat, welches nun verletzt wird [401].

Die Bestimmung der Reichwerte des Vertrauensschutzes ist in Einzelfällen schwierig, da die unterschiedlichen Normen auch ein jeweils unterschiedliches Maß an Vertrauensschutz vermitteln.
Insofern muss zwischen Lenkungsnormen und Fiskalzwecknormen unterschieden werden. Lenkungsnormen sollen den Steuerpflichtigen zu einem bestimmten Verhalten beeinflussen und so auf gewisse Gegebenheiten gestaltenden Einfluss nehmen. Nimmt der Steuerpflichtige aufgrund dieser Lenkungsnormen eine Vertrauensbetätigung vor, so genießt er einen erhöhten Vertrauensschutz [402]. Der Gesetzgeber wollte den Steuerpflichtigen gerade zu diesem Verhalten veranlassen und ist somit für dessen Dispositionen mitverantwortlich. Eine Rückwirkung schließt sich auch schon begrifflich aus, da der Gesetzgeber auf abgeschlossene Dispositionen des Steuerpflichtigen keinen Einfluss mehr nehmen kann (z.B. rückwirkende Erhöhung der Tabaksteuer kann nicht mehr den bis dahin getätigten Zigarettenkauf der Steuerpflichtigen beeinflussen).
Hinsichtlich der Gruppe der Fiskalzwecknormen, welche der Erzielung von Einnahmen dienen, muss unterschieden werden. Handelt es sich um Fiskalzwecknormen, die Sachverhalte erfassen, die unter Beachtung der steuerlichen Gegebenheiten geplant worden sind, ist der

---

398 In diese Richtung auch Tipke/ Lang, Steuerrecht, Rdnr. 178 zu § 4.

399 Tipke/ Lang, Steuerrecht, Rdnr. 179 zu § 4.

400 Schaumburg, DB 2000, 1884 (1888).

401 Ähnlich Offerhaus, DStZ 2000, 9 (14); Tipke/ Lang, a. a. O., Rdnr. 178 zu § 4.

402 Schaumburg, DB 2000, 1884 (1889).

vom Gesetzgeber geschaffene Vertrauenstatbestand besonders zu berücksichtigen [403]. Gerade Fiskalzwecknormen beinhalten oft auch eine gewisse Lenkungsfunktion. Bei den reinen Fiskalzwecknormen wird dagegen einer Rückwirkung ein schutzwürdiges Vertrauen grundsätzlich nicht gegenüberstehen.

Somit kann nicht grundsätzlich von der Vereinbarkeit des StEntlG 99/ 00/ 02 und des StBereinG 1999 mit dem Rückwirkungsverbot als Ausfluss des Rechtsstaatsprinzips ausgegangen werden [404]. Vielmehr ist jede Änderung für sich zu betrachten, da die jeweiligen steuerlichen Besonderheiten mitberücksichtigt werden müssen.

2. *Kritische Untersuchung der einzelnen Änderungen*

Wie sich zeigen wird, dienen die Neuregelungen zwar in vielen Fällen zuerst der Verbreiterung der Bemessungsgrundlage zum Zweck der Gegenfinanzierung, trotzdem sind sie oft systematisch an den Grundprinzipien des Steuerrechts ausgerichtet worden (z.B. die Änderungen bei der Gewinnermittlung an den Prinzipien des Bilanzsteuerrechts; die Änderungen bei der Umsatzsteuer an den Prinzipien der Eigenverbrauchsbesteuerung nach der 6. EG- Richtlinie).
Teilweise stellen die Änderungen auch nur eine Normierung der bisherigen Rechtsprechung dar.
Im folgenden werden die wichtigsten Änderungen der Einkommen-/ Körperschaftsteuer sowie der Umsatzsteuer aus steuersystematischer und verfassungsrechtlicher Sicht dargestellt und untersucht.
Inwieweit die Kritik an der Unternehmensbesteuerung durch das StEntlG 99/ 00/ 02 beseitigt werden kann, wird im Rahmen der Schlussbetrachtung zu erörtern sein.

2.1. *Die Änderungen im Bereich des EStG*

2.1.1. § 4 II 2 EStG Zulässigkeit von Bilanzänderungen

Aufgrund der jüngeren Rechtsprechung des BFH wurden die Möglichkeiten zur Änderung der Bilanz wesentlich erweitert [405].
Danach war eine Bilanzänderung möglich, sofern noch keine Bestandskraft eingetreten war und der Steuerpflichtige nicht rechtsmissbräuchlich handelte. Hier setzte die Neuregelung des § 4 II 2 EStG i. d. F. des StEntlG 99/ 00/ 02 an. Danach war eine Änderung nur bei Vorliegen der Voraussetzungen des § 4 II 1 EStG möglich, d.h. nur soweit die Bilanz den Grundsätzen ordnungsgemäßer Buchführung unter Beachtung der Vorschriften des EStG widerspricht (Bilanzberichtigung).
Dies stellte eine wesentliche Beschränkung dar.
Durch das Steuerbereinigungsgesetz 1999 wurde die Möglichkeit einer Bilanzänderung insoweit wieder eingeführt, als dass diese im zeitlichen und sachlichen Zusammenhang mit einer

---

403 Schaumburg, DB 2000, 1884 (1889).

404 A.A. Kraeusel, StEntlG, Rdnr. 55 für die zum 1. 1. 1999 in Kraft getretenen Regelungen des EStG und des KStG.

405 BFH vom 24.03.1998, BStBl. II 1999, S. 272.

Bilanzberichtigung steht. Allerdings ist die Bilanzänderung betragsmäßig auf die Änderung durch die Bilanzberichtigung begrenzt.

Wahlrechte bedürfen im Steuerrecht stets einer besonderen Legitimation [406]. Der § 4 II EStG zielt daher durch seine Einschränkung bei der Ausübung von Wahlrechten in die Richtung bilanzsteuerrechtlicher Objektivierung und ist aus diesem Grund zu begrüßen [407].

2.1.2. Das Mehrkontenmodell und die Regelung des § 4 IVa EStG

a) Ehemalige Rechtslage

Die Ursache für die Schaffung der Mehrkontenmodelle liegt einige Zeit zurück. Mit Wirkung des Veranlagungszeitraums 1974 wurde durch das StÄndG 1973 [408] der bis dahin als Sonderausgabe zulässige Abzug privater Schuldzinsen abgeschafft. Bis dahin war ein solcher Abzug lange Zeit zulässig [409]. Man empfand den privaten Schuldzinsenabzug -anders als heute [410]- als Ausprägung des Leistungsfähigkeitsprinzips [411]. Die Gründe für die vollständige Abschaffung des privaten Schuldzinsenabzugs waren wohl konjunktureller Art.
Die bis dahin im Ergebnis unbedeutende Abgrenzung privater und betrieblicher/ beruflicher Schuldzinsen gewann nun an Bedeutung. Es bestand seitens der Steuerpflichtigen das Interesse, anfallende Schuldzinsen dem Bereich der Einkunftserzielung zuzuordnen. Kriterium für die Zuordnung war nach der Finanzrechtsprechung die konkrete Veranlassung für die Inanspruchnahme des zugrundeliegenden Kredits. Steuerlich wurde die kreditfinanzierte Entnahme kontenbezogen beurteilt und nicht entsprechend der Finanzierungssituation insgesamt. Das für alle Betriebsausgaben geltende Veranlassungsprinzip galt somit hinsichtlich des einzelnen individuellen Kontos (Einzelbetrachtung) [412].
Diese bisherige Rechtslage war der Grund für die besagten Mehrkontenmodelle. Mit deren Hilfe konnte der Unternehmer durch Umschichtungen zwischen privaten und betrieblichen Konten private Schulden in betriebliche Schulden umwandeln und die hierfür anfallenden Zinsen als Betriebsausgaben geltend machen.
Zur einkommenssteuerlich unbeachtlichen Tilgung von Privatkrediten empfahl es sich, die im Rahmen der Einkunftsarten eingehenden Einnahmen auf separaten Einnahmekonten zu erfassen, welche zur Tilgung der Privatkredite genutzt wurden [413]. Die mit den Einnahmen im

---

[406] Weber- Grellet, StbJb. 1994/ 95, S. 97, 105.

[407] Weber- Grellet, DB 2000, 165 (168).

[408] BGBl. I 1973, S. 676; BStBl. I 1973, S. 545.

[409] So schon das preußische EStG von 1891, § 8 II Nr. 1 PrEStG.

[410] BFH v. 29. 7.1998, BStBl. II 1999, S. 81.

[411] RFH v. 11. 7. 1928, RStBl. 1928, S. 312.

[412] Meilicke, DB 1999, 1265 (1265).

[413] Sofern nur ein gemischtes Kontokorrentkonto bestand, von welchem betriebliche und private Ausgaben bestritten wurden, hatte eine Aufteilung in zwei Unterkonten zu erfolgen, zugunsten des Steuerpflichtigen waren Geldeingänge vorrangig zur Tilgung des privaten Schuldsaldos zu verbuchen (BFH v. 4. 7. 1990, BStBl. II 1990, S. 817).

Zusammenhang stehenden Ausgaben wurden dann über separate Schuldkonten finanziert, wobei dort entstehende Zinsen vollständig abzugsfähig waren [414].
Abzugsfähig waren entsprechend den allgemeinen Regeln aber nur die mit den Betriebsausgaben im Zusammenhang stehenden Schuldzinsen. Sofern vom betrieblichen (Ausgaben-) Konto Überweisungen auf das Privatkonto getätigt wurden und dadurch ein Negativsaldo entstand bzw. sich ein solcher erhöhte, lag eine kreditfinanzierte Entnahme vor. Die Schuld war insoweit privat veranlasst und die damit anfallenden Schuldzinsen nicht abzugsfähig, da die Mittel aus der Kreditaufnahme nicht für betriebliche Zwecke verwendet wurden [415].

Für diese Lösung spricht auch die grundsätzliche Finanzierungsfreiheit des Unternehmers. Der Unternehmer muss grundsätzlich selbst entscheiden können, wie sein Unternehmen finanziert wird [416].
Da dieses Modell auch auf einer gesetzlichen Regelung beruhte (§ 4 IV EStG), wurde es vom BFH bestätigt [417]. Das Mehrkontenmodell sollte danach sogar auch dann anwendbar sein, wenn zwischen der Ablösung eines privaten Kredites und der Entnahme betrieblicher Zahlungseingänge mit der anschließenden Finanzierung der Betriebsausgaben ein enger zeitlicher und betragsmäßiger Zusammenhang bestand. Dies galt ebenfalls für den Fall mangelnder Liquidität und bei Vorliegen eines negativen Kapitals [418].

Diese Rechtsprechung stieß bei den Politikern aufgrund haushaltspolitischer Überlegungen auf Gegenwehr. In der Folgezeit wurde daraufhin der betriebliche Schuldzinsenabzug neu geregelt.

Eine gesetzliche Regelung war aber auch erforderlich, da das Modell durch die Anwendbarkeit bei negativem Kapital missbrauchsanfällig war. Insbesondere ist, nach hier vertretener Ansicht, die Finanzierungsfreiheit des Unternehmers im Falle negativen Kapitals begrenzt. Denn sofern es durch Entnahmen zu einer die Aktiva übersteigenden Fremdfinanzierung kommt, erscheint es zweifelhaft, ob insoweit eine betriebliche Veranlassung vorliegt.
Der Unternehmer hat die freie Entscheidung, ob er sein Unternehmen fremd- oder eigenfinanziert. Des Weiteren ist der Unternehmer berechtigt, Eigenkapital durch Fremdkapital zu ersetzen. Investiertes Eigenkapital kann durch Entnahmen unschädlich wieder für private Zwecke verwendet werden.
Im Ergebnis bedeutet dies, dass der Unternehmer auch später selbst entscheiden kann, mit welchen Mitteln er betriebliche Investitionen finanziert. Eine bestimmte Mindest-Eigenfinanzierung ist nicht erforderlich.
Eine Umfinanzierung von Eigenkapital zu Fremdkapital kann aber nur so lange erfolgen, wie durch Entnahmen kein negatives Kapitalkonto entsteht. Sofern dann temporär Fremdkapital

---

414 Drenseck in Schmidt, Anm. 25 zu § 12 EStG; Zenthöfer/ Schulze zur Wiesche, Einkommensteuer, S. 92; zur Erläuterung des Modells siehe auch Meilicke, DB 1999, 1265 (1265 Anm. II).

415 Biergans, NWB Fach 3 (vom 03. 02. 1992), 8175 (8183); Zenthöfer/ Schulze zur Wiesche, Einkommensteuer, S. 93; Bordewin, DStR 1991, 409 (409); Wacker, BB 1991, 248 (250 ff.); a. A. Wendt, FR 1999, 417 (418).

416 Neufang, DB 1999, 765 (765); BFH vom 24. 5. 1984, BStBl. II 1984, S. 706; BFH vom 4. 7. 1990, BStBl. II 1990, S. 817.

417 So schon BFH v. 04. 07. 1990, BStBl. II 1990, S. 817; nochmals BFH vom 08. 12. 1997, BStBl. II 1998, S. 193.

418 BFH vom 23. 7. 1986, BStBl. II 1987, S. 328.

entnommen wird, liegt eine schädliche fremdfinanzierte Entnahme vor [419]. Ein betrieblicher Schuldzinsenabzug muss versagt werden. Hieran kann auch eine Kontentrennung nichts ändern.
Die Finanzierungsfreiheit des Unternehmers ist somit begrenzt.
Eine Anerkennung des Mehrkontenmodells kann in den Fällen des negativen Eigenkapitals nicht erfolgen, sodass insoweit eine Beschränkung erforderlich ist [420].

b) Die Neuregelung durch das StEntlG 99/ 00/ 02 [421]

aa) Die Regelung

Als Reaktion auf den Zwei-Konten-Beschluss des BFH vom 08. 12. 1997 [422] schränkte der Gesetzgeber mit Einführung des § 4 IVa EStG i. d. F. des StEntlG 99/ 00/ 02 die Finanzierungsfreiheit ein [423].
Hierzu waren die betrieblichen Konten des Steuerpflichtigen für steuerliche Zwecke zusammenzufassen. Von diesem zusammengefassten Konto bzw. sofern nur ein gemischtes Konto bestand, konnten nur effektive Liquiditätsüberschüsse ohne steuerliche Nachteile entnommen werden. Nur Finanzierungskosten für einen betrieblich veranlassten Sollsaldo aller betreffenden zusammengefassten Konten waren demnach als Betriebsausgabe abziehbar.
Außerdem kam es zu Lasten des Steuerpflichtigen zu einer fiktiven Reihenfolge von Entnahmen, Betriebsausgaben und Betriebseinnahmen, sodass die tatsächliche Buchung aus zeitlicher Sicht unberücksichtigt blieb.

Durch diese Regelung sollte die steuerlich relevante Finanzierung von Privatentnahmen (z.B. für das Einfamilienhaus) über das Mehrkontenmodell blockiert werden. In der Gesetzesbegründung hieß es, dass die Abzugsfähigkeit der Schuldzinsen im Rahmen von Privatentnahmen für den Haushalt nicht tragbar sei.

Die Regelung des § 4 IVa EStG i. d. F. des StEntlG 99/ 00/ 02 sollte für alle nach dem 31.12. 1998 wirtschaftlich entstandenen Zinsen gelten. Praktische Probleme ergaben sich aber daraus, dass die Herkunft und Saldenentwicklung eines jeden in Betracht kommenden Kontos bis zu seiner Eröffnung zurückverfolgt werden musste.
Durch die Neufassung aufgrund des StBereinG 1999 und deren Rückwirkung auf den 01.01. 1999 ist die praktische Anwendung des § 4 IVa EStG i. d. F. des StEntlG 99/ 00/ 02 obsolet geworden, was aber eine Untersuchung dieser Norm nicht hindern soll.

---

419 Zur ökonomischen Herleitung und Begründung Elser/ Neininger, DB 1999, 172 (174 f.).

420 Neufang, DB 1999, 765 (765); Beiser, DStZ 1991, 197 (198); Biergans, NWB Fach 3 (Vom 03. 02. 1992), S. 8175 (8181); ähnlich Söffing, FR 1984, 185 (193).

421 Der Wortlaut dieser Fassung ist in der Anlage 1 abgedruckt.

422 BFH vom 8. 12. 1997, BStBl. II 1998, S. 193 (198).

423 Die Nr. 1 betraf das gemischte Kontokorrentkonto, die Nr. 2 sollte das Mehrkontenmodell uninteressant machen und die Nr. 3 sollte Schuldzinsen nach der Veräußerung/ Entnahme kreditfinanzierter Wirtschaftsgüter für nicht abziehbar erklären.

bb) Stellungnahme

aaa) Ungleichbehandlung

Eine Ungleichbehandlung war in Betracht auf eine Kapitalgesellschaft festzustellen, wo es mangels privater Sphäre keine Entnahmen und daher keine Anwendung von § 4 IVa EStG gab. Dies stellt auch einen weiterhin zu berücksichtigenden Aspekt bei der Auswahl der Rechtsform des Unternehmens dar und ist ein falscher Schritt in Richtung einer rechtsformneutralen Betriebs-/ Unternehmenssteuer.

Auch im Vergleich von Einzelunternehmern zu Personengesellschaften stellte sich eine Ungleichbehandlung heraus. Hier sind Rückzahlungen von Gesellschafterdarlehen keine Entnahme [424]. Gewinnansprüche werden mit Feststellung der Bilanz dem Gesellschafterverrechnungskonto gutgeschrieben und sind eine Betriebsschuld [425].
Somit hätten Gewinnausschüttungen an die Gesellschafter durch Kredit finanziert werden können, ohne dass § 4 IVa EStG eingriff. Wie zwar § 15 I 1 Nr. 2 EStG zeigt, soll steuerlich gerade eine Annäherung der Personengesellschaft an den Einzelunternehmer erfolgen. Jedoch ist hier eine Differenzierung gerechtfertigt, da es sich um wirtschaftlich verschiedene Sachverhalte handelt. Die Teilrechtsfähigkeit der Personengesellschaft hat zur Folge, dass Gewinnansprüche eine Betriebsschuld darstellen. Die teilweise Verselbständigung des Unternehmens schafft hier also wirtschaftliche Fakten. Eine Verletzung des Art. 3 I GG liegt bei dieser Ungleichbehandlung nicht vor, da unterschiedliche Sachverhalte gegeben sind.

Eine weitere, den Gleichheitssatz verletzende Ungleichbehandlung ergab sich aber im Vergleich von nichtvermögenden zu vermögenden Unternehmern. Sofern der Unternehmer bei negativem Gesamtsaldo der zusammengefassten Konten die laufenden Gewinne entnahm, erfolgte stets eine schleichende Umschichtung des betrieblichen Saldos in einen privaten Saldo, der zu einer (kompletten) Versagung des Zinsabzugs führte [426]. Dieser Umschichtungseffekt trat bei finanziell besser ausgestatteten Unternehmern nicht auf. Das Zinsabzugsverbot führte bei finanziell angeschlagenen Unternehmern zu einer Schlechterstellung, ohne dass dafür ein sachlicher Grund ersichtlich war. Dies stellte einen Verstoß gegen den Grundsatz der Besteuerung nach der Leistungsfähigkeit und damit auch eine Verletzung von Art. 3 I GG dar [427].

bbb) Bestimmtheit der Regelung

Weiteres Problem bei § 4 IVa Nr. 2 EStG a.F. war die unklare Formulierung. So war zum Beispiel strittig, ob Girokonten im Sonderbetriebsvermögen mit einzubeziehen sind [428]. Außerdem war nicht ersichtlich, welcher Zinssatz zur Anwendung kommen soll, wenn sich mehrere Abwicklungskonten im Soll befanden und die Entnahme von einem Habenkonto erfolgte

---

424 Söffing, BB 1999, 929 (940).

425 Meilicke, DB 1999, 1285 (1287).

426 Wendt, FR 2000, 417 (420).

427 Hergarten, DStR 1999, 54 (56).

428 Verneinend Söffing, BB 1999, 929 (933); bejahend Neufang, DB 1999, 765 (766).

[429]. Ein weiteres Problem ergab sich im Bereich der privaten Vermögensverwaltung aufgrund des Verweises in § 9 V EStG i. d. F. des StEntlG 99/ 00/ 02. Hier war völlig unklar, welche Konten in die Betrachtung einzubeziehen sind, da im Bereich der Überschusseinkünfte nicht einmal die Möglichkeit einer Anknüpfung an die im Betriebsvermögen befindlichen Konten gegeben schien.

Laut Gesetzesbegründung war es der Praxis überlassen, Berechnungsmethoden zu entwickeln, die unter Inkaufnahme von gewissen Unschärfen zum steuerlich richtigen Ergebnis führen sollten.
Insoweit war der Steuerpflichtige nicht in der Lage, die auf ihn entfallende Steuer hinreichend genau vorauszuberechnen. Eine insoweit bestehende mangelnde Gesetzesbestimmtheit ist verfassungsrechtlich bedenklich.
Mit dieser Norm entfernte sich der Gesetzgeber deutlich von seinem Ziel der Steuervereinfachung.

ccc) Durchsetzbarkeit und Rechtsanwendungsgleichheit (Art. 3 I GG)

Auch war das Ziel von § 4 IVa EStG praktisch kaum durchsetzbar. Der Finanzverwaltung fehlt es, sofern sie über ausreichend Computer verfügt, an einem entsprechenden Programm. Außerdem wäre die verfahrensmäßig angeordnete Kontenzusammenstellung und die Trennung der Abgänge nach Entnahmen und Betriebsausgaben schon keiner EDV-mäßigen Programmierung zugänglich gewesen [430]. Wie sollte der Computer beurteilen können, ob die Zahlungsreihenfolge wegen eines zeitlichen Zusammenhangs umzukehren war ?!
Aufgrund des in der Finanzverwaltung herrschenden Statistikdrucks wäre kaum Zeit geblieben, dem § 4 IVa Nr. 2 EStG gerecht werdende umfangreiche Berechnungen anzustellen [431]. Zumindest wäre dies nicht die Regel gewesen, da im schlimmsten Fall für jeden Tag des Jahres eine Berechnung nach der Zinszahlenstaffelmethode durchzuführen gewesen wäre.
Der Art. 3 I GG beinhaltet aber eine Rechtsanwendungsgleichheit. Der Gleichheitssatz, auf das Steuerrecht angewendet, verlangt, dass die Steuerpflichtigen rechtlich und tatsächlich gleich belastet werden [432]. Aufgrund der komplizierten und praktisch kaum durchführbaren Regelung wäre die Gleichheit im Belastungserfolg prinzipiell nicht zu erreichen gewesen [433]. Die Ungleichbehandlung basierte daher nicht auf einem im Masseverfahren jederzeit vorkommenden Vollzugsmangel, denn dann wären nur Einzelfälle betroffen, sondern auf einem, dem Gesetzgeber zurechenbaren strukturellen Vollzugsdefizit, da die Durchsetzung im Regelfall gescheitert wäre [434]. Eine gleichheitswidrige Verwaltungspraxis führt somit zur Verfassungswidrigkeit der Norm selbst [435].
Auch aus diesem Grund ist die Verfassungsmäßigkeit des § 4 IVa EStG a. F. zu verneinen.

---

429 Hergarten, DStR 1999, 54 (55).

430 Seeger, DStR 2000, 10 (13); Wendt, FR 2000, 417 (421).

431 Der Verfasser spricht hier aus eigener Erfahrung, welche er während seiner Zeit als Betriebsprüfer beim Finanzamt gesammelt hat.

432 BVerfG vom 24. 6. 1991, E 84, 239; BVerfG vom 22. 6. 1995, E 93, 121 (134).

433 BVerfG vom 24. 6. 1991, E 84, 239 (272).

434 Tipke/ Lang, Steuerrecht, §4 Rdnr. 72.

435 BVerfG vom 24. 6. 1991, E 84, 239 (272).

ddd) Verhältnismäßigkeit

Außerdem war der § 4 IVa EStG a.F. ungeeignet, einen Missbrauch des Mehrkontenmodells zu verhindern, da die Vorschrift leicht umgangen werden konnte. Insbesondere wurden Barentnahmen nicht erfasst. Auch Darlehenssonderkonten sollten nicht mit dem laufenden Konto zusammengerechnet werden (auch nicht bei zinsmäßiger Verrechnung). Praktisch griff die Vorschrift daher nur bei zinsmäßiger Verrechnung mehrerer laufender Konten [436]. Andererseits führte die Entnahme zur Finanzierung des Lebensunterhalts ungerechtfertigt zur Versagung des Schuldzinsenabzugs.
Da die Vorschrift nicht geeignet war, ihren Zweck zu erfüllen, dieser lag in der Behebung des Missbrauchs bezüglich des Mehrkontenmodells, bestanden auch aus diesem Grund berechtigte Zweifel an der Verfassungsmäßigkeit.

Weiterhin ergibt sich aus dem Gleichheitssatz, dass ein gleichmäßiger Gesetzesvollzug seitens der Verwaltung sichergestellt sein muss. Doch auch für den Steuerpflichtigen muss die Regelung praktikabel konzipiert sein, da das rechtsstaatliche Übermaßverbot unverhältnismäßig umfangreiche Mitwirkungspflichten des Steuerpflichtigen verbietet [437]. Aufgrund der zur Durchsetzung der Regelung des § 4 IVa EStG a. F. erforderlichen umfangreichen und von der Höhe der Steuerschuld unabhängigen Mitwirkungspflichten des Steuerpflichtigen ist auch aus diesem Grund von der Unverhältnismäßigkeit auszugehen.

eee) Fazit

Aufgrund der vorgebrachten Gründe ist von der Verfassungswidrigkeit der Norm auszugehen [438]. Der § 4 IVa EStG in der Fassung des StEntlG 99/ 00/ 02 ist Musternorm einer übereilten Steuergesetzgebung.
Nachdem die Steuerberaterkammer bezüglich dieser Regelung einen passiven Steuererklärungsstreik beschlossen hatte [439], kündigte endlich auch das Bundesfinanzministerium Änderungen an [440].
Durch die Neufassung des § 4 IVa EStG im Rahmen des StBereinG 1999 wurde einer Überprüfung der Norm durch das Bundesverfassungsgericht zuvorgekommen.

c) Die rückwirkende Neuregelung durch das StBereinG 1999

aa) Die Regelung

Der Ansatz für eine Lösung des Problems konnte nur in einer Limitierung der Höhe der Entnahmen liegen, wie dies letztlich auch in der Neufassung des § 4 IVa EStG verwirklicht wurde. Der Gesetzgeber erkennt durch die Neufassung im Rahmen des StBereinG 1999 damit das Mehrkontenmodell im Grundsatz an, soweit nicht der Ausnahmefall einer Überentnahme vor-

---

436 Meilicke, DB 99, 1285 (1288, 1289).

437 Englisch, DStZ 97, 778 (780).

438 So auch Drenseck in Schmidt, Rdnr. 8e zu § 9 EStG (18. Auflage 1999).

439 Anlässlich des 22. Deutschen Steuerberatertages in Dresden.

440 Süddeutsche Zeitung Nr. 248 vom 26.10.99, S. 23 „Eichel braucht für Reform mehr Zeit".

liegt [441]. Damit wurde die Anwendbarkeit des Mehrkontenmodells im Falle negativen Eigenkapitals grundsätzlich ausgeschlossen, wodurch der Gesetzgeber der begrenzten Finanzierungsfreiheit des Unternehmers gerecht wird.

Die Neuregelung ist auf alle nach dem 31.12.1998 endenden Wirtschaftsjahre anwendbar, so dass die zweifelhafte Fassung des § 4 IVa EStG durch das StEntlG 99/ 00/ 02 nicht zur Anwendung kommt. Nach der Neufassung des § 4 IVa EStG sind Schuldzinsen nicht abzugsfähig, wenn Überentnahmen getätigt wurden.
Eine solche liegt vor, falls die Entnahmen (Verwendung von Wirtschaftsgütern für nicht betriebsbezogene Zwecke, Bar- und Sachentnahmen) die Summe aus Gewinn und Einlagen (offene und verdeckte Einlagen, Einbringungen bei Betriebseröffnungen) des Wirtschaftsjahres übersteigt [442]. Diese Tatbestandsmerkmale sind in § 4 I EStG selbst legal definiert. Daher gehört zu den Entnahmen auch die Nutzung eines betrieblichen Wirtschaftsgutes für private Zwecke. Bei der Bewertung der Entnahme bzw. Einlage sind zum Wirtschaftsgut zugehörige Darlehen zu beachten. Da auch nichtabzugsfähige Betriebsausgaben (§ 4 V EStG) Betriebsausgaben bleiben, wird durch diese das Ergebnis für die Berechnung der Über-/ Unterentnahmen nicht beeinflusst [443]. Hierfür spricht auch die Systematik des § 4 EStG, da die Regelung hinsichtlich der Schuldzinsen (§ 4 IVa EStG) sich vor der Aufzählung nichtabzugsfähiger Betriebsausgaben befindet (§ 4 V EStG).
Bei der Berechnung der Überentnahme ist die dem Missbrauch vorbeugende Dreimonatsregelung des § 4 IVa 3 EStG zu berücksichtigen.

Die vormals liquiditätsbezogene Begrenzung des Schuldzinsenabzuges wird durch ein eigenkapitalorientiertes Überentnahmekonzept ersetzt. Die Begrenzung des Schuldzinsenabzugs beginnt erst, wenn die Entnahme nach Ausschöpfung des dem Unternehmen zugeführten Eigenkapitals erfolgt [444]. Die in Betracht auf den Schuldzinsenabzug erfolgende Begrenzung des entnahmefähigen Betrages orientiert sich nicht mehr an der Liquidität, sondern an dem noch im Betrieb vorhandenen Eigenkapital.

Der typisierte Zinssatz von 6 % ist auf die Überentnahme des jeweiligen Wirtschaftsjahres, zuzüglich der Überentnahmen vorangegangener Wirtschaftsjahre und abzüglich der Beträge, um die in früheren Wirtschaftsjahren der Gewinn und die Einlagen die Entnahmen überstiegen haben (Unterentnahmen), anzuwenden (zeitraumübergreifende Betrachtung)[445]. Der Zinssatz ist nicht zeitanteilig, sondern aus Vereinfachungsgründen für das ganze Jahr anzusetzen. Die Norm des § 4 IVa EStG erfasst nach Sinn und Zweck auch diejenigen Fälle, in denen im aktuellen Wirtschaftsjahr keine Überentnahme vorliegt, aber sich eine solche aus vorangegangenen Wirtschaftsjahren, abzüglich angefallener Unterentnahmen ergibt [446]. Die Bemessungsgrundlage setzt sich also aus bis einschließlich des aktuellen Wirtschaftsjahres angefallenen

---

[441] A. A. Wendt, FR 2000, 417 (423).

[442] Prinz, FR 2000, 134 (134).

[443] Wendt, FR 2000, 417 (424).

[444] Jakob, DStR 2000, 101 (102).

[445] OFD- Karlsruhe, Verfügung vom 27.12.99, DB 2000, 67 (67).

[446] Ebenso Wendt, FR 2000, 417 (428); den Gesetzeswortlaut ebenfalls anzweifelnd Meyer/ Ball, Inf 2000, 76 (80).

Überentnahmen abzüglich der bis zum gleichen Zeitpunkt angefallenen Unterentnahmen zusammen.

Aus dem Gesetzeswortlaut ergibt sich nicht, wie die zeitraumübergreifende Überentnahmeentwicklung bis einschließlich 1998 zu erfolgen hat. Sofern aus den vorangegangenen Jahren ein positives Kapitalkonto resultiert, liegt zeitraumübergreifend keine Überentnahme vor, so dass der Stand zum 31.12.1998 als vortragsfähige Unterentnahme gilt. Sofern allerdings ein negatives Kapital vorhanden ist, sollte der Eröffnungsstand unberücksichtigt bleiben und bei „Null" gestartet werden [447], da sonst Überentnahmen der Vorjahre rückwirkend zu Lasten des Steuerpflichtigen gehen, obwohl die Entnahme schon vor Erlass der Regelung getätigt wurde und der Sachverhalt insoweit schon abgeschlossen ist [448].

Die Höhe der so ermittelten nicht abzugsfähigen Schuldzinsen ist allerdings auf den Betrag der tatsächlich angefallenen betrieblichen Schuldzinsen begrenzt, wobei diese um einen Bagatellbetrag von 4000 DM gekürzt werden (§ 4 IVa 5 EStG).

Des Weiteren soll der Abzug von Zinsen für die Finanzierung von Anlagevermögen unberührt bleiben (§ 4 IVa 6 EStG).

Die Regelung des § 4 IVa EStG n. F. ist auf jede in sich geschlossene Gewinnermittlung und damit auf jeden Betrieb getrennt anzuwenden [449]. Damit sind auch Wechsel von Wirtschaftsgütern zwischen Betrieben eines Steuerpflichtigen als Entnahmen und Einlagen für die Berechnung nach § 4 IVa EStG zu berücksichtigen.

Der sich aus der Zusammenstellung der Über-/ und Unterentnahmen ergebende entnahmefähige Betrag sollte für jedes Wirtschaftsjahr mit der Veranlagung gesondert festgestellt werden [450].

Die Regelung gilt entsprechend für § 4 III EStG- Rechner, welche zu diesem Zweck die Entnahmen und Einlagen gesondert aufzuzeichnen haben.
Für die Steuerpflichtigen mit Überschusseinkünften wird, im Gegensatz zur Fassung nach dem StEntlG 99/ 00/ 02- in § 9 V EStG, nun nicht mehr Bezug auf § 4 IVa EStG genommen, so dass hier die Gestaltungsmöglichkeiten der Zwei- und Mehrkontenmodelle aufgrund der Rechtsprechung des BFH wieder Bestand haben [451].

---

[447] Ebenso Prinz, FR 2000, 134 (134).

[448] Nach Ansicht des BMF bleiben Über- und Unterentnahmen in Wirtschaftsjahren, welche vor 1999 geendet haben, unberücksichtigt. Der Anfangsbestand beträgt hier generell Null DM. BMF- Schreiben vom 22. 5. 2000, Tz. 36, DB 2000, 1300 (1303).

[449] Wendt, FR 2000, 417 (424); siehe auch zum engen Betriebsbegriff Kanzler in Hermann/ Heuer/ Raupach, Rdnrn. 88 f. vor §§ 4-7 EStG; a.A. Meyer/ Ball, Inf 2000, 76 (79).

[450] Wendt, FR 2000, 417 (427); Prinz, FR 2000, 134 (135).

[451] Jakob, DStR 2000, 101 (101).

bb) Rechtmäßigkeit des Gesetzes

Hinsichtlich der formellen Rechtmäßigkeit ergibt sich ein Problem, da die Neuregelung erst durch den Vermittlungsausschuss zustande kam. Der Vermittlungsausschuss hat kein eigenes Initiativrecht und darf nur Vorschläge im Rahmen des Anrufungsbegehrens machen. Das Anrufungsbegehren wird durch die im Gesetzgebungsverfahren eingeführten Anträge und Stellungnahmen bestimmt [452]. Der Vermittlungsausschuss hat sich mit seinem Vorschlag im Rahmen des durch das Anrufungsbegehren gezeichneten Vermittlungsauftrages zu halten. Vorschläge, welche sich außerhalb der bisherigen Auffassungsunterschiede im Parlament oder zwischen Bundestag und Bundesrat befinden, dürfen nicht unterbreitet werden [453].
Hier war Gegenstand des Vermittlungsverfahrens ein Anrufungsbeschluss des Bundesrates, nach welchem die Erträge aus Kapitallebensversicherungen gestrichen werden sollten. Danach wäre der Schuldzinsenabzug noch nicht Gegenstand des Vermittlungsverfahrens. Der Vermittlungsauftrag umfasst aber die während des gesamten Gesetzgebungsverfahrens eingeführten Anträge und Stellungnahmen. Dies ergibt sich daraus, dass die Gesetzesentwürfe/-vorlagen schon vielfach eine Kompromisslösung darstellen. Eingegangene Kompromisse können aber hinfällig werden, wenn das Gesetz aus anderen Gründen nun nicht mehr in der geplanten Fassung zustande kommt und Änderungen im Vermittlungsverfahren unterliegt. Daher muss sich das Vermittlungsverfahren auch auf die durch eingegangene Kompromisse zurückgestellten Meinungsunterschiede beziehen können.
Solche Meinungsunterschiede bestanden auch hinsichtlich des Schuldzinsenabzuges. Einerseits beantragten Bayern und Thüringen die Aufhebung der Vorschrift [454] und andererseits forderte der Wirtschaftsausschuss des Bundesrates die Anrufung des Vermittlungsausschusses konkret in Bezug auf § 4 IVa EStG. Diese Meinungsverschiedenheiten können Gegenstand eines Vermittlungsverfahrens sein. Der Vermittlungsausschuss durfte demnach Vorschläge zu dieser Regelung machen.
Die Regelung des § 4 IVa EStG n. F. beruht somit auf einem ordnungsgemäß zustande gekommenen Gesetz [455].

cc) Probleme

Trotz einer deutlichen Konzeptionsverbesserung bleiben einzelne Probleme bestehen.

aaa) Starke Typisierung

Durch diese Regelung kommt es zu einer starken Vereinfachung. Zum einen wird auf einen typisierten Zinssatz abgestellt, ohne Rücksicht auf die Dauer der Finanzierung der Überentnahme und zum anderen ist das gesamte Wirtschaftsjahr für das Vorliegen von Überentnahmen maßgebend. Nur durch diese Vereinfachungen war es aber möglich, von der Anwendung der schwer durchsetzbaren Zinszahlenstaffelmethode Abstand zu nehmen.

---

452 BVerfG vom 07.12.1999, E 101, 297 (307).

453 BVerfG vom 07.12.1999, E 101, 297 (308).

454 BR- Drucks. 475/ 5/ 99.

455 Wendt, FR 2000, 417 (423); Prinz, FR 2000, 134 (135); Jakob, DStR 2000, 101 (103).

Der Grundsatz der Gleichmäßigkeit erfordert, dass die maßgebenden Komponenten objektiv feststellbar sind und einfach berechnet werden können [456]. Hierbei hat eine maßvolle Vereinfachung Vorrang vor der exakten betriebswirtschaftlichen Richtigkeit.
Gegen eine Verletzung des Art. 3 I GG durch eine zu starke Pauschalierung spricht, dass der typisierte Zinssatz marktüblich und nicht realitätsfern ist.
Zum anderen ist zwar das gesamte Wirtschaftsjahr für das Vorliegen von Über-/ Unterentnahmen maßgebend, jedoch wird dies wieder relativiert, da für die Höhe der nicht abzugsfähigen Schuldzinsen auch die Über-/ Unterentnahmen vorangegangener Wirtschaftsjahre maßgebend sind und damit eine Betrachtung über einen Gesamtzeitraum erfolgt.
Die hier auftretenden Unschärfen sind zwangsläufig mit einer Typisierung verbunden und erfahren dadurch eine Kompensation, dass diese sich zu Gunsten und zu Ungunsten des Steuerpflichtigen auswirken können. Hinsichtlich der Bemessung nichtabzugsfähiger Schuldzinsen ist die Typisierung nicht nur zulässig, sondern geboten [457].

bbb) Verlustsituation beim Unternehmen

Auch sofern keine Entnahmen getätigt werden, könnte dies im Verlustfall und bei uneingeschränkter wortgetreuer Anwendung des § 4 IVa EStG n. F. zur Einschränkung des Schuldzinsenabzuges führen. Im Fall einer geringen Entnahme würde sich die Überentnahme, unter Vernachlässigung von Einlagen und eines Unterentnahmenvortrages, um den gesamten Verlust erhöhen. Die Begrenzung des Schuldzinsenabzuges, allein aufgrund eines betrieblich entstandenen Verlustes, ist mit dem Leistungsfähigkeits- bzw. Nettoprinzip der Einkommensbesteuerung nicht zu vereinbaren. Es wäre ein Verfassungsverstoß zu konstatieren, wenn der Wirkungsbereich des § 4 IVa EStG nicht entgegen dem Wortlaut der Vorschrift verringert würde [458].
Für eine Einengung der Vorschrift spricht insbesondere der Fakt, dass es dem Unternehmer nicht verwehrt sein soll, das ehemals zugeführte Eigenkapital unschädlich zu entnehmen und durch Fremdkapital zu ersetzen. Dies wäre aber der Fall, wenn es im Verlustfall zu Überentnahmen kommt und allein durch die Verlustberücksichtigung nichtabzugsfähige Schuldzinsen auftreten. Erst die Entnahme im Fall eines negativen Eigenkapitals hat eine Begrenzung des Schuldzinsenabzuges zur Folge. Dies kann aber auch nur in Höhe der getätigten Entnahme der Fall sein. Eine unmittelbare Schuldzinsenbegrenzung aufgrund eines betrieblich entstandenen Verlustes muss unterbleiben, da dieser nicht die (begrenzte) Finanzierungsfreiheit berührt.
Damit ist aber noch nicht gesagt, dass der Verlust die aus der Finanzierungsfreiheit entspringende Möglichkeit der Entnahme des Eigenkapitals gänzlich unberührt lässt. Inwieweit eine indirekte Beeinflussung der Finanzierungsfreiheit durch die Kürzung von Unterentnahmen durch aktuelle Verluste möglich ist, wird im Anschluss zu untersuchen sein.

aaaa) Auslegung des Gewinnbegriffs

Im Rahmen der Definition der Überentnahme in § 4 IVa EStG ist der Gewinnbegriff des § 4 I EStG maßgeblich. Dieser ist exakt als Differenz des Betriebsvermögens am Ende und zu Beginn des Wirtschaftsjahres zuzüglich Privatentnahmen und abzüglich Privateinlagen definiert. Damit steht fest, dass der Gewinn sowohl positiv als auch negativ sein kann. Der Gewinn ist

---

456 Weber- Grellet, DB 2000, 165 (167).

457 Wendt, FR 2000, 417 (427); Meyer/ Ball, Inf 2000, 76 (80).

458 Eggesiecker/ Ellerbeck, DB 2000, 594 (596).

damit kein unbestimmter Rechtsbegriff. Aufgrund der exakten Definition ist der Gewinnbegriff bei der Feststellung einer Überentnahme keiner anderen Auslegung zugänglich [459]. Verluste wären nur aufgrund ausdrücklicher gesetzlicher Anordnung bzw. einer eigenen Gewinndefinition in § 4 IVa EStG nicht zu berücksichtigen.
Des Weiteren würde eine Auslegung des Gewinnbegriffs in § 4 IVa EStG im Sinne einer Nichtberücksichtigung von Verlusten dazu führen, dass die gesamte Regelung des § 4 IVa EStG in Verlustjahren nicht anzuwenden ist (§ 4 IVa 5 EStG). Damit ein betrieblicher Verlust an sich nicht zur Begrenzung des Schuldzinsenabzuges führt, wäre innerhalb der Sätze 2 und 4 des § 4 IVa EStG ein Verlust nicht zu berücksichtigen, während Satz 5 auch den Verlustfall erfassen müsste. Eine verschiedene Auslegung eines Rechtsbegriffs innerhalb eines Absatzes bzw. innerhalb eines Sinnzusammenhangs einer Vorschrift widerstrebt aber dem Auslegungsgedanken. Insofern bleibt nur die Möglichkeit einer teleologischen Reduktion [460].

bbbb) Teleologische Reduktion

Die Möglichkeit und Ausformung einer teleologischen Reduktion, bei welcher verlustbedingte Teile der Überentnahme nicht zu einer Benachteiligung führen, erscheint fraglich.
Dazu müsste sich für § 4 IVa EStG ein solcher Sinn und Zweck ableiten lassen. Hierzu kann auf die Vorschrift des § 13a V Nr. 3 ErbStG zurückgegriffen werden. Auch hier wird auf „Überentnahmen" abgestellt, wobei Verluste ausdrücklich unberücksichtigt bleiben. Dass bei § 4 IVa EStG ein solcher Hinweis fehlt, spricht nicht gegen einen solchen Zweck [461]. Des Weiteren sollte schon nach § 4 IVa EStG i. d. F. des StEntlG 99/ 00/ 02 eine Finanzierung von Privatentnahmen unter der Abzugsmöglichkeit entsprechender Schuldzinsen unterbunden werden. Also waren dort die tatsächlich getätigten Privatentnahmen, trotz eines anderen Ansatzpunktes der Berechnung (liquiditätsbezogene Betrachtung), wichtige Voraussetzung für die Begrenzung des Schuldzinsenabzuges. Da eine Neuformulierung des § 4 IVa EStG aufgrund der praktischen Undurchführbarkeit erforderlich wurde, hat sich an der Ziel- und Zwecksetzung nichts geändert [462]. Damit dürfen Verluste an sich auch aufgrund der Neufassung durch das StBereinG 1999 nicht zu einer Begrenzung des Schuldzinsenabzuges führen. Die Möglichkeit einer teleologischen Reduktion ist daher zu bejahen [463]. Fraglich bleibt allerdings, wie weit die teleologische Reduktion zu führen hat.
Zu beantworten ist insbesondere die Frage, ob die entstandenen Verluste die unschädlichen Entnahmemöglichkeiten in keiner Weise beeinflussen. Erscheint es systemgerecht, dass in Fällen eines durch Verluste und Privatentnahmen veranlassten negativen Kapitalkontos immer das einmal vorhandene Eigenkapital unschädlich entnommen werden kann, obwohl dieses längst durch Verluste aufgezehrt ist [464]?

---

459 Eggesiecker/ Ellerbeck, DB 2000, 594 (596).

460 A. A. Wendt, FR 2000, 417 (425), welcher durch eine andere Auslegung eine Begrenzung des Anwendungsbereichs herbeiführt.

461 Wendt, FR 2000, 417 (425); a. A. Eggesiecker/ Ellerbeck, DB 2000, 594 (596).

462 Hierfür spricht auch, dass der Formulierungsvorschlag dem Bundesrat vom Deutschen Steuerberaterverband unterbreitet wurde. Gerade der Berufsstand der Steuerberater hatte aber auf dem 22. Steuerberatertag zum Boykott der Regelung in der Fassung des StEntlG 99/ 00/ 02 wegen deren praktischer Nichtdurchführbarkeit aufgerufen.

463 A. A. Eggesiecker/ Ellerbeck, DB 2000, 594 (596).

464 Eingehend zu dieser Frage, allerdings auf einen anderen Ansatz zur Abgrenzung privater Schuldzinsen bezogen, Elser/ Neininger, DB 2000, 994 ff.

(1)
Nach zum Teil vertretener Ansicht ist ein Verlust völlig unbeachtlich bzw. geht gänzlich mit Null in die Berechnung ein [465]. Für eine solche teleologische Reduktion auf die völlige Unbeachtlichkeit von Verlusten könnte die Anlehnung an den Wortlaut der Regelung des § 13a V Nr. 3 ErbStG sprechen.

(2)
M.E. sind Verluste innerhalb der Bemessungsgrundlage des § 4 IVa EStG nicht völlig außer Ansatz zu lassen. Die Verluste wirken sich nicht nur bei der Berechnung der Überentnahme des aktuellen Wirtschaftsjahres aus, sondern beeinflussen aufgrund einer zeitraumübergreifenden eigenkapitalorientierten Betrachtung auf einer zweiten Stufe den Vortrag von Unterentnahmen [466]. Die Begrenzung des Schuldzinsenabzugs, allein aufgrund eines betrieblich entstandenen Verlustes, wird durch die Nichtberücksichtigung des aktuellen Verlustes im Rahmen der Berechnung der Überentnahmen des aktuellen Wirtschaftsjahres vermieden. Schon dadurch kann der Konflikt mit dem Leistungsfähigkeitsprinzip ausgeräumt werden, da ein betrieblich veranlasster Verlust an sich nicht zu einer Überentnahme führt.

Gewinne und Verluste beeinflussen aber außerdem die Höhe der Unterentnahmen. Eine Kürzung dieser Unterentnahmen durch entstehende Verluste wirkt sich nicht direkt auf die Begrenzung des Schuldzinsenabzuges aus. Ein Konflikt mit dem Leistungsfähigkeitsprinzip besteht somit nicht. Verluste können daher bei der Berechnung nach § 4 IVa 2 EStG insoweit berücksichtigt werden, als dass sie zur Kürzung einer im aktuellen Wirtschaftsjahr entstehenden Unterentnahme führen. Solche Unterentnahmen entstehen in Wirtschaftsjahren mit Verlusten, wenn die Einlagen die Entnahmen des Wirtschaftsjahres übersteigen.
Weitergehend kann auch ein Unterentnahmevortrag aus vorangegangenen Wirtschaftsjahren um aktuelle Verluste gekürzt werden.
Für eine Kürzung von Unterentnahmen durch Verluste spricht, dass die Finanzierungsfreiheit des Unternehmers eine Entnahmemöglichkeit von Eigenkapital unabhängig davon fordert, ob das Eigenkapital von außen als Einlage zugeführt oder ob es im Betrieb als Gewinn erwirtschaftet wurde. Zu beachten bleibt in diesem Zusammenhang jedoch, dass letztlich nur vorhandenes Eigenkapital entnommen werden darf. Ein durch Verluste gesunkenes Eigenkapitalkonto bedeutet damit auch ein gemindertes Entnahmepotential. Nach der Aufzehrung des kompletten Kapitals kann der Unternehmer nicht mehr verlangen, eine fremdfinanzierte Entnahme tätigen zu können. Insofern ist die Finanzierungsfreiheit des Unternehmers begrenzt. Da das Eigenkapital durch die realisierten Verluste verbraucht ist, kann sich der Unternehmer bezüglich der Fremdfinanzierung seiner Entnahmen auch nicht mehr darauf berufen, eben solches dem Unternehmensbereich gewidmet zu haben. Somit entspricht die Kürzung von Unterentnehmen bzw. eines Unterentnahmevortrags durch Verluste auch dem Grundsatz der Finanzierungsfreiheit [467].

---

[465] Meyer/ Ball, Inf. 2000, 76 (78); ebenso im Rahmen seiner Auslegung Wendt, FR 2000, 417 (425).

[466] Aus diesem Grund kann der Verweis auf § 13a V Nr. 3 ErbStG nicht fruchten. Dort gilt nur ein Fünf-Jahres-Zeitraum, mit der Folge, dass hier aus Vereinfachungsgründen eine völlige Unbeachtlichkeit des Verlustes vertretbar wäre. Zum Zwecke genauerer Ergebnisse sollte auch hier der Verlust nicht völlig außer Ansatz bleiben.

[467] Gleicher Ansicht sind insoweit Elser/ Neininger, DB 2000, 994 (997). Allerdings nur begrenzt auf deren eigenen Lösungsansatz. Hinsichtlich § 4 IVa EStG mindert nach deren Ansicht ein Verlust das Entnahmepotential in keinster Weise (DB 2000, 994 (998 dort Fußnote 34)).

Demnach kann ursprünglich investiertes Kapital solange entnommen bzw. umfinanziert werden, wie es noch vorhanden ist. Betriebliche Verluste zehren das Entnahmepotential auf, führen selbst aber nicht zur nachträglichen Entstehung privat veranlassten Fremdkapitals bzw. zur nachträglichen Begrenzung des Schuldzinsenabzugs.

M.E. müssen betrieblich entstandene Verluste also nur insoweit unberücksichtigt bleiben, als dass diese direkt zu einer Begrenzung des Schuldzinsenabzugs führen.

Die rechnerische Ermittlung ist wie folgt durchzuführen:

Es hat neben der Ermittlung der Bemessungsgrundlage eine Höchstgrenzenberechnung zu erfolgen. Unter rechnerischer Berücksichtigung des Verlustes ist der Höchstbetrag für die Bemessungsgrundlage der nicht abzugsfähigen Schuldzinsen auf die tatsächlich vorgenommenen Entnahmen beschränkt.
Sofern ein Überschuss der Unterentnahmen über eventuelle Überentnahmen besteht, sind in Höhe des Überschusses die bis dahin tatsächlich vorgenommenen Entnahmen für die Berechnung der Höchstgrenze nachfolgender Wirtschaftsjahre unberücksichtigt zu lassen, da das Unternehmen dann wieder über echtes Eigenkapital verfügt und unter Beachtung der Finanzierungsfreiheit des Unternehmers dieses ohne Begrenzung des Schuldzinsenabzugs für eine Umfinanzierung in Fremdkapital zur Verfügung stehen muss.
0Verluste führen demnach nur zu einer Kürzung von Unterentnahmen des aktuellen Wirtschaftsjahres und eines Unterentnahmevortrags. Unterentnahmen können durch Verluste vollständig kompensiert werden, wobei sie aber im Rahmen der Überentnahmen (z.B., wenn die Verluste das Unterentnahmepotential überwiegen) aufgrund der Höchstgrenzenermittlung nicht zur Schuldzinsenbegrenzung führen [468].
Ein entstehender Verlust führt damit für sich allein betrachtet nicht unmittelbar zu einer Begrenzung des Schuldzinsenabzuges nach § 4 IVa EStG [469].

Eine teleologische Reduktion in dieser Art und Weise erscheint meines Erachtens aufgrund der angeführten Gründe gerechtfertigt [470].

---

468 Ebenso BMF- Schreiben v. 22. 5. 2000, Tz. 11, DB 00, 1300 (1301); a.A. Heinicke in Schmidt, Rdnr. 525 zu § 4 EStG.

469 Prinz, FR 2000, 134 (135).

470 Ähnlich Prinz, FR 2000, 134 (134), welcher nur einen seit Betriebseröffnung entstandenen Überhang der Verluste über die Gewinne unberücksichtigt lassen will.

Zur Veranschaulichung nachfolgendes Beispiel:

Privatentnahme 01			100		
Verlust	-1.000				
Privateinlagen	keine				
Summe	-1.000		-(-1.000)		
Überentnahme 01				1.100	allerdings sind höchstens 100 als BMG für § 4 IVa EStG zu berücksichtigen
Privatentnahme 02			100		
Verlust	-2.000				
Einlagen		keine			
Summe	-2.000		-(-2.000)		
Überentnahme 02				2.100	
Überentnahme 01				1.100	
Gesamtüberentnahme			3.200		allerdings sind höchstens 200 (Entnahmen 01, 02) für die Berechnung nach § 4 IVa EStG maßgebend[471]
Privatentnahme 03			200		
Gewinn	2.000				
Einlagen		keine			
Summe	2.000		-2.000		
Unterentnahme 03			-1.800		
Überentnahmen Vorjahre			3.200		
Gesamtüberentnahme			1.400		allerdings sind höchstens 400 (Entnahmen 01, 02, 03) in der BMG für § 4 IVa EStG zu veranschlagen
Privatentnahme 04			2.000		
Gewinn	5.000				
Einlagen		keine			
Summe	5.000		-5.000		
Unterentnahme 04			-3.000		
Überentnahmeüberschuss Vorjahre			1.400		
Vortrag Unterentnahme			-1.600		keine Anwendung von § 4 IVa EStG mangels Gesamtüberentnahme
Privatentnahme 05			10.000		
Gewinn	2.000				
Einlagen		keine			
Summe	2.000		-2.000		
Überentnahme 05				8.000	
Unterentnahmevortrag			-1.600		
Überentnahmeüberschuss			6.400		die Höchstgrenze liegt hier bei 10.000, da die anderen Entnahmen i.H.v. 2.400 schon bei der Ermittlung des Unterentnahmevortrages in 04 berücksichtigt wurden; die bis dahin getätigten Entnahmen bleiben für die weitere Berechnung der Höchstgrenze außer Ansatz

471 Man kommt zu dem gleichen Ergebnis in 01 und 02, wenn man den Verlust mit Null ansetzt.

Soweit also in der Summe und unter Berücksichtigung der Vorjahre Unterentnahmen vorliegen, sind die bis dahin vorgenommenen Entnahmen im Rahmen der Höchstgrenzenberechnung abgegolten [472].

ccc) Rückwirkung

Hier tritt insbesondere bezüglich der Beschränkung der Ausnahmeregelung zu den Investitionsdarlehen das Rückwirkungsproblem auf, da nach dem StBereinG 1999 insoweit nur noch das Anlagevermögen begünstigt ist. Da der Steuerpflichtige bis zum Gesetzesbeschluss bei seinen Investitionen von der Fassung des § 4 IVa EStG nach dem StEntlG 99/ 00/ 02 ausging und grundsätzlich die steuerlichen Folgen seiner Finanzierung bei Vornahme der Investitionen berücksichtigt, ist eine vertrauensverletzende Rückwirkung auf abgeschlossene Disposi-tionen gegeben. Insbesondere ergab sich aus dem Grundsatz des § 4 VI EStG, dass die besagten Zinsen voll und sofort abzugsfähig sind, wenn keine Einschränkung vorliegt. Eine solche ergab sich aus § 4 IVa EStG gerade nicht.
Soweit Investitionen erst durch die Fassung des StBereinG 1999 nachteilig behandelt werden, liegt durch die unzulässige Vertrauensverletzung ein Verstoß gegen das Rechtsstaatsprinzips Art. 20 III GG vor.

ddd) Personengesellschaften

Bei Personengesellschaften ist eine gesellschafterbezogene Deutung vorzunehmen, da die Personengesellschaft selbst keine private Sphäre kennt. Der Bagatellbetrag ist aber nur anteilig zu berücksichtigen, da hinsichtlich des § 4 IVa EStG an jede in sich geschlossene Gewinnermittlung angeknüpft wird. Weiterhin spricht eine betriebsbezogene Betrachtung für diese Lösung. Es gibt insoweit nur den Betrieb der Personengesellschaft [473]. Ein Mitunternehmeranteil könnte insofern höchstens einem Teilbetrieb gleichgestellt werden [474]. Grundsätzlich könnte man hinsichtlich der Aufteilung des Bagatellbetrages an die Gewinnverteilung anknüpfen [475]. Allerdings empfiehlt sich bei unterschiedlich entnehmenden Mitunternehmern eine gesellschaftsvertragliche Regelung.
Unklar bleibt allerdings, ob nur der Gesamthandsbereich maßgebend sein soll oder ob eventuell auch Sonder- bzw. Ergänzungsbilanzen eine Rolle spielen [476].
Die Finanzverwaltung geht wohl von einer Zusammenfassung des Gesamthands- und Sonderbetriebsvermögens aus. Hierfür spricht der weite Betriebsvermögensbegriff bei Mitunternehmerschaften. Tätigkeitsvergütungen und Nutzungsentgelte können nur bei tatsächlicher Verausgabung an den Mitunternehmer Schuldzinsenbegrenzungen nach sich ziehen [477].

---

472 Wie die Fortführung der Nebenrechnung zeigt, wäre insofern eine gesonderte Feststellung vorteilhaft.

473 Ebenso BMF- Schreiben v. 22. 5. 2000, Tz. 25, DB 2000, 1300 (1302).

474 A. A. Wendt, FR 2000, 417 (431), unter Berufung auf eine betriebsbezogene Betrachtung. Hier wird meines Erachtens übersehen, dass die Mitunternehmerschaft gerade nur einen Betrieb unterhält und jedem Mitunternehmer nur ein Mitunternehmeranteil, also nur ein Anteil am Betrieb zuzurechnen ist.

475 So auch BMF- Schreiben v. 22. 5. 2000, Tz. 30, DB 2000, 1300 (1302).

476 Dafür Wendt, FR 2000, 417 (431); Prinz, FR 2000, 134 (135); dagegen Meyer/ Ball, Inf 2000, 76 (81).

477 Prinz, FR 2000, 134 (136).

eee) Karenzzeit

Probleme ergeben sich auch aus der Missbrauchsregelung des § 4 IVa 3 EStG. Der Saldo zwischen Entnahmen und Einlagen des letzten Vierteljahres ist durch den entgegengesetzten Saldo von Entnahmen und Einlagen der ersten drei Monate des neuen Wirtschaftsjahres rückgängig zu machen.
Nach *Wendt* [478] ist von der Missbrauchsregelung nur der Fall erfasst, dass bestimmte Entnahmen und Einlagen rückgängig gemacht werden sollen. Weiterhin sei eine subjektive Komponente gefordert. Da bei einem Missbrauchsfall diese Voraussetzungen leicht umgangen werden können bzw. schlecht nachzuweisen sind und damit die Regelung unpraktikabel und schlecht handhabbar wird, sind die von *Wendt* geforderten weiteren Voraussetzungen abzulehnen.

Zur Vermeidung einer doppelten Berücksichtigung darf die rückgängigmachende Entnahme/ Einlage im Jahr der Ausführung keine Beachtung mehr erlangen. Die zurückwirkende Entnahme/ Einlage ist schon durch die Veränderung des Entnahmepotentials des Vorjahres verbraucht [479]. Ansonsten wäre eine Verfälschung des Entnahmepotentials in den Folgejahren die Konsequenz.

fff) Bagatellbetrag § 4 IVa 5 EStG

Die Obergrenze für die Hinzurechnung ergibt sich naturgemäß aus der Höhe der als Betriebsausgaben behandelten Zinsen. Von diesem Betrag wird der Bagatellbetrag abgezogen. Da eine Berechnung nach § 4 IVa EStG betriebsbezogen erfolgt, muss der Pauschbetrag bei mehreren Betrieben eines Steuerpflichtigen mehrfach gewährt werden [480].

ggg) Begünstigung von Anschaffungs-/ Herstellungsdarlehen

Nach § 4 IVa 6 EStG ist die Finanzierung von Anschaffungs-/ Herstellungskosten von Anlagegütern in der Weise privilegiert, dass derartige Schuldzinsen von der Regelung unberührt bleiben sollen. Hieraus folgt, dass Zinsen für Anschaffungsdarlehen dem Gewinn nicht hinzugerechnet werden dürfen. In Höhe dieser Zinsen ist eine Hinzurechnung unzulässig. Problematisch stellt sich aber das Verhältnis zum Bagatellbetrag dar.
Zum Teil wird vertreten, dass die Zinsen nach § 4 IVa 6 EStG auch bei Berechnung der Abzugshöchstgrenze unberücksichtigt bleiben sollen [481].
Andererseits wird vertreten, dass die Zinsen für Anschaffungsdarlehen in die Höchstgrenzenberechnung einzubeziehen sind [482].
Für die letztere Ansicht spricht der Aufbau des § 4 IVa EStG. Zuerst wird nach Satz 4 der typisierte nichtabziehbare Betrag ermittelt. Danach wird entsprechend Satz 5 die Abzugshöchstgrenze bestimmt. Am Ende wird untersucht, ob in Höhe der Zinsen bezüglich privilegierter Darlehen eine Hinzurechnung unterbleibt.

---

478 FR 2000, 417 (425).

479 Wendt, FR 2000, 417 (426); a. A. Meyer/ Ball, Inf 2000, 76 (77 ff.).

480 Wendt, FR 2000, 417 (424); a.A. Meyer/ Ball, Inf 2000, 76 (79).

481 Meyer/ Ball, Inf 2000, 76 (80); Prinz, FR 2000, 134 (136).

482 Wendt, FR 2000, 417 (429).

Außerdem spricht für diese Lösung der mit Satz 5 verfolgte Vereinfachungszweck. Der Verzicht auf die Hinzurechnung der Zinsen bis 4000 DM rechtfertigt sich dadurch, dass Ermittlungen nach der Zinsherkunft unterbleiben können, wenn mit einem Blick festgestellt werden kann, dass der Höhe nach ein Bagatellfall vorliegt. Liegt der Betrag nicht abziehbarer Zinsen höher, müssen weitere Ermittlungen erfolgen, welche sich auch auf das Vorhandensein von Zinsen auf Anschaffungsdarlehen erstrecken können [483].

hhh) Verhältnis zur Gewerbesteuer

Kompliziert stellt sich auch das Verhältnis zur Gewerbesteuer dar. Die Frage der Berücksichtigung des § 4 IVa EStG im Rahmen der Ermittlung des Gewerbeertrages dürfte zu bejahen sein, da diese Regelung zu den Gewinnermittlungsvorschriften des EStG zählt.
Allerdings ist das Verhältnis zur Hinzurechnung von Dauerschuldzinsen nach § 8 Nr. 1 GewStG zu beachten. Sofern schon eine Berücksichtigung nach § 4 IVa EStG erfolgt, würde eine nochmalige Hinzurechnung nach § 8 Nr. 1 GewStG zu einer Doppelberücksichtigung führen. Eine solche Doppelberücksichtigung widerspricht dem Zweck der gewerbesteuerlichen Hinzurechnung, wonach lediglich eine Gleichstellung fremd- und eigenkapitalfinanzierter Unternehmen erfolgen soll. Da nur in seltenen Fällen Deckungsgleichheit zwischen beiden Beträgen herrschen wird, ist grundsätzlich eine entsprechende Einzelfallprüfung nicht zu vermeiden.
Des Weiteren ergibt sich eine Wechselwirkung zwischen der Gewerbesteuer und der Hinzurechnung nach § 4 IVa EStG. Die Gewerbesteuer mindert den Gewinn. Dagegen wirkt sich die Hinzurechnung der Schuldzinsen nach § 4 IVa EStG, zu deren Berechnung es wiederum auf den Gewinn ankommt, erhöhend auf den Gewerbeertrag aus.
Dies führt zu Schwierigkeiten bei der Berechnung der Hinzurechnung. Wie *Hundsdoerfer/ Henning* nachweisen, können die Rechenoperationen ohne Vereinfachungsregelung nicht mehr vollzogen werden [484]. Insoweit hat das BMF erklärt, dass im Hinblick auf den Ansatz des Hinzurechnungsbetrages eine Neuberechnung der GewSt.- Rückstellung unterbleiben kann [485].

d) Schlussfolgerung

Nach der Neuregelung ist entscheidend, ob am Ende des Wirtschaftsjahres die gesamten vorgenommenen Entnahmen die angefallenen Gewinne und Einlagen übersteigen, wobei vorangegangene Wirtschaftsjahre mit zu berücksichtigen sind. Durch die Neufassung des § 4 IVa EStG innerhalb des StBereinG 1999 erfolgt eine rückblickende pauschalierende Betrachtung der Finanzierungsfreiheit mit einer Modifikation hinsichtlich der Zinsen des Anlagevermögens.
Abweichend von der Vorgängerregelung wurde kein endgültiges, sondern ein jährlich korrigierbares Abzugsverbot geschaffen. Der Steuerpflichtige kann das Abzugsverbot durch Zufuhr

483 Wendt, FR 2000, 417 (429).
484 Hundsdoerfer/ Henning, BB 2000, 542 (542 ff.).
485 BMF- Schreiben v. 22. 5. 2000, Tz. 21, DB 2000, 1300 (1302).

von Eigenkapital beeinflussen. Diese Zufuhr führt im Rahmen von Unterentnahmen zum (zumindest teilweisen) Wiederaufleben des Zinsabzuges [486].

Durch die Neufassung aufgrund des StBereinG 1999 wird das Problem entnahmebedingter Schuldzinsen angemessen gelöst. Es kam zu einer deutlichen Konzeptionsverbesserung gegenüber der Vorgängerregelung. Bis auf das partielle Rückwirkungsproblem treten nunmehr auch keine Konflikte mit der Verfassung auf. Der Planungs- und Ermittlungsaufwand konnte für alle Beteiligten deutlich gesenkt werden.

Die Finanzierungsfreiheit des Unternehmers wird somit auf eine solide Grundlage gestellt [487].

2.1.3. § 4 V 1 Nr. 10 EStG Abzugsverbot für Schmier- und Bestechungsgelder

Auch hier kam es zu einer Verschärfung. Vor der Änderung bestand ein Abzugsverbot nur, wenn der Zuwendende oder Empfänger wegen der Zuwendung rechtskräftig bestraft, ein Bußgeldbescheid rechtskräftig erlassen oder ein Strafverfahren nach §§ 153 ff StPO eingestellt wurde. Außerdem werden jetzt auch Zahlungen an ausländische Amtsträger erfasst.
Nach der Neuregelung liegt ein Abzugsverbot schon dann vor, wenn die Gewährung von Zuwendungen eine rechtswidrige Tat im Sinne des § 11 I Nr. 5 StGB ist, welche die Tatbestandsvoraussetzungen einer Vorteilsgewährung oder Bestechungshandlung erfüllt. Insoweit kommen für das steuerliche Abzugsverbot, insbesondere nach § 108b StGB (Wählerbestechung), § 108e StGB (Abgeordnetenbestechung), §§ 299 II , 300 StGB (Bestechung im geschäftlichen Verkehr), § 333 StGB (Vorteilsgewährung) und § 334 StGB (Bestechung) tatbestandsmäßige und rechtswidrige Handlungen in Betracht.
Da es auf ein Verschulden nicht ankommt, ist das Vorliegen von Schuldausschließungsgründen und anderen Entschuldigungsgründen unerheblich [488]. Dies gilt ebenso für die Voraussetzungen der Strafverfolgung.
Die Neuregelung hat zur Konsequenz, dass schon der Versuch eine Schmiergeldzahlung trotz Abzugsverbotes als Betriebsausgabe steuerlich geltend zu machen, die Strafbarkeit wegen (versuchter) Steuerhinterziehung begründet (§ 370 I Nr. 1 AO) [489]. Gegenüber der alten Gesetzeslage stellt dies eine Verschärfung dar, da früher das Abzugsverbot an die Verfahrensbeendigung gekoppelt war, und diese bei Abgabe der Steuererklärung in der Regel noch nicht vorlag.

Allerdings konnte die schon gegenüber § 4 V 1 Nr. 10 EStG a.F. bestehende Kritik durch die Neuregelung nicht ausgeräumt werden.
Diese richtet sich in erster Linie gegen den aus dem Verstoß gegen das objektive Nettoprinzip folgenden Systembruch. Die Nichtabzugsfähigkeit der Zuwendungen lässt sich nicht aus deren Gesetzes- oder Sittenwidrigkeit rechtfertigen, da dies nach § 40 AO für die Besteuerung uner-

486 Meyer/ Ball, Inf 2000, 76 (83).
487 Heinicke in Schmidt, Rdnr. 522 zu § 4 EStG.
488 Meurer in Lademann, Rdnr. 761 zu § 4 EStG.
489 Park, DStR 1999, 1097 (1099).

heblich ist [490]. Betrieblich veranlasste Aufwendungen sind nach § 4 IV EStG, als Normierung des objektiven Nettoprinzips, grundsätzlich abzugsfähig. Die nichtgerechtfertigte Verankerung eines Abzugsverbotes für Schmier- und Bestechungsgelder stellt insoweit eine Verletzung des objektiven Nettoprinzips dar [491]. Dies hat auch einen Verstoß gegen das Leistungsfähigkeitsprinzip zur Folge [492]. Das Steuerrecht wird unzulässigerweise als Mittel der Korruptionsbekämpfung eingesetzt [493]. Dies widerspricht auch der für das Steuerrecht relevanten wirtschaftlichen Betrachtungsweise (§ 39 II AO).
Weiterhin ist die Regelung inkonsequent, da nur solche Leistungen erfasst werden, welche sich als Betriebsausgaben auswirken. Den gleichen Effekt hat aber die unterlassene Realisierung von Betriebseinnahmen zugunsten des Zuwendungsempfängers, wie z.B. die Veräußerung von Wirtschaftsgütern zum Vorzugspreis oder die Gewährung unentgeltlicher Dienstleistungen [494]. Die unterlassene Gewinn- bzw. Einnahmerealisierung fällt nicht in den Anwendungsbereich des § 4 V EStG. Diese schon vorher bestehende Lücke setzt sich bei der Neufassung fort.
Die Anlehnung an das Straf- und Ordnungswidrigkeitenrecht hat außerdem zur Folge, dass bestimmte Strafbarkeitslücken zur Ausklammerung vom Abzugsverbot führen, wie z.B. bei §299 StGB, wonach nur Zahlungen für zukünftige Bevorzugungen erfasst werden.

Letztlich kommt es bei dieser Regelung zu einer Verletzung des rechtsstaatlichen Rückwirkungsverbotes. Das Gesetz wurde erst am 4.3.1999 vom Bundestag beschlossen und nach Zustimmung des Bundesrates vom 19.3.1999 am 24.3.1999 verkündet. Die Neuregelung betrifft aber auch Zahlungen, welche zwischen dem 01.01.1999 und dem 19.3.1999 geleistet wurden. Insbesondere werden nun auch Zuwendungen an ausländische Amtsträger erfasst. Nach dem EUBestG [495], welches im September 1998 in Kraft getreten ist, werden Amtsträger aus EU- Mitgliedstaaten den inländischen Amtsträgern bei Bestechungshandlungen gleichgestellt. Insoweit sind Zahlungen rückwirkend bis zum 01.01.1999 vom Abzugsverbot betroffen. Auch die Bestechung ausländischer Amtsträger anderer Staaten, welche sich auf zukünftige Diensthandlungen bezieht und zum Zweck der Erlangung eines unbilligen Vorteils im internationalen geschäftlichen Verkehr erfolgt, wird nach dem IntBestG [496] unter Strafe gestellt. Die Strafvorschriften dieses Gesetz sind am 15.02.1999 in Kraft getreten [497]. Insoweit sind nur Zahlungen zwischen dem 15.02. und dem 19.03.1999 von dem Rückwirkungsverbot betroffen, da diesbezügliche Zuwendungen vor dem 15.02.1999 nicht strafrechtlich relevant waren und somit nicht dem Abzugsverbot unterliegen.

---

490 Park, DStR 1999, 1097 (1099); a.A. Tipke auf einem Symposium, zusammengefasst von Balke, StuW 1996, 192 (193), wonach die Nichtabzugsfähigkeit die konsequente Folge aus dem Vorrang der Strafgerechtigkeit vor der Steuergerechtigkeit sei.

491 Park, DStR 1999, 1097 (1099); a.A. Tipke/ Lang, Steuerrecht, Rdnr. 278 zu § 9, wonach der Schutz der Rechtsordnung die Durchbrechung rechtfertigt.

492 Joecks, DStR 1997, 1025 (1026).

493 Joecks, DStR 1997, 1025 (1026); Meurer in Lademann, Rdnr. 761 zu § 4 EStG.

494 Joecks, DStR 1997, 1025 (1026).

495 BGBl. 1998 II, 2340.

496 BGBl. 1998 II, 2327.

497 Art. 15 Abs. 1 des Übereinkommens vom 17.12.1997 über die Bekämpfung der Bestechung ausländischer Amtsträger im internationalen Geschäftsverkehr.

Die Erfassung tatbestandsmäßiger Zuwendungen an ausländische Amtsträger vor dem 19.03.1999 durch § 4 V 1 Nr. 10 EStG verstößt gegen das rechtsstaatliche Rückwirkungsverbot, da diese Zahlungen nach alter Rechtslage grundsätzlich abzugsfähig waren [498].
Die Steuerpflichtigen haben im Zeitpunkt ihrer Disposition auf die Abzugsfähigkeit der Zahlungen vertraut. Durch die rückwirkende Erstreckung des Abzugsverbotes auf Zahlungen vor Erlass der Neuregelung wird das schutzwürdige Vertrauen der Steuerpflichtigen verletzt. Gerade die Abzugsfähigkeit der Schmier- und Bestechungsgelder ist aus Sicht des Steuerpflichtigen für die Höhe der Zuwendungen und die Disposition an sich von wesentlicher Bedeutung.

2.1.4. Wegfall der Aufzeichnungspflicht § 4 VII EStG

Mehraufwendungen für Verpflegung dürfen nach § 4 V 1 Nr. 5 EStG nur in Höhe der gesetzlichen Pauschbeträge als Betriebsausgaben abgesetzt werden. Eine Einzelaufzeichnung ist nach der Neufassung des § 4 VII EStG nicht mehr erforderlich. Diese Regelung stellt für den Unternehmer eine Vereinfachung dar.

2.1.5. Teilwertabschreibung und Wertaufholung

a) Allgemeines

Die Teilwertabschreibung ist im wesentlichen erhalten geblieben [499]. Das Wertaufholungswahlrecht wurde gegen ein striktes Wertaufholungsgebot ausgewechselt. Ein solches Wertaufholungsgebot war schon von der alten CDU/ CSU/ FDP- Regierung vorgesehen, konnte aber aufgrund des Scheiterns des Steuerreformgesetzes 1998 nicht eingeführt werden [500].
Nach dem Anschaffungs-/ Herstellungskostenprinzip hat bei einer Wertsteigerung nach vorgenommener Teilwertabschreibung eine Wertaufholung zu erfolgen. Für die steuerliche Bewertung sind die (fortgeführten) Anschaffungs-/ Herstellungskosten Regelmaßstab und Obergrenze, so dass nach einer Teilwertabschreibung dorthin zurückzukehren ist [501]. Das Wertaufholungsgebot ist daher Ausfluss eines regulären bilanzsteuerrechtlichen Prinzips.

b) Verfassungsmäßige Überprüfung

Der Ersatz des Wertaufholungswahlrechtes durch das strikte Wertaufholungsgebot erscheint unter dem Gesichtspunkt der Rückwirkung von Gesetzen verfassungsmäßig bedenklich, da jetzt stille Reserven aufgedeckt werden müssen, welche der Steuerpflichtige teilweise schon

---

498 Park, DStR 1999, 1097.

499 Nach Hoffmann DStR 2000, 15 (16) hat die Teilwertabschreibung nach Abschaffung der Drohverlustrückstellung ebenfalls ihre Daseinsberechtigung verloren, da zwischen beiden ökonomische Gleichwertigkeit besteht. Insbesondere könne der in einem Vermögensgegenstand enthaltene Verlust durch Sachverhaltsgestaltung in den Rückstellungsbereich verlagert werden. Durch eine solche Verlagerung würde sich aber die Leistungsfähigkeit des Steuerpflichtigen nicht erhöhen. Dies impliziert aber die Regelung des § 5 IVa EStG.

500 BT- Drucks. 12/ 7242; BT- Drucks. 13/ 8020.

501 Weber- Grellet, DB 2000, 165 (168).

vor etlichen Jahren bilden durfte. Insoweit könnte ein Verstoß gegen das Rechtsstaatsprinzip vorliegen.
Stellt man mit dem BVerfG auf die formale Entstehung des Steueranspruchs ab, ist ersichtlich, dass das Wertaufholungsgebot die Steuer vergangener Jahre nicht berührt und es sich daher um eine zulässige unechte Rückwirkung handelt [502].

Aber auch sofern man sich auf die Anschaffung/ Herstellung des vom Wertaufholungsgebot betroffenen Betriebsvermögens als den hinsichtlich der Zulässigkeit der Rückwirkung relevanten Bezugssachverhalt bezieht, liegt eine zulässige Rückwirkung vor.

Stellt man auf die Anschaffung/ Herstellung als vertrauensbezogene Disposition ab, so ist grundsätzlich zwischen Anlagevermögen und Umlaufvermögen zu differenzieren. Das Anlagevermögen ist dazu bestimmt, dem Geschäftsbetrieb dauernd zu dienen. Hinsichtlich der Einführung von Anlagevermögen werden daher besondere Planungen seitens des Steuerpflichtigen vorgenommen. Da das Anlagevermögen die Tätigkeit und den Hintergrund des Unternehmens verkörpert, wird es bei vielen das Unternehmen betreffenden Entscheidungen mitberücksichtigt. Aus diesen Gründen unterliegt das Anlagevermögen einem stärkeren Vertrauensschutz und sollte grundsätzlich vor rückwirkenden Gesetzesänderungen geschützt sein.
Hinsichtlich des eine Teilwertabschreibung beim Anlagevermögen rückgängig machenden Wertaufholungsgebotes treten einige besondere Umstände hinzu, welche eine Rückwirkung ausnahmsweise für zulässig erscheinen lassen. Im Zeitpunkt der Vertrauensbetätigung, also grundsätzlich bei Vertragsabschluß bzw. Herstellung, werden die Voraussetzungen einer Teilwertabschreibung nicht vorliegen. Insoweit kann seitens des Steuerpflichtigen auch kein schutzwürdiges Vertrauen im Zeitpunkt der Vertrauensbetätigung auf die erst nachfolgende Vornahme und erst recht nicht auf die spätere Beibehaltung einer den Voraussetzungen nach nicht mehr gegebenen Teilwertabschreibung bestehen.

Das Umlaufvermögen ist schon von Grund auf weniger dispositionsbezogen, da der schnelle Warenumschlag hier im Vordergrund steht. Die Veräußerung von Umlaufvermögen gehört zu den laufenden Geschäftsvorfällen und stellt die Verwirklichung des Unternehmensgegenstandes dar. Die Wirtschaftsgüter sollen nur vorübergehend im Unternehmen verbleiben. Insoweit besteht bei solchen Wirtschaftsgütern ein geringer Vertrauensschutz, wobei es aber auch Ausnahmesachverhalte gibt. Die Rückwirkung ist damit grundsätzlich zulässig.

Aber nicht nur die Anschaffung oder Herstellung, sondern auch die Vornahme der Teilwertabschreibung beim Anlage- oder Umlaufvermögen stellt nach meiner Ansicht eine abgeschlossene Disposition dar, da der Rückgängigmachung aufgrund der Steuerbelastung zumindest wirtschaftliche Hindernisse entgegenstehen können. Es liegt auch insofern eine dispositionsbezogene Vertrauensbetätigung vor.
Der Steuerpflichtige hat aufgrund der ehemaligen Rechtslage darauf vertraut, dass die Teilwertabschreibung nicht bei Werterhöhung wieder zugeschrieben werden muss. Dem Steuerpflichtigen wird aber diesbezüglich insoweit Vertrauensschutz gewährt, als dass er für Realisierungen von stillen Reserven aufgrund des Wertaufholungsgebotes im Erstjahr (nur soweit kann sein Vertrauen reichen) eine gewinnmindernde Rücklage bilden kann. Insoweit werden die Folgen der Rückwirkung abgemildert. Dies ist auch ausreichend, da die Voraussetzungen

502 so auch Stobbe/ Loose, FR 1999, 405 (408 f.).

einer Teilwertabschreibung im Zeitpunkt des eingreifenden Wertaufholungsgebotes nicht mehr aktuell vorliegen und damit auch nur ein geringes schutzwürdiges Vertrauen gegeben ist. Einen absoluten dauerhaften Vertrauensschutz für stille Reserven kann es nur geben, wenn aus der Sicht des Gesetzgebers diese generell nicht besteuert werden sollen [503]. Dies ist aber nicht der Fall, da es spätestens bei einem Verkauf der Wirtschaftsgüter zur Aufdeckung der stillen Reserven kommt. Daher kann eine Besteuerung auch an Wertsteigerungen bis zu den (fortgeführten) Anschaffungs-/ Herstellungskosten ohne Realisationsakt anknüpfen.
Außerdem werden ja nur nicht realisierte Teilwertabschreibungen rückgängig gemacht. Insoweit korrigieren die Steuerlasten aufgrund des Wertaufholungsgebotes nur frühere Steuerentlastungen, welche aus Teilwertabschreibungen resultieren, die sich über einen längeren Zeitraum nicht bewahrheitet haben.
Durch die Wertaufholung kann beim abnutzbaren Anlagevermögen nur bis zu den fortgeführten Anschaffungs-/ Herstellungskosten als der Bewertungsobergrenze zugeschrieben werden. Damit wird auch die Vornahme der regulären AfA bzw. anderer schutzwürdiger Abzüge erhalten und gesichert. Ein insoweit bestehendes Vertrauen wird geschützt.

Sowohl auf das Anlagevermögen als auch auf das Umlaufvermögen bezogen, ist die Rückwirkung des Wertaufholungsgebotes daher zulässig.

Das Wertaufholungsgebot ist somit in Bezug auf das Rückwirkungsverbot verfassungsgemäß.

c) Bewertung des abnutzbaren Anlagevermögens

aa) Allgemeines

Die Klarstellung in der Neufassung des § 6 I Nr. 1 S. 1 EStG gibt die geltende Rechtslage wieder, wonach sich der steuerliche Wertansatz eines abnutzbaren Wirtschaftsgutes des Anlagevermögens nicht unbedingt aus den Anschaffungs-/ Herstellungskosten abzüglich der AfA nach § 7 EStG ergeben muss. Als Ausgangswert kann auch der Einlagewert oder der Wert anlässlich einer Betriebseröffnung oder auch der Wert nach einer Neubewertung (z.B. nach Wiedervereinigung für die neuen Bundesländer) in Frage kommen und über die AfA nach § 7 EStG hinaus können weitere Abzugsbeträge (erhöhte Absetzungen, Sonderabschreibungen, Beträge nach R. 35 EStR bzw. § 6b EStG) den Wertansatz mindern.
Eine Teilwertabschreibung kommt erst in Frage, wenn der Teilwert unter den hier beschriebenen maßgeblichen Buchwert fällt.

bb) Teilwertabschreibung

Für eine Teilwertabschreibung ist es erforderlich, dass der Teilwert niedriger als der Buchwert ist, und dies auf einer voraussichtlich dauernden Wertminderung beruht. Der Teilwert definiert sich weiterhin aus § 6 I Nr. 1 S. 3 EStG. Bezüglich des Begriffs der dauernden Wertminderung kann auf § 253 II 3 HGB zurückgegriffen werden. Planmäßige Abschreibungen können generell nicht allen Wertschwankungen folgen, sondern diese nur trendmäßig berücksichtigen. Eine dauernde Wertminderung bedeutet danach ein voraussichtlich nachhaltiges Absin-

---

503 Stobbe/ Loose, FR 1999, 405 (409).

ken unter den Buchwert [504]. Die Wertminderung ist voraussichtlich nachhaltig, wenn am Bilanzstichtag aufgrund objektiver Anzeichen ernsthaft damit zu rechnen ist.
Bei abnutzbaren Wirtschaftsgütern liegt eine dauernde Wertminderung somit vor, sofern der Teilwert voraussichtlich während eines erheblichen Teils der weiteren Nutzungsdauer unter dem am jeweiligen Bilanzstichtag maßgebenden Buchwert liegt [505]. Als konkrete zeitliche Komponente wird von der Literatur und der Finanzverwaltung ein Zeitraum von mindestens 50 % der Restnutzungsdauer genannt [506].

Handelsrechtlich gilt nach § 253 II HGB das eingeschränkte Niederstwertprinzip. Bei vorübergehender Wertminderung besteht ein Abschreibungswahlrecht, welches bei voraussichtlichem dauernden Absinken in eine Abschreibungspflicht umschlägt (§ 253 II 3 2.HS HGB).
Nach § 279 I 2 HGB besteht für Kapitalgesellschaften im Falle vorübergehender Wertminderung das Abschreibungswahlrecht nach § 253 II 3 1. HS HGB nur für Finanzanlagen.

cc) Wertaufholungsgebot

aaa) Steuerliche Betrachtung

Das Wertbeibehaltungswahlrecht wird von einem strikten Wertaufholungsgebot ersetzt (§ 6 I Nr. 1 S. 4 EStG).
Sofern sich also der Wert eines Wirtschaftsgutes nach einer vorangegangenen Teilwertabschreibung erhöht, wird dieser bis zum Erreichen der Bewertungsobergrenze (§ 6 I Nr. 1 S. 1 EStG) steuerlich erfasst.

Als Obergrenze für die Zuschreibung gelten die am Bilanzstichtag fortgeführten Anschaffungs-/ Herstellungskosten im Sinne des Buchwertes nach § 6 I Nr. 1 S. 1 EStG. Hierbei werden Abschreibungen fiktiv vorgenommen, als wäre die Teilwertabschreibung nicht erfolgt.

Um eine Umgehung des § 6 I Nr. 1 S. 4 EStG zu vermeiden, wurde auch für den Fall der Abschreibung für außergewöhnliche technische oder wirtschaftliche Abnutzung (AfaA) in § 7 I 6 EStG ein Wertaufholungsgebot eingeführt, weil zwischen Teilwertabschreibungen und den AfaA aufgrund der schwierigen Abgrenzung Überschneidungen bestehen [507].
Es bestand die Gefahr, dass in der Vergangenheit vorgenommene Teilwertabschreibungen als AfaA deklariert würden [508].

Die steuerliche Wertaufholungspflicht gilt rechtsformunabhängig für alle Unternehmen.

---

504 So die Gesetzesbegründung in BT- Drucks. 14/ 443, S. 50.

505 Adler/ Düring/ Schmaltz, Rechnungslegung und Prüfung der Unternehmen, Rdnr. 477 zu § 253 HGB; Cattelaens, DB 1999, 1185 (1185).

506 Döring in Küting/ Weber, Handbuch der Rechnungslegung, Rdnr. 154 zu § 253 HGB (mit der zusätzlichen Voraussetzung einer Fünf- Jahresfrist); ebenso BMF- Schreiben vom 25. 2. 2000, Tz. 6, DB 2000, 546 (546), allerdings ohne absolute zeitliche Grenze.

507 Horschitz/ Gross/ Weidner, Bilanzsteuerrecht und Buchführung, S. 395; Cattelaens, DB 1999, 1185 (1185).

508 Cattelaens, DB 1999, 1185 (1186).

bbb) Handelsrechtliche Betrachtung

Die steuerliche Wertaufholungspflicht hat auch handelsrechtliche Folgen.

aaaa) Personengesellschaften

Personenunternehmen haben auch weiterhin das Beibehaltungswahlrecht des § 253 V HGB, obwohl steuerlich eine Zuschreibungspflicht besteht.

bbbb) Kapitalgesellschaften

Kapitalgesellschaften ereilt nach § 280 I HGB jetzt ein handelsrechtliches Wertaufholungsgebot aufgrund der Streichung des steuerlichen Wertbeibehaltungswahlrechtes. Nach § 280 II HGB konnte bisher das handelsrechtliche Wertaufholungsgebot des § 280 I HGB umgangen werden. Mangels steuerlicher Zulässigkeit der Beibehaltung eines niedrigeren Wertes entfällt diese Möglichkeit.

dd) Übergangsregelung

aaa) Die steuerliche Rücklage

Durch die erstmalige Umsetzung des Wertaufholungsgebotes im Veranlagungszeitraum 1999 kann es zu einer Realisierung immenser stiller Reserven kommen. Die Unternehmen hätten riesige Gewinne zu versteuern, obwohl sich weder ihre Wirtschaftskraft noch ihre Liquidität verbessert hätte. Um die sich hieraus ergebende Belastung zu mildern, kann im Erstjahr der durch die Anwendung des strikten Wertaufholungsgebotes entstandene Gewinn in Höhe von vier Fünfteln in eine Rücklage eingestellt werden. Diese ist in den folgenden vier Jahren mit je einem Viertel bzw. bei Veräußerung oder Entnahme sofort aufzulösen. Bei Veräußerung oder Entnahme des Wirtschaftsgutes ist der für das Wirtschaftsgut in der Rücklage verbleibende Teil gewinnerhöhend aufzulösen.

bbb) Handelsrechtliche Konsequenzen

Sofern von dem Wahlrecht Gebrauch gemacht wird, ergeben sich nachfolgende handelsrechtliche Konsequenzen.

aaaa) Personengesellschaften

Bei Personenunternehmen können Handels- und Steuerbilanz auseinander laufen. Sofern von dem Wertaufholungswahlrecht in der Handelsbilanz kein Gebrauch gemacht wird, stellt sich die Frage, ob bei Ausnutzung der Möglichkeit der gewinnmindernden Rücklage, selbige aufgrund der umgekehrten Maßgeblichkeit, auch in der Handelsbilanz anzusetzen ist. Die Rücklage könnte nach §§ 247 III HGB auch in der Handelsbilanz gebildet werden.
Dies wird zum Teil so vertreten [509].

---

[509] In dieser Richtung nicht ganz eindeutig Stobbe/ Loose, FR 1999, 405 (409).

M.E. ist mit *H. Cattelaens* [510] davon auszugehen, dass eine gewinnneutralisierende Rücklage nur soweit zu bilanzieren ist, wie auch Gewinne angefallen sind. Die Rücklage als Kompensation von Zuschreibungserträgen aufgrund des Wertaufholungsgebotes ist an die Realisierung dieser Erträge gekoppelt. Sofern in der Handelsbilanz aufgrund des dortigen Wahlrechtes keine Zuschreibungserträge anfallen, kann auch diesbezüglich keine Rücklage gebildet werden. Die Rücklage ist vielmehr nur als Annex der ausgewiesenen Erträge zu sehen. Würde man eine aufwandwirksame Einbuchung einer Rücklage vornehmen, ohne dass dem entsprechende Erträge gegenüberstehen, käme es außerdem zu einer Verzerrung der Ertragslage der Gesellschaft, was einen Verstoß gegen § 243 II HGB zur Folge hätte. Die sich aus dem steuerlichen Wertaufholungsgebot ergebende Steuerbelastung tritt nur in der Steuerbilanz auf, sofern nicht in der Handelsbilanz ebenso verfahren wird. Eine auf die Steuerbilanz isolierte Wirkung sollte nur aufgrund der umgekehrten Maßgeblichkeit keinen Einfluss auf den Erfolgsausweis in der Handelsbilanz haben [511].

Dieses Ergebnis ergibt sich auch aus § 247 III HGB. Nach § 247 III 2 HGB ist der Sonderposten nach Maßgabe des Steuerrechtes aufzulösen. Das ist aber nur möglich, wenn dieser nach dortigen Voraussetzungen in der Handelsbilanz gebildet wurde. § 247 III 1 HGB gestattet die Bildung von Passivposten in der Handelsbilanz zwecks Gleichklang mit der Steuerbilanz [512]. Sofern das Wertaufholungsgebot in der Handelsbilanz nicht umgesetzt ist, kann ein Gleichklang nicht mehr erreicht werden.

Die umgekehrte Maßgeblichkeit wird auch damit begründet, dass die Inanspruchnahme steuerlicher Vergünstigungen nicht dazu führen sollte, diese in der Handelsbilanz als Gewinn auszuweisen und auszuschütten [513]. Es wird demnach vorausgesetzt, dass es in der Handelsbilanz zu einer Ausweisung entsprechender Erträge kommt [514].

Somit sollte eine Bildung der Rücklage in der Steuerbilanz nicht von einer korrespondierenden Bilanzierung nach Handelsrecht abhängen. Dort sollte eine Rücklage nur gebildet werden, soweit auch entsprechende Gewinne angefallen sind und nicht nur der Formalität des § 5 I 2 EStG wegen [515].

bbbb) Kapitalgesellschaften

Bei Kapitalgesellschaften ist es für die Bildung einer steuerlichen Rücklage zwingend erforderlich, auch in der Handelsbilanz einen Sonderposten mit Rücklageanteil einzustellen (§§ 247 III, 273 HGB), da hier aufgrund des § 280 I HGB ebenfalls ein Wertaufholungsgebot besteht.

Aufgrund des handelsrechtlichen Wertaufholungsgebots kommt es auch in der Handelsbilanz zu einer Gewinnrealisierung. Daher greift hier im Gegensatz zu den Unternehmen, welche zwar vom steuerlichen, aber nicht vom handelsrechtlichen Wertaufholungsgebot betroffen sind, die umgekehrte Maßgeblichkeit sinnvollerweise ein.

---

510 Cattelaens, DB 1999, 1185 (1186); ebenso die Finanzverwaltung in BMF- Schreiben vom 20.12.1994, BStBl. I 1994, S. 917 (919 f.) zur Bildung einer Rücklage nach § 6b EStG.

511 Schmitz, DB 1999, 1974 (1975).

512 Baumbach/ Hopt, Rdnr. 8 zu § 247 HGB.

513 BFH vom 24. 4. 1985, BStBl. II 1986, S. 324 (326).

514 Schmitz, DB 1999, 1974 (1975).

515 Ebenso jetzt die Finanzverwaltung im BMF- Schreiben vom 25. 2. 2000, Tz. 37, DB 2000, 546 (548).

d) Nicht abnutzbares Anlagevermögen

aa) Allgemein

Das nicht abnutzbare Anlagevermögen ist nach § 6 I Nr. 2 S. 1 EStG mit den Anschaffungs-/ Herstellungskosten bzw. dem an deren Stelle tretenden Wert vermindert, um Abzüge nach § 6b und/ oder ähnliche Abzüge anzusetzen.

bb) Teilwertabschreibung

Auch hier kann der Teilwert nur angesetzt werden, wenn er aufgrund einer voraussichtlich dauernden Wertminderung niedriger als der sich aus § 6 I Nr. 2 S. 1 EStG ergebende Buchwert ist. Ob eine dauernde Wertminderung vorliegt, ist hier besonders sorgfältig zu prüfen. Es dürfen in absehbarer Zeit keine Umstände zu erkennen sein, nach welchen man auf eine Erhöhung des Wertes schließen könnte. Die Gründe für die niedrigere Bewertung müssen voraussichtlich anhalten. Kursschwankungen von börsennotierten Wirtschaftsgütern des Anlagevermögens stellen nur eine vorübergehende Wertminderung dar [516].
Handelsrechtlich gilt hier das gleiche wie beim abnutzbaren Anlagevermögen (§ 253 II 3 HGB).

cc) Wertaufholungsgebot

Aufgrund der Verweisung in § 6 I Nr. 2 S. 3 EStG auf § 6 I Nr. 1 S. 4 EStG gilt das strikte Wertaufholungsgebot auch für das nicht abnutzbare Anlagevermögen.
Auch hinsichtlich der handelsrechtlichen Konsequenzen des steuerlichen Wertaufholungsgebotes kann auf die Ausführungen zum abnutzbaren Anlagevermögen verwiesen werden.

dd) Rücklage

Auch hier besteht für den Steuerpflichtigen das Wahlrecht zur Bildung einer Rücklage (§ 52 XVI 3 EStG). Insoweit kann auf die Ausführungen zum abnutzbaren Anlagevermögen verwiesen werden.

e) Umlaufvermögen

Das Umlaufvermögen fällt ebenso wie das nicht abnutzbare Anlagevermögen unter § 6 I Nr. 2 EStG. Somit kann auf dortige steuerliche Ausführungen verwiesen werden.
Als problematisch könnte aber die Pauschalwertberichtigung von Forderungen angesehen werden. Hier könnte zweifelhaft sein, ob ohne konkrete Anhaltspunkte im Einzelfall eine dauerhafte Wertminderung vorliegt.
Stobbe führt hierzu an, dass man über den Teilwertgedanken zu einer summarischen Betrachtung kommt, da ein Erwerber diese Risiken bei der Kaufpreisermittlung mindernd berücksichtigen würde [517]. Außerdem führt er zu Recht an, dass es über eine entsprechende Anwendung der Neuregelung des § 6 I Nr. 3a Buchstabe a EStG möglich sei, aufgrund der Vergangen-

---

[516] BMF- Schreiben vom 25. 2. 2000,Tz. 11, DB 2000, 546 (546).

[517] Stobbe/ Loose, FR 1999, 405 (407).

heitserfahrungen (durchschnittlicher Forderungsausfall) prozentuale Abschläge für noch nicht konkret gewordene Risiken in Form von Pauschalwertberichtigungen vorzu-nehmen.

Aufgrund dessen, dass für eine steuerliche Teilwertabschreibung auch hier eine dauernde Wertminderung erforderlich ist, aber handelsrechtlich schon bei vorübergehender Wertminderung auf den niedrigeren Wert abgeschrieben werden muss, § 253 I, III 1 HGB (strenges Niederstwertprinzip), gehen bei vorübergehender Wertminderung die Handels- und die Steuerbilanz zwingend auseinander.

Hinsichtlich der dauernden Wertminderung ist auf den voraussichtlichen Verbleib des Umlaufvermögens im Betrieb abzustellen. Je nach Umschlaghäufigkeit ist dieser Zeitraum entsprechend kurz oder lang anzusetzen.
Aus Sicht der Finanzverwaltung ist eine voraussichtlich dauernde Wertminderung gegeben, wenn die Wertminderung bis zum Zeitpunkt der Bilanzaufstellung oder dem vorangegangenen Verkaufs- oder Verbrauchszeitpunkt anhält [518]. Hierbei sind zusätzliche Erkenntnisse in Form von allgemeinen Marktentwicklungen zu berücksichtigen. Unberücksichtigt bleiben dagegen zwischen Bilanzstichtag und Bilanzaufstellung eintretende unerwartete Ereignisse [519].
Die Vereinfachungsregel der Finanzverwaltung kann damit begründet werden, dass die Wirtschaftsgüter des Umlaufvermögens nicht auf Dauer dem Betrieb dienen und dementsprechend eine Verweildauer schwer zu bestimmen ist.

Das Wertaufholungsgebot ist auch hier zu beachten. Allerdings wird dieses aufgrund des schnellen Verkaufs des Umlaufvermögens nicht so eine große praktische Bedeutung erhalten wie beim Anlagevermögen.

Gleiches gilt auch für das Wahlrecht zur Bildung einer Rücklage (§ 52 XVI EStG), da diese bei Veräußerung des Wirtschaftsgutes aufzulösen ist.

f) Feststellungslast

Als Belastung des Unternehmers stellt sich auch die ihm aufgebürdete Feststellungslast dar. Nach § 6 I Nr. 1 Satz 4 und § 6 I Nr. 2 Satz 3 EStG hat der buchführende Unternehmer den Nachweis zu erbringen, dass der Teilwert unter den fortgeschriebenen Anschaffungs-/ Herstellungskosten oder dem an deren Stelle beizulegendem Wert als der Bewertungsobergrenze liegt.

2.1.6. Verbindlichkeiten

a) Bewertung

Nach § 6 I Nr. 3 Satz 1 1. HS EStG sind Verbindlichkeiten unter sinngemäßer Anwendung der Regeln für das nicht abnutzbare Anlage- und Umlaufvermögen zu bewerten. Aufgrund der Neufassung des § 6 I Nr. 2 EStG bedeutet dies, dass ein höherer Rückzahlungswert nur dann

---

[518] BMF- Schreiben vom 25. 2. 2000, Tz. 23, DB 2000, 546 (547).

[519] BMF- Schreiben vom 25. 2. 2000, Tz. 33, a.a.O..

angesetzt werden kann, wenn es sich um eine dauernde Wertsteigerung handelt. Außerdem ist auch hier das strikte Wertaufholungsgebot zu beachten, wenn der Wert wieder fällt.

b) Abzinsungsverpflichtung

Des Weiteren wurde nach § 6 I Nr. 3 Satz 1 2. HS EStG für langlaufende unverzinsliche Verbindlichkeiten, welche nicht auf einer Anzahlung oder Vorauszahlung beruhen, eine Abzinsungsverpflichtung i.H.v. 5,5 % p.a. eingeführt. Diese Regelung lässt sich aber leicht umgehen, da nach § 6 I Nr. 3 Satz 2 EStG niedrig verzinsliche Verbindlichkeiten (unabhängig vom Zinssatz) von der Abzinsungsverpflichtung nicht betroffen sind.
Insoweit scheint eine Korrektur des § 6 I Nr. 3 S. 2 EStG angemessen.

Da hier auch Verbindlichkeiten erfasst werden, die schon vor dem Gesetzesbeschluss angesetzt wurden, stellt sich auch hier die Frage der Rückwirkungsproblematik von Gesetzen. Durch die Abzinsungsverpflichtung entsteht beim Steuerpflichtigen ein Ertrag, mit dem bei Eingehung der Verbindlichkeiten vor dem Gesetzesbeschluss nicht gerechnet werden konnte. Das beeinträchtigte schutzwürdige Vertrauen darf aber nicht als sonderlich hoch eingestuft werden, da hier ein Zinsvorteil und damit auch die steuerliche Leistungsfähigkeit korrekt und zeitgerecht erfasst wird.
Die Abzinsungsverpflichtung ist somit als objektivierende Maßnahme einzustufen und trägt zu einer weiteren Verobjektivierung des Bilanzsteuerrechts bei.
Zur Abfederung unbilliger Härten wurde eine mildernde Übergangsregelung eingeführt, wodurch dem Vertrauensschutz ausreichend Rechnung getragen wird. Zwischen dem Änderungsinteresse des Gesetzgebers und dem Interesse des Steuerpflichtigen an einer gewissen Planungssicherheit wurde daher ein gerechter Ausgleich gefunden.
Die Rückwirkung ist damit zulässig.

In der Handelsbilanz darf die Abzinsung nicht nachvollzogen werden, da dem handelsrechtliche Bewertungsvorschriften entgegenstehen (§ 253 I HGB) [520]. Handels- und Steuerbilanz laufen insoweit zwingend auseinander. Der Maßgeblichkeitsgrundsatz nach § 5 I 1 EStG gilt hier aufgrund § 5 VI EStG nicht.

c) Übergangsregelung (§ 54 XVI 6ff. EStG)

Für die Verbindlichkeiten, welche schon in einem vor dem 01.01.1999 endenden Wirtschaftsjahr angesetzt wurden, kann es durch die erstmalige Anwendung des § 6 I 3 EStG zu einem hohen Gewinn kommen. Um diese über mehrere Veranlagungszeiträume angesammelte Belastungswirkung zu mildern, besteht nach § 54 XVI 7ff. EStG die Möglichkeit zur Bildung einer steuerfreien Rücklage. Danach besteht für den Gewinn aus der ersten Wertaufholung ein Verteilungszeitraum von zehn Jahren.
Diese Möglichkeit besteht auch für Gewinnrealisierungen aufgrund der erstmaligen Anwendung der neuen Bewertungsvorschriften des § 6 I Nr. 3a EStG auf Rückstellungen, die schon in einem vor dem 01.01.1999 endenden Wirtschaftsjahr angesetzt wurden (§ 52 XVI 7, 8, 10 EStG).

---

[520] Clemm/ Nonnenmacher, in Beck'scher Bilanzkommentar, Rdnrn. 51 ff., 63 f., 161 f. zu § 253 HGB.

Da es sich insoweit um ein steuerliches Wahlrecht handelt, dürfte dieses nach der umgekehrten Maßgeblichkeit (§ 5 I 2 EStG) nur in Übereinstimmung mit der Handelsbilanz ausgeübt werden. Handelsrechtlich besteht für die Bildung einer steuerlich zulässigen Rücklage nach §§ 247 III, 273 HGB die Möglichkeit, eine solche auch in der Handelsbilanz auszuweisen. Grundsätzlich müsste also auch in der Handelsbilanz eine Rücklage ausgewiesen werden, wenn man das Wahlrecht des § 54 XVI EStG in Anspruch nimmt.
Problematisch erscheint dieses Ergebnis unter dem Gesichtspunkt, dass handelsrechtlich grundsätzlich keine Abzinsung vorgenommen werden kann. Somit würde es an der Neutralisierung eines entsprechenden Gewinns fehlen [521]. Es würde also durch die Rücklage ein Aufwand gebucht, dem kein entsprechender Ertrag gegenübersteht.
Wie schon angeführt [522], sollte die Bildung einer handelsrechtlichen Rücklage nicht nur wegen der Formalität des § 5 I 2 EStG erfolgen. Aufgrund der handelsrechtlich nicht zulässigen, aber steuerlich geforderten Abzinsung, gehen die Handels- und die Steuerbilanz getrennte Wege. Dies muss dann auch für eine die Differenz beider Bilanzen betreffende Neutralisierung gelten. Die aufwandswirksame Bildung einer Rücklage in der Handelsbilanz ohne Ausweisung eines entsprechenden Ertrages würde zwar hinsichtlich der Bilanzposten zu einer Ähnlichkeit beider Bilanzen beitragen (wobei die Höhe der ausgewiesenen Verbindlichkeiten unterschiedlich bleiben wird), aber hinsichtlich des Gewinnergebnisses den Unterschied noch vergrößern.
Sofern handelsrechtlich den steuerlichen Bewertungsregeln nicht gefolgt werden kann, fehlt es dort an einer entsprechenden Gewinnrealisierung. Es sollte dann auf die umgekehrte Maßgeblichkeit bezüglich der entsprechenden Rücklagenbildung verzichtet werden [523].

2.1.7. Einschränkungen bei der Rückstellungsbildung

Bei den Rückstellungen kam es zu weitreichenden Änderungen, welche sowohl den Bilanzansatz als auch die Bewertung betreffen.

a) Bilanzansatz (§ 5 IIa, IV, IVb EStG [524])

Mit § 5 IIa, IV, IVb EStG wird die Entwicklung der Spezialvorschriften zu den Rückstellungen weiter vorangetrieben, die schon mit den Regelungen für die Patent-, Urheber- und Schutzrechtsrückstellungen in § 5 III EStG sowie den Jubiläumsrückstellungen (§ 5 IV EStG) und den Drohverlustrückstellungen (§ 5 IVa EStG) begonnen hatte.

aa) § 5 IIa EStG

Diese Regelung wurde durch das StBereinG 1999 eingeführt. Danach dürfen Rückstellungen für bedingt rückzahlbare Zuwendungen nicht gebildet werden.

---

521 Schmitz, DB 1999, 1974 (1974); zu diesem Problem siehe auch schon oben bei der Rücklage zur Neutralisation der Gewinnrealisierung aufgrund des Wertaufholungsgebotes.

522 Siehe unter Punkt 2.1.5. c dd.

523 Schmitz, DB 1999, 1974 (1975).

524 § 5 IVb EStG eingefügt durch das StEntlG 99/ 00/ 02; § 5 IIa EStG eingefügt durch das StBereinG 1999.

bb) § 5 IV EStG

Nach der Neufassung des § 5 IV EStG ist zusätzlich erforderlich, dass der Zuwendungsberechtigte seine Anwartschaft nach dem 31.12.92 erwirbt. Diese Voraussetzung für § 5 IV EStG war bisher in § 52 VI EStG geregelt, so dass es sich letztlich nur um eine redaktionelle Änderung handelt.

cc) § 5 IVb 1 EStG

Bisher mangelte es an einer konkreten steuerlichen Vorschrift, wonach Rückstellungen nur für solche Verbindlichkeiten gebildet werden dürfen, deren Erfüllung zu steuerlich sofort abziehbarem Aufwand führt [525].
Allerdings war die Bildung solcher Rückstellungen in der Handelsbilanz zwingend, so dass eine steuerliche Regelung nicht unbedingt notwendig war [526].

Nach Ansicht des BFH [527] und eines Teils des Schrifttums [528] sind Rückstellungen unzulässig, wenn es sich bei den rückgestellten Aufwendungen im Zeitpunkt der Erfüllung der Verpflichtung um Anschaffungs-/ Herstellungskosten eines selbständig bewertbaren Wirtschaftsguts handelt. Es fehlt insofern an einem steuerlich berücksichtigungsfähigen Aufwand, da es nur zu einer Vermögensumschichtung kommt. Die Absetzung für Abnutzung kommt als Aufwand für eine Rückstellungsbildung nicht in Betracht, weil es an einer wirtschaftlichen Verursachung vor dem für die Rückstellung maßgeblichen Bilanzstichtag fehlt.
Außerdem würde eine Rückstellung dieser Art zu dem zweifelhaften Ergebnis führen, dass derjenige, welcher seiner Verpflichtung sofort nachkommt, nur die Absetzung für Abnutzung geltend machen kann, während der über den Bilanzstichtag hinaus wartende Steuerpflichtige die gesamten Anschaffungs-/ Herstellungskosten gewinnmindernd berücksichtigen könnte.
Zum Teil wird im Schrifttum jedoch vertreten, dass eine solche Rückstellung ausnahmsweise zulässig sei, wenn die Anschaffungs-/ Herstellungskosten nicht in Aussicht auf zukünftige Erträge getätigt werden, sondern zu wertlosen Wirtschaftsgütern führen und bereits in der Vergangenheit wirtschaftlich verursacht sind [529]. In diesem Fall wird grundsätzlich auch eine sofortige außergewöhnliche Abschreibung möglich sein, so dass in dieser Höhe sofort abzugsfähiger Aufwand gegeben ist.
Schwierigkeiten ergeben sich, wenn der Steuerpflichtige aus tatsächlichen bzw. rechtlichen Gründen zunächst davon ausgehen durfte, dass die Erfüllung der Verpflichtung sofort voll abziehbaren Erhaltungsaufwand darstellen würde.
Insofern sind aber die Grundsätze über wertaufhellende Umstände zu berücksichtigen [530].

---

525 Stobbe/ Loose, FR 1999, 405 (412).

526 Glade, DB 1999, 400 (403).

527 BFH vom 1. 4. 1981, BStBl II 1981, S. 660; BFH vom 19. 8. 1998, BStBl II 1999, S. 18.

528 Siegel, BB 1993, 326 (327); Baum, DB 1995, 153 (161); Glade, DB 1999, 400 (403).

529 Stobbe/ Loose, DB 1999, 405 (412); Crezelius, DB 1992, 1362 (1362); Weber- Grellet in Schmidt, Rdnrn. 361, 369 zu § 5 EStG.

530 EStH H. 29 "Grundsätze ordnungsgemäßer Buchführung" zu § 5 EStG.

Die vorstehende herrschende Rechtsauffassung sollte künftig gesetzlich verankert werden. Dies ergibt sich auch aus der Gesetzesbegründung, wonach die Neuregelung des § 5 IVb 1 EStG nur eine Klarstellung der herrschenden Rechtsauffassung darstellt [531].

Diese Regelung ist auch an bilanzsteuerrechtlichen Prinzipien ausgerichtet, so dass § 5 IVb 1 EStG eine bilanzsteuerrechtliche Selbstverständlichkeit darstellt. Nach dem Prinzip der wirtschaftlichen Verursachung als Ausprägung des Realisationsprinzips können Aufwendungen, welche erst künftige Erträge alimentieren, noch nicht sofort abgezogen werden [532]. Die Herstellungskosten von Wirtschaftsgütern sollen erst zukünftige Erträge alimentieren und sind daher vor ihrer Fertigstellung nicht wirtschaftlich verursacht, so dass eine Bildung von Rückstellungen ausscheidet.
Durch diese Regelung wird die Richtigkeit der wirtschaftlichen Verursachung untermauert und dem Kriterium der rechtlichen Entstehung eine Absage erteilt [533].

dd) § 5 IVb 2 EStG

Durch diese Regelung ist die in der Atomindustrie übliche Entsorgung von abgebrannten Kernbrennelementen durch Wiederaufbereitung und Rückführung in den Wirtschaftskreislauf betroffen. Die Wiederaufbereitung ist teurer als die Anschaffung neuer Kernbrennelemente. Allerdings erfüllen die Betreiber der Kernkraftwerke durch die Wiederaufbereitung auch ihre - mit der Betriebsgenehmigung verbundene - Verpflichtung zur Entsorgung der ausgebrannten Brennelemente. Die Wiederaufbereitung ist insofern als kombinierter Entsorgungs- und Herstellungsvorgang zu bewerten [534]. Für die Differenz zwischen Gesamtaufwand und dem Wert der aufbereiteten Brennelemente wurden bislang von den Betreibern Rückstellungen gebildet. Dies ist durch die Neuregelung nicht mehr möglich.

Die Regelung des § 5 IVb 2 EStG ist speziell auf die Branche der Atomindustrie zugeschnitten und daher aus steuersystematischen Gründen abzulehnen [535].

b) Bewertung (§ 6 I Nr. 3a EStG)

In § 6 I Nr. 3a EStG sind umfangreiche Bewertungsregeln für die Rückstellungsbildung eingeführt worden. Zum Teil spiegeln diese nur die jetzige Rechtsprechung wieder, zum Teil handelt es sich um weitere Einschränkungen der Rückstellungsbildung. Insbesondere sollte der „Bewertungsspielraum" für die Steuerbilanz eingeschränkt werden [536].

---

531 BT- Drucks. 14/ 23, S. 236.

532 Weber- Grellet, DB 2000, 165 (168).

533 Weber- Grellet, DB 2000, 165 (169).

534 Küting/ Kessler, DStR 1998, 1937 (1942).

535 Stobbe/ Loose, FR 1999, 405 (413); Küting/ Kessler, DStR 1998, 1937 (1942).

536 Kraeusel, StEntlG, Rdnr. 283.

aa) Nach § 6 I Nr. 3a a EStG sind bei der Bewertung auch Wahrscheinlichkeiten zu berücksichtigen. Dies war auch schon nach der bisherigen BFH- Rechtsprechung [537] und dem Schrifttum [538] der Fall, sodass es sich hier lediglich um eine Gesetzeskonkretisierung handelt. Diese Normierung dient der weiteren Objektivierung des Bilanzsteuerrechts.

bb) In Buchstabe b des § 6 I Nr. 3a EStG erfolgt eine Beschränkung dahingehend, dass steuerlich bei der Rückstellungsbewertung der Vollkostenansatz nicht zulässig ist. Die Bewertung hat mit den Einzelkosten und den angemessenen Teilen der notwendigen Gemeinkosten zu erfolgen.
Diese Regelung ist Ausfluss des bilanzsteuerrechtlichen Anschaffungs-/ Herstellungskostenprinzips [539].
Auch dieser Änderung wird eine objektivierende Wirkung zugeschrieben, da nur der vollständige Aufwand im Sinne der zurechenbaren Einzel- und der angemessenen Teile der notwendigen Gemeinkosten berücksichtigt wird [540].

cc) Auch Buchstabe c des § 6 I Nr. 3a EStG stellt nur eine Konkretisierung der bisherigen Rechtsprechung dar. Der Große Senat hat in seinem Apotheker-Fall [541] klargestellt, dass nur der „Aufwendungsüberschuss" passiviert werden darf. Vorteile waren danach in die Bewertung mit einzubeziehen [542]. So auch die Neuregelung in Buchstabe c. Hierdurch wird auch dem steuerlichen Leistungsfähigkeitsprinzip entsprochen.

dd) Durch § 6 I Nr. 3a d EStG wird die bislang nur auf der Rechtsprechung beruhende Ansammlungsrückstellung abgesichert. Hierunter sind Rückstellungen für Verpflichtungen zu verstehen, für deren Entstehen im wirtschaftlichen Sinne der laufende Betrieb ursächlich ist (z.B. Kosten aus Abrissverpflichtung für betrieblich genutztes Gebäude nach mehreren Jahren)[543].
Diese Rückstellungen sind zeitanteilig in gleichen Raten anzusammeln.
Nicht unter die Regelung des Buchstaben d fallen aber Verpflichtungen, bei denen der Rückstellungsbetrag nicht nur wirtschaftlich, sondern auch tatsächlich in jedem Wirtschaftsjahr steigt (z.B. Rekultivierungsverpflichtungen beim Braunkohlentagebau). Hier gelten allgemeine Grundsätze [544].
Die Neuregelung legt weiterhin den Zeitraum fest, in welchem der Rückstellungsbetrag aus der Verpflichtung zur Stillegung von Kernkraftwerken linear anzusammeln ist.

Diese Regelung ist weitere Konkretisierung des Prinzips der wirtschaftlichen Verursachung, da hier deutlich wird, dass für die Bilanzierung die rechtliche Entstehung allein nicht maßgebend ist.

---

537 BFH vom 7. 10. 1982, BStBl. II 1983, S. 104 (105); BFH vom 15. 10. 1997, BStBl. II 1998, S. 249 (251).

538 Loose in Hermann/ Heuer/ Raupach, Rdnr. 618 zu § 5 EStG.

539 Weber- Grellet, DB 2000, 165 (168).

540 Weber- Grellet, DB 2000, 165 (168).

541 BFH- Beschluß vom 23. 6. 1997, BStBl. II 1997, S. 735.

542 Glade, DB 1999, 400 (404) sieht hierin einen Verstoß gegen § 246 II HGB. Insofern ist die den besonderen steuerrechtlichen Gegebenheiten angepasste Regelung des § 6 I Nr. 3a Buchstabe c eindeutig.

543 Kraeusel, DStZ 1999, 401 (413).

544 Kraeusel, DStZ 1999, 401 (413).

ee) Bei der Neuregelung des § 6 I Nr. 3a e EStG handelt es sich um eine echte Beschränkung der Rückstellungsbewertung. Hiernach ist für Rückstellungen eine Abzinsung vorzunehmen. Da nach der bisherigen Rechtsprechung eine Abzinsung von Rückstellungen grundsätzlich ausgeschlossen war, kommt es zu einer Änderung der Rechtslage.
Auch hier stellt das Abzinsungsgebot eine objektivierende Maßnahme dar. Durch diese den wirtschaftlichen Verhältnissen angenäherte „Barwert- Bilanzierung" berücksichtigt das Bilanzsteuerrecht den Zeitfaktor als Bewertungsmoment [545].

Hinsichtlich der Rückwirkung auf „Altrückstellungen" kommt man zu dem Schluss, dass es sich um eine zulässige Rückwirkung handelt. Der Steuerpflichtige muss zwar einen Korrekturertrag buchen, jedoch sind die Aufwendungen, für welche die Rückstellung gebildet wurde, sowieso in Grund und/oder Höhe ungewiss. Daher mangelt es in Bezug auf die Rückstellung schon an einem größeren schutzwürdigen Vertrauen. Des Weiteren sind bei nachfolgenden Bilanzaufstellungen Rückstellungsüberprüfungen durchzuführen, wobei dann vom Zeitpunkt der erstmaligen Rückstellungsbildung aus gesehen auch zukünftige tatsächliche Ereignisse zu berücksichtigen sind.
Außerdem ist aufgrund des der Rückstellung innewohnenden Ungewissheitsfaktors und der meist zu jedem Bilanzstichtag neu erfolgenden Berechnung, eher eine Bewertungsänderung einzukalkulieren.
Letztlich wird dem Vertrauen des Steuerpflichtigen durch eine Übergangsregelung entsprochen (§ 52 XXVI 6, 7 EStG), sodass keine Verletzung des Rückwirkungsverbotes vorliegt.

Handelsrechtlich entfällt eine Abzinsung grundsätzlich [546]. Dies führt wiederum zu zwingenden Unterschieden zwischen Handels- und Steuerbilanz.

2.1.8. Unentgeltliche Übertragung des Betriebes § 6 III EStG

In § 6 III EStG wird nur die Regelung des ehemaligen § 7 I EStDV übernommen. Hiernach wird der Gesetzgeber dem Prinzip des Schutzes betrieblicher Einheiten gerecht. Danach soll bei der Übertragung betrieblicher Einheiten eine Buchwertfortführung erfolgen, sofern die Besteuerung der stillen Reserven sichergestellt ist. Eine Einzelbeurteilung kann sowohl hinsichtlich des einzelnen Steuersubjekts als auch hinsichtlich eines Betriebes als steuerlicher Einheit erfolgen [547].
Der § 6 III EStG stellt als Normierung der bisherigen Rechtsprechungspraxis und Verwaltungsauffassung keine für den Steuerpflichtigen spürbare Änderung dar.

2.1.9. Unentgeltliche Übertragung von Einzelwirtschaftsgütern § 6 IV EStG

Ebenso liegt es bei § 6 IV EStG, welcher den Norminhalt des ehemaligen § 7 II EStDV wiedergibt. Allerdings ist nun eine betriebliche Veranlassung nicht mehr erforderlich [548].

---

545 Weber- Grellet, DB 2000, 165 (168).
546 Stobbe/ Loose, FR 1999, 405 (414 f.).
547 Weber- Grellet, DB 2000, 165 (169).
548 Kreausel, StEntlG, Rdnr. 366.

Diese Norm ist Konkretisierung des Subjektsteuerprinzips [549]. Hiernach ist grundsätzlich auf die einzelne Person abzustellen. In die Gewinnermittlung sind nur deren Erträge und Aufwendungen einzubeziehen. Die Übertragung einzelner Wirtschaftsgüter auf einen anderen Rechtsträger führt zur Gewinnrealisierung. Eine Normierung des neben dem Subjektsteuerprinzip stehenden Prinzips des Schutzes betrieblicher Einheiten erfolgte insoweit nicht.

2.1.10. Übertragung von Einzelwirtschaftsgütern nach § 6 V EStG i. d. F. des StEntlG

a) Allgemein zur Regelung

Nach der Regelung durch das StEntlG 99/ 00/ 02 unterblieb eine Gewinnrealisierung nur noch, sofern das einzelne Wirtschaftsgut anderen Betrieben/ Teilbetrieben desselben Steuerpflichtigen zugeordnet war. Nach § 6 V 3 EStG i. d. F. des StEntlG waren im Fall des Rechtsträgerwechsels die stillen Reserven voll zu versteuern. Als eigenständiger Rechtsträger war auch die Gesamthand zu sehen, an welcher der Steuerpflichtige als Mitunternehmer beteiligt war.
Damit führte selbst die Übertragung von Einzelwirtschaftsgütern zwischen zwei beteiligungsidentischen Schwesterpersonengesellschaften zur Aufdeckung stiller Reserven, da ein Rechtsträgerwechsel vorlag [550].
Entscheidend für eine Buchwertfortführung im Rahmen der Regelung des § 6 V EStG war demnach, dass sich der zivilrechtliche Eigentümer nicht änderte. Diese Regelung wurde aber später durch die Änderung des § 6 V 3 EStG im Rahmen des StSenkG wieder aufgehoben [551].

Nach Satz 1, 2 ist die in § 6 V EStG angeordnete Buchwertfortführung zwingend, wodurch das Wahlrecht des Steuerpflichtigen, die Überführung wie eine Entnahme zu behandeln (R 14 II 3 EStR 1996), entfällt [552].
Die Buchwertfortführung ist aber an die weitere Voraussetzung geknüpft, dass die Besteuerung der stillen Reserven sichergestellt ist. Dies ist nicht mehr der Fall, wenn ein Wirtschaftsgut die deutsche Steuerhoheit verlässt und in einen ausländischen DBA- Staat verbracht wird, da dem DBA- Staat im Fall der späteren Veräußerung auch das Besteuerungsrecht hinsichtlich der in Deutschland entstandenen stillen Reserven zusteht.

Vorstehende Ausführungen zeigen somit, dass diese Regelung das Subjektsteuerprinzip weiter konkretisierte und allein aus systematischer Sicht nicht zu beanstanden war [553].

Durch diese Neuregelung wurde die steuerneutrale Übertragung nach dem „Mitunternehmererlass" [554] sowie die begünstigte Begründung einer mitunternehmerischen Betriebsaufspal-

---

549 Weber- Grellet, DB 2000, 165 (169); siehe auch die Beschlüsse des Großen Senats des BFH vom 23. 8. 1999 zum Drittaufwand, BStBl. II 1999, S. 774, 778, 782.

550 Cattelaens, DB 1999, 1083 (1084); a.A. wohl Hörger/ Mentel/ Schulz, DStR 1999, 565 (565).

551 Die teilweise Aufhebung der Änderung durch das StSenkG und die damit beabsichtigte gesetzliche Verankerung von Teilen des Mitunternehmer-Erlasses wird innerhalb der Änderungen durch das StSenkG behandelt.

552 Cattelaens, DB 1999, 1083 (1083).

553 Weber- Grellet, DB 2000, 165 (169).

554 BMF- Schreiben vom 20.12.77, BStBl. I 1978, S. 8.

tung weitgehend abgeschafft [555]. Der „Mitunternehmererlass" sah vor, dass Einzelwirtschaftsgüter zwischen Mitunternehmer und Mitunternehmerschaft bzw. zwischen Mitunternehmern derselben Mitunternehmerschaft steuerneutral übertragen werden konnten. Insbesondere der Wechsel von unmittelbarem Eigentum zu gesamthänderisch gebundenem Eigentum und umgekehrt war innerhalb der betrieblichen Sphäre eines Steuerpflichtigen ohne Auflösung der stillen Reserven möglich, sofern die Besteuerung sichergestellt war, also der Gegenstand weiterhin in einem Betriebsvermögen verblieb.
Dies sollte nun durch die Regelung des § 6 V 3 EStG i. R. d. StEntlG 99/ 00/ 02 verhindert werden [556]. Allerdings bestand auch weiterhin durch bestimmte Hilfskonstruktionen die Möglichkeit, Wirtschaftsgüter steuerneutral auf andere Rechtsträger zu übertragen. Solche Gestaltungen machte insbesondere das UmwStG möglich, da dessen Normen spezieller sind und dem EStG vorgehen. Bei Sachverhalten, welche einen Tatbestand der steuerneutralen Buchwertübertragung nach dem UmwStG (insbesondere §§ 20, 24) darstellten, mussten unabhängig von der Verwirklichung des § 6 V 3 EStG keine stillen Reserven aufgedeckt werden [557]. Allerdings muss bei derartigen Konstruktionen darauf geachtet werden, dass keine Kollision mit § 42 AO auftritt.

b) Übertragung von Wirtschaftsgütern aus einem Sonderbetriebsvermögen eines Mitunternehmers in das Gesamthandsvermögen einer anderen Mitunternehmerschaft

Von § 6 V 3 EStG war allerdings nicht der Fall erfasst, dass Wirtschaftsgüter aus dem Sonderbetriebsvermögen einer Mitunternehmerschaft in das Gesamthandsvermögen einer ganz anderen Mitunternehmerschaft übertragen wurden. Sofern allerdings die Übertragung gegen Gewährung von Gesellschaftsanteilen erfolgte, griff insoweit schon § 6 VI 1 EStG ein, da ein tauschähnlicher Vorgang gegeben war und § 6 VI EStG dem § 6 V EStG vorgeht [558]. Nach dieser Vorschrift kommt es zwingend zu einer steuerlichen Entstrickung.

Bei unentgeltlichen Übertragungen, bei welchen weder Gesellschaftsrechte noch sonstige Entgelte gewährt werden und es auf Seiten des Übertragenden zu einer Entreicherung kommt, greift § 6 IV EStG ein. Danach sind die stillen Reserven generell aufzudecken.

Sofern dagegen eine schlichte Einlage vorliegt, bei welcher seitens des Einbringenden keine Entreicherung eintritt, insbesondere weil es durch die Gegenbuchung auf dem Kapitalkonto II zu einer Wertsteigerung für den Einbringenden kam, ist § 6 V 3 EStG einschlägig [559]. In der

---

[555] Strahl, FR 1999, 628 (629 unten).

[556] Für die steuerneutrale Übertragung der aufgezählten Fälle jetzt wieder die Änderung des § 6 V 3 EStG durch das StSenkG, wobei zweifelhaft bleibt, ob in diesen Fällen auf ebensolcher Bandbreite wie ehemals im Rahmen des Mitunternehmer- Erlasses die steuerneutrale Übertragung möglich sein wird.

[557] Hierzu und zu den Hilfskonstruktionen im Detail Breidenbach/ van Lishaut, DB 1999, 1234 (1235 ff.).

[558] Schmidt in Schmidt, Rdnr. 664 zu § 15 EStG.

[559] van Lishaut, DB 2000, 1784 (1786); a. A. wohl die Finanzverwaltung laut BMF- Schreiben vom 25. 3. 1998, BStBl. I 1998, S. 268 (RdNr. 24.08) i.V.m. dem BMF- Schreiben vom 30. 5. 1997, BStBl. I 1997, S. 627; a.A. und für eine Einordnung als tauschähnliches Rechtsgeschäft i. S. v. § 6 VI EStG bzw. als Entnahme mit nachfolgender Einlage Knobbe- Keuk, Bilanz- und Unternehmenssteuerrecht, 1993, § 11 III 4; Patt, GmbHR 1998, 970 (971); Strahl, FR 1999, 628 (631).

Rechtsfolge kam es bei § 6 V 3 EStG i. d. F. des StEntlG ebenso wie bei § 6 IV, VI EStG zu einer Aufdeckung der stillen Reserven [560].
Außerdem liegt weder ein Fall des § 24 UmwStG noch des § 6 V 1 EStG vor, weil das Betriebsvermögen der Personengesellschaft nicht dasjenige des Steuerpflichtigen ist. Somit sind auch in diesem Fall die stillen Reserven aufzudecken.

c) Behinderung erforderlicher Umstrukturierungen durch § 6 V 3 EStG i. d. F. des StEntlG

Durch § 6 V 3 EStG i. d. F. des StEntlG 99/ 00/ 02 kam es im Betriebsvermögensbereich des Steuerpflichtigen zu einer Aufspaltung in Wirtschaftsgüter, welche ihm unmittelbar gehörten und solche, die gesamthänderisch gebunden waren. Hierdurch wurden betriebswirtschaftlich erforderliche Umstrukturierungsmaßnahmen wesentlich behindert.
Insbesondere der Mittelstand war betroffen, da hier des öfteren die steuerlichen Anforderungen an die Teilbetriebseigenschaft und die damit verbundene steuerneutrale Übertragung nicht erfüllt wurden.
Die Unternehmen müssen sich auch in ihrer Organisationsstruktur wirtschaftlichen Veränderungen anpassen können. Die Umstrukturierungen dienen der Verbesserung der Leistungsfähigkeit, sind allerdings nicht selbst Ausdruck dieser [561]. Der Steuerstaat trifft sich somit im Endeffekt selbst, sofern er Veränderungen in der Organisationsstruktur behindert.
In einem an der Leistungsfähigkeit orientierten Steuersystem sollten Umstrukturierungsprozesse daher steuerneutral behandelt werden. Dem ist auch durch das Umwandlungs-/ Umwandlungssteuerrecht Rechnung getragen worden. Für Betriebe, Teilbetriebe, Mitunternehmeranteile und Anteile an Kapitalgesellschaften (nur 100 %ige) ist nach dortigen Vorschriften eine steuerneutrale Anpassung an geänderte wirtschaftliche Verhältnisse möglich.
Daneben waren andere Rechtsinstitute hinsichtlich der steuerneutralen Übertragung von Wirtschaftsgütern von Relevanz, wie z.B. der Mitunternehmererlass, das Tauschgutachten, die Betriebsaufspaltung und die Rechtsprechungsgrundsätze zur Realteilung.
Aufgrund der Durchbrechung dieser Rechtsinstitute durch die Regelungen des § 6 V EStG (aber auch des § 6 VI EStG) i. d. F. des StEntlG 99/ 00/ 02 ist die Steuerneutralität gegenüber betriebswirtschaftlich gebotenen und handelsrechtlich möglichen Umstrukturierungen nicht mehr gewahrt.
Auch vor Erlass des § 6 V, VI EStG i. d. F. des StEntlG 99/ 00/ 02 war die Besteuerung der stillen Reserven sichergestellt. Durch die Neuregelung wird die Besteuerung stiller Reserven nur zeitlich vorgezogen und entpuppt sich damit als Gegenfinanzierungsmaßnahme.
Sofern durch den Gesetzgeber zur Begründung angeführt wird, dass mit dem UmwStG ein Umtrukturierungsinstrument zur Verfügung stehe und damit zum Ausdruck gebracht werden sollte, dass weitere Begünstigungen nicht gewollt seien, kann dem entgegengehalten werden, dass bei Erlass des UmwStG 1969, 1977, 1995 besagte Rechtsinstitute bekannt waren und sogar teilweise Einzug in das Gesetzgebungswerk fanden [562].
Außerdem spricht gegen § 6 V 3 EStG i. d. F. des StEntlG 99/ 00/ 02, dass eine Umstrukturierung, welche nur einzelne Wirtschaftsgüter betrifft, viel weniger einschneidend ist, als wenn es sich um Betriebe bzw. Teilbetriebe handelt.

---

560 Andere Rechtsfolge innerhalb des § 6 V 3 EStG nach der Änderung durch das StSenkG.

561 Breidenbach/ van Lishaut, DB 1999, 1234 (1234).

562 So das Tauschgutachten in § 21 I 5 UmwStG a.F..

Die Aufdeckungspflicht stiller Reserven stellt beim Rechtsträgerwechsel von Einzelwirtschaftgütern, außerhalb von Tatbeständen des UmwStG, eine wesentliche Beeinträchtigung der wirtschaftlichen Flexibilität dar.

Der vorstehenden Kritik hat sich der Gesetzgeber im Rahmen des StSenkG angenommen und versuchte die Regelungen des Mitunternehmer- Erlasses teilweise gesetzlich zu fixieren. Inwieweit dies gelang, wird sich bei der Untersuchung der Änderungen durch das StSenkG zeigen [563].

2.1.11. Tausch § 6 VI EStG

a) Grundsätzliches

Soweit noch nicht angesprochen, ist zu erwähnen, dass bei einem Tausch von Einzelwirtschaftsgütern der gemeine Wert als Anschaffungskosten anzusetzen ist. Es handelt sich insoweit um einen normalen Veräußerungsvorgang und damit ganz allgemein um einen Gewinnrealisierungstatbestand [564]. Dies gilt auch, wenn es sich bei den Tauschobjekten um Anteile an Kapitalgesellschaften handelt. Aus steuerlicher Sicht ist eine Veräußerung der hingegebenen und ein Erwerb der erhaltenen Anteile gegeben. Dies führt bei steuerlicher Verstrickung der veräußerten Anteile bzw. bei Vorliegen eines Spekulationsgeschäftes zur Aufdeckung der stillen Reserven [565].
Somit sind die Grundsätze des Tauschgutachtens [566], wonach bei wirtschaftlicher Identität ein Tausch von Anteilen steuerfrei blieb, nicht mehr anzuwenden.

Diese Regelung des § 6 VI EStG stellt eine weitere Normierung des Realisationsprinzips dar. Der Tausch als vereinfachte Abwicklung zweier Kaufverträge ist ein typischer Umsatzakt und muss als solcher zur Gewinnrealisierung führen.

b) Weitergehende Rechtsfolgen des § 6 VI 1 EStG

Durch die Regelung des § 6 VI 1 EStG i. R. d. StEntlG wird die Stellung des Sonderbetriebsvermögens verschlechtert [567].

aa) Dies zeigt sich schon bei der Einbringung eines Betriebes oder Mitunternehmeranteils in eine Kapitalgesellschaft nach § 20 UmwStG, wenn die Buchwerte fortgeführt werden sollen. Hier genügt es nicht der Kapitalgesellschaft nur die wesentlichen Betriebsgrundlagen zu überlassen. Vielmehr muss auch insbesondere das Sonderbetriebsvermögen eingebracht werden [568]. Sofern man früher ein Wirtschaftsgut nicht übertragen, sondern nur überlassen wollte,

---

563 Siehe unter Punkt D II 5 b.

564 Cattelaens, DB 1999, 1083 (1084).

565 Kraeusel, StEntlG, Rdnr. 347.

566 BFH vom 16. 12. 1958, BStBl. III 1959, S. 30; Einzelheiten im BMF- Schreiben vom 9. 2. 1998, BStBl. I 1998, S. 163.

567 Weiterhin ist § 6 VI EStG einer der Gründe, warum die Änderung des § 6 V 3 EStG durch das StSenkG nicht die gleiche Wirkung erzielt wie der ehemalige Mitunternehmer- Erlass.

568 BMF- Schreiben vom 25. 3. 98, BStBl. I 1998, S. 268.

war aufgrund der Rechtsprechung zur bilanziellen Zuordnung von Wirtschaftsgütern im Rahmen der Nutzungsüberlassungen zwischen Schwesterpersonengesellschaften [569] die Möglichkeit gegeben, das Wirtschaftsgut vor der Einbringung des Betriebes gegen Gewährung von Gesellschaftsrechten auf eine gewerblich geprägte Personengesellschaft steuerneutral auszugliedern. Das Wirtschaftsgut konnte dann zurückbehalten werden, ohne dass es zu einer Entstrickung des in die Kapitalgesellschaft eingebrachten Betriebsvermögen kommen musste [570].

Der steuerneutrale Tausch des zurückbehaltenen Wirtschaftsgutes ist aufgrund des § 6 VI 1 EStG nicht mehr möglich.

bb) Ebenso ist eine erfolgsneutrale Durchführung einer vorweggenommenen Erbfolge in dem Fall nicht mehr möglich, wenn ein Wirtschaftsgut, welches zu den wesentlichen Betriebsgrundlagen gehört, zurückbehalten werden soll. Die Gestaltungsmöglichkeit der steuerneutralen Einbringung in eine gewerblich geprägte Personengesellschaft entfällt aufgrund des § 6 VI 1 EStG [571]. Sofern aber nur der Anteil am Gesamthandsvermögen und nicht das Sonderbetriebsvermögen übertragen wird (nur beides zusammen bildet den Mitunternehmeranteil [572]), führt dies zur Aufdeckung der stillen Reserven, da eine erfolgsneutrale Übertragung nach § 6 III EStG nur im Fall des gesamten Mitunternehmeranteils möglich ist.

Für eine steuerneutrale Übertragung von Einzelwirtschaftsgütern des Sonderbetriebsvermögens im Rahmen der unentgeltlichen Übertragung eines Mitunternehmeranteils nach § 6 III EStG ist es erforderlich, dass zumindest das funktional notwendige Sonderbetriebsvermögen im gleichen Umfang wie der Mitunternehmeranteil zu übertragen ist [573].

2.1.12. Steuerfreie Übertragung stiller Reserven nach §§ 6b, 6c EStG

Nach der Neufassung des § 6b EStG durch das StEntlG sind jetzt nur noch die folgenden Vorgänge begünstigt [574]:

- Veräußerung von Grundstücken, Gebäuden und Aufwuchs eines land- und forstwirtschaftlichen Betriebes

- Betriebsverlagerungen aus Innenstadt- und Sanierungsgebieten

Die Übertragung eines Veräußerungsgewinns kann nur noch auf Neuinvestitionen innerhalb des Betriebes oder eines anderen, demselben Steuerpflichtigen gehörenden Betriebes oder eines Sonderbetriebsvermögens erfolgen [575]. Dies gilt nach § 6b X EStG sinngemäß für die Gesellschaft und der bei dieser zum Gesamthandsvermögen gehörenden Wirtschaftsgüter.

---

569 Es erfolgt eine Erfassung im Betriebsvermögen der überlassenden Personengesellschaft (BFH vom 22. 11. 1994, BStBl. II 1996, 93 (96); BFH vom 26. 11. 1996, BStBl. II 1998, S. 328).

570 Strahl, FR 1999, 628 (632).

571 Insofern würde das Wirtschaftsgut wiederum innerhalb der Personengesellschaft erfasst werden.

572 Wacker in Schmidt, Rdnr. 407 zu § 16 EStG.

573 Cattelaens, DB 1999, 1083 (1083); in diese Richtung auch Tiedke/ Wälzholz, DB 1999, 2026 (2031).

574 Kraeusel, StEntlG, Rdnr. 186.

575 Kraeusel, DStZ 1999, 401 (415).

2.1.13. Einlagen aus den Überschusseinkünften

Eine steuersystematische Lücke (und Steuerschlupfloch) wurde durch das StEntlG 99/ 00/ 02 mit § 7 I 4 EStG geschlossen.
Zum Teil wird vertreten, dass danach Einlagen aus den Überschusseinkünften nur noch mit den fortgeführten Anschaffungs-/ Herstellungskosten zu bewerten sind [576]. Für diese Ansicht spricht insbesondere der Wortlaut der Vorschrift. Es bestehe also nicht mehr die Möglichkeit, den höheren Teilwert anzusetzen. Jetzt soll nur noch der Restwert ansetzbar sein.
Nach anderer Ansicht ist die Einlage zum Teilwert abzüglich der bereits abgesetzten Kosten vorzunehmen [577].
Für die letztere Ansicht ist anzuführen, dass nur die mehrfache Auswirkung des Abschreibungspotentials bei einem Steuerpflichtigen verhindert werden sollte. Ansonsten gilt für die Bewertung der Einlagen auch weiterhin § 6 I Nr. 5 EStG. Hier ist geregelt, wann ein Ansatz zum Teilwert und wann höchstens die Anschaffungs-/ Herstellungskosten maßgebend sind. Da aufgrund der weiteren Gültigkeit des § 6 I Nr. 5 EStG generell vom Teilwert auszugehen ist, welcher unter bestimmten Voraussetzungen beschränkt wird, ist der letzten Ansicht zu folgen. Allerdings sind nur die fortgeführten Anschaffungskosten maßgebend, wenn die Voraussetzungen des § 6 I Nr. 5 S. 1 2. HS EStG vorliegen.

2.1.14. Wertaufholungsgebot nach § 7 I 6 EStG

Für nach § 4 I bzw. § 5 EStG gewinnermittelnde Unternehmer wurde im Rahmen des StEntlG in § 7 I 6 EStG ein striktes Wertaufholungsgebot eingeführt. Hiernach hat eine Zuschreibung zu erfolgen, wenn der Grund für eine früher vorgenommene außergewöhnliche wirtschaftliche oder technische Abnutzung später entfällt. Diese Regelung dient der Durchsetzung des Wertaufholungsgebotes aus § 6 I EStG. Es soll verhindert werden, dass eine Teilwertabschreibung über die Umdeklarierung in eine außergewöhnliche technische/ wirtschaftliche Abnutzung vom Wertaufholungsgebot ausgenommen werden kann.

2.1.15. Land- und Forstwirtschaft

Auch die Privilegien der Land- und Forstwirte bleiben nicht unangetastet. Der Freibetrag nach § 13 III EStG wird auf 1300 DM abgesenkt.
Weiterhin kommt es durch die Modifizierung der Gewinnermittlung nach Durchschnittssätzen nach § 13a EStG zu einer Belastung. Diese stärkere Belastungswirkung führt aber zu einer realitätsbezogeneren Gewinnermittlung und entspricht damit dem Leistungsfähigkeitsprinzip.

---

[576] Kraeusel, DStZ 1999, 401 (416).
[577] Weber- Grellet, DB 1999, 165 (166).

2.1.16. Sonderabschreibungen nach § 7g EStG

Auch bezüglich des § 7g EStG erfolgte eine Einschränkung. Nach § 7g II Nr. 3 EStG ist für die Inanspruchnahme der Ansparabschreibung die vorherige Bildung einer Ansparrücklage nach § 7g III- VII EStG erforderlich.
Nach dem StBereinG 1999 ist im Bereich der sensiblen Faktoren die Bildung von Anspar-Rücklagen für Existenzgründer nach § 7g VIII EStG nicht mehr möglich.

2.1.17. Kodifizierung der Realteilung § 16 III EStG

Durch das StEntlG 99/ 00/ 02 wurde die Realteilung der Personengesellschaften erstmals kodifiziert.

a) Die Rechtslage ab 1.1. 1999

Jetzt stellt § 16 III 1 EStG auch die Aufgabe eines Mitunternehmeranteils der Veräußerung eines Gewerbebetriebes gleich. Eine Anteilsaufgabe liegt vor, wenn der bisherige Mitunternehmer statt eines Teilbetriebs oder eines Mitunternehmeranteils nur einzelne Wirtschaftsgüter erhält (§ 16 III 2 1. HS EStG). Sofern aber ein Teilbetrieb bzw. Mitunternehmeranteil übertragen wird, kommt es zur Buchwertfortführung (§ 16 III 2 2. HS i. V. m. § 6 III EStG).
Im Gegensatz zur bisherigen Rechtslage ist es nicht mehr entscheidend, ob eine (teilweise) Betriebsaufgabe (dann Realteilung) oder ob eine uneingeschränkte Betriebsfortführung unter Ausscheiden eines Mitunternehmers gegen Sachwertabfindung vorliegt [578]. Jetzt knüpft man nicht mehr an die Mitunternehmerschaft, sondern an die Mitunternehmer an. Für eine steuerlich begünstigte Realteilung ist nicht mehr notwendig, dass eine Betriebsaufgabe gegeben ist. Vielmehr ist für die Behandlung der Realteilung bzw. des Ausscheidens gegen Sachwertabfindung allein die Aufsplittung des Vermögens maßgebend. Die Rechtsfolgen richten sich nach der Qualität des dem Mitunternehmer zugewiesenen Vermögens. Sofern ein Mitunternehmer mit Einzelwirtschaftsgütern abgefunden wird, liegt eine Anteilsaufgabe mit Realisierungszwang vor (§ 16 III 6 EStG analog).
Nach dem Willen des Gesetzgebers fällt nun auch die Sachwertabfindung unter § 16 III 2 EStG [579].
Dies wird zum Teil von der Literatur bestritten, da systematisch auch § 16 III 2 EStG eine Betriebsaufgabe erfordere, welche bei einer Betriebsfortführung gegen Sachwertabfindung des ausscheidenden Mitunternehmers gerade nicht vorliegt [580].
Hiergegen führen *Blumers/ Beinert/ Witt* zu Recht an, dass eine solche Auslegung entgegen dem gesetzgeberischen Willen weder aus dem Gesetzeszweck noch aus der Gesetzessystematik gerechtfertigt ist [581]. Auch der Gesetzeswortlaut erfordert nicht zwingend eine solche Lösung, da § 16 III 2 EStG nur eine Fiktion enthält, wonach die Realteilung unter bestimmten Voraussetzungen als „Aufgabe eines Anteils (gilt)". Außerdem wendet die Gegenmeinung § 16 III 2 EStG beim Übergang von privilegiertem Vermögen an den Ausscheidenden im

578 Blumers/ Beinert/ Witt, BB 1999, 1786 (1786); a. A. Schulze zur Wiesche, DStZ 1999, 425 (426).
579 BT- Drucks. 14/ 23 vom 13. 1. 1999, S. 179 (linke Spalte).
580 so insbesondere Wacker in Schmidt, Rdnr. 535 f. zu § 16 EStG; ders. in BB- Beilage 5/ 1999, S. 11.
581 in BB 1999, 1786 (1787 oben).

Rahmen einer Sachwertabfindung dann doch analog an [582]. Eine Analogie nur für das privilegierte Vermögen lässt sich aber auch nicht unter Hinweis auf § 6 III EStG (mangels Unentgeltlichkeit) überzeugend begründen [583].

Für eine Realteilung i.S.v. § 16 III 2 EStG ist allein erforderlich, dass die Mitunternehmer oder einzelne von ihnen aus der Mitunternehmerschaft ganz ausscheiden oder jeweils ihre Beteiligung an der Mitunternehmerschaft reduzieren. Diese Voraussetzung ist sowohl bei einer Realteilung im herkömmlichen Sinne als auch bei einer Sachwertabfindung erfüllt.
Für die Änderung des Realteilungsbegriffs spricht auch, dass die Realteilung erstmals gesetzlich geregelt wird und dieser Realteilungsbegriff vom Gesetzgeber gewollt ist. Aufgrund der im Gesetz vorgesehenen verschiedenen Rechtsfolgen ist eine Ausdehnung auf vorher nicht unter die Realteilung fallende Sachverhalte unbedenklich, da nun entsprechend dem Sachverhalt in der Rechtsfolge differenziert wird. Der enge Begriff der Realteilung ergab sich vorher nur aus der allein mit dieser zusammenhängenden steuerlich günstigen Rechtsfolge der Übertragung stiller Reserven (sinngemäße reziproke Anwendung des Rechtsgedankens aus § 24 UmwStG). Eine solche Notwendigkeit besteht nun durch die im Gesetz vorgesehenen unterschiedlichen Rechtsfolgen nicht mehr [584].

b) Die Rechtsfolgen

aa) § 16 III 2 1. HS EStG

Soweit der bisherige Mitunternehmer mit Einzelwirtschaftsgütern abgefunden wird, ist der Aufgabegewinn als Differenz zwischen dem gemeinen Wert der Summe der Einzelwirtschaftsgüter und dem Kapitalkonto unter Berücksichtigung übernommener Schulden zu ermitteln. Der Aufgabegewinn ist gewerbesteuerfrei, da es sich um die Folgen der Beendigung des Gewerbes und nicht um den Gewinn aus einem laufenden Gewerbebetrieb handelt.

Umstritten ist aber, ob ein im Rahmen einer Realteilung i. S. v. § 16 III 2 1. HS übergehender Geschäfts- bzw. Praxiswert mit zu berücksichtigen ist. Dies hätte gerade für Sozietäten von Freiberuflern aufgrund des dort meist sehr hohen Praxiswertes weitgehende Konsequenzen (§ 18 III i. V. m. § 16 EStG).
Bei der Aufgabe eines Gewerbebetriebes ist ein Geschäftswert nicht anzusetzen.

Der BFH will auch im Fall der Realteilung den Geschäfts-/ Praxiswert in den Aufgabegewinn mit einbezogen wissen [585]. Begründet wird dies damit, dass die voneinander scheidenden Gesellschafter sich dieses Wertes bewusst sind und in die Berechnung des Spitzenausgleichs mit einbeziehen.
Im Rahmen der Ermittlung des Aufgabegewinns nach erklärter Betriebsaufgabe anlässlich einer Betriebsverpachtung hat der BFH dagegen entschieden, dass weder ein originärer noch

---

582 Wacker, BB- Beilage 5/ 1999, S. 11.

583 Hörger/ Mentel/ Schulz, DStR 1999, 565 (566).

584 Insoweit handelt es sich dann nicht um einen „Irrtum" des Gesetzgebers (so aber Wacker in Schmidt, Rdnr. 536 zu § 16 EStG).

585 BFH vom 1. 12. 1992, BStBl. II 1994, S. 607 (614).

ein derivativer Geschäftswert anzusetzen sei [586]. Grund sei dafür, dass der Geschäftswert kein vom Betriebsvermögen trennbares Wirtschaftsgut ist, wodurch auch eine anteilige Entnahme entfällt. Der Firmenwert ist nicht privatisierbar, da er nur im Rahmen des Betriebsvermögens denkbar ist.
Im Unterschied zur Realteilung ist in den eben genannten Urteilsfällen das im Rahmen der Betriebsverpachtung überlassene Betriebsvermögen in der Sphäre des Pächters erhalten geblieben und der Verpächter hatte ein Anrecht auf Rückübertragung. Der Geschäfts- bzw. Praxiswert wird über die Pachtzahlung abgegolten und ist grundsätzlich aufgrund des Rückübertragungsanspruchs noch dem Verpächter zuzurechnen. Eine Entnahme entfällt aus diesen Gründen. Dagegen geht bei der Realteilung aber die Mitunternehmerschaft unter bzw. verliert die Mitunternehmerschaft nach dem jetzigen Realteilungsbegriff zumindest dasjenige Betriebsvermögen, welches der ausscheidende Gesellschafter erhält. Insofern liegt eine Einbeziehung des Geschäftswertes oder ähnlicher Werte in den Aufgabegewinn nahe.

Jedoch werden gegen eine Einbeziehung des Geschäftswertes in den Aufgabegewinn folgende Argumente vorgebracht, die es zu entkräften gilt [587].

(1) Nach § 16 III 5 EStG muss für nicht veräußerte Wirtschaftsgüter der gemeine Wert angesetzt werden. Aber nur ein einzeln veräußerbares Wirtschaftsgut kann einen gemeinen Wert haben (§ 9 II BewG). Mangels selbständiger Verkehrsfähigkeit kann der Geschäftswert aber nicht vom Betriebsvermögen getrennt werden. Somit fehlt es insoweit schon an einem gemeinen Wert, wodurch beim Aufgabegewinn ein Ansatz des Geschäftswertes entfällt.

(2) Weiterhin wirkt sich die Notwendigkeit der Auflösung der stillen Reserven des Firmenwertes hemmend auf erforderliche Strukturveränderungen aus, da gerade der Geschäftswert häufig ein hohes Maß an stillen Reserven aufweist.
Es kommt zu einer wirklichkeitsfremden Verfestigung der Verhältnisse, die ihre Rechtfertigung nur aus der Umgehung der Aufdeckung des Firmenwertes erhält, wobei außersteuerliche Gesichtspunkte meist unberücksichtigt bleiben müssen.

(3) Außerdem ergeben sich Bedenken bezüglich des Übermaßverbots. Die Erfassung des Firmenwertes im Zeitpunkt der Realteilung bzw. im Zeitpunkt des Ausscheidens im Falle der Sachwertabfindung sei ebenso wenig erforderlich wie verhältnismäßig. Die Erfassung der stillen Reserven des Firmenwertes erfolgt bei Veräußerung des fortgeführten Betriebes und ist somit weiterhin gesichert. Die Unverhältnismäßigkeit ergibt sich aus der hemmenden Wirkung der Erfassung des Firmenwertes (oben (2)) nur zum Zweck der vorgezogenen Aufdeckung.

(4) Des Weiteren spricht gegen eine Einbeziehung des Geschäfts-/bzw. Firmenwertes die Gleichstellung der Realteilung mit der Aufgabe eines Mitunternehmeranteils (Überführung ins Privatvermögen) in § 16 III 2 1.HS EStG.

(5) Letztlich wird das Problem der Ermittlung des Firmenwertes als Argument angeführt. Mangels Konkretisierung im Realteilungszeitpunkt ist man auf Schätzungen angewiesen.

---

[586] BFH vom 14. 2. 1978, BStBl. II 1979, S. 99; für derivativen Geschäftswert BFH vom 4. 4. 1989, BStBl. II 1989, S. 606.

[587] Strahl, FR 1999, 628 (635).

Dem Argument zu (1) kann schon entgegengehalten werden, dass im Rahmen der Realteilung/ Sachwertabfindung der Geschäfts- bzw. Praxiswert mit abgegolten wird, sodass wirtschaftlich insofern eine Veräußerung vorliegt.
Des Weiteren spricht gegen eine Nichteinbeziehung aber der Fakt, dass es keinen sachgerechten Grund gibt, stille Reserven des materiellen Betriebsvermögens im Zeitpunkt der Realteilung bzw. Sachwertabfindung aufzudecken, während der Geschäftswert erst bei einer späteren Veräußerung erfasst werden soll. Der Unterschied, dass es sich beim Geschäftswert um ein immaterielles Wirtschaftsgut handelt, greift hier als sachgerechter Grund nicht ein, da es um die Erfassung stiller Reserven geht, welche sich in beiden Arten von Wirtschaftsgütern befinden können.
Zum Sachverhalt der Aufgabe des Gewerbebetriebes bzw. des Mitunternehmeranteils besteht bei der Realteilung und der Sachwertabfindung der Unterschied, dass hier die Möglichkeit besteht, den Geschäftswert im Rahmen eines Betriebsvermögens weiterzunutzen. Insofern erfolgt durch die Fiktion des § 16 III 2 1. HS EStG auch keine Gleichstellung mit einer tatsächlichen Aufgabe des Betriebes. Die Gleichstellung mit der Betriebsaufgabe erfolgt nur unter dem Aspekt der Erfassung der stillen Reserven der weiternutzbaren Wirtschaftsgüter. Bei der Betriebsaufgabe kann der Geschäftswert aber nicht weiter genutzt werden, sodass er brachliegt und der auch aufgrund Nichtweiternutzung keinen Wert mehr hat, der erfasst werden könnte.
Soll der Geschäftswert aber z.B. im Rahmen eines anderen Betriebes des Mitunternehmers weitergenutzt werden, bestehen auch stille Reserven. In diesem Fall ist eine Differenzierung gegenüber materiellem Betriebsvermögen nicht gerechtfertigt.
Da der Geschäfts-/ Praxiswert nur innerhalb der bisherigen Betriebsbetätigung nutzbar ist, entfällt eine Erfassung der stillen Reserven nur, wenn diese wegfällt.
Sofern aber im Fall der Realteilung der Geschäftwert im jeweiligen Betriebsvermögen nutzbar gemacht wird, ist der Geschäftswert in die Berechnung nach § 16 III 2 1. HS EStG einzubeziehen.
Sofern der Geschäftswert im Fall der Sachwertabfindung in das Betriebsvermögen des scheidenden Gesellschafters gelangt, ist ebenso zu verfahren. Bleibt der Geschäftswert aber im Betriebsvermögen der (Rest-) Gesellschaft, erhält der scheidende Gesellschafter zum Ausgleich mehr andere Wirtschaftsgüter. Bei diesen hat nach einhelliger Ansicht und eindeutiger Regelung des § 16 III 2 1. HS EStG die Aufdeckung der stillen Reserven zu erfolgen. Hier zeigt sich nochmals die Inkonsequenz der Nichteinbeziehung des Geschäftswertes. Die Aufdeckung der stillen Reserven wäre insofern von der Art des empfangenen Vermögens abhängig. Dies kann aber nicht Sinn und Zweck der Regelung sein.

Die Gleichstellung mit der Betriebsaufgabe ist als Anknüpfungspunkt zum Zweck der Erfassung der stillen Reserven von weiternutzbaren Wirtschaftsgütern erfolgt. Insofern spricht eine Einbeziehung des Geschäftswertes auch nicht gegen die Gleichstellung in § 16 III 2 1. HS EStG.
Diese Ausführungen zur Aufdeckung der stillen Reserven eines Geschäftswertes gelten natürlich nur, sofern eine Abfindung mit Einzelwirtschaftsgütern erfolgt und der Tatbestand des § 16 III 2 1. HS EStG erfüllt ist.

Eine Nichteinbeziehung [588] kann also nur erfolgen, wenn der Geschäftswert brachliegt und nicht im Betriebsvermögen des scheidenden Gesellschafters genutzt wird. Eine Erfassung des

[588] Dies ist im Sinne einer Bewertung mit Null zu verstehen.

Geschäftswertes in diesem Fall würde einen Verstoß gegen das Leistungsfähigkeitsprinzip bedeuten. Dies ist zum Beispiel in dem Fall anzunehmen, wenn bei einer Realteilung i.S.d. § 16 III 2 1. HS EStG im Gegensatz zu den anderen Einzelwirtschaftsgütern der Geschäftswert nicht in die Einzelbetriebe der scheidenden Gesellschafter übernommen wird. Hier würde der Firmenwert brachliegen und eine Besteuerung der stillen Reserven wäre als Verstoß gegen das Leistungsfähigkeitsprinzip zu werten, da etwas besteuert würde, was nicht mehr Zeichen wirtschaftlicher Leistungsfähigkeit sein kann.

Eine Differenzierung allein aus Praktikabilitätsgründen, wegen der Schwierigkeiten bei der Ermittlung des Geschäftswertes, ist ebenso wenig zulässig. Auch in anderen Fällen ist der Geschäftswert zu ermitteln. Des Weiteren sind Realteilungen und Sachwertabfindungen nicht täglich zu bewältigen, sondern eher die Ausnahme.

Die aufgezeigten Bedenken hinsichtlich der Hemmung von Strukturveränderungen und bezüglich des Übermaßverbotes bestehen ebenso hinsichtlich der Erfassung stiller Reserven von materiellen Wirtschaftsgütern. Somit können diese Argumente keine Differenzierung rechtfertigen.

Eine Erfassung des Firmenwertes im Fall der Realteilung bzw. Sachwertabfindung ist somit zulässig, sofern er von den übernehmenden Gesellschaftern auch genutzt wird [589].
Dies dürfte insbesondere bei Praxiswerten von Freiberuflersozietäten öfters der Fall sein.

bb) § 16 III 2 2. HS EStG

Bei der Zuweisung von Teilbetrieben und Mitunternehmeranteilen kann statt zu Teilwerten auch zu Buchwerten fortgeführt werden (§ 16 III 2 2. HS EStG). Zwar schreibt § 6 III EStG eine Buchwertfortführung zwingend vor, allerdings ist mangels Unentgeltlichkeit und der analogen Anwendung dieser Vorschrift von einem Wahlrecht auszugehen. Dies muss auch für 100 %- ige Beteiligungen an Kapitalgesellschaften gelten, wie der systematische Zusammenhang mit § 16 I Nr. 1 S. 2 EStG zeigt.

cc) Zuweisung privilegierten und sonstigen Vermögens

Fraglich erscheint aber, wie die Zuweisung von privilegiertem und sonstigem Vermögen zu behandeln ist.
Sofern nicht privilegiertes Vermögen keine wesentliche Betriebsgrundlage darstellt, kann dieses einem echten Teilbetrieb frei zugeordnet werden [590].
Sofern es sich um fiktive Teilbetriebe in Form eines Mitunternehmeranteils bzw. einer 100 %-igen Kapitalgesellschaftsbeteiligung handelt, können die anderen Wirtschaftsgüter nur mit dem Teilwert angesetzt werden, während für die fiktiven Teilbetriebe weiterhin die Möglichkeit der Buchwertfortführung besteht [591]. Dies ergibt sich aus dem Fakt, dass Zuzahlungen

---

589 Schulze zur Wiesche, DStZ 1999, 425 (425).

590 UmwStE vom 25.3.98, BStBl. I 1998, S. 268 (Tz. 15.08).

591 Blumers/ Beinert/ Witt, BB 1999, 1786 (1788).

nicht zur Auflösung aller stillen Reserven führen, sondern nur diese ertragsteuerlich berücksichtigt werden müssen.

dd) Zuzahlungen

Zuzahlungen führen generell zu einer teilweisen Auflösung der stillen Reserven [592].
Daher sollte ein Wertausgleich nicht durch steuerschädliche Zuzahlungen, sondern durch Übernahme von Verbindlichkeiten bzw. liquider Mittel der Mitunternehmerschaft herbeigeführt werden.

ee) Geltung für ausscheidendes und zurückbleibendes Vermögen

Die Regelungen des § 16 III EStG gelten sowohl für das ausscheidende Vermögen als auch für das zurückbleibende Vermögen, sodass im Ergebnis alle Mitunternehmer (ausscheidende wie auch verbleibende) zu untersuchen sind.

ff) Sachwertabfindung mit Einzelwirtschaftsgütern

Hinsichtlich der Sachwertabfindung mit Einzelwirtschaftsgütern ist bei Überführung ins Betriebsvermögen eine doppelte Reservenaufdeckung zu verzeichnen [593]. Insofern gilt nunmehr das Gleiche wie bei der Sachwertabfindung ins Privatvermögen.
Die doppelte Reservenaufdeckung (einmal bei dem Ausscheidenden und dann noch bei den zurückbleibenden Mitunternehmern) basiert aber auf der konsequent personenbezogenen Anwendung des § 16 III 2 EStG, wonach es nur auf die Art des jeweils den Mitunternehmern zugewiesenen Vermögens ankommt. Die Sachwertabfindung ist daher als Aufsplittung des Vermögens auf den Ausscheidenden und die verbleibenden Mitunternehmer zu sehen.

c) Konkurrenzverhältnis zu § 6 V EStG

Da von § 16 III 2 EStG auch das Sonderbetriebsvermögen erfasst wird, muss das Verhältnis zu § 6 V EStG geklärt werden, denn insoweit können bei bestimmten Sachverhaltsgestaltungen die Voraussetzungen beider Regelungen gegeben sein, wobei hinsichtlich der Rechtsfolgen beider Regelungen in der Fassung durch das StEntlG 99/ 00/ 02 Differenzen möglich sind.

Als problematisch in diesem Sinne sind die Fälle anzusehen, wenn gleichzeitig die Voraussetzungen von § 16 III 2 2. HS EStG und § 6 V 3 EStG i. d. F. des StEntlG 99/ 00/ 02 vorliegen. Dann wäre nach erster Regelung ein Buchwertansatz möglich, während nach zweiter Regelung zwingend ein Teilwertansatz erfolgen müsste [594]. Unter diese Konstellation ist der Fall

---

592 Wacker in Schmidt, Rdnr. 556 zu § 16 EStG.

593 Siehe die Beispiele bei Strahl, FR 1999, 628 (634).

594 Dies gilt aber nur bis zur Geltung der Neufassung des § 6 V 3 EStG durch das StSenkG.

einzuordnen, wenn hinsichtlich privilegierten Vermögens (z.B. Teilbetrieb) im Rahmen einer Realteilung ein Rechtsträgerwechsel [595] erfolgt.
Ebenso problematisch sind diejenigen Konstellationen, bei denen sowohl die Voraussetzungen des § 16 III 2 1. HS EStG als auch die des § 6 V 2 EStG gegeben sind [596]. Dies ist der Fall, wenn im Rahmen der Realteilung Einzelwirtschaftsgüter zugewiesen werden und hinsichtlich dieser kein Rechtsträgerwechsel i.S.v. § 6 V 2 EStG vorliegt. Hier ist nach § 16 III 2 1. HS EStG zwingend ein Teilwertansatz vorgeschrieben, während § 6 V 2 EStG zu einer Buchwertfortführung zwingt.

M.E. ist davon auszugehen, dass § 6 V EStG ein Grundkonzept darstellt, wonach bei einem entgeltlichen Rechtsträgerwechsel die stillen Reserven des Wirtschaftsgutes aufzudecken sind und grundsätzlich nicht mehr auf einen anderen Rechtsträger überspringen können.
Nach § 16 III 2 2. HS EStG soll ausnahmsweise bei Übergang von privilegiertem Vermögen im Rahmen der Realteilung einer Mitunternehmerschaft bzw. der Sachwertabfindung eines Mitunternehmers ein Überspringen der stillen Reserven auch bei Rechtsträgerwechsel möglich sein. Hierdurch will man aber nicht die Regelung des § 6 V 3 EStG einschränken, sondern nur eine Ausnahme vom Grundsatz zulassen. Der Steuerpflichtige soll die Möglichkeiten des § 16 III 2 EStG als auch die des § 6 V EStG nutzen können.
Die Regelung des § 16 III 2 EStG ist daher nicht als eine die Grundregel des § 6 V EStG einschränkende Norm anzusehen. Vielmehr ist bei Vorliegen der Voraussetzungen beider Regelungen und verschiedenen Rechtsfolgen dem Steuerpflichtigen ein Wahlrecht einzuräumen [597]. Für eine Betrachtung des § 16 III 2 EStG als eine dem § 6 V EStG vorgehende Spezialregel bleibt insoweit kein Raum [598]. Durch das StSenkG kommt es insofern zu einer Entschärfung des Konfliktes, da dort auch in den Fällen des § 6 V 3 EStG i. d. F. des StSenkG eine Buchwertfortführung vorgeschrieben ist.

Grundsätzlich kann somit davon ausgegangen werden, dass, wenn sowohl die Voraussetzungen von § 16 III EStG als auch die Voraussetzungen von § 6 V EStG vorliegen, dem Steuerpflichtigen hinsichtlich der Rechtsfolge ein Wahlrecht zusteht.

d) Folgerungen

Vor dieser Kodifizierung der Realteilung konnte eine Buchwertfortführung unabhängig von der Art des übergehenden Vermögens vorgenommen werden, wenn die Gesellschafter ihr diesbezügliches Wahlrecht einheitlich ausübten, keine Zuzahlungen geleistet wurden und die Erfassung der stillen Reserven durch Übernahme in ein Betriebsvermögen sichergestellt war. Insofern wirkt die Neuregelung durch das StEntlG 99/ 00/ 02 einschränkend, da nur privilegiertes Vermögen vor einer Aufdeckung stiller Reserven sicher ist. Allerdings ist hier im Gegensatz zur Grundregelung des § 6 V EStG i. d. F. des StEntlG bei einem entgeltlichen Rechtsträgerwechsel noch ein Überspringen von stillen Reserven zulässig. Dies gewinnt umso

---

595 Siehe hierzu die Abhandlung über den Rechtsträgerwechsel bei § 6 V EStG.

596 Ab der Geltung des § 6 V 3 EStG in der Fassung des StSenkG kommt es hier, ebenso wie in § 6 V2 EStG, zur Rechtsfolge der Buchwertfortführung.

597 Ebenso Blumers/ Beinert/ Witt, BB 1999, 1786 (1790).

598 So aber Schulze zur Wiesche, DStZ 1999, 425 (430).

mehr an Bedeutung, als dass Einzelwirtschaftsgüter, die keine wesentlichen Betriebsgrundlagen darstellen, einem echten Teilbetrieb im Zweifel frei zugeordnet werden können.
Somit ist festzustellen, dass die neuen Realteilungsregeln restriktiv wirken. Allerdings besteht hier im Rahmen der Rechtslage aufgrund des StEntlG 99/ 00/ 02 aber noch die Möglichkeit, stille Reserven auf andere Rechtsträger überspringen zu lassen. Gestaltungsmöglichkeiten zur Rettung stiller Reserven bei Einzelwirtschaftsgütern dürften daher zum Zeitpunkt der Neuerungen durch das StEntlG 99/ 00/ 02 auch über die Einlage in Mitunternehmerschaften führen [599].
Im Rahmen des StSenkG wurden die Alternativen zur steuerneutralen Übertragung von Einzelwirtschaftsgütern wieder erweitert (insbesondere § 6 V 3 EStG i. d. F. des StSenkG).

2.1.18. Beschränkung der Verlustverrechnung

a) Die Anforderungen an die Verlustverrechnung

Das Leistungsfähigkeitsprinzip ist ein Fundamentalprinzip der Steuergerechtigkeit. Maßgebend für die steuerliche Leistungsfähigkeit ist das für die Steuerzahlung disponible Einkommen. Demzufolge werden nach dem objektiven Nettoprinzip die Erwerbseinnahmen um die entsprechenden Erwerbsausgaben gemindert. Außerdem sind durch den Gesetzgeber unvermeidbare Privatausgaben zu berücksichtigen (subjektives Nettoprinzip).
Des Weiteren sind positive und negative Einkünfte eines Veranlagungszeitraums in vollem Umfang zu saldieren, um der verminderten Leistungsfähigkeit Rechnung zu tragen. Die willkürliche Aufteilung in sieben Einkunftsarten wird durch diese Saldierung zutreffenderweise korrigiert und ist für die synthetische Ausgestaltung der Einkommensteuer unbedingt erforderlich. Nur so kann letztlich auch sichergestellt werden, dass das existenzielle Minimum nicht steuerlich erfasst wird.
Eine Einschränkung der Verlustverrechnung kann daher nur erfolgen, sofern ein rechtfertigender Grund vorliegt.

b) Die Beschränkungen der Verlustverrechnung durch das StEntlG 99/ 00/ 02

Unternehmer sind ebenso wie die sonstigen Steuerpflichtigen von den Änderungen zur Verlustverrechnung betroffen (insbesondere aber auch mit ihren Verlusten aus dem Unternehmensbereich §§ 13, 15, 18 EStG).

Es kam insofern zu einer Beschränkung des Verlustausgleichs zwischen den Einkunftsarten (vertikaler Verlustausgleich).
Nach § 2 III EStG wird der Verlustausgleich zwischen den einzelnen Einkunftsarten auf 100.000 DM zuzüglich der Hälfte der Summe der positiven Einkünfte begrenzt.

---

599 Insofern sei nochmals auf die Vorschläge von Breidenbach/ van Lishaut, DB 1999, 1234 (1235 ff.; hier insbesondere in Kombination mit dem UmwStG bzw. durch Realteilung und Rückeinbringung) und Strahl, FR 1999, 628 (636 ff.; hier insbesondere durch Zwischenschaltung einer neugegründeten gewerblich geprägten Besitzpersonengesellschaft) verwiesen.

Bei Verlusten aus Verlustzuweisungsgesellschaften wurde die Verrechnung durch § 2b EStG grundsätzlich ausgeschlossen.

Eine weitere Beschränkung ereilt den Verlustrücktrag. Nach § 10d EStG ist der Verlustrücktrag nur noch auf den unmittelbar vorangegangenen Veranlagungszeitraum möglich. Außerdem ist der Verlustrücktrag seit dem Veranlagungszeitraum 2001 betragsmäßig auf eine Million DM begrenzt.

Außerdem erfolgten weitere Beschränkungen direkt im unternehmerischen Bereich. Hier sind die Beschränkungen der Verlustverrechnung bei Auslandsbetriebstätten (§ 2a EStG) und bei betrieblichen Termingeschäften (§ 15 IV 3 EStG) zu nennen.

Durch die Einschränkungen der Verlustberücksichtigungen wird der verminderten Leistungsfähigkeit des Steuerpflichtigen nicht Rechnung getragen. Verluste werden teilweise nur mit großer zeitlicher Verzögerung (§ 2 III, § 10d, § 15 IV, § 2a EStG) bzw. in gewissen Fällen gar nicht mehr berücksichtigt. Im Gegensatz dazu werden Gewinne zeitnah und in voller Höhe erfasst.

c) Rechtfertigung bzw. sachgerechte Gründe für die Beschränkungen der Verlustverrechnung

Hinsichtlich § 15 IV 3 EStG kann als sachgerechter Grund nur in Betracht kommen, dass das mit Termingeschäften zusammenhängende spekulative Risiko in gewisser Weise privater Natur ist und oft mit Verlusten in Verbindung steht. Ebenso wie im privaten Bereich (§ 23 I 1 Nr. 4 i.V.m. III 5 EStG) sollen solche Verluste nur mit Gewinnen aus derartigen Geschäften verrechnet werden können. Der Gesetzgeber will den Staat nicht zum Mitträger solcher Risikogeschäfte machen. Dessen Risiko soll insoweit beschränkt werden, dass der Fiskus keine Verluste tragen muss. Es werden nur Gewinne erfasst (gegebenenfalls gekürzt um Verluste bis Null). Die Nichtbeteiligung des Staates am spekulativen Risiko ist gerechtfertigt, da der Staatshaushalt nicht durch solche unübersehbaren und oft mit Verlusten zusammenhängenden Risiken belastet werden darf. Dies hätte große negative Auswirkungen auf die Volkswirtschaft zur Folge und würde die mittelfristige Finanzplanung erschweren. Verfassungsrechtliche Bedenken bestehen daher meiner Ansicht nach nicht [600].

Für den Fall des § 2b EStG bestand ein solcher sachgerechter Grund ebenfalls, da der Steuerpflichtige seine Leistungsfähigkeit zur Erlangung eines steuerlichen Vorteils gezielt gemindert hat und dies im Rahmen eines Verlustausgleichs nicht berücksichtigt werden muss.

Anders verhält es sich dagegen bei § 2 III und § 10d EStG. Hier werden keine Steuersparmodelle wie bei § 2b EStG, sondern normale Verluste von der Einschränkung des Verlustausgleichs erfasst. Ein Grund für die Einschränkung der Verlustverrechnung ist nicht ersichtlich. Insbesondere können innerhalb derselben Einkunftsart Gewinne und Verluste unbeschränkt verrechnet werden. Dadurch gewinnt die willkürliche Aufteilung der Einkunftsarten wieder an Bedeutung. Allein die Ungleichbehandlung, dass es für die Höhe der Verlustberücksichtigung auf die Einordnung in eine bestimmte Einkunftsart ankommt, obwohl unabhängig davon die

---

600 A. A. Sorgenfrei, DStR 1999, 1928 (1936), welcher die Vorschrift für verfassungsrechtlich bedenklich hält.

Leistungsfähigkeit um die volle Höhe des Verlustes gemindert ist, stellt sich als Verstoß gegen das Leistungsfähigkeitsprinzip und Art. 3 I GG dar. Gerade die Gleichwertigkeit der Einkunftsarten erfordert unter dem Blickwinkel des Art. 3 I GG einen unbegrenzten vertikalen Verlustausgleich [601]. Eine unterschiedliche Verlustberücksichtigung abhängig von der Einkunftsart ist außerdem nicht mit dem Prinzip einer synthetischen Einkommensteuer zu vereinbaren. Schon insofern bestehen gegen § 2 III EStG und § 10d EStG verfassungsrechtliche Bedenken.

Nach dem Leistungsfähigkeits- und Nettoprinzip der Einkommensbesteuerung sind Verluste grundsätzlich im Entstehungsjahr auszugleichen. Verlustrückträge nach § 10d I EStG könnten dagegen zeitlich eingeschränkt werden, wenn man für den Steueranspruch allein auf die aktuelle Leistungsfähigkeit abstellt.
Nur durch die volle Verlustberücksichtigung wird die Kalenderjahr- Besteuerung übersprungen. Aus zeitlicher Sicht ist neben der Erfassung der aktuellen Leistungsfähigkeit eine gerechte Besteuerung über einen Totalzeitraum erforderlich. Die betragsmäßige Begrenzung des Verlustabzuges in § 10d II EStG hat zur Folge, dass größere Verluste zum Teil nur mit starker zeitlicher Verzögerung in den nachfolgenden Veranlagungszeiträumen berücksichtigt werden, obwohl die Leistungsfähigkeit des Steuerpflichtigen aufgrund des im Vorjahr aufgetretenen Verlustes im aktuellen Veranlagungszeitraum noch stark gemindert ist. Der Steuerpflichtige benötigt gerade das aktuelle Einkommen, um diese Verluste auszugleichen, sodass ein unbegrenzter Verlustabzug gefordert ist.
Daher liegt insofern ein Verstoß gegen das Leistungsfähigkeitsprinzip vor. Auch unter diesem Aspekt kommt es zur Nichtberücksichtigung geminderter Leistungsfähigkeit, so dass § 10d EStG nicht verfassungsgemäß erscheint.

Ergebnis:

Mangels rechtfertigender Gründe ist die Einschränkung der Verlustverrechnung durch § 2 III und § 10d EStG nicht mit dem Leistungsfähigkeitsprinzip zu vereinbaren und stellt einen Verstoß gegen Art. 3 I GG dar [602].

2.1.19. Steuersätze innerhalb der Einkommensteuer

Die stärkste Entlastung erfolgt durch die Absenkung des Tarifs und die Erhöhung des Grundfreibetrages, wovon auch die Unternehmen profitieren.

a) normaler Tarif [603]

Zum 01.01.1999 wurde der Grundfreibetrag von 12.365 DM bzw. 24.730 DM (Grundtabelle/ Splittingtabelle) auf 13067 DM bzw. 26135 DM erhöht. Der Eingangssteuersatz wurde von 25,9 % um 2 Prozentpunkte auf 23,9 % gesenkt.

---

601 Offerhaus, DStZ 2000, 9 (11).

602 Ebenso Theis, DB 2000, 2493 (2493); grundsätzliche Bedenken Tipke/ Lang, Steuerrecht, Rdnr. 67 zu § 9.

603 Durch die Steuerreform 2000 sind weitere Änderungen in diesem Bereich zu verzeichnen (hierzu später).

Zum 01.01.2000 erfolgt eine weitere Anhebung des Grundfreibetrages auf 13.500 DM bzw. 27.000 DM. Der Eingangssteuersatz wurde um einen weiteren Prozentpunkt auf 22,9 % gesenkt. Eine Milderung um 2 Prozentpunkte tritt auch beim Höchststeuersatz ein (dann 51 %).

Zum 01.01.2002 wird der Grundfreibetrag nochmals auf dann 14.000 DM bzw. 28.000 DM erhöht. Der Eingangssteuersatz wird auf 19,9 % abgesenkt. Ebenso kommt es beim Spitzensteuersatz zur nochmaligen Milderung auf dann 48,5 %. Nach dem StSenkG wurde der Tarif von 2002 auf 2001 vorgezogen.

Die Unternehmer nehmen, sofern sie nicht mit ihren gewerblichen Einkünften dem Sondertarif des § 32c EStG unterfallen, hinsichtlich des normalen Tarifs an der Entlastung wie die anderen Steuerpflichtigen teil.

b) unternehmerischer Sondertarif

Für die Unternehmer kommt es im Rahmen des § 32c EStG zu einer weiteren Entlastung. Für gewerbliche Gewinne wird der Höchststeuersatz im Jahre 1999 um 2 Prozentpunkte auf dann 45 % und ab 01.01.2000 nochmals auf dann 43 % abgesenkt.
Die Gleichwertigkeit und Gleichgewichtigkeit der Einkunftsarten erfordert auch grundsätzlich einen gleichen Steuersatz. Inwieweit ein sachgerechter Grund für die Begünstigung gewerblicher Einkünfte besteht, wird vom BVerfG zu entscheiden sein [604]. Der BFH hat hier verfassungsrechtliche Bedenken angemeldet und sieht in § 32c EStG einen Verstoß gegen das Lastengleichheitsgebot (Art. 3 I GG) [605].

Im Rahmen des StSenkG wurde der § 32c EStG zum 01.01.2001 abgeschafft, da insoweit andere Entlastungen an seine Stelle traten.

2.1.20. Neuregelung des § 34 EStG

Für die außerordentlichen Einkünfte wurde der halbe Steuersatz gestrichen. Die verschärfte Progression durch die Zusammenballung solcher Einkünfte wird nun durch eine rechnerische Verteilung auf fünf Jahre geglättet. Die Neuregelung ist gegenüber der vorherigen Rechtslage aber nur in Einzelfällen günstiger und wirkt sich daher grundsätzlich belastend aus [606].
Soweit von dieser Neuregelung Veräußerungen zwischen dem 01.01.1999 und 19.03.1999 nachteilig betroffen sind, handelt es sich um eine unzulässige verfassungswidrige Rückwirkung, da das StEntlG 99/ 00/ 02 erst zu letzterem Zeitpunkt zustande kam.

Um die Altersvorsorge von Betriebsinhabern nicht zu gefährden, kam es im Rahmen des Ergänzungsgesetzes zum StSenkG (StSenkErgG) zu einer teilweisen Wiedereinführung des halben Steuersatzes für den Fall der Betriebsveräußerung. Dieser günstige Tarif wird aber jedem Steuerpflichtigen nur einmal im Leben gewährt.

---

604 Aussetzung- und Vorlagebeschluss des BFH vom 24. 2. 99, BStBl. II 1999, S. 450.

605 Ebenso Offerhaus, DStZ 2000, 9 (11).

606 Herzig/ Förster, DB 1999, 711 (714); Gratz/ Müller, DB 2000, 693 (693).

2.2. Wichtige Änderungen im Bereich des KStG

2.2.1. Steuerbefreiungen § 5 KStG

Durch das StBereinG 1999 wurde in § 5 I Nr. 1, 2 KStG der Katalog an die aktuelle Rechtslage angepasst. In § 5 I Nr. 7 KStG ist die Steuerbefreiung auf kommunale Wählervereinigungen ausgedehnt worden, da der Ausschluss dieser Vereinigungen von der Steuerbefreiung vom BVerfG als verfassungswidrig eingestuft wurde [607].

2.2.2. Beteiligungen an ausländischen Gesellschaften § 8b KStG

a) § 8b II 2 KStG i.d.F. des StEntlG 99/ 00/ 02

Nach § 8b II 2 KStG sind Verluste aus der Veräußerung ausländischer Beteiligungen nicht mehr zu berücksichtigen. Diese Regelung war steuersystematisch schon im Zeitpunkt der Einführung [608] des § 8b KStG erforderlich, da der Freistellung von Veräußerungsgewinnen eine Nichtberücksichtigung von Veräußerungsverlusten entspricht.
Betroffen sind aber nur Verluste aus der Veräußerung, Auflösung oder Kapitalherabsetzung. Verlustbedingte Teilwertabschreibungen auf Auslandsbeteiligungen sind weiterhin möglich. Die Einschränkungen des § 8b I 3, VI KStG betreffen nur ausschüttungsbedingte Teilwertabschreibungen [609].
Durch § 8b II 2 KStG entfällt eine steuersystematisch nicht vertretbare Begünstigung.

Diese Regelung wurde daher zu Recht innerhalb des StSenkG beibehalten.

b) § 8b VII KStG i.d.F. des StEntlG 99/ 00/ 02

Diese Norm wurde innerhalb des StSenkG bestätigt und spielt daher auch innerhalb der Steuerreform 2000 (StSenkG) eine große Rolle.

aa) Allgemeines

Hiernach gelten für von der Körperschaftssteuer aufgrund DBA bzw. § 8b IV,V KStG befreite Gewinnausschüttungen 15 % der Einnahmen als Betriebsausgaben, welche mit den steuerfreien Dividenden im unmittelbaren wirtschaftlichen Zusammenhang stehen. Aufgrund des § 8 I KStG i.V.m. § 3c EStG sind diese Betriebsausgaben nicht abzugsfähig.
EU- rechtlich darf jeder Mitgliedstaat bestimmen, dass Kosten der Beteiligung an einer Tochtergesellschaft nicht abzugsfähig sind. Zu diesem Zweck können nach Art. 4 II der Mutter-/ Tochterrichtlinie auch die Verwaltungskosten mit bis zu 5 % der von der Tochtergesellschaft ausgeschütteten Gewinne pauschal angesetzt werden [610].

---

607 BVerfG- Beschluß v. 29. 9. 1998, E 99, 69 (81).

608 Eingeführt durch StandOG vom 13. 9. 1993, BGBl. I 1993, S. 1569 = BStBl. I 1993, 774.

609 Dötsch/ Pung, DB 1999, 867 (867).

610 Mutter-/ Tochterrichtlinie vom 23. 7. 90 (Richtlinie Nr. 90/ 435/ EWG), ABl. EG 1990, Nr. L 225, S. 6.

Die 15 %ige Pauschalierung wurde von der Bundesregierung damit gerechtfertigt, dass hier die mit der Beteiligung zusammenhängenden Finanzierungskosten pauschal enthalten seien [611] (zur Korrektur durch das StBereinG 1999 siehe unten c).

bb) Verhältnis zu § 3c EStG

Fraglich erscheint aber, ob § 8b VII KStG vor § 3c EStG anzuwenden ist oder ob erst § 3c EStG und anschließend § 8b VII KStG zu prüfen ist. Folge der ersten Alternative wäre eine Beschränkung der Steuerfreiheit von erst 100 % auf nunmehr 85 %. Eine auf den § 3c EStG folgende Berücksichtigung führt zu einer Beschränkung der Pauschalierung auf die tatsächlich entstandenen Betriebsausgaben [612].

Für den Fall, dass die tatsächlichen gemischten Betriebsausgaben nicht im unmittelbaren wirtschaftlichen Zusammenhang mit den steuerfreien Schachtelerträgen stehen und mehr als 15% dieser ausmachen, kann nur § 8b VII KStG einschlägig sein. Als Folge sind Betriebsausgaben in Höhe von 15 % der steuerfreien Einnahmen nicht abzugsfähig.

Sofern zwischen den mehr als 15 % der Einnahmen betragenden tatsächlichen Betriebsausgaben und den Schachtelerträgen ein unmittelbarer wirtschaftlicher Zusammenhang besteht, sind auch die Betriebsausgaben nur in Höhe von 15 % nicht abziehbar, da nach der Gesetzesbegründung [613] zu § 8b VII KStG die Betriebsausgaben *"im übrigen keinem Abzugsverbot unterliegen"*. Somit kann hier dem § 3c EStG kein Vorrang vor der Regelung des § 8b VII KStG eingeräumt werden.

Somit ist die Frage des Verhältnisses dieser beiden Regelungen zueinander nur noch für den Fall ungeklärt, dass die gesamten tatsächlichen Betriebsausgaben weniger als 15 % der steuerfreien Einnahmen betragen. Nach der ersten Alternative würde die Steuerfreiheit auch hier auf 85 % begrenzt werden, während nach letzterer Alternative höchstens die tatsächlichen Betriebsausgaben nicht abzugsfähig wären.
Würde man für die Anwendung des § 3c EStG trotz Vorliegens von Betriebsausgaben von weniger als 15 % der relevanten Einnahmen ein Betriebsausgabenabzugsverbot in dieser Höhe nach § 8b VII KStG statuieren, käme es erst zu einer Fiktion zusätzlicher Betriebsausgaben, welche dann für nicht abziehbar erklärt würden. Nach *E. Dötsch/ A. Pung* würde § 8b VII KStG insoweit leer laufen, da sowohl die fiktive Betriebsausgabe als auch deren Hinzurechnung aufgrund des Abzugsverbotes bei der Gewinnermittlung berücksichtigt werden müssten, mit dem Ergebnis, dass beide sich aufheben [614]. Insofern kommt man zum gleichen Resultat wie nach der zweiten Alternative.
M.E. spricht für ein Abzugsverbot begrenzt auf die tatsächlichen Betriebsausgaben, dass sich § 8b VII KStG nach seinem Wortlaut auf die Anwendung des § 3c EStG bezieht. Der § 3c EStG setzt seinerseits aber tatsächliche Ausgaben voraus. Durch § 8b VII KStG sollte nur die Schwierigkeit der den Dividenden zuzuordnenden einzelnen Ausgaben entfallen [615]. Es soll-

---

611 Aufgrund des Überschreitens der 5 %- Grenze sieht Thömmes, DB 99, 500 (502) in § 8b VII KStG einen Richtlinienverstoß.

612 Dötsch/ Pung, DB 1999, 867 (868).

613 BT- Drucks. 14/ 443, S. 76.

614 DB 1999, 867 (869).

615 BT- Drucks. 14/ 443, S. 76.

ten aber keine zusätzlichen Ausgaben fingiert werden, da der Gesetzgeber grundsätzlich von tatsächlichen Betriebsausgaben über 15 % der steuerfreien Dividenden ausgeht, indem er ausführt, dass *"Im übrigen ... die Betriebsausgaben keinem Abzugsverbot (unterliegen)."* [616].
Somit ist der zweiten Alternative zu folgen, mit der Konsequenz, dass § 8b VII KStG mit der Maßgabe anzuwenden ist, dass höchstens die tatsächlichen Betriebsausgaben unter das Abzugsverbot des § 3c EStG fallen.

cc) Bemessungsgrundlage

Unter die Pauschalierung nach § 8b VII KStG fallen nur die nach DBA bzw. nach § 8b IV, V KStG steuerbefreiten Auslandsdividenden. Die spätere Weiterausschüttung der in das EK 01 eingestellten Auslandserträge an die Muttergesellschaft unterfällt ebenso wenig der Regelung des § 8b VII KStG wie die Gewinne aus der Veräußerung der Auslandsbeteiligungen. Für die Abziehbarkeit von Betriebsausgaben, die mit nach § 8b I, II KStG steuerfreien Einnahmen im Zusammenhang stehen, ist weiterhin ausschließlich § 3c EStG einschlägig [617].

dd) Rückwirkung

Hinsichtlich der Regelung des § 8b VII KStG i. d. F. des StEntlG 99/ 00/ 02 bestehen auch insoweit verfassungsrechtliche Bedenken, als dass nach § 8b II KStG a. F. Dividenden aus ausländischen Beteiligungen gänzlich steuerfrei waren. Erst durch das im Frühjahr 1999 beschlossene StEntlG 99/ 00/ 02 änderte sich dieser Rechtszustand zuungunsten des Steuerpflichtigen. Sofern die Regelung auf den Beginn des Jahres 1999 zurückwirkt, stellt dies einen Verstoß gegen das aus dem Rechtsstaatsprinzip Art. 20 III GG hergeleitete Rückwirkungsverbot dar.

ee) Folgerungen

Die Norm des § 8b VII KStG ist als Vereinfachungsregelung einzustufen. Eine belastende Wirkung wird sich aber daraus ergeben, dass Pauschalierungen grundsätzlich einen Sicherheitszuschlag enthalten.

c) § 8b VII i. d. F. des StBereinG 1999

In der Neuregelung wurde der Pauschalsatz von 15 % auf 5 % rückwirkend zum 1.1.1999 gesenkt. Anstoß war wohl die oben angeführte Kritik bezüglich eines Verstoßes gegen Art. 4 II der Mutter- Tochterrichtlinie [618].
Im Zusammenhang mit der Neuregelung treten aber weitere Probleme auf.
Erstens ist fraglich, ob für § 8b VII KStG der Dividendenbegriff des jeweiligen DBA maßgeblich ist [619] oder eine Auslegung nach nationalem Recht (§ 20 I Nr. 1 EStG) erfolgen soll [620].

---

616 Amtliche Gesetzesbegründung in BT- Drucks. 14/ 443, S. 76.

617 Dötsch/ Pung, DB 1999, 867 (869).

618 siehe Thömmes, DB 1999, 500 (502).

619 BMF- Schreiben v. 10. 1. 2000, DB 2000, 69 (Nr. 1).

620 Dötsch/ Pung, DB 2000, 61 (62).

Hier knüpft auch gleich das zweite Problem an. Nur bei DBA-Auslegung des Dividendenbegriffs sind verdeckte Gewinnausschüttungen in die Ausgangsgröße mit einzubeziehen.
Da § 8b VII KStG i. d. F. des StEntlG 99/ 00/ 02 auch verdeckte Gewinnausschüttungen in die Ausgangsgröße einbezog und grundsätzlich die Neuregelung nur die Verringerung des Pauschalsatzes zur Folge haben sollte, ist mit der Finanzverwaltung von einem abkommensrechtlichen Dividendenbegriff auszugehen.

Auch bei der Neuregelung des § 8b VII KStG ist dieser als lex specialis zu § 3c EStG zu sehen, da hier nur die Höhe, aber nicht das Abzugsverbot an sich geregelt ist [621].
Nach einem BMF- Schreiben zu der Neufassung des § 8b VII KStG geht die Finanzverwaltung nun davon aus, dass 5 % der Dividenden stets und unabhängig von der Höhe tatsächlicher Betriebsausgaben mit den Schachteldividenden in unmittelbarem Zusammenhang stehen [622]. Folge dieser Betrachtung ist, dass generell 5 % der Schachteldividenden besteuert werden.
Dies widerspricht der hier vertretenen Ansicht, wonach höchstens die tatsächlichen Betriebsausgaben unter das Abzugsverbot des § 3c EStG fallen. Hätte der Gesetzgeber dieses Ergebnis gewollt, hätte er formulieren müssen, dass die Schachteldividenden nur zu 95 % steuerbefreit sind.
Die Verwaltungsauffassung ist aus diesem Grund abzulehnen.

2.2.3. Großspendenabzug § 9 I Nr. 2 KStG

Der Vortragszeitraum für Großspenden wurde in § 9 I Nr. 2 Satz 3 KStG auf sechs Jahre verkürzt, was sich für die Unternehmen nachteilig auswirkt.

2.2.4. Nichtabzugsfähige Steuern § 10 Nr. 2 KStG

Die Neufassung des § 10 Nr. 2 KStG beinhaltet die Folgeänderungen aufgrund der neuen Eigenverbrauchsbesteuerung. Die Aufführung der Umsatzsteuer auf verdeckte Gewinnausschüttungen in § 10 Nr. 2 KStG ist insoweit nicht korrekt, als dass die verdeckte Gewinnausschüttung nach Abschn. 31 X KStR mit dem gemeinen Wert (also inklusive Umsatzsteuer) über § 8 III KStG erfasst wird. Eine nochmalige Hinzurechnung nach § 10 Nr. 2 KStG hat zu unterbleiben. § 10 Nr. 2 KStG hat daher nur klarstellende Funktion hinsichtlich der Höhe der verdeckten Gewinnausschüttung im Rahmen des § 8 III KStG.
Außerdem erfasst das Abzugsverbot für Personensteuern nun auch wieder die Zinsen auf Steuernachforderungen (§§ 233a, 234, 237 AO). Die diesbezügliche Ausnahme wurde gestrichen.

---

621 Dötsch/ Pung, DB 2000, 61 (62).

622 BMF- Schreiben v. 10. 1. 2000, DB 2000, 69 ((Nr. 2) und Beispiel 3 auf S. 70).

2.2.5. Körperschaftsteuersätze § 23 KStG [623]

a) Regelsteuersatz § 23 I KStG

Ab dem Veranlagungszeitraum 1999 betrug die Körperschaftsteuer bis zur Abschaffung des Vollanrechnungsverfahrens durch das StSenkG nur 40 % des zu versteuernden Einkommens. Dies führte zu einer Entlastung thesaurierter Gewinne, wobei hier schon die Richtung für die Steuerreform 2000 (StSenkG) vorgegeben wurde.

b) Sondersteuersatz § 23 II KStG i. d. F. des StEntlG 99/ 00/ 02

Nach § 23 II KStG unterliegt der Teil des Einkommens einer anrechnungsberechtigten Körperschaft, der auf Gewinnausschüttungen einer anderen anrechnungsberechtigten Körperschaft entfällt, einem Steuersatz von 45 % der Einnahmen i.S.v. § 20 I Nr. 1 oder 2 EStG zuzüglich der hierauf entfallenden Körperschaftsteuer (§ 20 I Nr. 3 EStG), wenn der Ausschüttungsbetrag dem EK 45 entnommen wurde.
Durch den Sondersteuersatz sollte insbesondere verhindert werden, dass es nach einer Körperschaftsteuersenkung allein durch Ausschüttungen der Tochtergesellschaften aus dem EK 45 zu einer Absenkung der Körperschaftsteuerbelastung im Konzernverbund kommt. Bei einer Absenkung der Körperschaftsteuer auf 40 % würde diese Vorgehensweise zu einer Körperschaftsteuerentlastung von 5 % führen.
Diese Weiterausschüttungen auf die nächste Konzernebene zur Senkung der Körperschaftsteuerbelastung der bei den Tochtergesellschaften thesaurierten Gewinne war gängige Praxis nach gesetzlichen Absenkungen des KöSt.- Thesaurierungssteuersatzes [624].

Die Körperschaftsteuer nach dem Sondersteuersatz ist aber auf 45 % des zu versteuernden Einkommens begrenzt § 23 II 3 KStG.
Dies dient vor allem einer gemäßigten Besteuerung in Verlustfällen.

Durch das StBereinG 1999 ist in § 23 II 5 KStG eine weitere Lücke geschlossen worden. Hiernach soll verhindert werden, dass über den Umweg der Verschmelzung einer Kapitalgesellschaft auf eine Personengesellschaft, an welcher Kapitalgesellschaften beteiligt sind, eine Steuerentlastung von EK 45 eintritt, welche bei Gewinnausschüttungen durch § 23 II KStG sonst versagt bliebe [625].

Im Rahmen des StSenkG kam es neben der Abschaffung des Vollanrechnungsverfahrens zur generellen Dividendenfreistellung bei Ausschüttungen an Kapitalgesellschaften. Damit hatte sich die Regelung des § 23 II KStG erledigt.

---

623 Auch insoweit waren das StEntlG 99/ 00/ 02 und das StBereinG 1999 nur Zwischenetappen; weitere Senkungen erfolgten im Rahmen der Steuerreform 2000.

624 Dötsch/ Pung, DB 1999, 867 (871).

625 OFD- Karlsruhe v. 27. 12. 1999, DB 2000, 67 (68); Dötsch/ Pung, DB 2000, 61 (63).

2.3. Änderungen im Bereich des GewStG

Bei der Gewerbesteuer kam es nur zu redaktionellen Folgeänderungen.

2.4. Zusammenfassung zu den ertragsteuerlichen Änderungen durch das StEntlG 99/ 00/ 02 und durch das StBereinG 1999

a) Allgemein

Noch 1998 kam *J. Lang* in der 16. Auflage des Standardwerkes und Steuerklassikers „Steuerrecht" zu dem Schluss, dass *„Konkrete Fortschritte bei der Reform der Unternehmensbesteuerung ... daher realistischerweise eher bei Reformansätzen zu erwarten (sind), die die herkömmlichen Systemgrenzen nicht überschreiten."* [626].

Es erstaunt daher nicht, dass das StEntlG 99/ 00/ 02 in seiner Grundkonstellation Ähnlichkeiten mit dem nicht verabschiedeten Steuerreformgesetz 1999 aufweist [627]. Schon im damaligen Gesetzesvorhaben wurde eine Senkung der Steuertarife (ESt- Spitzensatz für gewerbliche Einkünfte auf 35 %; KSt- Satz auf 35 % und Ausschüttungsbelastung auf 25 %; Solidaritätszuschlag auf 5,5 % und die Kapitalertragssteuer auf 15 %) und eine Verbreiterung der Bemessungsgrundlage (Wertaufholungsgebot; Einschränkung bei der Bildung von Drohverlustrückstellungen; Beschränkung von Abschreibungsmöglichkeiten) angestrebt.
Bei den Tarifen konnten im StEntlG 99/ 00/ 02 allerdings keine solch deutlichen Zeichen gesetzt werden, wie dies noch im Steuerreformgesetz 1999 angedacht war. Dies gilt insbesondere hinsichtlich der Tarife im unternehmerischen Bereich.

Zweifelhaft bleibt daher, ob die mit dem StEntlG 99/ 00/ 02 vom Gesetzgeber verabschiedeten Maßnahmen, zur Erreichung der mit dem Entlastungsgesetz verfolgten Ziele, insbesondere der Verbesserung von Wachstum und Beschäftigung durch Stärkung der Investitionskraft der Unternehmen, ausreichen. Die Absenkung der Tarife erfolgte größtenteils bei der Einkommensteuer und war, von der Körperschaftsteuersenkung abgesehen, nicht speziell auf Unternehmen ausgerichtet. Dagegen kam es aber gerade im unternehmerischen Bereich aufgrund der Gegenfinanzierung der Tarifsenkungen zu einer Verbreiterung der Bemessungsgrundlage.

Die Verbreiterung der Bemessungsgrundlage umfasste den Bereich der steuerlichen Gewinnermittlung, die Beschränkungen von Steuervergünstigungen sowie die weitere Systematisierung innerhalb der Einkommen- und Körperschaftsteuer. Neben den Tarifsenkungen waren dies auch die Kernbereiche des StEntlG 99/ 00/ 02 und des StBereinG 1999.

Aus der Sicht einer synthetischen Einkommensteuer ist die Verbreiterung der Bemessungsgrundlage vorrangig auf den Abbau von Steuervergünstigungen und Sonderregelungen zu

---

[626] Lang, Steuerecht, Rdnr. 64 zu § 17.

[627] Dieses war trotz fachlicher Einigkeit über die Notwendigkeit der Reformansätze mangels politischen Konsens nicht zustande gekommen. Das Konzept beruhte auf den Petersberger Beschlüssen (Schriftenreihe des BMF, Heft 61).

beschränken. Grenze für die Erweiterung der Bemessungsgrundlage ist das Leistungsfähigkeitsprinzip in seiner Ausformung als Markteinkommens-, Netto- und Realisationsprinzip [628]. In Bezug auf das Nettoprinzip erscheint die jetzige Beschränkung der Verlustverrechnung gefährlich. Die Durchbrechung des objektiven Nettoprinzips ist Ausdruck einer nicht das Gesamteinkommen erfassenden Besteuerung nach Leistungsfähigkeitsgesichtspunkten. M.E. stellt dies eine Verletzung des Gleichheitssatzes dar [629].

Der Anlass der Reform bestand vorrangig in der Senkung der Tarife und der damit zusammenhängenden Verbreiterung der Bemessungsgrundlage. Positiv ist zu bemerken, dass die Neuregelungen größtenteils am Leistungsfähigkeitsprinzip ausgerichtet wurden und sich grundsätzlich in die bestehende Systematik einordnen lassen bzw. diese festigen.

Zu den Änderungen zur Verbreiterung der Bemessungsgrundlage innerhalb der Einkommen- und Körperschaftsteuer kann zusammenfassend Nachfolgendes angemerkt werden.
Die Änderungen im Bereich der Gewinnermittlungsvorschriften betrafen vorrangig Bewertungsregeln und erfuhren grundsätzlich eine Ausrichtung an bilanzsteuerrechtlichen Prinzipien. Im Anschluss wird insoweit noch eine bilanzsteuerrechtliche Endbetrachtung erfolgen. Die einschränkenden Bewertungsnormen führen nicht zu „echten" Steuermehreinnahmen, sondern vielmehr nur zu einer Steuerverschiebung in Richtung einer vorgezogenen Vereinnahmung.
Echte Steuermehreinnahmen sind aber durch den § 4 IVa EStG zu erwarten. Dieser stellt trotz seiner belastenden Wirkung aber im Endeffekt die Finanzierungsfreiheit des Unternehmers auf eine solide Grundlage.
Positiv ist auch die Kodifizierung der Realteilung einzustufen, welche für mehr Transparenz sorgt.
Als nachteilig ist insbesondere die Behinderung betrieblich notwendiger Umstrukturierungen durch § 6 V 3 EStG und die damit verbundene Außerkraftsetzung des Mitunternehmer-Erlasses zu werten. Dies erkannte auch der Gesetzgeber und besserte die Regelung im Rahmen des StSenkG nach.
Im Rahmen der Körperschaftsteuer ist die weitere Systematisierung durch § 8b II 2 KStG i. d. F. des StEntlG 99/ 00/ 02 zu begrüßen. Die Pauschalierung der nach § 3c EStG nicht abzugsfähigen Betriebsausgaben in § 8b VII EStG, welche auch im Rahmen des StSenkG beibehalten wird, stellt trotz einiger Anwendungsprobleme eine Vereinfachung bei der Durchführung der gleichmäßigen Besteuerung dar.

Die Senkung der Tarife hat neben dem Anreiz zu weiteren Investitionen einen weiteren positiven volkswirtschaftlichen Effekt. Sofern der Grenzsteuersatz über 50 % klettert, werden steuerliche Abschreibungsmöglichkeiten günstiger als die Erwirtschaftung zusätzlicher Gewinne. Durch die Absenkung der Tarife wird dieser aus volkswirtschaftlicher Sicht bestehende Nachteil behoben, da jetzt die Erwirtschaftung weiterer Gewinne vorteilhafter ist.

Fraglich erscheint allerdings, ob es tatsächlich zu einer Steuervereinfachung gekommen ist. Gerade die Vielzahl steuerlicher Abweichungen vom Handelsrecht bei der Aufstellung der Steuerbilanz lässt berechtigte Zweifel hieran aufkommen [630]. Hierdurch wird es in etlichen

---

[628] Lang, Steuerrecht, Rdnr. 64 zu § 17.

[629] Lang, Steuerrecht, Rdnr. 67 zu § 9.

[630] Ebenso Glade, DB 1999, 400 (402).

Fällen erforderlich, eine getrennte Aufstellung der Steuerbilanz vorzunehmen bzw. umfangreichere Überleitungsregelungen anzustellen. Gerade Neuregelungen bringen zwangsweise weitere Auslegungsprobleme mit sich, welche erst nach einer Anlaufphase beseitigt werden können [631]. Die Neuregelungen zur steuerlichen Gewinnermittlung sind aus dem Leistungsfähigkeitsprinzip heraus erforderlich gewesen und dienen der weiteren Kodifizierung eines eigenständigen Bilanzsteuerrechts.
Eine Steuervereinfachung ist insbesondere durch eine Beschränkung des Steuerrechts auf Fiskalzwecknormen zu erreichen, da das Steuerrecht immer noch von zu vielen Lenkungsnormen durchsetzt ist [632], welche die Rechtslage unnötig verkomplizieren. Gerade zwischen den Steuersätzen und der Kompliziertheit des Steuerrechts (indirekte Subventionierung durch eine Vielzahl von Steuervergünstigungen in der Bemessungsgrundlage) besteht ein enger Zusammenhang. Sofern durch die Streichung von Steuervergünstigungen die durchlöcherte Bemessungsgrundlage geebnet und erhöht wird, kann im Gegenzug, bei gleichem Steueraufkommen, eine Senkung der Steuertarife erfolgen.
Durch das StEntlG 99/ 00/ 02 kam es zu einigen Streichungen von Steuervergünstigungen (z.B. die Einschränkung von § 7g EStG). Allerdings wurde dieser Ansatz zu einer Steuervereinfachung durch die komplizierten Regelungen zur Gewährleistung der Mindestbesteuerung (Beschränkung der Verlustverrechnung) wieder zunichte gemacht [633].

Bedauerlicherweise erfuhr die Gewerbesteuer als Hauptquelle der Gemeindefinanzierung keine Optimierung.

b) Bilanzsteuerrechtliche Betrachtung

Das Bilanzsteuerrecht ist, wie das Steuerrecht generell, Eingriffs- und Verteilungsrecht [634]. Daher müssen insbesondere die Erfordernisse der Rechtssicherheit als auch die Anforderungen des Art. 3 GG erfüllt sein.

Zum Teil wird angebracht, dass eine unsystematische Durchbrechung des Maßgeblichkeitsprinzips, wie jetzt insbesondere durch §§ 5 IVb, 6 I EStG geschehen ist, nicht verfassungsrechtlich gerechtfertigt sei [635]. Nach dieser Ansicht wird durch die durchgängige Anwendung des Maßgeblichkeitsprinzips dem handelsrechtlichen Vorsichtsprinzip (Realisationsprinzip, Imparitätsprinzip) und damit auch dem verfassungsrechtlichen Übermaßverbot genügt [636]. Unter diesem Gesichtspunkt erschiene die durch das StEntlG 99/ 00/ 02 weiter vorangetriebene Durchbrechung des Maßgeblichkeitsgrundsatzes verfassungsrechtlich bedenklich.
Hiergegen ist aber anzuführen, dass die durch den Maßgeblichkeitsgrundsatz erfolgende einseitige handelsrechtliche Orientierung nicht den Anforderungen des Steuerrechts entspricht und verfehlt ist. Bilanzsteuerrecht ist eben Steuerrecht und gerade kein Handelsrecht.

---

631 Glade, DB 1999, 400 (405).

632 Beginn dieser Entwicklung waren die Kontrollratsgesetze der seinerzeitigen Besatzungsmächte, welche sich einer Steuersenkung widersetzten, so dass die Steuerlast indirekt durch Verminderung der Bemessungsgrundlage vermindert wurde. Seeger, DStR 2000, 10 (14).

633 Seeger, DStR 2000, 10 (14).

634 Weber- Grellet, StuW 1993, 97 (97).

635 Tipke/ Lang, Steuerrecht, Rdnr. 404 zu § 9.

636 Tipke/ Lang, a. a. O..

Der Maßgeblichkeitsgrundsatz war nur als Vereinfachungsregel gedacht und entspricht heute nicht mehr den Anforderungen eines detailliert geregelten und stark differenzierenden Steuerrechts. Die Steuerbilanz soll die periodengerechte Ermittlung des Gewinns als Indikator der wirtschaftlichen Leistungsfähigkeit mit dem Ziel einer gesetzmäßigen, insbesondere gleichmäßigen Besteuerung sicherstellen [637]. Nur weil die Anknüpfung an die handelsrechtlichen Grundsätze ordnungsgemäßer Buchführung schon frühzeitig im EStG verankert waren, ist diese Verknüpfung nicht unauflöslich.
Die Möglichkeit der Gewinnermittlung durch Bestandsvergleich wird nicht in Abrede gestellt. Nur bedarf die steuerliche Gewinnermittlung durch Bestandsvergleich spezieller dem Steuerrecht gerecht werdende Modifikationen, welche den verschiedenen Zielsetzungen von Handels- und Steuerrecht entsprechen [638].

Die Gewinnermittlung durch die Aufstellung einer Steuerbilanz darf weder zu einer Privilegierung gegenüber der Überschussrechnung nach § 4 III EStG noch zu einer Privilegierung gegenüber anderen Einkunftsermittlungen führen. Insofern ist die Anknüpfung an das am Gedanken des Gläubigerschutzes ausgerichteten Handelsrechtes ungeeignet, da die handelsrechtlichen Grundsätze der Gewinnermittlung nur bei den bilanzierenden Steuerpflichtigen Eingang finden. Allerdings sind Abweichungen, welche allein auf der Technik des Vermögensvergleichs beruhen, in Kauf zu nehmen, da die Ermittlung des Ergebnisses kaufmännischen Wirtschaftens weltweit fast ausschließlich auf diese Weise geschieht [639].

Im Rahmen des Bilanzsteuerrechtes als Eingriffs- und Verteilungsrecht ist daher den speziellen Anforderungen der Rechtssicherheit und des Art. 3 I GG durch entsprechende Abweichungen von der handelsrechtlichen Bilanzierung Rechnung zu tragen.
Nach dem Grundsatz der Besteuerung nach der Leistungsfähigkeit und der Belastungsgleichheit ist die steuerrechtliche Gewinnermittlung darauf gerichtet, den gesamten Gewinn zu erfassen [640]. Aus diesem Grunde sind weder einzelne steuerbilanzpolitische Taktiken und Strategien noch eine volle Anknüpfung an das Handelsrecht, durch welche der Kaufmann sich nach seinem Ermessen ärmer oder reicher machen kann, mit dem Grundsatz der Gleichmäßigkeit der Besteuerung zu vereinbaren.

Da sich für steuerliche Zwecke die bilanzielle Gewinnermittlung mit der Ermittlung anderer Einkünfte vergleichen lassen muss, sind die handelsrechtlichen Grundsätze letztlich nur in einigen Teilbereichen anwendbar.
Aufgrund der Eigenart des Steuerrechts als Eingriffs- und Verteilungsrecht müssen daher entsprechende eigenständige steuerbilanzielle Prinzipien normiert werden.
Etliche Neuerungen des StEntlG 99/ 00/ 02 (z.B. das Abzinsungsgebot in § 6 I Nrn. 3, 3a EStG gegenüber § 253 I HGB und das Wertaufholungsgebot gegenüber § 253 V HGB) haben in ihrer Form als Abweichungen von der handelsrechtlichen Gewinnermittlung eine weitere Abkopplung vom Handelsrecht und eine stärkere Eigenständigkeit der steuerrechtlichen Gewinnermittlung sowie eine bessere Ausrichtung am Leistungsfähigkeitsprinzip zur Folge.

637 Weber- Grellet, DB 2000, 165 (166).

638 Hiergegen Glade in DB 2000, 400 (405) mit der Auffassung, dass nur die Gewinnermittlung durch handelsrechtlichen Bestandsvergleich ein „echter" Betriebsvermögensvergleich sei.

639 Hoffmann, DStR 2000, 15 (15).

640 BFH- Beschluss vom 3. 2. 1969, BStBl. II 1969, S. 291.

Dadurch hat die Verweisung auf die handelsrechtlichen Grundsätze ordnungsgemäßer Buchführung weiter an Bedeutung verloren. Insbesondere konnte das bilanzsteuerrechtliche Realisationsprinzip jetzt teilweise im EStG normiert werden.

Die Gleichmäßigkeit der Besteuerung verlangt weiterhin einen willkürfreien Ansatz objektiv feststellbarer und einfach berechenbarer Positionen, selbst wenn es dadurch zu Vereinfachungen kommt. Sicherheit und Gleichmäßigkeit der Berechnung (Objektivierung) sowie deren problemlose und nachvollziehbare Durchführung (Vereinfachung) haben Vorrang vor betriebswirtschaftlicher Exaktheit [641]. Unter diesem Aspekt erscheinen auch die Pauschalierungen der durch das StBereinG 1999 erfolgten Neufassung des § 4 IVa EStG als auch die in § 6 I Nrn. 3, 3a EStG festgelegte Abzinsungsverpflichtung ordnungsgemäß.

Aufgrund des Eingriffscharakters erschien insbesondere die unzureichende Regelungsdichte des Bilanzsteuerrechts problematisch. Durch die Neuregelungen wird das Bilanzsteuerrecht stärker kodifiziert und die steuerrechtlich gebotene Regelungsdichte erhöht. Dadurch konnte die mangelnde Bestimmtheit des Bilanzsteuerrechts als Eingriffsrecht teilweise beseitigt werden.

Insbesondere scheint das deutsche handelsrechtliche Vorsichtsprinzip auch vor dem Hintergrund der Internationalisierung der Rechnungslegung auf Dauer nicht zu halten zu sein [642]. Schon 1993 waren in den IAS zehn Wahlrechte der EU-Bilanzrichtlinie eingeschränkt worden. Weiterhin waren sechs IAS nur noch teilweise mit dem deutschen Vorsichtsprinzip vereinbar [643].

Das StEntlG 99/ 00/ 02 führt zu einer weiteren Objektivierung der steuerlichen Gewinnermittlungsvorschriften und deren Ausrichtung an internationalen Standards [644].
Positiv ist daher zu bemerken, dass man dem Ziel der Verwirklichung eines eigenständigen Bilanzsteuerrechts näher gekommen ist. Insofern stellt die Reform einen wirklichen Fortschritt dar.

Leider wurde im StSenkG die Systematisierung der Gewinnermittlung nicht weiter vorangetrieben. Der Gesetzgeber sollte jedoch an dem derzeit erreichten Punkt nicht stehen bleiben.

c) Keine Fortschritte hinsichtlich einer konsumorientierten Besteuerung

Hinsichtlich einer konsumorientierten Besteuerung konnten keine wesentlichen Fortschritte erzielt werden. Es wurden lediglich minimale Veränderungen vorgenommen, welche den Hauch einer Konsumorientierung spüren lassen. Im ertragsteuerlichen Bereich ist insofern nur die weitere Absenkung des Körperschaftsteuertarifs unter den Einkommensteuerspitzensatz zu nennen. Dadurch werden die in den Körperschaften thesaurierten und nicht für den Konsum zur Verfügung stehenden Gewinne in noch größerem Umfang begünstigt und weiter thesau-

641 Weber- Grellet, DB 2000, 165 (167).

642 Zu den Möglichkeiten und Konsequenzen einer Einflussnahme siehe oben unter D.

643 Glade, DB 1999, 400 (401); BGBl. I 1998, S. 707.

644 So auch die Kommission zur Reform der Unternehmensbesteuerung in ihren Brühler Empfehlungen, BB 1999, 1188 (1190).

riert, sofern der persönliche Einkommensteuersatz der Mehrzahl der Anteilseigner über dem Körperschaftsteuertarif liegt. Diese Veränderung wurde aber nicht unbedingt unter dem Aspekt der konsumorientierten Besteuerung eingeführt. Vielmehr wollte man auch die Körperschaften entlasten und ebenso wie die Einkommensteuersubjekte an der generellen Tarifabsenkung teilhaben lassen.

Dem Schutz der natürlichen Ressourcen und der Umwelt als Verantwortlichkeit gegenüber nachfolgenden Generationen kommt aber die ökologische Steuerreform zugute. Durch diese kam es zur Einführung der Stromsteuer und zur Anhebung der Mineralölsteuer. Gerade die neuen Verantwortlichkeiten sind einer der Hauptgründe für die konsumorientierte Besteuerung. Die ökologische Steuerreform setzt hier bei der Besteuerung des Verbrauchs einzelner Energieträger an. Auf lange Sicht kann man aber allein auf diese Art und Weise den neuen Verantwortlichkeiten nicht gerecht werden. Von der differenzierten Besteuerung werden nur einzelne Ressourcen erfasst und damit gesichert. Auch der Umweltschutz ist insofern beschränkt. Erforderlich ist vielmehr, dass man auf breiter Linie bei den Ertragsteuern mit der Konsumorientierung ansetzt. Nur so kann ein umfassender Umweltschutz und eine Sicherung aller Ressourcen erreicht werden.

Eine konsumorientierte Besteuerung, allein durch Belegung einzelner Güter mit Verbrauchsteuern, ist nicht ausreichend, um auf Dauer den neuen Verantwortlichkeiten gerecht zu werden. Dazu müsste vielmehr fast jedes zum Verbrauch geeignete Gut mit einer Verbrauchsteuer belegt werden.
Ein solches Gewicht der Verbrauchsteuern ist vor der Verfassung nicht tragbar. Das Gesamtsteuersystem hat nach dem Sozialstaatsprinzip zur Vermeidung sozialer Missstände eine gewisse Umverteilungsfunktion. Zur Vorbeugung sozialer Spannungslagen sind Umschichtungen vorzunehmen. Insofern kann die Besteuerung lediglich eine gewisse Konsumorientierung erfahren und darf dagegen nicht allein im Konsumfall greifen.
Des Weiteren gehören die Verbrauchsteuern in der Finanzverfassung nicht zu den Hauptfinanzierungsquellen der Bundesrepublik. Würde man den Verbrauchsteuern ein entsprechend den neuen Verantwortlichkeiten großes Gewicht verleihen, würde es neben sozialen Spannungslagen auch zu einer Änderung des traditionellen Finanzierungs- bzw. Steuersystems kommen. Bei einer solchen Gewichtung der Verbrauchsteuern wären insbesondere bei den Ertragsteuern Einbußen zu verzeichnen. Als Folge dessen würde das traditionelle, durch die zentralen Hauptsteuern (Umsatzsteuer, Einkommensteuer, Körperschaftsteuer) in der Verfassung festgeschriebene Finanzierungsgefüge ins Wanken gebracht. Eine überstarke Dominanz der Verbrauchsteuern ist dem deutschen Steuersystem fremd.
Aus diesen Gründen kann keine alleinige bzw. weitgehende Konsumbesteuerung durch Verbrauchsteuern erfolgen. Auch innerhalb der Ertragsbesteuerung ist daher nur eine konsumorientierte Ausrichtung möglich.
Letztlich wäre damit eine versteckte Umgehung des aus dem Gleichheitssatz abgeleiteten Leistungsfähigkeitsprinzips verbunden. Dieses insbesondere der Einkommensteuer immanente Prinzip verliert an Bedeutung, wenn unter Beibehaltung des Gesamtsteueraufkommens eine Erhöhung des Verbrauchsteueraufkommens zulasten des Ertragsteueraufkommens geht.
Durch die Erhöhung bestehender bzw. Erfindung neuer Verbrauchsteuern kann das Ziel, die bestehenden Verantwortlichkeiten unter Wahrung des Sozialstaatsprinzip wahrnehmen zu können, nicht erreicht werden.
Zur Wahrnehmung der neuen Verantwortlichkeiten gegenüber den folgenden Generationen und gegenüber den Entwicklungsländern ist innerhalb der Ertragsteuern eine mit dem Sozial-

staatsprinzip harmonierende Konsumorientierung unausweichlich. Auch wenn sich das vorgeschlagene Konzept einer Betriebssteuer derzeit politisch nicht durchsetzen lässt, sollte man es für die Zukunft nicht aus den Augen verlieren.

2.5. Änderungen im Bereich des UStG

Gerade auch im Bereich der Umsatzsteuer sind etliche Änderungen zu verzeichnen. Da die Umsatzsteuer hauptsächlich an die Unternehmereigenschaft (i.S.v. § 2 UStG) anknüpft, ist grundsätzlich auch der Unternehmensbereich im behandelten Sinne betroffen.
Es kam hier zu einer erheblichen Systematisierung. Aufgrund der großen Relevanz dieser Steuer für den Unternehmensbereich wird diese in die Untersuchungen miteinbezogen.

2.5.1. Die neue EG- konforme Eigenverbrauchsbesteuerung

Die ehemaligen Vorschriften über die Eigenverbrauchsbesteuerung waren bis zum Inkrafttreten der umsatzsteuerlichen Änderungen durch das StEntlG 99/ 00/ 02 aufgrund des Anwendungsvorrangs des Art. 6 II der 6. EG-Richtlinie und der hierzu ergangenen Rechtsprechung des EuGH sowie der Folgerechtsprechung des BFH nur noch eingeschränkt anwendbar. Den Artn. 5 VI, 6 II der 6. EG-Richtlinie widersprach es insbesondere, dass nach den ehemaligen Vorschriften der Vorsteuerabzug keine Voraussetzung war, um die Entnahme oder Verwendung des Gegenstandes für private Zwecke einer Eigenverbrauchsbesteuerung zu unterziehen.

a) Die neue Regelung des Eigenverbrauchs

Einen eigenen Eigenverbrauchstatbestand gibt es nicht mehr. Stattdessen erfolgt in § 3 Ib und IXa UStG eine Gleichstellung mit den Lieferungen gegen Entgelt bzw. sonstigen Leistungen gegen Entgelt.
An die Stelle des Aufwendungseigenverbrauch treten entsprechende Ausschlüsse vom Vorsteuerabzug nach § 15 Ia UStG.

aa) Fälle, die einer Lieferung gegen Entgelt gleichgestellt sind § 3 Ib UStG

aaa) In § 3 Ib 1 Nr. 1 UStG ist jetzt der ehemalige Gegenstands- bzw. Entnahmeeigenverbrauch einer Lieferung gegen Entgelt gleichgestellt. In Anpassung an die 6. EG-Richtlinie (Art. 5 VI) ist nun Voraussetzung, dass der Gegenstand bzw. dessen Bestandteile mit Umsatzsteuer belastet waren und der Unternehmer bezüglich dieser Steuer zumindest teilweise zum Vorsteuerabzug berechtigt gewesen ist. Sofern diese Voraussetzungen nicht erfüllt sind, unterliegt die Entnahme jetzt nicht mehr der Umsatzsteuer.

bbb) Auch die unentgeltlichen Sachzuwendungen an Arbeitnehmer für deren Privatbedarf werden nach § 3 Ib 1 Nr. 2 UStG nur noch von der Umsatzsteuer erfasst, wenn die Gegenstände bei der Anschaffung bzw. Herstellung mit Umsatzsteuer belastet waren und der Unternehmer diesbezüglich zumindest teilweise zum Vorsteuerabzug berechtigt war. Aufmerksamkeiten bleiben weiterhin von der Besteuerung ausgenommen.

ccc) Weiterhin kam es mit § 3 Ib 1 Nr. 3 UStG zur Einführung eines gänzlich neuen Steuertatbestandes. Hiernach kommt es zur Besteuerung unentgeltlicher Zuwendungen von Gegenständen für Zwecke des Unternehmens (z.B. Werbung, Verkaufshilfen/ -förderung der Hersteller für ihre Händler, Imagepflege). Unter den neuen Besteuerungstatbestand fallen z.B. Geschenke zur Pflege der Geschäftsbeziehungen, Sachspenden an Vereine und sonstige unentgeltliche Warenabgaben zu Werbezwecken. Ausgenommen sind lediglich Warenmuster

und geringwertige Geschenke § 3 Ib 1 Nr. 3 2. HS UStG. Aber auch hier ist für eine umsatzsteuerliche Erfassung eine Umsatzsteuerbelastung der Anschaffungs-/ Herstellungskosten der Gegenstände und diesbezüglich eine mindestens teilweise Vorsteuerberechtigung des Unternehmers erforderlich. In dieser Fassung entspricht die Regelung den Voraussetzungen des Art. 5 VI der 6. EG-Richtlinie.
Durch § 3 Ib 1 Nr. 3 UStG soll ein umsatzsteuerlich unbelasteter Letztverbrauch vermieden werden.
Soweit es sich aber um Geschenke (im Wert von mehr als 75 DM) handelt, und diesbezüglich hätte noch die größte Relevanz dieser Regelung bestanden, wird § 3 Ib 1 Nr. 3 UStG nicht greifen, da deren Anschaffungskosten vom Vorsteuerabzug nach § 15 Ia Nr. 1 UStG ausgeschlossen sind, was deren Nichtsteuerbarkeit bei der Weiterlieferung nach sich zieht (§ 3 Ib 2 UStG).

ddd) Bemessungsgrundlage für die einer entgeltlichen Lieferung nach § 3 Ib UStG gleichgestellten Umsätze sind nach § 10 IV Nr. 1 UStG die Wiederbeschaffungskosten im Zeitpunkt des Umsatzes.

bb) Fälle, die einer sonstigen Leistung gegen Entgelt gleichgestellt sind, § 3 IXa UStG:

aaa) Die Regelung des § 3 IXa 1 Nr. 1 UStG übernimmt gleich zwei ehemalige Vorschriften. Zum einen wird der ehemalige Leistungseigenverbrauch und zum anderen die unentgeltlichen sonstigen Leistungen an Arbeitnehmer für deren private Zwecke erfasst, wobei auch hier Aufmerksamkeiten ausgenommen sind. Die Nr. 1 erfasst aber nur Sachverhalte, in denen es allein um die Verwendung eines Gegenstandes geht (Verwendungseigenverbrauch). Voraussetzung ist hier, dass die Anschaffungs-/ Herstellungskosten des verwendeten Gegenstandes mit Umsatzsteuer belastet waren und der Unternehmer diesbezüglich wenigstens teilweise zum Vorsteuerabzug berechtigt war. Somit wurden die Anforderungen des Art. 6 II Buchstabe a der 6. EG-Richtlinie erfüllt.
Soweit es um unentgeltliche sonstige Leistungen an Arbeitnehmer geht, ist zuerst zu prüfen, ob nicht ein tauschähnlicher Umsatz und damit eine entgeltliche Leistung vorliegt [645].
Als Besonderheit ist zu beachten, dass Anschaffungs- und Unterhaltungskosten teils privat genutzter Kraftfahrzeuge nur zu 50 % zum Vorsteuerabzug berechtigen und in diesem Fall eine Eigenverbrauchsbesteuerung entfällt § 3 IXa 2 UStG. Auch bei der Bemessungsgrundlage werden die Vorgaben der 6. EG Richtlinie berücksichtigt. Nach § 10 IV 1 Nr. 2 UStG werden nur Kosten einbezogen, soweit diese zum vollen oder teilweisen Vorsteuerabzug berechtigt haben.

bbb) Der § 3 IXa 1 Nr. 2 UStG erfasst alle anderen unentgeltlichen sonstigen Leistungen für unternehmensfremde Zwecke und den privaten Bereich der Arbeitnehmer. Hierunter fallen vor allem die reinen Dienstleistungen. Aber auch die Verwendung von Unternehmensgegenständen unterliegt dieser Regelung, sofern ein nicht unwesentlicher Dienstleistungsanteil hinzutritt (z.B. KFZ- Überlassung mit Fahrergestellung) [646]. In Übereinstimmung mit Art. 6 II

---

[645] Kraeusel, DStZ 1999, 401 (441).
[646] Kraeusel, DStZ 1999, 401 (441).

Buchstabe b der 6. EG- Richtlinie werden hier nach § 10 IV Nr. 3 UStG alle Kosten unabhängig von einer Umsatzsteuerbelastung in die Bemessungsgrundlage einbezogen.
Ein vorheriger Vorsteuerabzug ist hier nicht erforderlich.

ccc) Festzuhalten ist, dass in § 3 IXa UStG eine dem § 3 Ib 1 Nr. 3 UStG entsprechende Regelung fehlt. Eine Besteuerung unentgeltlicher sonstiger Leistungen für Zwecke des Unternehmens scheidet also aus. Insofern wurde eine Ungereimtheit der 6. EG- Richtlinie übernommen (dort werden unternehmerisch veranlasste unentgeltliche Leistungen nur von Art. 5 VI und nicht von Art. 6 II erfasst).

b) Ort der unentgeltlichen Lieferung und sonstigen Leistung

Der Ort der den nach § 3 Ib, IXa UStG gleichgestellten Lieferungen und sonstigen Leistungen richtet sich nach § 3 f UStG. Als Ausführungsort gilt der Ort, an welchem das Unternehmen betrieben wird. Dies gilt nach der Gesetzesformulierung selbst dann, wenn unentgeltliche Wertabgaben im Drittland verbraucht werden. Es gelten alle unentgeltlichen Wertabgaben unabhängig vom tatsächlichen Verbrauchsort nach der Fiktion des § 3 f UStG als im Inland ausgeführt. Somit kommt es für den Fall der Besteuerung dieser unentgeltlichen Umsätze im Ausland durch den anderen Staat zu einer Doppelbesteuerung. Es sind daher mit *W. Widmann* [647] erhebliche systematische Zweifel an der Ortsregelung zu bekunden.

c) Steuerbefreiungen

Grundsätzlich gelten die Steuerbefreiungen auch für die unentgeltlichen Leistungen [648]. Ausgenommen sind nach § 6 V UStG die Steuerbefreiungen für Ausfuhren und nach § 7 V UStG die Steuerbefreiung für Lohnveredelungen an Gegenständen. Mangels Erwerbsbesteuerung im Bestimmungsland ist eine Steuerbefreiung für innergemeinschaftliche Lieferungen (§ 6a UStG) verwehrt.

2.5.2. Änderungen des Vorsteuerabzugs (§§ 15, 15a UStG)

Die Änderungen des § 15 UStG führen zu einer Einschränkung des Vorsteuerabzuges und wirken sich daher belastend auf die Unternehmen aus.

a) Nach § 15 I 2 UStG kann ein Gegenstand nicht dem Unternehmen zugeordnet werden, wenn er zu weniger als 10 % dem Unternehmen dient. Als Folge dessen ist der Vorsteuerabzug völlig ausgeschlossen. Konsequenz des Ausschlusses vom Vorsteuerabzug ist allerdings, dass unentgeltliche Wertabgaben mittels dieser Gegenstände nicht mehr steuerbar sind, da der Vorsteuerabzug bei der Entnahme oder der außerunternehmerischen Nutzung Voraussetzung ist (auch die Ausnahme des § 3 IXa 1 Nr. 2 UStG greift nicht, da es sich schon nicht um einen Unternehmensgegenstand handelt). Diese Regelung entspricht der früheren Verwaltungspraxis

---

647 DB 1999, 925 (927).

648 Widmann, DB 1999, 925 (927).

649. Allerdings wird von § 15 I 2 UStG nur die Lieferung, die Einfuhr oder der innergemeinschaftliche Erwerb eines Gegenstandes erfasst. Dienstleistungen sind daher nicht betroffen. Eine Leasing- oder Mietleistung ist daher bei einem unternehmerischen Anteil von unter 10 % dem Unternehmen zuordnungsfähig, wodurch ein Vorsteuerabzug möglich ist [650]. Über § 3 IXa UStG erfolgt dann die Besteuerung der privaten Nutzung. Da nach dem Wortlaut des § 15 Ib UStG auch die außerunternehmerische Nutzung eines gemieteten Gegenstandes als Verwendung gilt, dürfte insoweit grundsätzlich § 3 IXa 1 Nr. 1 UStG einschlägig sein.
Es ist nicht ganz einsichtig, warum die gesetzliche Pauschalierung von 10 % auf Lieferungen im weiteren Sinne beschränkt ist und nicht auch sonstige Leistungen erfasst. Dieses Problem vervielfacht sich in seinen Auswirkungen im Zusammenhang mit § 15 Ib UStG. Danach dürfte ein Unternehmer bei Leasing oder Miete eines nur unter 10 % unternehmerisch genutzten Fahrzeuges 50 % der Vorsteuerbeträge abziehen. Die Besteuerung der außerunternehmerischen Nutzung würde aufgrund des § 3 IXa 2 UStG unterbleiben, sofern man, wie hier vertreten, den Fall unter § 3 IXa 1 Nr. 1 subsumiert [651]. Für die Lieferung eines zu unter 10 % unternehmerisch genutzten Fahrzeuges wäre der Vorsteuerabzug aufgrund des § 15 I 2 UStG gänzlich ausgeschlossen [652].
Insofern bestehen echte Zweifel an der Ausschließung sonstiger Leistungen von der 10 %-Regelung des § 15 I 2 UStG .
Da eine Beschränkung dieser Vereinfachungsregel auf Lieferungen im weiteren Sinne nicht schlüssig erscheint, sollten durch eine Korrektur des Gesetzgebers sonstige Leistungen miteinbezogen werden [653].

b) Weiterhin erfolgt nach § 15 Ia UStG ein Vorsteuerausschluss für Aufwendungen, welche unter das Abzugsverbot nach § 4 V 1 Nr. 1- 4, 7, VII und § 12 I EStG fallen. Außerdem sind Reisekosten des Unternehmers und seines Personals, sofern es sich um Verpflegungskosten, Übernachtungskosten oder Fahrtkosten für Fahrzeuge des Personals handelt sowie Umzugskosten eines Wohnungswechsels vom Vorsteuerabzug ausgeschlossen.
Als Folge des Vorsteuerabzugsverbotes entfällt damit die Notwendigkeit der Besteuerung des Aufwendungseigenverbrauchs.

c) Auch die Vereinfachungsregelung des § 15 Ib UStG bringt für einige Unternehmer neue Belastungen mit sich. Danach sind die Vorsteuerabzugsbeträge auf 50 % beschränkt, wenn ein Fahrzeug (i.S.d. § 1b II UStG) angeschafft oder hergestellt, eingeführt, innergemeinschaftlich erworben, gemietet oder betrieben wird und das Fahrzeug auch für private oder andere unternehmensfremde Zwecke genutzt wird. Dies gilt aber nur für Fahrzeuganschaffungen

---

649 Bis zum Ergehen des EuGH- Urteils v. 11. 7. 1991, UR 91, 291 war die Verwaltung der Auffassung, dass eine Zuordnung zum Unternehmen nur erfolgen kann, wenn der Gegenstand zu mindestens 10 % unternehmerisch genutzt wird. Mit dem EuGH- Urteil wurde diese Verwaltungsauffassung aber aufgegeben. Siehe auch Völkel/ Karg, USt, S. 266 f..

650 Völkel/ Karg, USt, S. 268; BMF- Schreiben v. 8. 6. 1999, DB 1999, 1294 (1298 (Rdnr. 34 i.V. m. Rdnr. 2).

651 Ebenso Widmann, DB 1999, 925 (930).

652 Anderer Ansicht ist Krollmann in DB 1999, 2079 (2083), welcher bei Fahrzeugen generell eine unter 10 %ige unternehmerische Nutzung für den Vorsteuerabzug genügen lässt; hiergegen aber BMF- Schreiben vom 8. 6. 1999, Rdnr. 2, DB 1999, 1294 (1294); Widmann, DB 1999, 925 (929).

653 Kraeusel, DStZ 1999, 401 (442) wendet auch im Fall der Miete eines Fahrzeuges (sonstige Leistung) die 10%- Regelung des § 15 I 2 UStG an; gegen diese Ansicht die eindeutige Formulierung des BMF- Schreibens v. 8. 6. 1999, Rdnr. 34 i.V.m. Rdnr. 2, DB 1999, 1294 (1298).

nach dem 31.03.1999 (§ 27 III UStG). Ausgenommen sind solche Fahrzeuge, die ausschließlich betrieblich genutzt werden.
Im Gegenzug zur Beschränkung des Vorsteuerabzuges auf 50 % unterbleibt die Besteuerung der Nutzung für außerunternehmerische Zwecke und für den Privatbedarf der Arbeitnehmer (§ 3 IXa 2 UStG). Als konsequente Folge des teilweisen Vorsteuerausschlusses erübrigt sich eine Eigenverbrauchsbesteuerung.

Probleme ergeben sich, wenn die Voraussetzungen des § 15 Ib UStG vorliegen und neben Abzugsumsätzen (Ausgangsumsätze, die zum Vorsteuerabzug berechtigen) auch Ausschlussumsätze (Umsätze, welche den Vorsteuerabzug ausschließen, z.B. nach § 15 II i.V.m. III UStG) gegeben sind. Hier ist zweifelhaft, ob die Ausschlussumsätze in voller tatsächlicher Höhe (also prozentual auf den gesamten Vorsteuerbetrag bezogen) oder auch nur zur Hälfte (also der prozentuale Anteil bezogen auf die Hälfte des Vorsteuerbetrages) bei der Aufteilung des nach § 15 Ib UStG verbleibenden *hälftigen* Betrages berücksichtigt werden sollen [654].
M.E. sollten Ausschluss- und Abzugsumsätze in ihren Wirkungen gleichgestellt werden. Es muss von der richtigen Bezugsgröße ausgegangen werden. Da es um die Aufteilung des noch grundsätzlich abzugsfähigen Vorsteuerbetrages geht, ist vom hälftigen Vorsteuerbetrag als aufzuteilende Bezugsgröße auszugehen. Würde man die erste Variante wählen, wäre trotz Vorliegens von Abzugsumsätzen bei einer Höhe der Ausschlussumsätze von 50 % (bezogen auf den Gesamtumsatz) ein Vorsteuerabzug vollständig ausgeschlossen. Daher ist der hälftige Vorsteuerbetrag im Verhältnis der Abzugs- zu den Ausschlussumsätzen aufzuteilen (hierfür spricht auch § 15 IV UStG) [655]. Wie sich auch aus der Systematik ergibt, ist zuerst die Kürzung nach § 15 Ib UStG vorzunehmen. Der verbleibende hälftige Betrag ist dann nach dem obigen Verhältnis i.S.d. § 15 IV UStG aufzuteilen.

Die Vereinfachungsregel des § 15 Ib UStG zieht sowohl Belastungen als auch Entlastungen nach sich. Eine Entlastung tritt ein, wenn der außerunternehmerische Anteil der tatsächlichen Nutzung mehr als 50 % der Gesamtnutzung ausmacht, da dem Unternehmer in Höhe des den Anteil von 50 % übersteigenden Teils die Vorsteuer nicht zusteht und eine Eigenverbrauchsbesteuerung insoweit unterbleibt. Eine teure Belastung trifft diejenigen Unternehmer, bei welchen der Anteil der unternehmensfremden Nutzung unter 50 % (zwecks Anwendbarkeit des § 15 Ib UStG aber über 5 % (hierzu gleich)) liegt, weil der Unternehmer nur höchstens 50% der Vorsteuerbeträge erhält, obwohl ihm grundsätzlich im Endeffekt die Vorsteuer zustehen würde, die dem Anteil der Abzugsumsätze im Verhältnis zum Gesamtumsatz entspricht. Da es nach früherer Verwaltungspraxis üblich war, einen Privatanteil von 30 % zugrunde zu legen, wird die Mehrzahl der Fälle in die zweite Kategorie fallen. Nur kleinere Unternehmen mit wenigen betrieblichen Geschäftsfahrten dürften einen größeren Privatanteil von mehr als 50 % haben und von der Vereinfachungsregelung profitieren.
Grundsätzlich ist damit von einer weiteren Belastung der Unternehmen auszugehen.

Eine solch grobe Pauschalierung widerspricht der Systematik des Umsatzsteuergesetzes. Die Gestaltungsfreiheit des Gesetzgebers ist gegenüber Steuergesetzen, welche aus Praktikabilitätsgründen typisieren und daher Besonderheiten sowohl des Einzelfalls als auch ganzer Gruppen vernachlässigen, nicht unbegrenzt. Die steuerlichen Vorteile der Typisierung müssen

---

[654] Siehe Beispiel bei Widmann, DB 1999, 925 (928 f.).

[655] Mit anderer Begründung, aber im Ergebnis ebenso Widmann, DB 1999, 925 (929); ebenso BMF- Schreiben vom 8. 6. 99, Beispiel unter Rdnr. 4, DB 1999, 1294 (1294).

im rechten Verhältnis zu der mit der Typisierung notwendig verbundenen Ungleichheit der steuerlichen Belastung stehen [656]. Die Regelung des § 15 Ib UStG wirkt sich aber dahingehend aus, dass ganze Gruppen von Steuerpflichtigen wesentlich stärker belastet sind als andere und dadurch in eine empfindlich ungünstigere Wettbewerbslage geraten. Diese Folgen stehen in einem Missverhältnis zu den mit der Typisierung verbundenen Vorteilen. Die Norm des § 15 Ib UStG verstößt daher gegen Art. 3 I GG [657].

Des Weiteren wird in der dem § 15 Ib UStG zugrunde liegenden Begrenzung des Vorsteuerabzuges auf 50 % eine Verletzung gegen Gemeinschaftsrecht gesehen. Da die Begrenzung gegen Art. 17 Abs. 2 der 6. EG-Richtlinie verstößt, ist die nationale Regelung nicht anwendbar. Die Finanzbehörden sind gemäß Art. 20 III GG verpflichtet, die Richtlinie von Amts wegen zu berücksichtigen. Hieraus folgt die praktische Nichtanwendbarkeit der Regelung [658].

Weiterhin ist zu beachten, dass nach dem Wortlaut des Gesetzes selbst ein Minimalanteil unternehmensfremder Nutzung zu einem Vorsteuerausschluss in Höhe von 50 % führt. Dies entspricht meines Erachtens nicht dem Grundsatz der Verhältnismäßigkeit. Hierauf hat die Verwaltung auch reagiert und in einem BMF- Schreiben [659] festgelegt, dass eine geringfügige außerunternehmerische Nutzung (höchstens 5 %) für den vollen Vorsteuerabzug unschädlich sei. In Höhe des Minimalanteils an außerunternehmerischer Nutzung greift allerdings § 3 IXa Nr. 1 UStG ein. Sofern die Fahrzeuge nicht zum Umlaufvermögen gehören, trifft den Unternehmer die Feststellungslast der mindestens 95 %igen unternehmerischen Nutzung [660]. Eine weitere Belastung ergibt sich daraus, dass der Unternehmer seiner Feststellungslast in Form eines Fahrtenbuches nachkommen muss [661].

d) In § 15a III, IV ist die Berichtigungsvorschrift für die Nutzungsänderung bei Fahrzeugen enthalten.
Die Änderungen in § 15a UStG dienen der Anpassung an die Vereinfachungsregel des § 15 Ib UStG. Hierdurch sollen Steuersparmodelle als auch Nachteile des Steuerpflichtigen vermieden werden. Aufgrund der Anpassung ist auch im Rahmen von Fahrzeugen, bei welchen die Vereinfachungsregel greift, sichergestellt, dass eine Steuerkumulation vermieden und eine über die Verwendungsdauer entsprechend den jeweiligen Ausgangsumsätzen „gerechte" [662] Vorsteuerabzugsberechtigung erreicht wird.
Nach § 15a III UStG erfolgt eine sinngemäße Anwendung der Absätze I und II, wenn hinsichtlich der Nutzung für unternehmensfremde Zwecke die Voraussetzungen des § 15 Ib UStG im Gegensatz zur erstmaligen Nutzung nun vorliegen bzw. innerhalb der fünfjährigen Verwendungsdauer nicht mehr gegeben sind.
Die Privatnutzung von Fahrzeugen wird wie eine vorsteuerabzugsschädliche Verwendung behandelt. Sofern ein zuerst nur ausschließlich für unternehmerische Zwecke angeschafftes

---

656 Grett, DB 2000, 639 (639).

657 Grett, DB 2000, a.a.O.

658 Zum Verstoß der Regelung gegen Gemeinschaftsrecht im Einzelnen Grett, DB 2000, 639 ff.

659 BMF vom 8. 6. 1999, Rdnr. 5, DB 1999, 1294 (1294).

660 BMF vom 8. 6. 1999, Rdnr. 6, a.a.O..

661 Insofern sei an die strengen Anforderungen in BMF- Schreiben vom 12. 5. 1997, Rdnrn. 15 ff., BStBl. I 1997, S. 562 verwiesen.

662 Dies gilt natürlich unter Beachtung der 50 %-Regelung, sofern man diese noch als gerecht ansehen kann.

Fahrzeug später auch außerunternehmerisch genutzt wird, führt diese Nutzungsänderung zu einer Vorsteuerberichtigung. Im Fall der erst späteren ausschließlich unternehmerischen Nutzung innerhalb der Fünfjahresfrist erhält der Unternehmer nachträglich die zum Zeitpunkt der Anschaffung nicht abzugsfähige Vorsteuer anteilig erstattet.

Die Vereinfachungsregelung des § 44 IV UStDV ist hier nicht anwendbar. Es handelt sich bei der unternehmensfremden Nutzung um einen i.S.d. § 15 Ib UStG für den Vorsteuerabzug maßgebenden Umsatz. Allerdings würde eine weitere Pauschalierung durch § 44 IV UStDV den Gesetzeszweck der Vereinfachungsregelung der §§ 15 Ib, 15a III Nr. 2 UStG vereiteln.

Durch die Anwendbarkeit des § 15a UStG können die radikalen Rechtsfolgen des § 15 Ib UStG gedämpft werden, da bei entsprechender Nutzung über den Fünfjahreszeitraum nicht nur ein Vorsteuerabzug entweder zu 50 % oder 100 % (so § 15 Ib UStG), sondern im Endergebnis auch ein Zwischenbetrag möglich ist.

2.5.3. Steuerbefreiungen

a) Die Neufassung des § 4 Nr. 21 UStG verankert die bisher nur in Abschn. 112a UStR enthaltene Umsatzsteuerbefreiung für von selbständigen Lehrern erteilten Schul- und Hochschulunterricht. Insoweit handelt es sich nicht um eine Änderung der Rechtslage, sondern vielmehr nur um die Übernahme des geltenden Rechts ins Gesetz. Im übrigen ist diese Steuerbefreiung von Art. 13 Teil A I Buchstabe j der 6. EG-Richtlinie gefordert.

b) Zu einer tatsächlichen Entlastung kommt es für Sprachheilpädagogen. Deren nach dem 31.12.1994 und vor dem 01.01.2000 erbrachten Umsätze sind nach § 27 Ia i.V.m. § 4 Nr. 14 UStG rückwirkend steuerfrei. Durch das StBereinG 1999 wurde die Befristung der Rückwirkung sogar gänzlich aufgehoben. Somit sind Steuerfestsetzungen soweit zu ändern, wie noch keine Festsetzungsverjährung eingetreten ist.

2.5.4. Land- und Forstwirtschaft (§ 24 UStG)

Die Durchschnittssätze und Vorsteuerpauschalen wurden um jeweils 1 % gesenkt.

2.5.5. Änderungen der Umsatzsteuer durch das StBereinG 1999

Der Schwerpunkt der Änderungen bezüglich der Umsatzsteuer durch das StBereinG 1999 liegt bei der Umsetzung der Anlagegold- Richtlinie 98/ 80/ EG des Rates vom 12. 10. 1998 [663] in deutsches Recht [664]. Die weiteren Änderungen sind grundsätzlich ohne große Auswirkung.

---

663 ABl. EG 1998 Nr. L 281, S. 31.

664 Hierzu Langer, DB 2000, 244 (245 ff.).

2.5.6. Folgerungen

Durch die EG-richtlinienkonforme Ausgestaltung der Eigenverbrauchsbesteuerung kam es zu einer systematischen Eingliederung in das Gesamtumsatzsteuersystem. Die Neuregelungen führten somit zu einer weiteren Systematisierung innerhalb der Umsatzsteuer. Weiterhin wurde durch die Voraussetzung der vorherigen Vorsteuerbelastung eine Entlastung herbeigeführt. Die Einführung des neuen Steuertatbestandes des § 3 Ib Nr. 3 UStG wirkt sich zwar belastend aus, dürfte aber keine große praktische Bedeutung erlangen. Als tatsächliche Belastung dürfte sich der unter dem Gewand der Vereinfachungsregel eingeführte § 15 Ib UStG herauskristallisieren. Da die Anzahl der durch diese Regel belasteten Unternehmen überwiegen dürfte, ist diese Norm vielmehr als reine Gegenfinanzierungsmaßnahme einzustufen.

Im Gegensatz zur Einkommensteuer bleibt der existenznotwendige Bedarf bei der Umsatzsteuer weiterhin unberücksichtigt. Als Folge dessen wird eine mangelnde Leistungsfähigkeit nicht beachtet. Aus diesem Grund ist die Umsetzung des Leistungsfähigkeitsprinzips bei der Umsatzsteuer weiter voranzutreiben [665]. Die indirekte Steuerlast fällt zur Zeit nach dem Indikator der tatsächlichen Leistung an und nicht nach dem Indikator der Leistungsfähigkeit.

---

[665] So schon 1995 auf einem Symposium Kirchhof, Raupach und Lehner, zusammengefasst von Balke, StuW 1996, 192 (199 f.).

3. *FAZIT zum StEntlG 99/ 00/ 02 und zum StBereinG 1999*

Als erster Schritt der neuen Bundesregierung konnte keine systematische Neuorientierung in Richtung eines auf dem Betriebssteuergedanken basierenden Gesamtkonzeptes für die Unternehmensbesteuerung erwartet werden. Ein solches Konzept mit großen strukturellen Veränderungen bedarf der sorgfältigen Vorbereitung und nimmt dementsprechend viel Zeit in Anspruch. Lobenswerterweise wurden diesbezügliche Überlegungen schon zu Beginn dieser Legislaturperiode angestellt (siehe Einsetzung der Brühler Kommission mit der Zielgabe einer rechtsformneutralen Unternehmenssteuer).

Hauptziele der beiden vorstehend geprüften Gesetze waren die Absenkung der Arbeitslosenquote, die Steigerung der Produktivität und die Vorbereitung einer Unternehmenssteuerreform.
Gerade im Hinblick auf die angestrebte Verbesserung von Wachstum und Beschäftigung durch Stärkung der Investitionskraft der Unternehmen und die nachhaltige Belebung der Binnennachfrage, zur Sicherung und Schaffung von Arbeitsplätzen erscheint das Steuerentlastungsgesetz 99/ 00/ 02 zweifelhaft. Gerade die Änderungen innerhalb der Gewinnermittlungsvorschriften führen zu einer Verbreiterung der Bemessungsgrundlage und damit zu einer weiteren Belastung der Unternehmen.
Die Steuermindereinnahmen aus der Verabschiedung des StEntlG 99/ 00/ 02 und des StBereinG 1999 betragen zwar 13 Mrd. DM, jedoch entfallen auf den Mittelstand, welcher die meisten Arbeits- und Ausbildungsplätze zur Verfügung stellt, nur Entlastungen i.H.v. 4,9 Mrd. DM und Großunternehmen werden sogar i.H.v. 10,8 Mrd. DM stärker belastet. Auch die Signalwirkung durch Senkung der Steuersätze ist zu bescheiden ausgefallen, als dass aufgrund dessen größere Investitionen zu erwarten sind. Insbesondere sind die Steuersätze bei der Körperschaftsteuer und die Steuersätze für Unternehmensgewinne bei der Einkommen-steuer nicht stark genug gesenkt worden, so dass Deutschland diesbezüglich auch nach diesen Änderungen noch einer der Negativspitzenreiter innerhalb der Industrienationen blieb.

Dass die durch das StEntlG 99/ 00/ 02 geschaffenen Maßnahmen zur Ankurbelung der deutschen Wirtschaft nicht genügen würden, hatte auch der ehemalige Bundesfinanzminister *O. Lafontaine* erkannt und schon vor Erlass des StEntlG 99/ 00/ 02 eine Kommission mit Vertretern aus Wirtschaft, Wissenschaft und Verwaltung einberufen. Diese Kommission sollte ein Konzept für eine rechtsformneutrale Unternehmenssteuer erarbeiten, wobei die Belastung bei höchstens 35 % liegen sollte, um endlich deutliche Signale für den Wirtschaftsstandort Deutschland zu senden. Die teilweise Umsetzung der Kommissionsergebnisse durch den Gesetzgeber sowie die weiteren strukturellen Neuregelungen werden den nächsten Schwerpunkt dieser Arbeit bilden.

Das StEntlG 99/ 00/ 02 und das StBereinG 1999 leiten die mit dem StSenkG fortgeführten Tarifsenkungen ein und formen letztlich nur eine systematische Bemessungsgrundlage als Ausgangsposition für das StSenkG. Die Verbreiterung der Bemessungsgrundlage war aus Finanzierungsgründen erforderlich und gerade auch in Voraussicht auf das StSenkG geboten.
Insoweit wurde durch diese beiden Gesetzesvorhaben nur eine solide Ausgangsbasis für die nachfolgende Strukturreform geschaffen.
Dem Hauptziel der Vorbereitung einer Unternehmenssteuerreform wurde daher Rechnung getragen, ohne dass dabei das StEntlG 99/ 00/ 02 oder das StBereinG 1999 selbst als grundle-

gende Reform der Unternehmensbesteuerung einzustufen wären. Vielmehr wurden nur in Einzelbereichen nicht aufeinander abgestimmte Detailänderungen vorgenommen.
Die zu Beginn der Unternehmenssteuerreform 1999/ 2000 bestehenden Kritikpunkte konnten nur zu einem kleinen Teil beseitigt werden. Positiv stellen sich in diesem Zusammenhang die Senkung der Tarife, die (minimale) konsumorientierte Ausrichtung der Ertragsbesteuerung, die weitere Zersetzung des Maßgeblichkeitsgrundsatzes durch die Herausbildung eines eigenständigen Steuerbilanzrechts sowie die Glättung der ertragsteuerlichen Bemessungsgrundlage dar. Die diesbezügliche Kritik wurde hierdurch aber nicht gänzlich ausgeräumt, sondern nur abgemildert.

Der Reformbedarf hinsichtlich einer deutlichen Strukturreform, im Sinne der anfangs gemachten Vorschläge zur Optimierung der Unternehmensbesteuerung unter Beseitigung der bestehenden Hauptkritikpunkte, bleibt daher auch noch nach dem StEntlG 99/ 00/ 02 und dem StBereinG 1999 fast unverändert bestehen.

II Das Steuersenkungsgesetz (StSenkG) [666]

1. Ausgangspunkt und Ziele des StSenkG als Ausfluss der Steuerreform 2000

Die Gesetzesänderungen durch das StSenkG als Ausfluss der Steuerreform 2000 betreffen im Gegensatz zum StEntlG 99/ 00/ 02 nicht nur Details, sondern wirken tiefgreifend in die bisher bestehende Systematik ein.
In der Hauptsache stellen daher die gesetzgeberischen Änderungen eine Strukturreform dar, wobei diese strukturellen Neuerungen den Schwerpunkt der nachfolgenden Betrachtung bilden sollen. Die strukturellen Änderungen betreffen bei den Kapitalgesellschaften vorrangig die Abschaffung des Vollanrechnungssystems und den Ersatz durch eine geringe 25 %ige Definitivbesteuerung auf Körperschaftsebene sowie eine gemilderte Nachbelastung auf der Seite der einkommensteuerpflichtigen Anteilseigner durch das Halbeinkünfteverfahren. Die Kapitalgesellschaften werden also durch einen niedrigen Thesaurierungssteuersatz entlastet. Im Gegenzug wird zur Entlastung der gewerblichen Personenunternehmen die pauschale Anrechnung von Gewerbesteuer auf die Einkommensteuer eingeführt. Die Anrechnung ist auf die den gewerblichen Einkünften entsprechende anteilige Einkommensteuer begrenzt (§ 35 EStG). Man hat sich demnach im Rahmen der Strukturreform zur Entlastung der gewerblichen Personenunternehmen für ein schon in den Brühler Empfehlungen vorgeschlagenes Modell entschieden [667].
Eine weitere einschneidende Maßnahme, die Möglichkeit für (gewerbliche, freiberufliche sowie land- und forstwirtschaftliche) Personenunternehmen, sich wie eine Körperschaft besteuern zu lassen, wurde im Vermittlungsausschuss gestoppt. Eine solche Änderung wäre ein erster großer Schritt zu einer rechtsformunabhängigen Besteuerung gewesen. Nichtgewerbliche Personenunternehmen erfuhren somit durch die Steuerreform 2000 (StSenkG) keine gravierenden Entlastungsmaßnahmen.
Die strukturellen Änderungen haben Auswirkungen bis hin zum Außen- und Umwandlungsteuerrecht.

Neben solchen systematisch einschneidenden Änderungen und einer starken Tarifsenkung wird aber auch die schon durch das StEntlG 99/ 00/ 02 begonnene Verbreiterung der Bemessungsgrundlage zum Zwecke der Gegenfinanzierung durch das StSenkG weiter vorangetrieben.

Ausgangspunkt für dieses systemändernde Reformvorhaben waren die *Brühler Empfehlungen* [668]. Schon vor Erlass des StEntlG 99/ 00/ 02 hatte der damalige Bundesminister für Finanzen noch im Dezember 1998 eine Expertenkommission mit Vertretern aus Wirtschaft, Wissenschaft und Verwaltung zur Reform der Unternehmensbesteuerung eingesetzt. Diese hatte den Auftrag, ein Konzept für die im Koalitionsvertrag enthaltene Einführung einer einheitlichen rechtsformneutralen Unternehmensteuer mit einem Höchstsatz von 35 % zu erstellen, wobei die Gewerbesteuer integriert sein sollte.

---

666 Die Gesetzesangaben in diesem Abschnitt beziehen sich auf die Fassung durch das StSenkG bzw. durch das StSenkErgG.

667 Kommission zur Reform der Unternehmensbesteuerung, BB 1999, 1188 (1189 (Modell 3)).

668 Kommission zur Reform der Unternehmensbesteuerung, BB 1999, 1188 (1188).

Hierdurch soll die in den letzten Jahren stark angewachsene Arbeitslosigkeit durch Schaffung neuer Arbeitsplätze gesenkt werden. Eine von mehreren Hauptursachen für die hohe Arbeitslosigkeit war die nachlassende Wettbewerbsfähigkeit des Standortes Deutschland. Hierfür wiederum war unter anderem die hohe tarifäre Steuerbelastung der Unternehmensgewinne verantwortlich.
Die Senkung der Arbeitslosigkeit war auch schon Ziel des StEntlG 99/ 00/ 02. Man war sich aber einig, dass nur ein ganzes Maßnahmenbündel in Form eines deutlichen Zeichens in Sachen Steuerentlastung an die Wirtschaft eine positive Trendwende herbeiführen konnte.
Man wollte durch gewisse Besteuerungsmaßnahmen bei standortgebundenen mittelständischen Unternehmen arbeitsplatzfördernde Effekte schaffen.
Weitere Gründe für die Bestrebungen zu einer Unternehmensteuerreform waren die fortschreitende europäische Integration und die globale Verflechtung der Wirtschaft sowie der Wille zur Steuervereinfachung [669].

2. *Die neue Besteuerung der Körperschaften und deren Anteilseigner nach dem StSenkG*

a) Grundzüge

Entscheidende Änderungen resultieren aus der Abschaffung des Vollanrechnungsverfahrens. Dieses wird ab 2001 durch ein modifiziertes klassisches Körperschaftsteuersystem ersetzt. Neben einer einmaligen Definitivbelastung mit Körperschaftsteuer kommt es erst bei einer Ausschüttung an ein der Einkommensteuer unterliegendes Steuersubjekt zu einer hälftigen Nachbelastung der Gewinne.
Bei körperschaftsteuerlichen Unternehmen erfolgt auf einer ersten Stufe eine niedrig proportionale Besteuerung und erst durch die progressive Belastung im Ausschüttungsfall wird die Gesamtbelastung erreicht. Durch die Nachbelastung im Zeitpunkt der Ausschüttung an ein Einkommensteuersubjekt kommt es zu einer konsumorientierten Einkommensbesteuerung, welche sich bei diesem neuen Körperschaftsteuersystem als partiell nachgelagerte Einkommensbesteuerung darstellt [670].

Bei der Einführung des neuen Körperschaftsteuersystems stellt sich die Einführung des niedrigen Körperschaftsteuersatzes i. H. v. 25 % als die Hauptmaßnahme zur Herstellung der Wettbewerbsfähigkeit des deutschen Steuersystems und damit des Wirtschaftsstandortes Deutschland dar.

aa) Ebene der Körperschaft

Die Gewinne der Kapitalgesellschaft unterliegen ab dem VZ 2001 einer Definitivbesteuerung von 25 % (§ 23 I KStG n. F.). Hierbei wird nicht mehr zwischen thesaurierten und ausgeschütteten Gewinnen differenziert. Es gilt einheitlich die Definitivbelastung von 25 %. Aufgrund der definitiven Besteuerung und des Wegfalls der Ausschüttungsbelastung entfallen nun ausschüttungsbedingte KöSt- Minderungen bzw. KöSt- Erhöhungen. Damit ist auch eine Gliederung des verwendbaren Eigenkapitals überflüssig geworden.

---

669 Kommission zu Reform der Unternehmensbesteuerung, BB 1999, 1188 (1188).
670 Dorenkamp, StuW 2000, 121 (129/ 132).

Sofern man neben der 25 %igen KöSt- Belastung noch die durchschnittliche Gewerbesteuerbelastung von 12,5 % [671] in die ertragsteuerliche Gesamtbelastung der von den Körperschaften erwirtschafteten Gewinne einbezieht, nähert man sich auf Körperschaftsebene einer Gesamtbelastung von 37,5 % [672]. So kommt man dem innerhalb der Brühler Empfehlungen angestrebten Ziel, die ertragsteuerliche Gesamtbelastung für unternehmerischer Gewinne auf höchstens 35 % zu begrenzen, schon sehr nahe.

Zum Ausgleich der Definitivbelastung werden Gewinnausschüttungen innerhalb eines Konzerns durch ein Dividendenprivileg steuerfrei gestellt und nur beim einkommensteuerpflichtigen Letztempfänger einer Besteuerung nach dem Halbeinkünfteverfahren unterworfen. Diese begünstigte Behandlung im Ausschüttungsfall setzt aber systembedingt eine ausreichende Vorbelastung voraus. Aus diesem Grund hat der Gesetzgeber Änderungen im Bereich des AStG vorgenommen, um eine ausreichende Vorbelastung bei passiven Einkünften sicherzustellen. Erfasst werden diejenigen Einkünfte, welche ein inländischer beherrschender Anteilseigner von ausländischen Beteiligungsgesellschaften bezieht, die als Zwischengesellschaften i. S. d. AStG gelten und im Sitzstaat niedrig (unter 25 %) besteuert werden [673].

bb) Ebene des Anteilseigners

aaa) Einkommensteuersubjekt als Anteilseigner (natürliche Person)

Handelt es sich um einen einkommensteuerpflichtigen Anteilseigner, kommt es zur Anwendung des in § 3 Nr. 40 EStG neu eingeführten Halbeinkünfteverfahrens. Dem klassischen Körperschaftsteuersystem ist eine Doppelbelastung ausgeschütteter Gewinne mit Körperschaft- und Einkommensteuer eigen.
Diese Doppelbelastung soll bei dem neuen KöSt- System durch eine niedrige Definitivbelastung mit Körperschaftsteuer und die nur hälftige Erfassung bei der Einkommensteuer in pauschaler Form beseitigt werden. Mit dem Halbeinkünfteverfahren wird insoweit das Ziel einer typisierenden Einmalbelastung verfolgt. Dividenden werden nach § 3 Nr. 40 d) EStG nur noch zur Hälfte der Einkommensteuer unterworfen.
Konsequenterweise gilt dies auch für die einkommensteuerlich erfassten Einnahmen aus der Veräußerung von Anteilen an Kapitalgesellschaften. Da mit dem Veräußerungspreis auch thesaurierte Gewinne abgegolten werden, ist die Veräußerung insofern einer Ausschüttung gleichzustellen. Bei der Veräußerung von im Betriebsvermögen gehaltenen Anteilen ist die Anwendung des günstigen Halbeinkünfteverfahrens aber von einer einjährigen Mindestbehaltefrist abhängig § 3 Nr. 40 Satz 4 EStG.
Aufgrund der notwendigen Gleichstellung von Ausschüttung und Veräußerung kam es auch zu einer weiteren starken Absenkung der Beteiligungshöhe auf 1 % im Rahmen des § 17 EStG. Nur so konnte eine Umgehung des Halbeinkünfteverfahrens durch Veräußerung des in der Beteiligung lagernden Anteils an thesaurierten Gewinnen vermieden werden.

---

[671] Die effektive Gewerbesteuerbelastung ergibt sich aus der Formel: Gewerbesteuermesszahl x Hebesatz x (1- Körperschaftsteuersatz) / (1+ Gewerbesteuermesszahl x Hebesatz). Bei einem durchschnittlichen Hebesatz von 400 % und der Steuermesszahl 5 % (§ 11 II Nr. 2 GewStG) beträgt die Gewerbesteuerbelastung 12, 5 % (= 0,05x 4,00x(1- 0,25)/ (1+ 0,05x 4,00).

[672] Unter Vernachlässigung des Solidaritätszuschlages.

[673] Morgenthaler, IStR 2000, 289 (291).

Nach § 3 Nr. 40 S. 2 EStG i.V.m. § 20 III EStG ist es gleichgültig, welcher Einkunftsart die Dividenden bzw. der Einkommensteuer unterfallende Gewinne aus der Veräußerung von Beteiligungen zuzurechnen sind. Daher ist nach § 3 Nr. 40 S. 2 EStG das Halbeinkünfteverfahren auch anzuwenden, wenn es zu einem Dividendenbezug bzw. zur Veräußerung einer im Betriebsvermögen gehaltenen Beteiligung an einer Kapitalgesellschaft kommt.
Ebenso gleichgültig ist für die Anwendung des Halbeinkünfteverfahrens, ob es sich um inländische oder ausländische Dividenden handelt.
Wie bisher unterliegt die Rückgewähr von Einlagen nach § 20 I Nr. 1 S. 4 EStG nicht der Einkommensbesteuerung.

Aufgrund der hälftigen Steuerbefreiung können Aufwendungen, welche mit den dem § 3 Nr. 40 EStG zugrunde liegenden Einnahmen in wirtschaftlichem Zusammenhang stehen, nach § 3c II EStG auch nur zur Hälfte berücksichtigt werden. Entsprechendes gilt bei der Ermittlung des Veräußerungsgewinns für die Anschaffungs- und Veräußerungskosten. Insofern kommt es auch hier nur zur hälftigen Erfassung des Veräußerungsgewinns.
§ 3c II EStG erfasst durch die Betriebsvermögensminderungen auch veräußerungsbedingte Verluste bzw. verlust- und ausschüttungsbedingte Teilwertabschreibungen hinsichtlich der im Betriebsvermögen gehaltenen Anteile. Die Beibehaltung der ausschüttungsbedingten Teilwertabschreibung im Bereich der Einkommensteuer ist zur Minderung sonst auftretender Mehrfachbesteuerungen unbedingt notwendig [674].

Das Halbeinkünfteverfahren findet auf ordentliche Gewinnausschüttungen erstmals im Veranlagungszeitraum 2002 Anwendung (§ 52 IVa Nr. 1 EStG i. V. m. § 34 Xa Nr. 1 KStG). Auf andere Ausschüttungen und sonstige Leistungen erfolgt eine Anwendung des Halbeinkünfteverfahrens grundsätzlich schon im Veranlagungszeitraum 2001 (§ 34 Xa Nr. 2 KStG).

bbb) Körperschaftsteuersubjekt als Anteilseigner (Kapitalgesellschaften usw.)

Handelt es sich beim Anteilseigner an der Körperschaft um eine inländische Körperschaft oder eine inländische Betriebstätte einer ausländischen Körperschaft, kommt es im Bereich der deutschen Körperschaftsteuer nach § 8b I KStG zu einer allgemeinen Beteiligungsertragsbefreiung für inländische und ausländische Beteiligungserträge. Zur Vermeidung einer Steuerkumulation ist die abschließende Besteuerung jeder Konzernebene konsequent.
Die Steuerfreistellung gilt auch für die auf Beteiligungen entfallenden Veräußerungsgewinne (§ 8b II KStG), ohne dass wie bisher eine Mindestbeteiligung (bisher grundsätzlich 10 %, § 8b V KStG i. V. m. DBA) vorliegen muss. Allerdings kam es zur Einführung einer Mindestbehaltefrist von einem Jahr, um kurzfristige Gestaltungen mit Steuervermeidungscharakter zu verhindern.
Die Steuerfreistellung solcher Veräußerungserträge bei Kapitalgesellschaften als Anteilseigner rechtfertigt sich aus der Sicherstellung der (hälftigen) Nachbelastung auf der Einkommensteu-

---

674 Solche können z. B. bei Veräußerungen auftreten. Innerhalb der Kapitalgesellschaft unterliegen die Gewinne der Definitivbesteuerung. Sofern der einkommensteuerpflichtige Anteilseigner einen Beteiligungsveräußerungsgewinn hinsichtlich der thesaurierten Gewinne erzielt, unterfällt dieser dem Halbeinkünfteverfahren. Schüttet der Erwerber diese aus, unterfallen diese bei ihm nochmals der Halbeinkünftebesteuerung. Wenn der Erwerber die Anteile im Betriebsvermögen hält, kann diese Mehrfachbesteuerung durch eine (über § 3c II EStG teilweise wirksame) ausschüttungsbedingte Teilwertabschreibung rückgängig gemacht werden (siehe hierzu Beispiel bei Grotherr, BB 2000, 849 (860)).

erebene und einer sonst drohenden Steuerkumulation auf Konzernebene. Auf den Veräußerungspreis wirken sich neben Erwartungen hinsichtlich zukünftiger Gewinne gerade auch bereits versteuerte Rücklagen aus. Systemkonform hätten nur Veräußerungsgewinne steuerfrei gestellt werden dürfen, welche auf Neu-Rücklagen basieren. Die Unterscheidung zwischen Neu-Rücklagen und Alt-Rücklagen, welche zur Zeit des Vollanrechnungsverfahrens gebildet wurden, kann aber unterbleiben, da auch auf Alt-Rücklagen basierende Ausschüttungen letztlich auf Einkommensteuerebene dem Halbeinkünfteverfahren unterfallen. Weiterhin wurde durch die Übergangsregelungen zur Sicherung des Körperschaftsteuerminderungspotentials auch bezüglich der normal besteuerten Alt- Rücklage eine Definitivbe-lastung hergestellt (statt 25 % allerdings 30 %).
Korrespondierend zur Steuerfreistellung bleiben Veräußerungsverluste und Teilwertabschreibungen von Beteiligungen aus steuersystematischen Gründen steuerlich außer Ansatz (§ 8b III KStG).

Zum Teil wird aber eine Berücksichtigung der Veräußerungsverluste und Wertminderungen gefordert [675]. Zwar sind die Veräußerungs- und Wertaufholungsgewinne auf Körperschaftsebene steuerbefreit, jedoch unterliegen sie zur Hälfte auf der Einkommensteuerebene einer Nachbelastung. Dagegen wirken sich Veräußerungsverluste und Wertminderungen beim Anteilseigner aus mehreren Gründen nicht mindernd aus. Zum einen scheitert eine Verlustübertragung von der Gesellschafts- auf die Gesellschafterebene an dem innerhalb der Körperschaftsteuer geltenden Trennungsprinzip (Ausnahme: Organschaft), zum anderen ist eine Teilwertabschreibung der im Privatvermögen gehaltenen Anteile nicht möglich. Letztlich ist auch im Rahmen der §§ 23, 17 EStG eine Verlustberücksichtigung nur sehr eingeschränkt machbar. Damit könnten sich Bedenken daraus ergeben, dass sich im Gegensatz zum Veräußerungsgewinn ein entsprechender Verlust weder auf Gesellschafts- noch auf Gesellschafterebene auswirkt. Dies ist jedoch nicht der Nachteil des neuen Systems, sondern die steuersystematische Folge aus dem steuerlichen Gesamtsystem, für welches sich der Gesetzgeber im Rahmen seines Gestaltungsspielraums entschieden hat.
Des Weiteren dürfen nach § 3c I EStG die mit den nach § 8b I KStG steuerfreien Einnahmen in unmittelbarem wirtschaftlichen Zusammenhang stehenden Betriebsausgaben in voller Höhe nicht abgezogen werden.

Durch die Freistellung der laufenden Bezüge von Tochterunternehmen und das diesbezügliche Veräußerungsprivileg kommt es im Zusammenhang mit der Definitivbesteuerung zu einer abschließenden Besteuerung jeder Unternehmensebene innerhalb des Konzerns. Einen Ausnahmefall bildet hierzu die in §§ 14 ff. KStG geregelte körperschaftssteuerliche Organschaft, welche aufgrund ihrer Zurechnungs- bzw. Verrechnungsmöglichkeiten wieder mehr an Bedeutung gewinnen dürfte.
Das Prinzip der abschließenden Besteuerung reicht konsequenterweise nur bis an die Grenze zur Progressivbesteuerung, wo eine Nachbelastung erfolgt.
Das System abschließender Besteuerung der jeweiligen Unternehmensebene fügt sich nahtlos in das Doppelbesteuerungsrecht mit seinem internationalen Schachtelprivileg ein [676].

---

[675] Grotherr, BB 2000, 849 (859).
[676] Lang, GmbHR 2000, 453 (458).

b) EU-weit angewendete Systeme

Um die Europatauglichkeit zu untersuchen und zu prüfen, inwieweit ein Beitrag zur Europäisierung des Rechts erbracht wurde, ist es sinnvoll, sich einen Überblick über die in Europa praktizierten KöSt.-Systeme zu verschaffen [677].

(1) Ein dem bisherigen deutschen Vollanrechnungsverfahren entsprechendes System wird in Frankreich, Italien und Finnland angewandt.

(2) Ein Teilanrechnungsverfahren ist in Spanien, Großbritannien und Portugal anzutreffen.

(3) Eine begünstigte Besteuerung der Dividende zur Vermeidung bzw. Verminderung der Doppelbelastung erfolgt in Belgien, Dänemark, Luxemburg, Österreich und Schweden. Insbesondere das in Österreich praktizierte doppelte Halbsatzverfahren kann als Vorbild des neuen in Deutschland zur Anwendung kommenden Halbeinkünfteverfahrens gesehen werden. Dort wird die körperschaftssteuerliche Vorbelastung von 34 % insofern berücksichtigt, als dass die Dividende auf der Ebene des einkommensteuerpflichtigen Anteilseigners nur mit der Hälfte des durchschnittlichen Progressionstarifes belastet wird (§ 37 I i. V. m. IV öEStG).
Allerdings ergibt sich aus dem System Österreichs ein europarechtliches Problem, da ausländische Dividenden durch eine ungemilderte Erfassung benachteiligt werden [678].

(4) In Irland und den Niederlanden kommt es durch ein klassisches System zu einer doppelten Definitivbelastung mit Körperschaft- und Einkommensteuer. Eine Berücksichtigung der Vorbelastung erfolgt in den Niederlanden durch einen Freibetrag bzw. bei einer Mindestbeteiligung von 5 % durch die Abgeltungswirkung einer 25 %igen Kapitalertragsteuer auf die Einkommensteuer.

(5) In Griechenland werden Dividenden von der Besteuerung freigestellt.

Somit zeigt sich die Vielzahl der in der EU angewendeten KöSt.- Systeme. Die wirtschaftlich stärkeren Nationen verwenden allerdings alle ein dem ehemaligen deutschen KöSt.- System ähnliches bzw. entsprechendes Anrechnungsverfahren.

c) Bisherige Rechtslage

aa) Das Anrechnungsverfahren in seinen Grundzügen

Bisher galt das seit 1977 geltende Vollanrechnungsverfahren. Durch dieses sollte die bis dahin durch das klassische Körperschaftsteuersystem verursachte Doppelbelastung vermieden werden. Auf Körperschaftsebene kam es zu einer steuerlichen Belastung, welche grundsätzlich am Spitzensteuersatz ausgerichtet war (zuletzt nach dem StEntlG 99/ 00/ 02 i. H. v. 40%). Im Ausschüttungsfall wurde eine Körperschaftsteuerbelastung von 30 % hergestellt, was je nach EK- „Topf" zu einer Körperschaftsteuerminderung (bzw. -erhöhung) führte. Zusätzlich wurde im Rahmen der Besteuerung des Anteilseigners diese Ausschüttungsbelastung von 30 % be-

---

677 Hierzu Schneeloch/ Trockels- Brand DStR 2000, 907 (909).

678 Zur Vorlage beim EuGH siehe Heinrich, IStR 2000, 238 (238).

rücksichtigt, sofern er anrechnungsberechtigt war (Steuerinländer). Die anzurechnende Körperschaftsteuer war in diesem Fall als steuerpflichtige Einnahme zu erfassen.
Somit wurde erreicht, dass die in der Körperschaft erwirtschafteten Gewinne im Fall der Ausschüttung letztlich nur dem persönlichen Einkommensteuersatz des Anteilseigners unterlagen, wodurch eine Doppelbelastung mit Einkommen- und Körperschaftsteuer vermieden wurde.

bb) Kritik am Anrechnungsverfahren

Seit Bestehen des Anrechnungsverfahrens wird auch Kritik geübt. Diese rührt insbesondere daher, dass die Vollanrechnung auf inländische Anteilseigner mit inländischen Beteiligungen beschränkt ist. Vom Anrechnungsverfahren ausgeschlossene Anteilseigner versuchten natürlich trotzdem in den Genuss des KöSt- Anrechnungsguthabens zu gelangen, worauf der Steuergesetzgeber seinerseits wieder mit komplizierten Schutzmechanismen reagierte.

aaa) Kompliziertheit des Vollanrechnungsverfahrens

Gegen das deutsche Vollanrechnungsverfahren wird verstärkt vorgebracht, dass es aufgrund seiner Komplexität schwierig zu handhaben sei. Hauptursache ist zum einen die zur Herstellung der Ausschüttungsbelastung notwendige Gliederung des verwendbaren Eigenkapitals. Dieses muss wegen der verschiedenen Körperschaftsteuerbelastungen in verschiedene EK-„Töpfe" gegliedert werden, wobei sich Abstimmungsprobleme zwischen Steuer- und Handelsbilanz ergeben können.
Daneben ergibt sich, insbesondere bei Kapitalveränderungen, Verlusten, Organschaften und der aufwendigen Aufgliederungsrechnung bei ermäßigt belasteten Einkünften aus verschiedenen ausländischen Staaten im Rahmen der Eigenkapitalgliederung, ein besonders hoher Arbeitsaufwand [679].

Weitere Schwierigkeiten bereiten die zur Absicherung des Vollanrechnungsverfahrens gegen Missbrauch geschaffenen und in der Praxis schwer zu handhabenden Regeln, wie z.B. § 50c EStG oder § 8a KStG.

Gegen diesen Kritikpunkt ist anzumerken, dass sich die Verwaltung auf das komplexe System des Vollanrechnungsverfahrens eingespielt hat. Die Kompliziertheit des Vollanrechnungsverfahrens ist aufgrund seiner Vorteile kein Grund für eine Abschaffung, sondern eher für eine Vereinfachung [680].
Vorschläge zur Vereinfachung des Vollanrechnungsverfahrens werden auch seit Jahren unterbreitet. Diese reichen von der Vereinfachung des Gliederungsrechnung [681] über das „Steuerguthabenmodell" mit der Abschaffung der Bestandsgröße des „verwendbaren Eigenkapitals" und dessen Ersatz durch ein fortgeschriebenes „Körperschaftsteuerguthaben" [682] bis zum Vorschlag eines pauschalierten Anrechnungsverfahrens [683].

---

679 Herzig, GmbHR 1985, 37 (37 f.).

680 Schneeloch/ Trockels- Brand, DStR 2000, 907 (910).

681 Herzig, GmbHR 1985, 37 (41); Maas, BB 1985, 45 (45).

682 Krebs, BB 1984, 1862 (1864 ff.).

683 Unvericht, BB 2000, 797 (799).

bbb) Missbrauchsanfälligkeit

Dem Vollanrechnungsverfahren wird weiterhin eine hohe Missbrauchsanfälligkeit vorgeworfen, was vor allem auf die fortschreitende Internationalisierung der Wirtschaft zurückgeführt wird [684].
In der Tat beruhen etliche Missbrauchsgestaltungen auf der Tatsache, dass ausländische Gesellschafter von der Anrechnung der Körperschaftsteuer ausgeschlossen sind. Dies wird besonders beim „Dividenden-Stripping" und der übermäßigen Gesellschafterfremdfinanzierung deutlich. Die bisherigen Schutzmechanismen, wie z.B. der § 50c EStG, funktionieren aufgrund ihrer Kompliziertheit nur sehr eingeschränkt [685].

Gegen diese Vorwürfe bleibt aber anzumerken, dass zum einen aufgrund der neueren BFH-Rechtsprechung das „Dividenden-Stripping" nur noch in Ausnahmefällen als missbräuchlich anzusehen ist [686].
Zum anderen wird vorgebracht, dass solche Gestaltungen durch eine grenzüberschreitende Anrechnung an Interesse verlieren würden [687]. Die Gewährung von Anrechnungsguthaben von deutscher Seite würde auch Wettbewerbsverzerrungen im Außensteuerrecht vermeiden. Hierfür ist wiederum das Anrechnungsverfahren besser als das Halbeinkünfteverfahren geeignet, da eine genaue und nicht nur pauschale Berücksichtigung erhobener Körperschaftsteuer erfolgt. Dies würde auch den Wettbewerb der Steuersysteme fördern. Aufgrund der mit einer grenzüberschreitenden Anrechnung zusammenhängenden Steuerausfälle für den deutschen Fiskus wird sich dies mangels Finanzierbarkeit aber nur schwer durchsetzen lassen.
Denkt man in einem weiteren Schritt an eine Abschaffung der verschiedenen in der EU praktizierten KöSt.-Systeme zugunsten einer EU-weiten Einführung des Vollanrechnungsverfahrens, so dürfte man kaum mit einer Zustimmung aller EU-Länder rechnen. Mehrere Länder würden einer EU-weiten Anrechnung aufgrund der Kompliziertheit des Anrechnungsverfahrens und der eventuell mit einer grenzüberschreitenden Anrechnung verbundenen Steuerausfälle ihre Zustimmung versagen.

ccc) Europatauglichkeit

Einer der Hauptgründe für die Abschaffung des Vollanrechnungsverfahrens war nach Ansicht der Bundesregierung die mangelnde Europatauglichkeit.
Gerade die Kopplung der verschiedenen in der EU praktizierten Körperschaftsteuersysteme stellt eine große Schwierigkeit dar, welche besonders durch die mangelnde Anrechenbarkeit deutscher Körperschaftsteuer für ausländische Anteilseigner und ausländischer Körperschaftsteuer für inländische Anteilseigner und der damit zusammenhängenden ungemilderten Doppelbelastung zu Tage trat und als ungerecht empfunden wurde.

---

684 Löhr, StuW 2000, 33 (38).

685 A.A. Siegel/ Bareis u.a., BB 2000, 1269 (1270).

686 BFH vom 15. 12. 99, FR 2000, 446 (446).

687 Schneeloch/ Trockels- Brand, DStR 2000, 907 (910).

aaaa) Mangelnde Kapitalexportneutralität

Sofern man die Kapitalexportneutralität der Besteuerung betrachtet, wonach die Kapitalanlage im Ausland und die Kapitalanlage im Inland (Deutschland) in der Summe mit inländischer und ausländischer Steuer ungefähr gleich belastet sein sollten (ortsunabhängige Besteuerung hinsichtlich des Kapitals), kommt man im Zusammenhang mit dem deutschen Anrechnungsverfahren zu nachfolgenden Ergebnissen [688].

(1) War ein unbeschränkt einkommensteuerpflichtiger Privatinvestor direkt an einer inländischen Körperschaft beteiligt, erfolgte aufgrund der Anrechnung der Körperschaftsteuer nur eine Belastung der Dividende in Höhe der individuellen Einkommensteuer des Anteilseigners. Beteiligte sich diese Person aber an einer ausländischen Kapitalgesellschaft, kam es im Fall der Ausschüttung zu einer Doppelbelastung, da zu der nicht anrechenbaren ausländischen Körperschaftsteuer noch die inländische Einkommensteuer trat.
Bei Beteiligungen eines Steuerinländers an ausländischen Kapitalgesellschaften kam es aus der Sicht des deutschen Staates mit seinem Vollanrechnungssystem zu einer steuerlichen Diskriminierung im Vergleich zur Beteiligung eines Steuerinländers an einer inländischen Kapitalgesellschaft. Der Grund hierfür lag in der nur im Inland neutralisierenden Wirkung des deutschen Vollanrechnungsverfahrens.

(2) Wurde die Beteiligung an einer ausländischen Kapitalgesellschaft im Betriebsvermögen eines einkommensteuerpflichtigen inländischen Anteilseigners gehalten, kam man im Ausschüttungsfall ebenfalls zu vorstehenden Ergebnissen.

(3) Hielt eine inländische Kapitalgesellschaft Anteile an einer ausländischen Kapitalgesellschaft, konnte es insbesondere durch das tradierte internationale Außensteuerrecht, in seiner hauptsächlichen Ausformung durch Doppelbesteuerungsabkommen, zu Wettbewerbsverzerrungen kommen. Insbesondere der Quellensteuerabzug (Art. 10 II a, b OECD-MA) und die Steuerbefreiung hinsichtlich des internationalen Schachtelprivilegs (§ 8b V KStG a.F.), welches voraussetzte, dass der Anteilseigner eine Kapitalgesellschaft war und eine wesentliche Beteiligung vorlag, seien in diesem Zusammenhang genannt.
Nur sofern diese Voraussetzungen erfüllt waren, blieben die laufenden Beteiligungsgewinne bei der inländischen Kapitalgesellschaft im Thesaurierungsfall steuerfrei. Sobald aber eine Weiterausschüttung an einen einkommensteuerpflichtigen Anteilseigner erfolgte, lebte die angesprochene Doppelbesteuerung wieder auf.
Sind die Voraussetzungen des internationalen Schachtelprivilegs nicht erfüllt, wird die ausländische Körperschaftsteuer auf die Körperschaftsteuer grundsätzlich angerechnet (§ 26 I KStG a.F.). Aber auch hier blieb es im Fall der Weiterausschüttung bei einer Doppelbelastung mit deutscher Einkommensteuer und ausländischer Körperschaftsteuer.

bbbb) Mangelnde Kapitalimportneutralität

Eine kapitalimportneutrale Besteuerung setzt voraus, dass ausländische und inländische Kapitalanleger hinsichtlich deutscher Kapitalanlagen einer gleichen Gesamtsteuerbelastung unter-

---

688 Hierzu Haase/ Arnolds, FR 2000, 485 (486 f.).

liegen. Im Ergebnis dürften ausländische Kapitalanleger aufgrund des Vollanrechnungsverfahrens ebenfalls nur in Höhe der deutschen Einkommensteuer belastet werden [689].

Direktbeteiligungen ausländischer Privatinvestoren bzw. von ausländischen Personengesellschaften gehaltene Beteiligungen an inländischen Kapitalgesellschaften unterlagen aber einer Doppelbesteuerung, da im Rahmen des deutschen Vollanrechnungsverfahrens die deutsche Körperschaftsteuer weder von Deutschland vergütet (§§ 50 V 2 i. V. m. 36 II 2 Nr. 3 EStG, § 51 KStG) noch im Ausland angerechnet wurde. Diese KöSt.- Belastung trat neben die nationale Einkommensteuer des ausländischen Kapitalanlegers.
Zu einer solchen Doppelbelastung kommt es ebenfalls, wenn ausländische Privatanleger über eine ausländische Kapitalgesellschaft an einer deutschen Kapitalgesellschaft beteiligt sind und hier eine Weiterausschüttung erfolgt.

Es traten damit die gleichen Wettbewerbsverzerrungen wie bei der Kapitalexportneutralität auf.

cccc) Diskriminierung inländischer Betriebstätten ausländischer Kapitalgesellschaften

Eine weitergehende Diskriminierung ereilte inländische Betriebstätten ausländischer Kapitalgesellschaften, wenn der Bundesrepublik als Betriebstättenstaat nach einem DBA das alleinige Besteuerungsrecht zugewiesen war (Art. 5, Art. 7 I 2 OECD- MA). Aufgrund des nach Thesaurierung bzw. Ausschüttung unterscheidenden ehemals gespreizten KöSt.-Satzes (zuletzt im Veranlagungszeitraum 1999: 40 % / 30 %) unterlagen die Betriebstätteneinkünfte nach § 49 I Nr. 2 a EStG der beschränkten Steuerpflicht mit einer körperschaftssteuerlichen Belastung von 40 %. Gründete die ausländische Körperschaft dagegen für ihre Betätigung in Deutschland eine deutsche Tochtergesellschaft, konnte durch die Ausschüttung an die ausländische Muttergesellschaft die deutsche Körperschaftsteuer um 10 Prozentpunkte auf 30 % gesenkt werden. Die Möglichkeit einer 30 %igen Belastung bestand dagegen für inländische Betriebstätten von ausländischen Kapitalgesellschaften nicht. Diese Diskriminierung hätte durch die Einführung eines einheitlichen KöSt.-Satzes beseitigt werden können, was gleichzeitig der Vereinfachung des Vollanrechnungsverfahrens gedient hätte.

dddd) Möglichkeit wettbewerbsneutraler Außenbesteuerung in der EU

Aus Sicht der Europäischen Gemeinschaft müssten innerhalb des europäischen Binnenmarktes die oben aufgezeigten sowie auf der Verschiedenheit des jeweiligen Steuersystems basierenden Wettbewerbsverzerrungen völlig vermieden werden.
Hierzu sind jedoch weder das Freistellungsverfahren noch das Anrechnungsverfahren in der Lage. Diese klassischen Methoden zur Vermeidung einer Doppelbelastung können bei grenzüberschreitenden Investitionen keine einheitliche Steuerbelastung im Kapitalherkunfts- und im Kapitalzielland erreichen. Hierzu wäre eine vollständige Harmonisierung der Steuerarten erforderlich (gleicher Tarif, gleiche Bemessungsgrundlage).

---

689 Hierzu Haase/ Arnolds, FR 2000, 485 (487).

Festzustellen bleibt aber, welche der beiden Methoden besser für die Reduktion grenzüberschreitender Wettbewerbsverzerrungen geeignet ist [690]. In der EU sind beide Verfahren zulässig (Art. 4 I Mutter- Tochter- Richtlinie) und bestehen innerhalb der EU nebeneinander.

Die Freistellungsmethode [691] hat den Vorteil, dass die Investoren (inländische und ausländische) einer Kapitalgesellschaft gleich behandelt werden. Es erfolgt aber eine Ungleichbehandlung von ausländischen und inländischen Investitionen im Wohnsitzstaat. Diese Ungleichbehandlung ist aber nur gerechtfertigt, wenn zwischen In- und Ausland unterschiedliche Wettbewerbsbedingungen herrschen.
Dies ist bei der innerhalb der EU bestehenden Wirtschafts- und Währungsunion aber zunehmend zu verneinen. Somit müssen die Wettbewerbsverzerrungen vorrangig mit der Anrechnungsmethode beseitigt werden [692]. Die Anrechnungsmethode sorgt durch ihre Gleichbehandlung von inländischen und ausländischen Investitionen im Wohnsitzstaat der Anteilseigner für eine Kapitalexportneutralität. Konsequent durchgeführt, ließe sich damit eine wettbewerbsneutrale Außenbesteuerung herbeiführen. In den anderen EU- Staaten gezahlte Ertragsteuern müssten in die inländische Tarifbelastung integriert werden [693].

Dies erscheint natürlich aufgrund der verschiedenen europäischen Körperschaftsteuersysteme und der fiskalischen Zweifel einzelner Mitgliedstaaten schwer zu realisieren. Jedoch bleibt zu bedenken, dass vor der Einführung des Halbeinkünfteverfahrens in Deutschland drei der wirtschaftlich stärksten Länder in der EU (Deutschland, Frankreich, Italien) ein nationales Vollanrechnungsverfahren praktizierten. Weiterhin besteht in Großbritannien und Spanien, als zwei weiteren wirtschaftlich starken EU- Ländern, ein System der Teilanrechnung. In Frankreich, Großbritannien und Italien erfolgt die Anrechnung zudem schon (teilweise) grenzüberschreitend [694]. Damit bestand eine gute Ausgangsposition für die EU- weite Ausdehnung des Anrechnungsverfahrens und damit für den Grundstein einer grenzüberschreitenden Anrechnung [695].

Meines Erachtens sollte allerdings die grenzüberschreitende Anrechnung nicht in dem Sinne gewährt werden, dass ausländische Anteilseigner die Anrechnungsguthaben vom Sitzstaat der Kapitalgesellschaft (Kapitalimportland) erstattet bekommen. Das Kapitalimportland würde durch die grenzüberschreitende Vergütung gänzlich auf sein Besteuerungsrecht verzichten. Da Kapitalgesellschaften dort Steuern zahlen sollten, wo sie ansässig sind, müsste die grenzüberschreitende Anrechnung vielmehr durch Berücksichtigung der von den Inländern im Ausland gezahlten Ertragsteuern im Wohnsitzstaat erfolgen. Weiterhin ist die Anrechnung der Körperschaftsteuer im Sinne einer Berücksichtigung der gezahlten Körperschaftsteuer als „Vorweg-Einkommensteuer" nur in dem Land gerechtfertigt, indem letztlich die Enderfassung der Dividenden im Rahmen der Einkommensbesteuerung erfolgt (Art. 10 OECD- MA). Dies ist der Wohnsitzstaat des Anteilseigners (Kapitalexportland). Insofern sollte auch von einem Fiskalausgleich zwischen den EU- Staaten Abstand genommen werden, da dieser nur Konflikte in

690 Hierzu Haase/ Arnolds, FR 2000, 485 (490).

691 Freistellung der Auslandsinvestitionen im Wohnsitzstaat des Investors.

692 Schneeloch/ Trockels- Brand, DStR 2000, 907 (915).

693 Jacobs, Internationale Unternehmensbesteuerung, S.228.

694 Hierzu z.B. Haase/ Arnolds, FR 2000, 485 (490); Kessler, IStR 1995, 405 (406 ff.).

695 Haase/ Arnolds, FR 2000, 485 (490).

sich birgt. Sofern der Körperschaftsteuersatz wie letztlich in der EU üblich zwischen 25 % und 35 % liegt, wäre grundsätzlich auch eine gerechte Verteilung des Steueraufkommen gegeben [696]. Dem Ansässigkeitsstaat der Kapitalgesellschaft verbliebe die Körperschaftsteuer [697]. Diese Form der Anrechnung würde auch dem Wettbewerb der Steuersysteme und deren Angleichung dienen.

Fraglich erscheint aber, ob vor der EU-weiten Einführung des Vollanrechnungsverfahrens bezüglich der in der EU gezahlten Körperschaftsteuer eine volle Anrechnung der ausländischen Körperschaftsteuer im Wohnsitzstaat erfolgen müsste [698].
Da inländische und ausländische Investitionen eines Steuerinländers im Wohnsitzstaat gleich behandelt werden sollen und bei inländischen Dividenden in Deutschland eine Vollanrechnung der Körperschaftsteuer erfolgt, könnte man auch eine Vollanrechnung der ausländischen Körperschaftsteuer in Betracht ziehen. Durch eine im jeweiligen EU- Wohnsitzstaat erfolgende unbegrenzte Anrechnung der im EU- Ausland gezahlten Körperschaftsteuer und Kapitalertragsteuer, wäre außerdem eine Glättung der Wettbewerbsverzerrungen zu erreichen (Wettbewerbsneutralität i.S.d. Kapitalexportneutralität) [699].

Bis zur Praktizierung eines Vollanrechnungsverfahrens auf nationaler Ebene eines jeden EU-Mitgliedstaates ist aber folgendes zu bedenken. Wird im ausländischen Sitzstaat der Kapitalgesellschaft das klassische System angewendet, so ist der inländische Anteilseigner gegenüber dem im Sitzstaat der Kapitalgesellschaft ansässigen ausländischen Anteilseigner im Vorteil [700]. Mangels Rechtseinheit und aufgrund nicht vorhandener Bestimmungen im EG-Vertrag ist nicht festgeschrieben, ob die Steuerbelastung nach Maßgabe des Ansässigkeitsstaates der Kapitalgesellschaft (Kapitalimportneutralität) oder nach Maßgabe des Wohnsitzstaates des Anteileigners (Kapitalexportneutralität) herzustellen ist. Als Vergleichsmaßstab könnten daher zum einen die inländischen Anteilseigner mit inländischen Beteiligungen gesehen werden. Zum anderen könnte man auch auf die an der ausländischen Kapitalgesellschaft beteiligten und im Tätigkeitsstaat der Kapitalgesellschaft ansässigen ausländischen Anteilseigner abstellen.
Zur Verringerung der Ungleichbehandlung der Anteilseigner einer Kapitalgesellschaft sollte bezüglich der Anrechnung auf das Körperschaftsteuersystem des Ansässigkeitsstaates der Kapitalgesellschaft abgestellt werden [701]. Hierfür spricht, dass insbesondere im Ansässigkeitsstaat der Kapitalgesellschaft die Gewinne erwirtschaftet werden. Zur Stärkung der inneren Wirtschaft des jeweiligen Ansässigkeitsstaates sollten auch durch von anderen Staaten ge-

---

[696] Auch bei Beibehaltung des Vollanrechnungsverfahrens wäre der KöSt.- Satz gesenkt worden.

[697] Dagegen für bilaterale Abkommen, nach denen das Kapitalimportland auf eine Besteuerung verzichtet, wohl Haase/ Arnolds, FR 2000, 485 (490).

[698] Hier erfolgt nur eine Betrachtung des deutschen KöSt.- Systems, wobei ein europarechtlicher Kompromiss zu den verschiedenen in der EU gehandhabten (Voll-, Teil-, Nicht-) Anrechnungssystemen gefunden werden soll.

[699] Daher für unbegrenzte Anrechnung Haase/ Arnold, FR 2000, 485 (490).

[700] Nach Ansicht des FG München v. 26. 1. 1998, EFG 1998, 1076 stellt diese Privilegierung eine Verletzung des Gleichheitsgrundsatzes dar.

[701] A.A. FG München v. 26. 1. 1998, EFG 1998, 1076, wonach für die Beseitigung einer Behinderung des freien Kapitalverkehrs vorrangig der Ansässigkeitsstaat der Kapitalgesellschaft zu sorgen hätte. Folge dieser Betrachtung wäre, dass ausländische Anteilseigner an inländischen Kapitalgesellschaften in das deutsche Vollanrechnungsverfahren einzubeziehen wären, obwohl BFH und BVerfG die mit der Unterscheidung in beschränkte und unbeschränkte Steuerpflicht zusammenhängenden Rechtsfolgen für zulässig erachtet haben.

währte Besteuerungsvergünstigungen (z.B. in Deutschland dann durch die volle Anrechnung ausländischer KöSt.) nicht unnötig viele Ausländer zum Anteilserwerb animiert werden. Weiterhin weiß der Steuerinländer bei einer Auslandsinvestition um die dortigen steuerlichen Gegebenheiten, sodass eine steuerliche Subventionierung seitens des Wohnsitzstaates nicht gerechtfertigt ist. Vielmehr hat eine Gleichstellung mit Inlandsinvestitionen in dem Sinne zu erfolgen, als dass im inländischen Wohnsitzstaat des Anteilseigners die Weiterführung des im jeweiligen Investitionsstaat geltenden Körperschaftsteuersystems erfolgt. Danach kann der in eine deutsche Kapitalgesellschaft investierende und im Ausland ansässige Anteilseigner die Anwendung des im Investitionsstaat Deutschland geltenden Vollanrechnungsverfahren verlangen. Dagegen hängt beim im Ausland investierenden deutschen Steuerinländer die Anrechnung vom Körperschaftsteuersystem des Investitionsstandortes ab. So ist auch die Gleichbehandlung ausländischer und inländischer Investitionen hergestellt. Der Anrechnungsumfang wird also nach dem Sitzstaat der Kapitalgesellschaft bestimmt. Sofern dort ein klassisches System praktiziert wird, müsste in Deutschland keine Anrechnung erfolgen. Wird im Sitzstaat ein (Teil-) Anrechnungsverfahren angewendet, kommt es zur Anrechnung im entsprechenden Umfang.
Bei einer solchen Handhabung ist auch der seitens der Bundesrepublik auftretende einseitige Steuerverzicht geringer als bei einer generellen Vollanrechnung ausländischer Körperschaftsteuer.

Als langfristiges Ziel sollte aber die EU-weite Einführung eines Vollanrechnungsverfahrens unter Anrechnung der in der EU gezahlten Körperschaftsteuer im Auge behalten werden [702].
Zu einer weiteren Glättung der Wettbewerbsverzerrungen wäre ein europaweit einheitlicher Körperschaftsteuersatz förderlich. Dies erscheint bei weitem aber nicht so aussichtslos wie die Einführung eines einheitlichen progressiven Einkommensteuertarifs.
Durch eine europaweite Ausdehnung des *Lang`schen* Betriebssteuerkonzeptes im vorstehenden Sinne könnte eine weitere Optimierung erreicht werden.

eeee) Verstoß gegen die Grundfreiheiten des EGV?

Unter europarechtlichen Gesichtspunkten muss die Unternehmensbesteuerung den Grundfreiheiten und hier insbesondere der Niederlassungsfreiheit (Art. 43 ff. EGV) und der Kapitalverkehrsfreiheit (Art. 56 ff. EGV) entsprechen [703]. Danach ist jegliche Diskriminierung von Staatsangehörigen der EU-Mitgliedsländer gegenüber Inländern verboten. Fraglich ist, ob die obigen Wettbewerbsverzerrungen einen Verstoß gegen die im EG-Vertrag festgeschriebene Kapitalverkehrsfreiheit (Art. 56 ff. EGV) oder die Niederlassungsfreiheit (Art. 43 ff. EGV)

---

702 Ähnlich Haase/ Arnolds, FR 2000, 485 (490), die wohl aber für eine Gewährung grenzüberschreitender Anrechnungsguthaben eintreten.

703 Aus Sicht der deutschen Verfassung bestehen hinsichtlich der beschränkten Steuerpflicht und der damit zusammenhängenden Mehrfacherfassungen nach Meinung des BFH (vom 20. 4. 1988, BStBl. II 1990, S. 701; vom 4. 2. 1987, BStBl. II 1987, S. 682) und des BVerfG (vom 24. 2. 1989, HFR 90, 42) keine Bedenken (Ausnahme konfiskatorische Übermaßbesteuerung, dann Billigkeitsregelung). Gleiches gilt aufgrund des dem Gesetzgeber zugewiesenen Gestaltungsspielraums bezüglich einer Doppelbelastung mit ausl. KöSt und inl. ESt bzw. inl. KöSt und ausl. ESt., zumal diese Konstellationen nur aufgrund der verschiedenen in der Welt praktizierten Systeme auftreten. Letztlich ergibt sich weder aus den Grundrechten noch aus anderen Bestimmungen des GG ein Anspruch auf Vollanrechnung der KöSt (Ausnahme eventuell bei konfiskatorischer Übermaßbesteuerung). Für eine Ungleichbehandlung gegenüber an inländischen Kapitalgesellschaften beteiligten Inländern liegen sachgerechte Gründe vor (einseitiger Steuerverzicht; Stärkung der Volkswirtschaft durch Investitionsanreiz bezüglich inländischer Kapitalgesellschaften; außerdem Abmilderung durch Nichterfassung der KöSt als Einnahme).

darstellen. Dann wäre eine Änderung des Anrechnungsverfahrens aus europarechtlicher Sicht erforderlich gewesen [704].

Nach der Niederlassungsfreiheit sind im Tätigkeits- bzw. Ansässigkeitsstaat auf Niederlassungen von Staatsbürgern anderer EU-Staaten die gleichen Rechtsvorschriften anzuwenden wie auf Niederlassungen von Inländern (Inländergleichbehandlung). Dies setzt aber weiterhin eine vergleichbare Lage voraus. Diskriminierungen aufgrund der Staatsangehörigkeit sollen durch eine Gleichbehandlung von EU-Ausländern und Inländern im Tätigkeitsstaat vermieden werden. Außerdem ist im Wohnsitzstaat nach der Niederlassungsfreiheit die Gleichbehandlung von inländischen und ausländischen Investitionen gefordert [705].

Die Kapitalverkehrsfreiheit verlangt, dass der Kapitalverkehr zwischen den Mitgliedstaaten nicht beeinträchtigt wird. Ebenso sind Diskriminierungen aufgrund der Staatsangehörigkeit und des Kapitalanlageortes verboten. Daher müssen Kapitalanlagen von EU-Ausländern und Inländern im Tätigkeitsstaat gleich behandelt werden, wenn eine vergleichbare Lage gegeben ist. Zur Vermeidung einer Diskriminierung bezüglich des Kapitalanlageortes ist auch hier erforderlich, dass der Wohnsitzstaat ausländische und inländische Investitionen gleich behandelt. Weitergehend besteht hier aber die Möglichkeit, diskriminierende oder beschränkende Regelungen, welche vor 1993 bestanden, beizubehalten, sofern die Diskriminierung nicht willkürlich ist (Art. 58 I Buchstabe a, III EGV).

(1) Ausschluss der an inländischen Kapitalgesellschaften beteiligten ausländischen Anteilseigner vom deutschen Vollanrechnungsverfahren

Betrachtet man zunächst den Ausschluss ausländischer Anteilseigner vom inländischen Anrechnungsverfahren, erscheint ein Verstoß gegen die im EG-Vertrag kodifizierten Grundfreiheiten zweifelhaft. Der EuGH hat in seiner Rechtsprechung mehrfach die Unterscheidung zwischen beschränkter und unbeschränkter Steuerpflicht sowie die damit zusammenhängende unterschiedliche steuerliche Behandlung für zulässig erklärt [706].
Im Rahmen dieser unterschiedlichen Behandlung unterlag der ausländische Anteilseigner an einer deutschen Kapitalgesellschaft im Gegensatz zum inländischen Anteilseigner nur einer Kapitalertragsteuer mit Abgeltungswirkung (§ 50 V 1 EStG) bzw., sofern ein DBA vorlag und dort eine Besteuerung in Deutschland vereinbart wurde, einer Quellenbesteuerung (Art. 10 Nr. 2 OECD-MA). Als Konsequenz ergibt sich, dass sich inländischer und ausländischer Anteilseigner an einer inländischen Kapitalgesellschaft schon nicht in einer vergleichbaren Lage i.S.d. Art. 43 ff / 56 ff EGV befinden, mit der Folge, dass insoweit kein Verstoß gegen die Niederlassungs- bzw. die Kapitalverkehrsfreiheit gegeben sein kann.
Eine Wettbewerbsverzerrung aufgrund mangelnder Kapitalimportneutralität hat demnach nicht die Verletzung des EGV zur Konsequenz.

---

[704] Für den Fall der Nichtanrechnung ausländischer Körperschaftsteuer bei der deutschen Einkommensteuer geht die Europäische Kommission, in einem nicht veröffentlichten Abmahnschreiben vom 31. 10. 1995, von einem offensichtlichen Verstoß gegen die Niederlassungs- und Kapitalverkehrsfreiheit aus.

[705] EuGH v. 27. 9. 1988, EuGHE 1988, 5483 (5483).

[706] EuGH v. 14. 9. 1999, IStR 1999, 597 (597).

Weiterhin spricht gegen einen Verstoß bei der Betrachtung der ausländischen Anteilseigner hinsichtlich ihrer inländischen Beteiligung in Deutschland, dass im Fall der Anrechnung diese ausländischen Anteilseigner gegenüber ihren ausländischen Landsleuten begünstigt wären, sofern im ausländischen Wohnsitzstaat ein klassisches Körperschaftsteuersystem mit Doppelbelastung praktiziert werden würde (z.B. in Irland oder den Niederlanden). Dies hätte im Wohnsitzstaat eine mangelnde Kapitalexportneutralität zur Folge.

Als weiterer unerwünschter Effekt der Einbeziehung ausländischer Anteilseigner in das inländische Vollanrechnungsverfahren wäre zu verzeichnen, dass die Kapitalgesellschaften im Tätigkeitsland insoweit keine entsprechenden Steuern zahlen würden. Die ausländischen Anteilseigner werden mit ihren Einkommen grundsätzlich im Wohnsitzstaat erfasst. Im Tätigkeitsstaat der Körperschaft werden aber die Gewinne erwirtschaftet und dort kommt es u.a. zur Belastung der Infrastruktur.
Daher haben vorrangig die Wohnsitzstaaten für eine Vermeidung der Doppelbelastung zu sorgen [707].

Somit bleibt festzuhalten, dass der Ausschluss ausländischer Anteilseigener vom deutschen Vollanrechnungsverfahren keinen Verstoß gegen den EG-Vertrag darstellt.

(2) Ausschluss eines Steuerinländers bezüglich seiner ausländischen Körperschaftsteuer vom deutschen Anrechnungsverfahren

Eine Verletzung der Grundfreiheiten könnte aber daraus resultieren, dass die auf ausländischen Dividenden lastende Körperschaftsteuer von inländischen Anteilseignern nicht im inländischen Vollanrechnungsverfahren zur Anrechnung gebracht werden kann. Da im Rahmen der unbeschränkten Steuerpflicht sowohl eine Erfassung inländischer als auch ausländischer Dividenden erfolgt, ist insofern eine vergleichbare Lage gegeben. Die Benachteiligung ausländischer Dividenden durch Nichtberücksichtigung der ausländischen Körperschaftsteuer führt zu einer Beeinträchtigung des grenzüberschreitenden Kapitalverkehrs. Die Diskriminierung ausländischer Investitionen stellt somit einen Verstoß gegen die Kapitalverkehrs- und die Niederlassungsfreiheit dar [708].

Die Beeinträchtigung der Kapitalverkehrsfreiheit könnte gerechtfertigt sein, wenn sachliche Gründe vorliegen und damit eine willkürliche Diskriminierung ausscheidet (Art. 58 EGV). Mangels europarechtlicher Regeln für die Verteilung des Steueraufkommens bei grenzüberschreitenden Sachverhalten stellt jede Verminderung der Doppelbelastung im Quellenstaat oder im Wohnsitzstaat einen einseitigen Steuerverzicht dar. Die Anordnung der Nichtanrechnung ausländischer Körperschaftsteuer kann daher nicht als willkürlich angesehen werden. Ein europarechtlicher Verstoß durch das deutsche Vollanrechnungsverfahren wird daher abgelehnt [709]. Von Art. 58 EGV werden aber nur solche Regelungen erfasst, die bereits zum 31.12.1993 bestanden haben, was hinsichtlich der Nichtanrechnung ausländischer Körperschaftsteuer der Fall ist.

---

707 Für eine Einbeziehung der Steuerausländer in das deutsche Vollanrechnungsverfahren Schneeloch/ Trockels-Brand, DStR 2000, 907 (910); ebenso halten dies Haase/ Arnolds, FR 2000, 485 (490) für möglich.

708 Schneeloch/ Trockels- Brand, DStR 2000, 907 (915).

709 Thiel, StbJb 1996/ 97, S. 94; Herzig, in Gedächtnisschrift Brigitte Knobbe- Keuk, S. 639 f.

Ebenso sieht es das FG München [710], wonach grundsätzlich die Kohärenz des deutschen Steuersystems einer Anrechnung bzw. Erstattung ausländischer Körperschaftsteuer entgegensteht, wenn diese nicht vorher vom deutschen Fiskus vereinnahmt wurde. Hiernach ist schon aufgrund eines Steuerverzichts bzw. einer Erstattung und der damit verbundenen Minderung der Staatseinnahmen eine Berücksichtigung ausländischer Körperschaftsteuer im Rahmen der deutschen Einkommensteuer unmöglich.

Hinsichtlich politischer Akzeptanz wäre man aber an dem Erfordernis einer europafreundlichen Ausformung des deutschen Körperschaftsteuersystems durch Anrechnung ausländischer Körperschaftsteuer nicht herumgekommen [711].

Eine grenzüberschreitende Anrechnung vermindert auch die Anzahl der Missbrauchsfälle. Komplizierte Schutzmechanismen könnten dann verringert werden bzw. gänzlich entfallen, wodurch wiederum zu einer Vereinfachung des Systems beigetragen würde.

Die Aufhebung der Benachteiligung ausländischer EU- Dividenden ist weiterhin eine wichtige Voraussetzung für die Entwicklung eines einheitlichen europäischen Kapitalmarktes [712].

(3) Diskriminierung inländischer Betriebstätten ausländischer Kapitalgesellschaften

Soweit man hier eine Verletzung der Niederlassungsfreiheit annimmt [713], richtet sich dies nicht gegen eine Vollanrechnung an sich. Vielmehr ist hier nur die deutsche Ausgestaltung des Vollanrechnungsverfahrens als bedenklich einzustufen [714]. Ein einheitlicher Körperschaftsteuersatz hätte dieses Problem gelöst.

Zwischenergebnis:

Das Vollanrechnungsverfahren verstößt grundsätzlich nicht gegen europarechtliche Vorschriften, insbesondere nicht gegen die im EG-Vertrag kodifizierten Grundfreiheiten [715]. Es kommt lediglich aufgrund mangelnder Kapitalexport-/ Kapitalimportneutralität zu einer gewissen Beeinträchtigung der Niederlassungs- und Kapitalverkehrsfreiheit, ohne dass hieraus aber gleich eine Verletzung des EGV resultiert. Ein Verstoß könnte erst festgestellt werden, wenn man sich europaweit auf ein einheitliches System einigen und im EGV festschreiben würde.
Die Einführung eines grenzüberschreitenden Anrechnungsverfahrens auf europäischer Ebene wäre zur Vermeidung oben aufgezeigter Wettbewerbsverzerrungen aber wünschenswert. Zumindest wäre aus Sicht einer besseren europäischen Integration des deutschen Anrechnungs-

---

710 v. 26. 1. 1998, EFG 1998, 1076.

711 Zu den Einzelheiten siehe vorstehend ccc) dddd).

712 Grotherr, BB 2000, 849 (851).

713 So Schneeloch/ Trockels- Brand, DStR 2000, 907 (915); Rädler/ Lausterer, DB 1993, 451 (453), hierzu auch Herzig/ Dautzenberg, DB 1997, 8 (14).

714 Schneeloch/ Trockels- Brand, DStR 2000, 907 (915).

715 Zweifel hinsichtlich der Feststellung eines Verstoßes gegen den EGV hegt auch Grotherr, BB 2000, 849 (850).

verfahrens eine (teilweise) Anrechnung ausländischer Körperschaftsteuer auf Dauer aber kaum zu umgehen. Die politische Machbarkeit erscheint allerdings zweifelhaft.

ddd) Hohe Thesaurierungsbelastung

Aufgrund dessen, dass die Ausschüttungsbelastung geringer als die körperschaftssteuerliche Belastung im Thesaurierungsfall ist, wird angenommen, dass sich dies negativ auf die Eigenkapitalausstattung der Unternehmen auswirkt. Ob sich eine Ausschüttung als günstig erweist, hängt letztlich von der Gesellschafterstruktur ab. Eine Ausschüttung erbringt nur einen Steuervorteil, wenn der persönliche Einkommensteuersatz des Gesellschafters unter der Thesaurierungsbelastung von zuletzt 40 % liegt. Sobald der persönliche Einkommensteuersatz höher liegt, stellt sich der Gegeneffekt in der Form ein, dass die Thesaurierung begünstigt wird.
Die Höhe der Ausschüttungsbelastung ist bei einem Vollanrechnungsverfahren dagegen völlig irrelevant, da im Zeitpunkt der Ausschüttung die dann bestehende KöSt.- Belastung nur noch eine Anrechnungsfunktion hat. Es kommt daher nur auf die Thesaurierungsbelastung und die Einkommsteuerbelastung der Gesellschafter an. Insofern könnte die Ausschüttungsbelastung auch höher als der Thesaurierungssteuersatz sein (was letztlich aber sinnlos wäre), ohne dass allein damit eine Änderung beim Ausschüttungsverhalten und damit korrespondierend bei der Eigenkapitalausstattung zu erzielen wäre.

eee) Fiskalische Gründe

Zum Teil werden als Argumente für die Abschaffung des Vollanrechnungsverfahrens und gegen eine vollständige Vermeidung der Doppelbelastung auch fiskalische Gründe angeführt [716]. Sofern die Dividenden bei den Anteilseignern innerhalb des Vollanrechnungsverfahrens einem Einkommensteuersatz von 0 % unterliegen würden [717], wäre die Folge, dass die Kapitalgesellschaft als erwerbswirtschaftliches Unternehmen aus dem von ihr erwirtschafteten Gewinn, aufgrund der Vollanrechnung auf Gesellschafterebene, keinen Beitrag zum allgemeinen Steueraufkommen geleistet hätte, wenn man einmal von der Gewerbesteuer absieht.
Steuern seien nach § 3 I AO aber Geldleistungen, die von einem öffentlich- rechtlichen Gemeinwesen zur Erzielung von Einnahmen ALLEN auferlegt werden, bei denen der Tatbestand zutrifft, an den das Gesetz die Leistungspflicht knüpft. Demnach sollen auch die Körperschaften einen Beitrag zum allgemeinen Steueraufkommen leisten, ohne dass dieser auf Gesellschafterebene vollständig rückgängig gemacht werden kann [718].
Hiergegen ist aber anzuführen, dass fiskalische Gründe nur soweit angeführt werden können, als sich der Gesetzgeber an den ihm zustehenden Gestaltungsspielraum hält und keine aus der Verfassung abgeleiteten steuerrechtlichen Grundprinzipien tangiert. Als solche werden in diesem Zusammenhang durch das Halbeinkünfteverfahren aber insbesondere das Leistungsfähigkeitsprinzip und der daraus hergeleitete Untergrundsatz der Einmalbelastung sowie der Grundsatz der rechtsformneutralen Besteuerung verletzt [719]. Demnach können diese fiskali-

---

[716] Grotherr, BB 2000, 849 (853).

[717] Z.B. durch anderweitige Verluste; Dividenden unterhalb des Sparerfreibetrages; zu versteuerndes Einkommen unter dem Grundfreibetrag usw.

[718] Grotherr, a.a.O.

[719] Siehe hierzu Unterpunkt d.

schen Gründe nicht als Argumente für die Abschaffung des Vollanrechnungsverfahrens geltend gemacht werden.

cc) Vorteile des Vollanrechnungsverfahrens

Für die Einführung des Anrechnungsverfahrens sprachen gute Gründe. Insbesondere ist hervorzuheben, dass durch die Vollanrechnung die Vorbelastung durch die Körperschaftsteuer vollständig neutralisiert wurde. Dies gilt natürlich nur auf nationaler Ebene. Im Fall einer europaweiten Anwendung und einer grenzüberschreitenden Anrechnung innerhalb der EU könnte man wettbewerbsverzerrende Doppelbelastungen innerhalb des gesamten europäischen Binnenmarktes verhindern. Das Anrechnungssystem hatte in seinen Grundzügen insbesondere binnenwirtschaftliche Vorzüge, wie die grundsätzliche Rechtsform-, Finanzierungs- und Gewinnverwendungsneutralität im Rahmen der Körperschaft- und Einkommensteuer. Die Neutralitätsgrundsätze wurden aber durch Steuerreformmaßnahmen und die systembedingte unterschiedliche Art und Höhe der Tarife bei der Einkommensteuer und der Körperschaft-steuer beeinträchtigt [720]. Die Neutralitätsverzerrungen aufgrund der Gewerbesteuer haben nichts mit dem Anrechnungsverfahren zu tun und werden hier insoweit außer Betracht gelassen.

(1) Es wird grundsätzlich von der Rechtsformneutralität des Anrechnungsverfahrens ausgegangen, wenn nur anrechnungsberechtigte natürliche Personen beteiligt sind. Das kann aber auch nur für die vom Anrechnungsverfahren betroffenen Steuern, wie die Körperschaft- und die Einkommensteuer, und dann auch nur für den Ausschüttungsfall gelten. Die unterschiedliche Behandlung durch das Trennungs- bzw. Durchgriffsprinzip hat Auswirkungen bei der Gewerbesteuer, die nicht durch die dortigen pauschalen Ausgleichsregelungen kompensiert werden können. Ein weiterer Mangel bezüglich der Rechtsformneutralität ist in der Tarifspreizung des § 32c EStG begründet.
Dies sind aber keine Argumente gegen das Anrechnungsverfahren, da diese Mängel nicht systemimmanent sind. Vielmehr sprechen diese Argumente für die Abschaffung der Gewerbesteuer bzw. deren rechtsformneutrale Ausgestaltung und die Beseitigung der Schedulierung innerhalb der Einkommensteuer.

(2) Im nationalen Binnenmarkt wird durch das Anrechnungsverfahren unter vorstehend genannten Voraussetzungen und Ausnahmen [721] auch die Finanzierungsneutralität gewährleistet [722].

(3) Der Grundsatz der Besteuerung nach der Leistungsfähigkeit fordert entsprechend der Leistungsfähigkeit des Steuerpflichtigen ein relativ gleiches Opfer. Demzufolge sollten die auf den Steuerpflichtigen entfallenden Einkünfte letztlich einer progressiven Besteuerung unterliegen. Da im Rahmen des Anrechnungsverfahrens die von den Kapitalgesellschaften erwirtschafteten Gewinne letztlich dem persönlichen Einkommensteuersatz des Gesellschafters unterliegen, wird eine Besteuerung nach der Leistungsfähigkeit vollständig erreicht.

---

[720] Grotherr, BB 2000, 849 (850 (dort Fn. 10)).

[721] Aufgrund des Trennungsprinzips kommt es bei Gesellschaftern von Kapitalgesellschaften nur zu einer hälftigen Hinzurechnung der Dauerschuldzinsen im Rahmen der Gewerbesteuer. Dagegen erfolgt eine vollständige Erfassung bei Personenunternehmern.

[722] Schneeloch/ Trockels- Brand, DStR 2000, 907 (909).

Aus der Besteuerung nach der Leistungsfähigkeit und dem Untergrundsatz der rechtsformneutralen Besteuerung folgt auch, dass Gewinne unabhängig von der Rechtsform nur einmal belastet werden sollen [723]. Wie schon oben angeführt wird durch die vollständige Anrechnung bzw. Vergütung der KöSt. eine Einmalbelastung auf nationaler Ebene durchweg erreicht.

d) Die neue Rechtslage nach dem StSenkG

aa) Ausräumung der gegenüber dem Anrechnungsverfahren bestehenden Kritikpunkte

Zu untersuchen bleibt nun, ob die gegenüber dem Vollanrechnungsverfahren angeführte Kritik durch die Einführung des neuen KöSt.-Systems gegenstandslos geworden ist.

aaa) Kompliziertheit

Das neue System ist aufgrund seiner einfachen Grundkonzeption sicherlich einfacher zu handhaben. Insbesondere entfällt aufgrund des einheitlichen Körperschaftsteuersatzes die aufwendige Eigenkapitalgliederung sowie das aufwendige Bescheinigungsverfahren. Zwar bleibt die Gliederung für einen Übergangszeitraum in vereinfachter Form erhalten, jedoch ist ein Ende des auf mehrere EK- „Töpfe" verteilten verwendbaren Eigenkapitals in Sicht.

Allerdings dürfte ein verwaltungstechnischer Mehraufwand insbesondere daraus zu erwarten sein, dass aufgrund der Systemumstellung vom Anrechnungsverfahren auf ein modifiziertes klassisches KöSt.-System eine überaus komplizierte Übergangsregelung geschaffen wurde. Diese dient der Sicherung der Körperschaftsteuerguthaben bzw. der Sicherstellung der Nachbelastung beim EK 02.
Für die Abschaffung des 23 Jahre gültigen Anrechnungsverfahrens ist ein Übergangszeitraum von 15 Jahren vorgesehen. Somit müssen sich Steuerberater, Unternehmen und Verwaltung nicht nur mit der Einführung des Halbeinkünfteverfahrens befassen, sondern sich daneben auch mit einer überaus komplizierten Übergangsregelung auseinandersetzen und für deren Durchsetzung sorgen.

Des Weiteren kommt es insbesondere bei der Anwendung des § 3c EStG zu Abgrenzungsproblemen. Auch hieraus resultiert ein erhöhter Verwaltungsaufwand, da die Anwendungshäufigkeit von Normen auf der Seite des Anteilseigner mehr Streitpotential beinhalten als Normen der Unternehmensebene.

bbb) Missbrauchsanfälligkeit

Auch das neue Halbeinkünfteverfahren wird nicht vor „missbräuchlichen" Gestaltungen geschützt sein, da auch dieses System Beschränkungen in sich trägt, welche man zu umgehen versuchen wird. Zwar liegen diese aufgrund der Gleichbehandlung von inländischen und ausländischen Dividenden und des generellen Wegfalls des Anrechnungsverfahrens nicht im grenzüberschreitenden Bereich der Steueranrechnung (z. B. Dividendenstripping) oder im „Schütt- aus- Hol- Zurück- Verfahren" , jedoch erfolgen auf Gesellschafterebene Einschrän-

---

[723] Gutachten der Steuerreformkommission 1971, Teil IV KSt, Rz. 160.

kungen aufgrund der teilweisen bzw. vollständigen Steuerfreiheit der Dividenden im Bereich des Betriebsausgaben- bzw. Werbungskostenabzugs (§ 3c II EStG, §§ 8 I, 8b I KStG i. V. m. § 3c I EStG bzw. § 8b V KStG). Hier wird es Bestrebungen geben, den (unmittelbaren) wirtschaftlichen Zusammenhang zwischen steuerfreien Dividenden und Aufwendungen zu vermeiden und diese Aufwendungen steuerpflichtigen Einnahmen zuzuordnen (sogenanntes „ballooning- concept"). Auf diese Art und Weise kann dann dennoch eine Minderung der Bemessungsgrundlage erreicht werden.

Des Weiteren dürften Gestaltungen bezüglich des neuen § 8b II KStG zu erwarten sein, da dieser Veräußerungsgewinne aus der Beteiligung an Kapitalgesellschaften steuerfrei stellt, sofern es sich beim Anteilseigner um ein Körperschaftsteuersubjekt handelt. Dies gilt ebenso für die begünstigte Behandlung von Beteiligungsveräußerungsgewinnen auf Einkommensteuerebene nach § 3 Nr. 40 a, b EStG. Es wird Versuchungen geben, diese begünstigenden Regelungen auf Sachverhalte auszudehnen, welche nach dem Bestreben des Gesetzgebers grundsätzlich eine andere Behandlung erfahren sollten. Durch diese Regelung ergibt sich nämlich die Möglichkeit, nur zum Zweck der steuerfreien bzw. hälftigen Beteiligungsveräußerung, Gesellschaften für Einzelwirtschaftsgüter mit hohen stillen Reserven zu gründen. Ob die durch den Vermittlungsausschuss eingefügten Schutzmechanismen in § 3 Nr. 40 S. 3, 4 EStG und § 8b II 1, IV KStG in der Praxis den besagten Erfolg erzielen, bleibt abzuwarten und zu wünschen.
Weiterhin wird das umfassende Schachtelprivileg für Kapitalgesellschaften dafür sorgen, dass Dividendenauszahlungen über Beteiligungskapitalgesellschaften steuerfrei vereinnahmt und dort thesauriert werden. Insofern ist zu befürchten, dass auf längere Sicht Anteile an Kapitalgesellschaften als „Zahlungsmittel" aus unversteuertem Einkommen fungieren könnten.
Außerdem kann es nach thesaurierungsbedingten Wertsteigerungen zur steuerfreien Bedienung von Aktionären kommen, wenn diese aus Kapitalerhöhungen resultieren, welche aus Gesellschaftsmitteln gebildet wurden [724].

Da Gestaltungen grundsätzlich dort zu erwarten sind, wo Beschränkungen oder Vergünstigungen auftauchen und diese einfach umgangen bzw. ohne Umstände auf andere Sachverhalte ausgedehnt werden können, ist auch das neue Körperschaftsteuersystem nicht vor Umgehungsversuchen geschützt.
Solche Gestaltungen müssen aber nicht immer einen Missbrauch darstellen, sondern weisen vielmehr darauf hin, dass das gesetzliche Regelungswerk vom Steuergesetzgeber nicht zu Ende gedacht wurde und nicht gewollte Lücken bestehen.

ccc) Europatauglichkeit

Auch hinsichtlich der europäischen Integration konnte das neue System nicht optimiert werden. Bezüglich des Anrechnungsverfahrens auftretende Wettbewerbsverzerrungen werden auch nicht durch das Halbeinkünfteverfahren beseitigt.

---

724 Haase/ Arnolds, FR 2000, 485 (491).

aaaa) Mangelnde Kapitalexportneutralität

Sofern ein deutscher Privatanleger an einer ausländischen Kapitalgesellschaft beteiligt ist, werden jene Dividenden mit inländischen Dividenden gleichgestellt. Aufgrund des neuen Systems ist die ausländische Dividende mit ausländischer Körperschaftsteuer belastet. Hinzu kommt die individuelle Einkommensteuer auf das halbe Resteinkommen. Es kommt also zu einer Doppelbelastung der Dividenden. Aufgrund der unterschiedlichen Körperschaftsteuersätze und (Voll-, Teil-, Nicht-) Anrechnungssysteme in Europa ist nicht sichergestellt, dass die Summe aus inländischer und ausländischer Steuerbelastung der ausländischen Kapitalanlage nicht höher ist als bei einer vergleichbaren inländischen Kapitalanlage. Insbesondere erfolgt nur eine pauschale Berücksichtigung der definitiven körperschaftssteuerlichen Vorbelastung, sodass der deutschen Neuregelung schon aus diesem Grund auf nationaler Ebene Wettbewerbsverzerrungen immanent sind.

Dies gilt auch für den Fall, dass der inländische Anteilseigner eine Personenunternehmung ist [725] bzw. es sich beim Anteilseigner um eine inländische Kapitalgesellschaft handelt und diese an eine inländische natürliche Person ausschüttet.

Im Gegensatz zum Anrechnungsverfahren erfolgt allerdings eine nicht unwesentliche Besserstellung. Nach Abzug der ausländischen KöSt. unterliegt nur noch die Hälfte und nicht mehr im Ausschüttungsfall das gesamte Resteinkommen der persönlichen Einkommensteuer des einkommensteuerpflichtigen Anteilseigners. Dies ändert aber nichts an den Wettbewerbsverzerrungen aufgrund fehlender Kapitalexportneutralität.

bbbb) Mangelnde Kapitalimportneutralität

Wie bisher werden ausländische Investitionen in inländische Betriebstätten oder Beteiligungen an inländischen Personengesellschaften nach den üblichen Doppelbesteuerungsabkommen allein einer inländischen Quellenbesteuerung (deutsche ESt. oder deutsche KöSt.) unterworfen. Insoweit scheint die Kapitalimportneutralität gewahrt zu sein.

Hinsichtlich der von Ausländern gehaltenen Beteiligungen an inländischen Kapitalgesellschaften kommt es innerhalb des neuen Systems auch zu keiner Änderung der steuerlichen Gesamtbelastung, bis auf die Senkung des KöSt.-Tarifs (insofern Belastung mit deutscher KöSt. und ausl. ESt.). Im Rahmen der beschränkten Steuerpflicht gilt die Einkommensteuer für Einkünfte, die dem Steuerabzug vom Kapitalertrag unterliegen, durch den Steuerabzug als abgegolten. Der beschränkt einkommensteuerpflichtige Anteilseigner unterfällt nicht dem neuen deutschen Halbeinkünfteverfahren, sondern regelmäßig der vollen Wohnsitzstaatbesteuerung.

Aufgrund der unterschiedlichen Systeme ist insofern eine Gleichbehandlung mit inländischen Anteilsinhabern an inländischen Kapitalgesellschaften nicht sichergestellt. Insbesondere besteht im Ausland grundsätzlich ein anderer ESt.-Tarif und es erfolgt dort grundsätzlich nicht nur eine hälftige Erfassung der Dividenden.

Damit entstehen Wettbewerbsverzerrungen auch aufgrund mangelnder Kapitalimportneutralität.

---

[725] A. A. Haase/ Arnolds, FR 2000, 485 (489). Gegen deren Ansicht spricht der eindeutige Wortlaut des § 20 III EStG.

cccc) Herstellen von Wettbewerbsneutralität

Wie schon beim Anrechnungsverfahren angedeutet, wäre die Herstellung einer annähernden Wettbewerbsneutralität, bezogen auf den deutschen Wirtschaftsstandort, nur durch die vollständige Anrechnung der ausländischen Steuer zu erreichen [726]. Dies gilt jedenfalls bis zur Rechtsvereinheitlichung in Europa. Zur Erlangung einer wettbewerbsneutralen Außenbesteuerung müsste also in das neue modifizierte klassische KöSt.-System die Anrechnung ausländischer Steuern auf die deutsche Einkommensteuer integriert werden.
Dies erscheint widersprüchlich, denn dann hätte man gleich beim Anrechnungsverfahren bleiben und dieses wettbewerbsneutral ausgestalten können.

dddd) Verstoß gegen EGV ?

Die mangelnde Wettbewerbsneutralität könnte einen Verstoß gegen Europarecht zur Folge haben. Insbesondere kommt hier ein Verstoß gegen die im EGV kodifizierte Niederlassungs- bzw. Kapitalverkehrsfreiheit in Betracht. Allerdings ist bei einer mangelnden Kapitalimportneutralität aufgrund der unterschiedlichen Erfassung im Rahmen der beschränkten und unbeschränkten Steuerpflicht keine vergleichbare Lage gegeben, sodass insofern ein Verstoß entfällt.
Die mangelnde Kapitalexportneutralität basiert hauptsächlich auf der Unterschiedlichkeit der in Europa angewendeten KöSt.-Systeme. Insbesondere erfolgt im nationalen Bereich durch das neue Regelungssystem die Gleichbehandlung inländischer und ausländischer Dividenden.
Da insofern auf nationaler Ebene keine Diskriminierung von ausländischen EU-Kapitalanlagen erfolgt, ist auch insoweit keine Verletzung des EGV gegeben. Durch die Gleichbehandlung stellt sich das jetzige System europafreundlicher als das vorherige Anrechnungsverfahren dar, ohne aber die aufgrund der fehlenden Kapitalimport- bzw. Kapitalexportneutralität bestehenden EU- weiten Wettbewerbsverzerrungen aus dem Wege räumen zu können.

Zwischenergebnis:

Es bleibt damit festzuhalten, dass die gegenüber dem Anrechnungsverfahren vorgebrachte Kritik nicht vollständig durch das neue KöSt.-System beseitigt werden konnte. Die erwünschte Europatauglichkeit im Sinne der Schaffung eines einheitlichen europäischen Kapitalmarktes endet auch bei dem neuen KöSt.-System an der Steuerhoheitsgrenze [727].
Positiv bleibt anzumerken, dass es zu einer gewissen Vereinfachung gekommen ist und sich das neue System europafreundlicher darstellt. Aufgrund der einheitlichen definitiven Körperschaftsteuerbelastung von 25 % und der hälftigen Nachbelastung auf Einkommensteuerebene ist insbesondere ausländischen Investoren die steuerliche Belastung im groben Umfang ersichtlich. Multinationale Unternehmen berücksichtigen bei ihrer Standort- und Investitions-

---

[726] Haase/ Arnolds, FR 2000, 485 (490).

[727] Grotherr, BB 2000, 849 (855).

entscheidung an erster Stelle die nominalen Steuersätze [728]. Damit wird ein diesbezügliches Investitionshemmnis beseitigt [729].
Aufgrund des einheitlichen Körperschaftsteuersatzes konnten die europarechtlichen Bedenken (möglicher Verstoß gegen die Niederlassungsfreiheit) bei der unterschiedlichen Besteuerung von Tochtergesellschaften und Betriebstätten ausländischer Kapitalgesellschaften beseitigt werden.
Die Herabsetzung des KöSt.-Satzes setzt weiterhin einen Investitionsanreiz. Diese Senkung wäre allerdings auch bei einer Beibehaltung des alten Vollanrechnungsverfahrens zu erwarten gewesen.
Für die Vornahme von Investitionen wurden insofern positive Zeichen gesetzt.

Damit sprechen die gegenüber dem Anrechnungsverfahren zur Sprache gebrachten Vorwürfe nicht unbedingt für die Einführung des neuen Halbeinkünfteverfahrens. Insbesondere hätte die seit langer Zeit geforderte Vereinfachung des Anrechnungsverfahrens und die vorgeschlagene Anrechnung der bezüglich ausländischer Beteiligungen von Steuerinländern angefallenen Körperschaftsteuer die gleichen vorteilhaften Effekte gehabt.

bb) Verfassungsmäßigkeit des Halbeinkünfteverfahrens

Bedenken könnten hauptsächlich in Bezug auf den Gleichheitssatz des Art. 3 I GG bestehen. Bei der Überprüfung am Gleichheitssatz Art. 3 I GG ist die Steuerrechtssubjektivität der Körperschaften und die damit verbundene zweifache Besteuerungsebene zu beachten. Dies hat zur Folge, dass zwischen Ausschüttung und Thesaurierung von Gewinnen unterschieden werden muss, da es sich hierbei um zwei verschiedene Sachverhalte i. S. d. Art. 3 I GG handelt. Verschiedene Sachverhalte können verfassungsrechtlich unbedenklich auch mit verschiedenen Rechtsfolgen versehen werden.
Das neue System bei der Besteuerung der Kapitalgesellschaften und deren Anteilseigner ist daher hauptsächlich unter dem Aspekt einer rechtsformneutralen Besteuerung in Bezug auf Personenunternehmen und die private Vermögensverwaltung zu betrachten. Es ist aber ebenso zu überprüfen, ob im Ausschüttungsfall eine Gleichbehandlung der Anteilseigner untereinander erfolgt.

aaa) Leistungsfähigkeitsprinzip und Einmalbesteuerung im *Ausschüttungsfall* an ein Einkommensteuersubjekt

Grundsätzliches Problem des neuen KöSt.-System ist die pauschale Berücksichtigung der definitiven KöSt.-Belastung auf der Seite der einkommensteuerpflichtigen Anteilseigner durch das Halbeinkünfteverfahren. Mangels Anrechnung bleibt auch bei innerhalb des Sparerfreibetrages liegenden Dividenden die definitive KöSt.-Belastung von 25 % erhalten. Selbiges gilt bei natürlichen Personen, welche aufgrund eines geringen zu versteuernden Einkommens eigentlich nicht mit einer Ertragsteuer belastet sein sollten. Damit finanzieren, insbesondere auch die Kleinanleger, die Senkung des KöSt.-Satzes.

---

728 Zitzelsberger, WPg 2000, 51 (52).

729 Siehe unter Punkt C I 1.

Die gleichheitswidrige Privilegierung der Kleinanleger durch den Sparerfreibetrag kann zwar abgeschafft werden, jedoch hätte dazu die Streichung des zur Schedulierung führenden Sparerfreibetrages genügt.

Dagegen werden Anteilseigner mit hohen Einkommen begünstigt. Unter Vernachlässigung der Gewerbesteuer, des Soli-Zuschlags, der Kirchensteuer, des Sparerfreibetrages und des WK- Pauschbetrages betrifft dies Anteilseigner mit hohen Einkommen ab einem Grenzsteuersatz von 40 % [730]. Dies könnte einen Verstoß gegen das Leistungsfähigkeitsprinzip darstellen. Anteilseigner mit niedrigen Einkommen bis zum Grenzsteuersatz von 40 % werden im Ausschüttungsfall höher besteuert als es ihrem individuellen Einkommensteuersatz entspricht, wenn man die körperschaftssteuerliche Definitivbelastung in die Betrachtung mit einbezieht.
Diese Benachteiligung der Kleinaktionäre und Geringverdiener kann nicht damit gerechtfertigt werden, dass sich aufgrund der hälftigen Erfassung der Dividenden der Sparerfreibetrag faktisch verdoppeln würde [731]. Dieser wurde erst kürzlich in dem die Steuerreform 2000 vorbereitenden StEntlG 99/ 00/ 02 und wohl in weiser Voraussicht auf das Halbeinkünfteverfahren halbiert.
Es kann in diesem Zusammenhang auch nicht angeführt werden, dass bei einer gegenwärtigen durchschnittlichen Aktienrendite von 2,5 % ein Aktienbestand im Wert von 240.000 DM gehalten werden könnte, ohne dass deren Dividenden den Sparerfreibetrag (3.000 DM) übersteigen würden. Hiergegen spricht insbesondere, dass das Halbeinkünfteverfahren auch für Beteiligungsveräußerungsgewinne des privaten Bereichs gilt (§ 17 EStG) und hier der Sparerfreibetrag des § 20 IV EStG gar nicht zur Anwendung kommt.

Eine Rechtfertigung der Verletzung des Leistungsfähigkeitsprinzips erfolgt aber aus der sachgerechten Typisierung, als deren Nebenerscheinung die Benachteiligung der Kleinaktionäre zu Tage tritt. Das Halbeinkünfteverfahren verfolgt das Ziel, eine Doppelbelastung zu vermeiden. Die Typisierung dient dabei einer gleichmäßigen Durchführung des Verfahrens und ist nicht auf eine Benachteiligung der Kleinaktionäre angelegt. Die Benachteiligung stellt sich vielmehr als Nebenerscheinung dar.
Außerdem beseitigt die zur Vereinfachung gedachte Typisierung innerhalb des KöSt.- Systems das aufgrund mangelnder Belastungstransparenz bestehende Investitionshemmnis hauptsächlich ausländischer Investoren. Auch dieser Grund spricht für eine Rechtfertigung der Benachteiligung der gering verdienenden Aktionäre.

Gerade diese zulässige und zur Vereinfachung notwendige Pauschalierung ist letztlich auch der Grund für die mangelnde Einmalbesteuerung der Dividenden. Gerade die Mehrbelastung der Anteilseigner mit einem Grenzsteuersatz von unter 40 %, ist auf die mangelnde Kompensation der Definitivbesteuerung auf Körperschaftsebene und damit auf eine Mehrfachbelastung mit KöSt. und ESt. zurückzuführen. Dagegen kommt es bei Anteilseignern mit einem Grenzsteuersatz von über 40 % zu einer Überkompensation der Körperschaftsteuer. Da durch

---

730 Nur bei einem ESt.- Satz von 40 % wird beim Halbeinkünfteverfahren eine Belastung wie beim Vollanrechnungsverfahren erreicht, ohne dass es zu einer Mehr- oder Minderbelastung kommt (nach definitiver KöSt.- Belastung von 25 % unterfällt noch die Hälfte des Ausgangsgewinns der KapG (abzgl. der 25 % KöSt.) der Besteuerung auf ESt.- Ebene, also 37,5 % (Hälfte von 75 %); bei einem ESt.- Satz von 40 % fallen an Einkommensteuer noch 15 % des Gewinn der KapG an; die Gesamtbelastung auf KöSt.-Ebene und auf ESt.- Ebene beträgt daher 40 %; dies entspricht auch dem individuellen ESt.- Satz von 40 %). Zur Mehr- oder Minderbelastung bei anderen ESt.- Sätzen und zur Berechnung siehe Grotherr, BB 2000, 849 (852).

731 So aber Grotherr, BB 2000, 849 (852).

das neue KöSt.- System zum Ausgleich der definitiven Körperschaftsteuer auf Gesellschafterebene im Rahmen der Einkommensteuer nur die Hälfte der Dividenden erfasst werden, stellt das neue System im Grundsatz in typisierender Weise eine Einmalbelastung her. Die stärkere Belastung der Dividenden bei Geringerverdienenden ist eine mit der Typisierung notwendig einhergehende Nebenerscheinung, welche in Kauf zu nehmen ist. Des Weiteren steht dem Gesetzgeber bei der Gestaltung des Besteuerungssystems der Kapitalgesellschaften und deren Anteilseigner ein größerer Spielraum zu, sodass auch ein klassisches System mit einer pauschalen Vermeidung einer Doppelbelastung gewählt werden kann [732]. Insofern ist ein Wechsel vom Anrechnungsverfahren zum Halbeinkünfteverfahren gerechtfertigt, wenn es sich wie vorliegend bei den systembedingten Ungleichbehandlungen nur um einen vernachlässigbaren Nebeneffekt handelt. Die Ungleichbehandlungen sind unter diesem Gesichtspunkt nur als unwesentlich einzustufen.
Die auf der mangelnden Einhaltung des Leistungsfähigkeitsprinzips durch Verletzung des Grundsatzes der Einmalbesteuerung hervortretende Ungleichbehandlung der einkommensteuerpflichtigen Aktionäre untereinander ist somit gerechtfertigt [733]. Die aufgrund des Halbeinkünfteverfahrens auftretenden Verzerrungen des Einkommensteuertarifs führen nicht zur Verfassungswidrigkeit [734].

Aus den gleichen Gründen ist auch die aufgrund der Typisierung auftretende Ungleichbehandlung gegenüber Personenunternehmern gerechtfertigt, bei welchen die im Unternehmen erwirtschafteten Gewinne genau mit deren individuellen ESt.- Satz belastet sind [735]. Eine Doppelbelastung mit ESt. und KöSt. kann hier ebenso wenig auftreten wie eine Überentlastung bei der Einkommensteuer durch den mit dem Halbeinkünfteverfahren verfolgten Zweck der pauschalen Kompensation der körperschaftssteuerlichen Definitivbelastung.
Insofern treten auch erste Mängel hinsichtlich der Rechtsformneutralität auf. Für diese Mängel bestehen aber sachgerechte Gründe, da diese aus Vereinfachungszwecken einer gleichmäßigen Besteuerung dienen. Somit sind die Mängel als unwesentlich einzustufen und gerechtfertigt.
Die Entlastung der Personenunternehmen durch die Anrechnung der Gewerbesteuer im Rahmen der Einkommensteuerzahllast kann im Zusammenhang mit der Rechtfertigung der Ungleichbehandlung der Gewinne im Ausschüttungsfall außer Acht gelassen werden. Durch die Anrechnung soll nämlich die gewerbesteuerliche Belastung und nicht die mit der Typisierung innerhalb des Halbeinkünfteverfahrens auftretenden Ungleichbehandlungen gemildert werden.

Die im Rahmen der Ausschüttung auftretenden Ungleichbehandlungen sind daher sachlich gerechtfertigt.

---

732 Lang, GmbHR 2000, 453 (458).

733 Tipke, Die StRO, Bd. II, S. 1028 f. sucht eine Rechtfertigung für die Ungleichbehandlung im Äquivalenzprinzip.

734 Ebenso Lang, GmbHR 2000, 453 (458).

735 Ausgenommen sind insofern Beteiligungserträge, bei welchen es wieder zu obigen auf der Typisierung basierenden Beeinträchtigungen kommen kann.

bbb) Die *Ausschüttung* an ein Körperschaftsteuersubjekt

Die Ausschüttung von körperschaftssteuerlichen Tochterunternehmen an das körperschaftssteuerliche Mutterunternehmen ist nach § 8b I KStG steuerfrei. Durch diese Konzernsteuerbefreiung (auch als Schachtelprivileg bezeichnet) soll eine Mehrfachbelastung vermieden werden. Jede Unternehmensebene wird im Rahmen der Proportionalbesteuerung nur einmal definitiv und abschließend besteuert. Diese Neuregelung zur Besteuerung mehrerer Unternehmensebenen ist dem klassischen Körperschaftsteuersystem entnommen.

Ein solches Schachtelprivileg besteht nur für Körperschaften und nicht für Personenunternehmen. Wirtschaftliche Fakten für diese unterschiedliche Behandlung sind nicht ersichtlich. Insbesondere könnte im Rahmen einer alle Unternehmen umfassenden proportionalen Betriebsteuer ein rechtsformunabhängiges Schachtelprivileg verankert werden. Die Begrenzung des Schachtelprivilegs auf Körperschaften ist Zeichen einer rechtsformabhängigen Besteuerung und verstößt gegen den Gleichheitssatz aus Art. 3 I GG [736]. Möchte man an einem Schachtelprivileg festhalten, so muss dieses rechtsformneutral ausgestaltet werden.

ccc) Begünstigung *thesaurierter* Gewinne bei körperschaftsteuerpflichtigen Unternehmen

Die unterschiedliche Besteuerung der thesaurierten Gewinne bei Kapitalgesellschaften und bei Personenunternehmen dürfte eine wesentliche Ungleichbehandlung und einen Verstoß gegen den Grundsatz der Rechtsformneutralität darstellen.
Bei Kapitalgesellschaften werden die thesaurierten Gewinne proportional mit 25 % besteuert. Dagegen unterfällt bei Personenunternehmen der Gewinn einer progressiven Besteuerung, deren Spitzensteuersatz von 48,5 % (Veranlagungszeitraum 2001) schon ab einem zu versteuernden Einkommen von 107.568 DM erreicht ist. Die daraus resultierende grundsätzliche Spreizung von 23,5 % ist als wesentlich anzusehen und auch nicht nur ein Nebeneffekt des neuen KöSt.- Systems.
Diese Spreizung ist aber der internationale Normalzustand und Resultat des internationalen Steuerwettbewerbs. Da die Staaten um Investoren buhlen, wächst der internationale Druck, investierte Gewinne mit niedrigen Steuersätzen weit unterhalb des Einkommensteuerspitzensatzes zu besteuern. Je niedriger hier die Besteuerung der investierten Gewinne ist, desto höher kann die Nachbelastung im Ausschüttungsfall sein. Man gelangt durch die Höherbelastung der für Konsumzwecke zur Verfügung stehenden Ausschüttung zwangsläufig zu einer konsumorientierten Einkommensbesteuerung.
Will der Wirtschaftsstandort Deutschland weiterhin bestehen und zu neuer alter Blüte gelangen, ist dieser Fakt erst einmal hinzunehmen. Um im Steuerwettbewerb und damit im Wettbewerb um Investitionen mithalten zu können, ist eine Spreizung auch in Deutschland erforderlich. Ein Spreizungsverbot würde Deutschland zu einem Außenseiter machen.
Zur Erreichung der im Steuerwettbewerb erforderlichen niedrigen Körperschaftsteuersätze müsste bei einer Kopplung zugunsten ebenso niedriger Einkommensteuerspitzensätze deren Bemessungsgrundlage im großen Umfang erweitert werden, um eine haushaltsverträgliche Lösung zu gestalten. Die Möglichkeiten zur Verbreiterung der Bemessungsgrundlage sind aber in Deutschland, insbesondere durch das verfassungsrechtliche Wirkkraft entfaltende Net-

---

[736] Lang, Brühler Empfehlungen zur Unternehmensbesteuerung, Kommissionsbericht, Anhang I, S. 47.

toprinzip, eingeschränkt. Die Absenkung des Einkommensteuertarifs auf ein international verträgliches Maß wettbewerbsfähiger Unternehmenssteuerbelastung ist unter diesen Gesichtspunkten ein sehr schwieriges Unterfangen.
Eine Kopplung des Körperschaftsteuersatzes an den Spitzensteuersatz der Einkommensteuer kann somit nicht gefordert werden.

Es gibt daher aus gutem Grund Überlegungen, die Spreizung als zwangsläufige Folge des Wettbewerbs der Steuersysteme anzusehen und aus diesem Grund zu rechtfertigen [737]. Aber auch konsumorientierte Besteuerungskonzepte müssen letztlich vor dem Gleichheitssatz gerechtfertigt werden.
Daher bedarf die Verletzung des Gleichheitssatzes durch die Spreizung von Körperschaftsteuersatz und Spitzensteuersatz der Einkommensteuer nichtsdestotrotz einer verfassungsmäßigen Rechtfertigung.

Unter Hinweis auf den Vorlagebeschluss des BFH zur Tarifbegrenzung des § 32c EStG für gewerbliche Einkünfte [738] und auf den Erbschaftsteuerbeschluss des BVerfG [739] rechtfertigt die *Kommission zur Reform der Unternehmensbesteuerung* [740] die Spreizung bzw. die Begünstigung der in einer Körperschaft thesaurierten Gewinne damit, dass die Anregung betrieblicher Investitionstätigkeit auch im Interesse des Gemeinwohls liegt.
Mit der Begünstigung thesaurierter Gewinne soll die Investitionstätigkeit der körperschaftsteuerpflichtigen Unternehmen angeregt und damit Produktivität und Beschäftigung erhöht werden. Dieses auf volkswirtschaftlichen, finanz- und sozialpolitischen Gründen basierende Ziel liegt im Interesse des Gemeinwohls und ist daher nicht zu beanstanden.
Durch die Begünstigung des unternehmensgebundenen Eigenkapitals kommt es zu einer Stärkung der Eigenkapitaldecke.
Eine solche fördert die Investitionstätigkeit, wobei diese aber nicht zwingend zu einer Schaffung von Arbeitsplätzen führen muss. Es kann nämlich auch in reine Finanzanlagen, welche nicht zu einer Erhöhung der Beschäftigungsquote führen, investiert werden. Die erhöhte Investition in Finanzanlagen ist aber nicht die durchgängige Praxis in der deutschen Wirtschaft. Vielmehr denken die Unternehmer in erster Linie an die Expansion ihres Unternehmens, da die Anlage in unternehmensgebundenes Kapital bessere Renditechancen bietet. Dies hat grundsätzlich auch eine Erhöhung der Produktivität und Beschäftigung zur Folge.
Die Begünstigung thesaurierter Gewinne ist zur Schaffung von Beschäftigung und Produktivität geeignet, wenn auch nicht zwingende Konsequenz [741].

Durch die generelle Besserstellung thesaurierter Unternehmensgewinne kommt es daher mit hoher Wahrscheinlichkeit auch zu positiven Wachstums- und Beschäftigungseffekten. Die

---

737 Lang, GmbHR 2000, 453 (456).

738 BFH vom 24. 2. 1999, BStBl. II 1999, S. 450.

739 BVerfG vom 22. 6. 1995, BVerfGE 93, 165 (175 f.).

740 Brühler Empfehlungen zur Reform der Unternehmensbesteuerung, Kommissionsbericht, S. 36 f.

741 Hey, BB 1999, 1192 (1194) hegt schon Zweifel an der Geeignetheit und Erforderlichkeit der Regelungen zur Erreichung des Ziels. Die von der Autorin aufgeführten geeigneteren Maßnahmen innerhalb der Tarifvertragspolitik sowie der arbeits- und sozialversicherungsrechtlichen Rahmenbedingungen können ebenso positiv auf die Beschäftigungsquote wirken. Jedoch dürfte aus diesen Maßnahmen nicht ein solcher beschäftigungspolitischer Aufschwung zu erwarten sein, wie dies bei einer gestärkten Eigenkapitaldecke der Fall wäre. Letztlich ist gerade auch im Rahmen der Geeignetheit dem Gesetzgeber ein gewisser Gestaltungsspielraum zuzusprechen.

generelle Begünstigung einbehaltener Unternehmensgewinne ließe sich somit als lenkende Sozialzwecknorm in Form einer Maßnahme zur Wachstums- und Beschäftigungsförderung rechtfertigen.

Im Rahmen der Rechtfertigung der Spreizung zwischen einbehaltenen und ausgeschütteten Unternehmensgewinnen erhält der Grundsatz der Rechtsformneutralität als Ausfluss des Gleichheitssatzes neue Bedeutung. Hiernach ist die rechtsformneutrale Gleichbehandlung thesaurierter Gewinne, die sogenannte Thesaurierungsneutralität, gefordert, sofern keine sachgerechten Gründe für eine Ungleichbehandlung vorliegen.
Nach objektiven Kriterien beurteilt, müssten Gewinne unabhängig von der Rechtsform grundsätzlich gleich besteuert werden, sofern aus der unterschiedlichen Rechtsform nicht auch unterschiedliche wirtschaftliche Fakten folgen.
Nach dem StSenkG können aber nur Körperschaften von einem niedrigen Thesaurierungssteuersatz profitieren [742].
Hier erscheint die Anknüpfung an die Rechtsform als sachfremd, weil sich hieraus keine solchen unterschiedlichen wirtschaftlichen Fakten ergeben, welche eine unterschiedliche Besteuerung zuließen. Insbesondere sind 85 % der deutschen Unternehmen als Personenunternehmen organisiert. Diese Personenunternehmen stellen den Großteil der Arbeits- und Ausbildungsplätze. Gerade der Ausschluss der Personenunternehmen bedarf daher einer umfassenden und stichhaltigen Rechtfertigung.

Körperschaften sind als juristische Personen rechtsfähig und Personenunternehmen nur teilweise mit einer Teilrechtsfähigkeit ausgestattet, wobei insbesondere die OHG und die KG zu nennen wären. Für eine Rechtfertigung kommt dieses Unterschiedsmerkmal aber nur in Betracht, wenn damit unterschiedliche wirtschaftliche Fakten zusammenhängen.

Relevant könnten insoweit nur unterschiedliche gesellschaftsrechtliche Fakten der Art sein, dass der Zugriff auf thesaurierte Gewinne unterschiedlich schwierig gestaltet ist und hieraus eine gewisse Thesaurierungswahrscheinlichkeit resultiert. Insoweit würden dann auch unterschiedliche wirtschaftliche Sachverhalte vorliegen, bezüglich derer dann unterschiedliche Rechtsfolgen zulässig wären.
Zum Teil wird angebracht, dass es sich um verschiedene Sachverhalte handelt, weil bei Kapitalgesellschaften die thesaurierten Gewinne im Unternehmen gebunden seien, während bei Personenunternehmern selbige Gewinne zur freien Verfügung ständen und damit auch für private Zwecke verwendet werden könnten. Dem ist aber entgegenzuhalten, dass auch innerhalb von Personengesellschaften das Entnahmerecht der Gesellschafter im Gesellschaftsvertrag eingeschränkt sein kann. Die Beschränkung des Entnahmerechts innerhalb der Personengesellschaften wirkt ungefähr wie die Notwendigkeit eines Gewinnverwendungsbeschlusses bei den Kapitalgesellschaften. Daher stehen zumindest auch bei einem Teil der Personenunternehmer nicht alle thesaurierten Gewinne zur freien Verfügung. Insofern wären keine Unterschiede zu verzeichnen.
Würde man demnach aber die Begünstigung auch bei Personenunternehmern zulassen, müsste man aber ebenso wie bei den Kapitalgesellschaften die Begünstigung im Fall der späteren Entnahme rückgängig machen. Dies ist aber innerhalb des bestehenden ESt.- Rechts mangels zweiter Besteuerungsebene nicht möglich. Bei Kapitalgesellschaften wurde eine zusätzliche

---

742 Im Fall der Möglichkeit einer Option für Personenunternehmen wäre das Differenzierungskriterium die Körperschaftsteuerpflicht gewesen.

Besteuerungsebene schon durch die Anknüpfung der Körperschaftsteuer an die Rechtsform der Körperschaften und deren Natur als juristische Person geschaffen. Aber auch bei Personenunternehmen könnte eine doppelte Besteuerungsebene zumindest fingiert werden. Dies war im Entwurf des StSenkG, durch die Möglichkeit zur Option sich wie eine Körperschaft besteuern zu lassen, auch so vorgesehen. Allerdings wurden diese Pläne innerhalb des Vermittlungsverfahrens wieder beseitigt.
Eine Gleichbehandlung unter Beibehaltung des verfolgten Ziels führt dazu, dass man vom Gesetzgeber die Einführung der viel diskutierten Inhabersteuer [743] bzw. der oben beschriebenen Betriebsteuer fordern muss, wie dies auch hier vertreten wird. So kann man für alle Unternehmen rechtsformunabhängig eine zusätzliche Besteuerungsebene schaffen. Auf dieser Besteuerungsebene kann dann rechtsformunabhängig für Unternehmensgewinne eine niedrige proportionale Besteuerung erfolgen.
Es müssen auch Personenunternehmen und die private Vermögensverwaltung die Möglichkeit haben, von einer niedrigen proportionalen Thesaurierungsbelastung zu profitieren. Auch in diesen Bereichen muss es zu einer konsumorientierten Besteuerung des Einkommens kommen.

Es liegt somit eine nicht gerechtfertigte Ungleichbehandlung gleicher Sachverhalte vor, da bei Körperschaften und Personenunternehmen im Thesaurierungsfall eine unterschiedliche Besteuerung erfolgt, ohne dass dies durch wirtschaftliche Fakten begründet ist. Damit liegt ein Verstoß gegen Art. 3 I GG vor.

Hieran ändert auch der dem Gesetzgeber zugewiesene Gestaltungsspielraum nichts, den er zum einen bei Begünstigungen hat [744] und welcher ihm zum anderen bei der Abgrenzung des Steuergegenstandes sowie dessen Besteuerungshöhe zusteht. Dieser Freiraum ist hier durch die Nichteinbeziehung der Personenunternehmen deutlich überschritten.
Einem Verstoß gegen Art. 3 I GG wäre man hinsichtlich der Personenunternehmen mit Einkünften aus §§ 13, 15, 18 EStG nur entgangen, wenn man an der Optionsmöglichkeit für Personenunternehmen, wie dies noch in § 4a KStG des Entwurfes zum StSenkG vorgesehen war, festgehalten hätte [745]. Dann läge es durch das Optionsrecht allein in der Hand des Unternehmers, in den Genuss der Begünstigung zu kommen. Die damit zusammenhängenden Nachteile beträfen alle die von der Begünstigung betroffenen Unternehmer und nicht nur die optierenden Personenunternehmen [746].
Das Abstellen auf die Rechtsform zur Erreichung des mit der Begünstigung verfolgten Ziels ist mangels Optionsmöglichkeit für Personenunternehmen unangemessen. Damit ist ein Verstoß gegen Art 3 I GG zu verzeichnen. Die Begrenzung der Begünstigung auf Unternehmen in der Rechtsform einer Körperschaft ist nicht gerechtfertigt.

---

743 Kommission zur Reform der Unternehmensbesteuerung, BB 1999, 1188 (1191).

744 Pieroth/ Schlink, Grundrechte, Rdnr. 485 f.

745 Lang, GmbHR 2000, 453 (461); a.A. Hey, BB 1999, 1192 (1196), da eine Option den zivilrechtlichen Unterschieden nicht gerecht werde. Allerdings können zivilrechtliche Unterschiede nur entscheidend sein, wenn diese auch unterschiedliche wirtschaftliche Fakten zur Folge haben.

746 Eine Option lohnt sich nur für ertragstarke Personenunternehmen mit geringen Ausschüttungen (hierzu später).

Eine Gleichheitswidrigkeit folgt außerdem aus der Nichteinbeziehung der privaten Vermögensverwaltung in die Begünstigung thesaurierter Gewinne. Für Einkünfte aus Immobilien und Kapital besteht ebenfalls keine Optionsmöglichkeit, sich wie eine Körperschaft besteuern zu lassen. Damit liegt eine weitere verfassungsrechtlich relevante Ungleichbehandlung zwischen Körperschaften und der privaten Vermögensverwaltung vor. Gerade der Sektor der privaten Vermögensverwaltung trägt durch seine Bereitstellung von Immobilien und Kapital für die Unternehmen beschäftigungspolitische Verantwortung. Zum Teil birgt dieser Bereich schon selbst beschäftigungspolitisches Potential. Andererseits wird das um einiges größere Beschäftigungspotential der ertragsteuerlichen Unternehmen abgesichert. Insoweit bleiben förderungswürdige Investitionsbereiche gleichheitswidrig unberücksichtigt. Der dem Gesetzgeber zur Verfügung stehende Freiraum dürfte durch die Nichteinbeziehung der privaten Vermögensverwaltung ebenfalls überschritten sein. Auch durch die ungerechtfertigte Schlechterstellung der privaten Vermögensverwaltung kommt es somit zu einem Verstoß gegen Art. 3 I GG [747].

Zur Rechtfertigung kann auch nicht angebracht werden, dass das neue System europatauglicher bzw. - freundlicher ist als das bisherige Vollanrechnungsverfahren, da dies nichts mit dem völligen Ausschluss der Personenunternehmen und der privaten Vermögensverwaltung von der Begünstigung zu tun hat.

Des Weiteren müssten nach dem Förderzweck neben thesaurierten Gewinnen auch ausgeschüttete und später in Unternehmen re-investierte Gewinne einer niedrigen Belastung unterliegen.

Der mit der niedrigen Besteuerung verfolgte Förderungszweck wird nur unzureichend erreicht, da neben den Körperschaften keine anderen förderungswürdigen Unternehmen, wie z.B. Personenunternehmen und die private Vermögensverwaltung, von der Begünstigung profitieren können [748].

Letztlich scheitert auch eine Rechtfertigung durch das nur für die Personenunternehmen zur Anwendung kommende Teilanrechnungsmodell. Hierdurch soll nur die gewerbesteuerliche Belastung und nicht der Tarifunterschied zwischen Körperschaftsteuer und Einkommensteuer kompensiert werden.
Außerdem sind das Teilanrechungsmodell, als Entlastung der Personenunternehmen, und die Einführung eines definitiven niedrigen Körperschaftsteuertarifs, als Entlastung der Körperschaften, nicht aufeinander abgestimmt. Dies folgt aus der unterschiedlichen Zielrichtung der Entlastungsmaßnahmen. Die Absenkung des Körperschaftsteuertarifs bei den Körperschaften soll die Gewinnthesaurierung und damit die Investitionstätigkeit fördern. Das auf die Personenunternehmen anzuwendende Teilanrechnungsmodell soll in erster Linie die gewerbesteuerliche Belastung kompensieren. Nur sekundär war eine Angleichung der Gesamtsteuerbelastung von Körperschaften und Personenunternehmen beabsichtigt. Die Annäherung bei der Gesamtsteuerbelastung [749] stellt sich vielmehr als Nebeneffekt dar.

---

747 Lang, GmbHR 2000, 453 (456).

748 Ebenso Unvericht, BB 2000, 797 (797); durch die Nichtbegünstigung der Investitionen aus nichtthesaurierten Gewinnen oder anderen Einkünften hält auch Pollak in ihrem Sondervotum in BB 1999, 1188 (1192) aufgrund des verfolgten Ziels eine solche gesetzliche Regelung für eine halbherzige Lösung.

749 Hierzu unter Punkt D II 4.

Im Regelfall wird somit bei gleich hohem Gewinn eine unterschiedliche Steuer erhoben. Die Höhe der Steuerlast ist wie bisher davon abhängig, ob das Unternehmen als Körperschaft oder als Personenunternehmung geführt wird. Dies gilt auch im Rahmen einer Globalbetrachtung von Einkommen-, Gewerbe- und Körperschaftsteuer [750], da die jeweiligen Entlastungsmaßnahmen unterschiedliche Wirkungen haben und auch nicht das vorrangige Ziel verfolgen, eine rechtsformunabhängige und gleiche steuerliche Belastung der Unternehmen zu erreichen. Die insoweit eher zufällige Annäherung bei der Gesamtsteuerbelastung ändert hieran nichts.

Zwischenergebnis:

Das neue KöSt.-System wirkt mangels Einbeziehung der Personenunternehmen noch eingeschränkter als die *traditionellen* Betriebssteuerkonzepte (siehe oben). Der verfolgte Förderzweck ist nicht auf körperschaftsteuerpflichtige Unternehmen beschränkbar. Die alleinige Begünstigung einbehaltener Gewinne körperschaftssteuerlicher Unternehmen führt ebenso wie bei den traditionellen Betriebssteuerkonzepten zur Verletzung des Gleichheitssatzes und damit zur Verfassungswidrigkeit.
Daneben werden aufgrund des Lock- in- Effekts auch ökonomische Neutralitätspostulate beeinträchtigt [751].

Eine Begünstigung thesaurierter Gewinne kann somit vor dem Gleichheitssatz nur gerechtfertigt werden, wenn die Begünstigung investierter Gewinne auch allen Investoren und Investitionen offen stehen [752].

Auf Dauer wird man sich daher dem von *J. Lang* entwickelten Betriebssteuerkonzept unter Einbeziehung der privaten Vermögensverwaltung nicht entziehen können. Insbesondere kann für jeden Steuerpflichtigen, unabhängig von der Einkunftsart und der Rechtsform, durch die Schaffung eines Beteiligungsbetriebes eine abgeschirmte Besteuerungsebene geschaffen werden. Dort werden alle investierten Einkommen erfasst und einer begünstigten Besteuerung unterworfen. Die Begünstigung dieser investierten Einkommen ist aufgrund der beabsichtigten Beschäftigungserhöhung gerechtfertigt und stellt aufgrund eines weiten Betriebsbegriffs, unter der Einbeziehung der Personenunternehmen (i. S. v. Einkünften aus §§ 13, 15, 18 EStG) und der privaten Vermögensverwaltung, dann gerade keinen Verstoß gegen den Gleichheitssatz aus Art. 3 I GG dar.

ddd) Unterschiedliche Behandlung der Veräußerungsgewinne von Anteilen an Kapital- bzw. Personengesellschaften

aaaa) Natürliche Personen als Anteilsinhaber

Handelt es sich bei dem veräußernden Anteilseigner um eine natürliche Person, die die Anteile im Privatvermögen hält, wird der Gewinn nur erfasst, falls dieser nach § 17 EStG steuerpflichtig ist, bzw. wenn ein Fall des § 23 EStG vorliegt. Der Veräußerungsgewinn ist in dem Fall dann nur zur Hälfte anzusetzen (§ 3 Nr. 40 Buchstaben c, i i. V. m. § 3c II EStG). Werden

---

750 Tipke/ Lang, Steuerrecht, Rdnr. 25 zu § 17.

751 Lang, GmbHR 2000, 453 (457).

752 Lang, GmbHR 2000, 453 (456).

die Anteile im Betriebsvermögen einer Personenunternehmung gehalten, ist der Veräußerungsgewinn stets zu erfassen. Allerdings erfolgt auch hier nur der hälftige Ansatz (§ 3 Nr. 40 Buchstabe a i. V. m. § 3c II EStG).

Bei der Veräußerung einer Personenunternehmung erfolgt dagegen, vorbehaltlich der §§ 16, 34 EStG, stets eine volle Besteuerung des Gewinns. Im Ergänzungsgesetz zum StSenkG (StSenkErgG) wurde aber als „Gegenleistung" für die Zustimmung des Bundesrates zum StSenkG für diese Veräußerungsgewinne unter bestimmten Voraussetzungen wieder der ermäßigte halbe Steuersatz eingeführt.

(1) Rechtfertigungsversuch

Die dargestellte Behandlung der Veräußerungsgewinne von Anteilen an Kapitalgesellschaften wird von der Bundesregierung damit gerechtfertigt, dass es sich hierbei aus wirtschaftlicher Sicht letztlich nur um eine Totalausschüttung thesaurierter Gewinne handelt [753]. Damit müssten die Veräußerungsgewinne auch wie Dividenden behandelt werden. Diese Ansicht ist aber nicht ganz richtig, da durch den Veräußerungspreis nicht nur vergangene Wirtschaftsaktivitäten abgegolten werden, sondern auch die Zukunftsaussichten des Unternehmens Einfluss auf den Veräußerungspreis nehmen. Richtigerweise müsste man daher den Veräußerungspreis aufsplitten. Dies würde in der Praxis aber zu größeren Schwierigkeiten und Streitereien zwischen Steuerpflichtigen und Finanzverwaltung führen. Insbesondere wären hinsichtlich der versteuerten Rücklagen eventuelle Ausschüttungswahrscheinlichkeiten sowie bei entsprechender Höhe der Beteiligung auch die Einflussnahmemöglichkeit auf die Gesellschaft mit zu bewerten gewesen. Neben diesbezüglichen Bewertungsschwierigkeiten entziehen sich auch die Zukunftsaussichten eines Unternehmens einer genaueren Bewertung. Auch der Verweis auf die Börse ist nicht sehr hilfreich, da sich hier die Anteilswerte oft unabhängig von der aktuellen und zukünftigen wirtschaftlichen Situation des Unternehmens entwickeln. Eine Aufsplittung ist aus diesem Grund nicht möglich und damit zu verwerfen. Somit kann einer einheitlichen Betrachtung des Veräußerungspreises im Sinne einer Totalausschüttung aus Vereinfachungsgründen zugestimmt werden.

Des Weiteren wird angeführt, dass bei der Veräußerung eines Anteils an einer Kapitalgesellschaft an den einzelnen Wirtschaftsgütern keine stillen Reserven aufgedeckt werden. Diese bleiben vielmehr auf Gesellschaftsebene unternehmensverhaftet bzw. steuerverstrickt und werden bei einer späteren Veräußerung auf Gesellschaftsebene einer Definitivbelastung unterworfen. Sofern diese Gewinne ausgeschüttet werden, erfolgt auf Einkommensteuerebene eine gemilderte progressive Nachbelastung. Insofern entfaltet die Besteuerungsebene der Gesellschaft eine Abschirmwirkung. Die Wirtschaftsgüter und die Beteiligung des Anteilseigners können daher getrennt behandelt werden.
Aufgrund der steuerlichen Vorbelastung der thesaurierten Gewinne auf der Gesellschaftsebene sei es daher sachgerecht, dass die Veräußerungsgewinne, aufgrund einer vereinfachten Betrachtung im Sinne einer Totalausschüttung, wie die Dividenden behandelt werden.

Die Veräußerung eines Personenunternehmens wird dagegen steuerlich behandelt, als würden die anteiligen Einzelwirtschaftsgüter verkauft. Aufgrund der mangelnden Steuerrechtssubjektivität der Personenunternehmen innerhalb der Einkommensteuer fehlt es an einer abschir-

---

753 Gesetzesentwurf der Bundesregierung, BT- Drucksache 14/ 2683, S. 96.

menden Gesellschaftsebene, sodass hier die stillen Reserven der Einzelwirtschaftsgüter aufgedeckt werden müssen. Es ist keine von den Einzelwirtschaftsgütern trennbare Beteiligung gegeben. Somit ist auch eine gesonderte steuerliche Behandlung der Beteiligungen an Personengesellschaften nicht möglich.
Allerdings könnte auch für Personenunternehmen eine weitere Besteuerungsebene geschaffen werden. Daher liegt eine ungerechtfertigte Ungleichbehandlung vor.

(2) Annäherungsversuch aus praktischer Sicht

Trotz der aufgezeigten Differenzen bleibt anzumerken, dass sich durch das StSenkG das Bild einer Ungleichbehandlung von Veräußerungen von Kapitalgesellschaftsanteilen durch natürliche Personen und die Veräußerung von Anteilen an Personengesellschaften gewandelt hat. Unabhängig davon, ob es sich um Anteile an einer Kapital- oder an einer Personengesellschaft handelt, werden Veräußerungsgewinne stets erfasst, wenn sich die Anteile in einem Betriebsvermögen befinden. Aber auch bei im Privatvermögen gehaltenen Anteilen gibt es kaum noch eine Ungleichbehandlung zwischen Beteiligungen an Kapitalgesellschaften und Mitunternehmeranteilen.
Insbesondere durch die Absenkung der Beteiligungsgrenze auf ein Prozent in § 17 EStG wird eine Angleichung erreicht. Die Annäherung verdichtet sich noch mehr, wenn man in den Vergleich zwischen Beteiligungen an Kapitalgesellschaften und Personenunternehmen auch die jeweilige prozentuale Höhe der Beteiligung einbezieht. Veräußerungsgewinne aus Beteiligungen an Personengesellschaften (Mitunternehmeranteile) werden im Gegensatz zu § 17 EStG immer erfasst, weil es sich bei Personenunternehmen grundsätzlich nicht um Publikumsunternehmen handelt. Eine prozentuale Beteiligung von unter einem Prozent ist bei Mitunternehmeranteilen die Ausnahme. Dies gilt um so mehr nach der Beschränkung der Verlustzuweisungsgesellschaften durch § 2b EStG. Eine Beteiligungsgrenze von einem Prozent hätte hier in den seltensten Fällen praktische Relevanz entfaltet.
Bei Anteilseignern von Kapitalgesellschaften stellt sich dies anders dar. Hier sind Beteiligungen von unter einem Prozent der gängige Normalfall (insbesondere bei an der Aktienbörse notierten Unternehmen). Damit war die Einführung der 1 %- Regel nur bei von Anteilseignern im Privatvermögen gehaltenen Beteiligungen an Kapitalgesellschaften erforderlich.
Im Gegensatz zum Betriebsvermögen sind gerade im Privatbereich öfters Minimalbeteiligungen von unter einem Prozent anzutreffen. Die Erfassung solch geringer Beteiligungen ist kaum durchsetzbar, wie die ähnliche Situation bei den Zinseinkünften zeigt. Auch aus Vereinfachungsgründen ist daher die 1 %- Regelung zu begrüßen.
Minimalbeteiligungen sind aufgrund der schwierigen Erfassung als Sonderfall einzuordnen. Erkennt man daneben an, dass solche Beteiligungen bei Personengesellschaften die eher seltene Ausnahme darstellen, erfolgt aus praktischer Sicht eine weitgehende Gleichbehandlung bei der grundsätzlichen Erfassung der Veräußerung von Beteiligungen.

Als problematisch ist aber die Höhe der jeweiligen Besteuerung anzusehen. Veräußerungsgewinne aus Kapitalbeteiligungen werden nur zur Hälfte als steuerpflichtige Einnahmen erfasst (§ 3 Nr. 40 EStG).
Die Ungleichbehandlung wird aber durch die Wiedereinführung des hälftigen Steuersatzes [754] für Gewinne aus der Veräußerung von Mitunternehmeranteilen im Rahmen des StSenkErgG

[754] Der hälftige Steuersatz beträgt aber mindestens 19,9 %.

wesentlich verringert (§ 34 III EStG). Das Bemühen des Gesetzgebers um eine Gleichbehandlung mit den Veräußerungsgewinnen natürlicher Personen aus Beteiligungen an Kapitalgesellschaften ist nicht zu übersehen.

Letztlich bleibt aber festzustellen, dass, trotz allen Bemühens des Gesetzgebers, bei der Erfassung der Veräußerung von Unternehmensanteilen eine rechtsformneutrale Besteuerung nicht vorliegt. Die bestehenden Differenzen sind zu groß, um sie vernachlässigen zu können. Aufgrund der systematischen Unterschiede ist ein Verstoß gegen Art. 3 I GG gegeben.

bbbb) Das Veräußerungsprivileg innerhalb der Körperschaftsteuer

Veräußert eine inländische Kapitalgesellschaft die von ihr gehaltenen Anteile an einer anderen Kapitalgesellschaft, so ist der Veräußerungsgewinn sogar steuerfrei nach § 8b II KStG.
Hinsichtlich der Anteilsveräußerung an Kapitalgesellschaften durch Kapitalgesellschaften resultiert die Steuerfreiheit dortiger Gewinne aus einer sonst drohenden Steuerkumulation auf Konzernebene und der Sicherstellung der Besteuerung auf der Einkommensteuerebene.
Zugunsten einer Gleichbehandlung wird außerdem angemerkt, dass die Spitzenbelastung des Konsums bei der Veräußerung von Beteiligungen an Kapitalgesellschaften und Anteilen an einer Personengesellschaft ungefähr gleich ist [755].
Außerdem wird angeführt, dass bei einem Verkauf des Personenunternehmens das Eigenkapital vom steuerpflichtigen Veräußerungsgewinn abgezogen wird [756]. Danach ergibt sich nur dann eine Einkommensteuer auf den Veräußerungsgewinn, wenn der Unternehmenswert aufgrund vorhandener stiller Reserven oder aus der Erwartung in der Zukunft liegender Gewinnsteigerungen höher ist. Dies wird aber grundsätzlich der Fall sein, sodass von einer Gleichbehandlung nicht die Rede sein kann. Dieses Argument ist von daher nicht sehr schlagkräftig.

cccc) Rechtliche Würdigung

Wie schon angeführt ist verfassungsrechtlich eine Rechtsformneutralität der Besteuerung unter gleichheitsrechtlichen Gesichtspunkten geboten [757]. Eine rechtsformneutrale Besteuerung erfordert, dass wirtschaftlich gleichartige Sachverhalte auch in gleicher Höhe besteuert werden. Die Rechtsform darf also nur auf die Besteuerung Einfluss haben, soweit sich aus ihr bestimmte wirtschaftliche Fakten ergeben.
Die Begründungsversuche für die unterschiedliche Besteuerung der Veräußerungsgewinne schlagen fehl, da sich dahinter nur steuerrechtliche Konstruktionen und keine wirtschaftlichen Fakten verbergen. Die vorstehenden steuertheoretischen Argumente haben keinen tatsächlichen wirtschaftlichen Hintergrund.
Die Besteuerung der Veräußerungsgewinne ist nicht rechtsformneutral ausgestaltet und verstößt gegen Art. 3 I GG. Insbesondere könnten die Veräußerungsfälle im Rahmen der oben vorgeschlagenen Betriebssteuer bzw. innerhalb einer Inhabersteuer [758] rechtsformneutral ausgestaltet werden. Durch die Betriebs- bzw. Inhabersteuer würde gerade Personenunternehmen

---

[755] Zu diesbezüglichen Berechnungen siehe Rose, BB 2000, 1062 ff.
[756] Rose, BB 2000, 1062 (1066).
[757] Lang, GmbHR 2000, 453 (459).
[758] Lang, Brühler Empfehlungen zur Unternehmensbesteuerung, Kommissionsbericht, Anhang I, S. 46.

eine zusätzliche Besteuerungsebene zur Verfügung gestellt werden, wodurch die wirtschaftlich gerechtfertigte Annäherung an die Besteuerung der Körperschaften erreicht würde.

Zum Zweck der Gleichbehandlung mit Körperschaften ist auch bei Personenunternehmen und der privaten Vermögensverwaltung ein System abschließender Besteuerung jeder Unternehmensebene notwendig. Die Einführung eines umfassenden Veräußerungsprivilegs ist unter gleichheitsrechtlichen und rechtsformneutralen Gesichtspunkten erforderlich, wenn das Veräußerungsprivileg innerhalb der Körperschaften bestehen bleiben sollte. Die Erforderlichkeit eines Veräußerungsprivilegs wird weiter dadurch unterstrichen, dass so eine Mehrfachbelastung der Gewinne vermieden werden kann, da sich im Veräußerungspreis auch schon versteuerte Vermögensmehrungen niederschlagen. Es ist daher sachgerecht, jede Unternehmensebene innerhalb der Sphäre der Proportionalbesteuerung abschließend zu besteuern, wenn dies auch nicht zwingend notwendig erscheint [759]. Das Veräußerungsprivileg bezieht sich aber nicht auf die Einkommensteuerebene, da die wettbewerbsfähig niedrige Proportionalbesteuerung für die Progressivbelastung nicht abschließend sein kann.
Wie das Modell der Inhabersteuer [760] bzw. das oben vorgestellte Betriebssteuerkonzept zeigen, ist die Einführung eines solchen Veräußerungsprivilegs auch möglich.

Da es hinsichtlich der Personenunternehmen an einem Veräußerungsprivileg nach dem Muster des § 8b II KStG fehlt, liegt auch insoweit ein Verstoß gegen Art. 3 I GG vor [761].

Zwischenergebnis:

Rechtsformabhängige Begünstigungen sind als Verletzung des Gleichheitssatzes zu werten, sofern diese nur einem Teil der Unternehmen zukommen und nicht durch wirtschaftliche Fakten gerechtfertigt sind. Die unterschiedliche Systematik bei der Besteuerung der Beteiligungsveräußerungen stellt eine rechtsformabhängige Ausgestaltung der Besteuerung dar und verstößt gegen Art. 3 I GG.

cc) Weitere Nachteile

aaa) Benachteiligung von Steuerpflichtigen mit kleinem Einkommen

Wie bei der Überprüfung der Verfassungsmäßigkeit des Halbeinkünfteverfahrens festgestellt werden konnte, sind Steuerpflichtige mit einem persönlichen Durchschnittseinkommensteuersatz von unter 40 % benachteiligt, ohne dass dies zur Verfassungswidrigkeit führt.
Die Kombination definitiver Körperschaftsteuer mit dem Halbeinkünfteverfahren stellt einen Fremdkörper im System der progressiven Einkommensteuer dar [762]. Je geringer das Gesamteinkommen ist, desto stärker ist die Mehrbelastung durch die definitive Körperschaftsteuer. Bei ausreichend hohem Einkommen kommt es im Rahmen des Halbeinkünfteverfahrens da-

---

759 Lang, GmbHR 2000, 453 (458).

760 Lang, Brühler Empfehlungen zur Unternehmensbesteuerung, Kommissionsbericht, Anhang I, S. 46 f.

761 Lang, GmbHR 2000, 453 (459).

762 Hey, BB 1999, 1192 (1195).

gegen zur Überkompensation der Definitivbelastung, sodass Begünstigungseffekte die Folge sind.

Allerdings bleibt in diesem Zusammenhang zu bedenken, dass die Kleinaktionäre die hauptsächlichen Gewinne nicht mit Dividenden, sondern aus den Kurssteigerungen der Aktien erzielen. Diese Veräußerungsgewinne werden außerhalb der Spekulationsfrist des § 23 I 1 Nr. 2 EStG von einem Jahr nicht in das Halbeinkünfteverfahren einbezogen. Außerdem wird bei Kleinaktionären die Beteiligung grundsätzlich nicht mindestens ein Prozent betragen, wodurch bei diesen auch weiterhin eine Besteuerung nach § 17 EStG die Ausnahme bleibt. Damit wird auch in Zukunft die Kapitalanlage in Unternehmensbeteiligungen eine Form der persönlichen Altersvorsorge darstellen.

bbb) Auswirkungen auf die Finanzierungsstruktur der Unternehmen

Bezieht man in die Belastungsbetrachtung auch die Besteuerung des Unternehmens mit ein, sind die Auswirkungen auf die Finanzierungsstruktur deutlich erkennbar. Bei Fremdkapital haben die zu zahlenden Fremdfinanzierungsentgelte innerhalb der Körperschaft aufgrund der Abziehbarkeit als Betriebsausgabe eine Entlastungswirkung von 25 % bzw. 37,5 % (ohne bzw. mit Berücksichtigung der Gewerbesteuer) zur Folge [763]. Fremdfinanzierungsentgelte unterliegen damit keiner Definitivbelastung.
Für Steuerpflichtige mit einem persönlichem Einkommensteuersatz von unter 40 % erfolgt die Belastung der erhaltenen Fremdfinanzierungsentgelte nur mit dem Einkommensteuersatz entsprechend dem persönlichen progressiven Tarif. Hat der Steuerpflichtige stattdessen Eigenkapitalpositionen inne und würden an ihn Dividenden ausgeschüttet, käme es für diese Einkommensbezieher zu einer nachteiligen Besteuerung der Dividenden. Diese Einkünfte unterliegen aufgrund der Definitivbelastung mit KöSt. einer stärkeren Besteuerung, als sich aus dem individuellen Einkommensteuertarif ergibt. Die optimale Anlageform für Einkommensbezieher mit einem ESt.- Satz von unter 40 % ist damit die Gestellung von Fremdkapital.

Für Bezieher mit hohen Einkommen ergibt sich bei der Fremdfinanzierung das umgekehrte Bild. Hier tritt zu der Entlastung von der Definitivbesteuerung auf Körperschaftsebene eine hohe Belastung mit persönlicher Einkommensteuer auf der Gesellschafterebene. Die Fremdfinanzierungsentgelte werden entsprechend dem persönlichen ESt.- Satz (bis zu 48,5 % im Veranlagungszeitraum 2001) besteuert. Sofern der Steuerpflichtige dagegen Eigenkapitalpositionen inne hat, tritt der auf der Typisierung des Halbeinkünfteverfahrens beruhende Begünstigungseffekt der Überkompensation auf. Dadurch wird eine Steuerbelastung unterhalb des persönlichen Einkommensteuersatzes erreicht.
Für Steuerpflichtige mit einem ESt.- Satz von mehr 40 % sind daher Eigenkapitalpositionen innerhalb von Körperschaften (Aktien, GmbH- Anteile usw.) die vorteilhaftere Anlageform.
Auch im Thesaurierungsfall sind die Fremdkapitalentgelte für untere und mittlere Einkommensgruppen mit einem ESt.- Satz von unter 37,5 % [764] günstiger, da die Entlastung auf Körperschaftsebene größer als die Belastung auf der Gesellschafterebene ist [765].

---

763 Lang, GmbHR 2000, 453 (455).

764 Unter Beachtung der gewerbesteuerlichen Behandlung von Dauerschuldzinsen verschiebt sich in einem Fall solcher Zinsen der Grenzsteuersatz, bis zu dem sich die Gewährung von Fremdkapitalentgelten als die günstigere Alternative darstellt, noch etwas nach unten.

Investierende Anleger werden demnach das Halten von Eigenkapital- oder Fremdkapitalpositionen in Unternehmen von ihren Grenzsteuersätzen abhängig machen. Damit bildet sich für jede Finanzierungsform eine bestimmte Klientel heraus.

Die in diesem Zusammenhang zu nennende weitere Beschränkung der Gesellschafter- Fremdfinanzierung nach § 8a KStG durch das StSenkG betrifft grundsätzlich nur Anteilseigner, deren Vergütung nicht im Rahmen einer Veranlagung im Inland erfasst wird.

ccc) Benachteiligung durch die Begrenzung des Betriebsausgaben- bzw. Werbungskostenabzugs

Die Beschränkungen des Betriebsausgaben- bzw. Werbungskostenabzuges nach §§ 3c I, II EStG bzw. 8b V KStG wirken sich für Steuerpflichtige mit diesbezüglich hohen Ausgaben nachteilig aus, da diese die Leistungsfähigkeit mindern und (zum Teil) unberücksichtigt bleiben sollen [766]. Aus diesem Grund sollte eine Durchschüttung durch mehrere Konzernstufen bei fremdfinanzierten Beteiligungen vermieden werden. In diesen Fällen kann es nämlich bezüglich der Beteiligungen an ausländischen Kapitalgesellschaften zur Anwendung des § 8b V KStG n. F. kommen. Weiterhin ist auf jeder inländischen Konzernstufe § 3c I EStG i.V.m. §§ 8 I, 8b KStG einschlägig, wodurch eine Abzugsbeschränkung der im Zusammenhang mit der jeweiligen Dividende stehenden Aufwendungen eintritt.

Insbesondere stellt sich im Verhältnis zum Anrechnungsverfahren eine Schlechterstellung ein. Beim Anrechnungsverfahren erfolgte die Einmalbesteuerung der Dividende durch die volle Anrechnung der Körperschaftsteuer und die volle Erfassung im Rahmen der Einkommensbesteuerung. Die mit der Dividende zusammenhängenden Betriebsausgaben bzw. Werbungskosten waren voll abzugsfähig.
Bei dem neuen KöSt.- System soll die Definitivbesteuerung auf der Körperschaftsebene durch die nur hälftige Erfassung auf der Einkommensteuerebene kompensiert werden, um so in typisierender Form das angestrebte Ziel der Einmalbesteuerung zu erreichen. Trotz der hier ebenfalls angestrebten Einmalbesteuerung der Dividenden erfolgt jetzt zusätzlich eine Begrenzung des Betriebsausgaben- bzw. Werbungskostenabzugs durch § 3c EStG und § 8b V KStG.
Obwohl in beiden Systemen das Ziel einer Einmalbesteuerung verfolgt wird, kommt es durch § 3c II EStG beim neuen Halbeinkünfteverfahren, im Gegensatz zum bisherigen Vollanrechnungsverfahren, nicht mehr zu einem vollen Betriebsausgaben- und Werbungskostenabzug auf der Einkommensteuerebene.
Insofern erfolgt beim Halbeinkünfteverfahren in Höhe der nichtabzugsfähigen Betriebsausgaben eine wirtschaftliche Doppelbesteuerung. Die ausgeschütteten Gewinne werden wie bisher schon bei der erwirtschaftenden Körperschaft der vollen, wenn auch nach dem StSenkG gesenkten, Körperschaftsteuer unterworfen [767]. Die Beschränkung des Aufwendungsabzuges

---

765 Wagner/ Baur/ Wader, BB 1999, 1296 (1298).

766 Insofern wird auch behauptet, dass die (hälftige) Steuerfreiheit der Dividenden im wirtschaftlichen Ergebnis durch die Begrenzung des BA-/ WK- Abzug insoweit wieder rückgängig gemacht wird (Grotherr, BB 2000, 849 (856)). Da die Steuerfreiheit aber nur diesbezügliche Einkünfte (als Einnahmen abzüglich der dazugehörigen Aufwendungen) zur Vermeidung einer Doppelbegünstigung erfassen kann, ist aus steuersystematischer Sicht die Abzugsfähigkeit der mit den steuerfreien Einnahmen zusammenhängenden Ausgaben nicht zuzulassen.

767 Ebenso Günkel/ Fenzel/ Hagen, DStR 2000, 445 (448); Scheipers, DStR 2000, 89 (90); Schiffers, GmbHR 2000, 205 (207).

stellt eine Schlechterstellung dar. Diese ist aus steuersystematischen Gründen aber nicht zu beanstanden, da Betriebsausgaben und Werbungskosten, welche mit steuerfreien Einnahmen im Zusammenhang stehen, nach dem (objektiven) Nettoprinzip als Grundsatz der Einkommensteuer nicht angesetzt werden können [768].
Hier führt allein die Änderung des Anrechnungsverfahrens in das Halbeinkünfteverfahren unter Beibehaltung des Ziels einer Einmalbelastung aus steuersystematischen Gründen zu der notwendigen Beschränkung des Aufwendungsabzuges. Der Wechsel zu einem modifizierten klassischen KöSt.- System ist aber vom Gestaltungsspielraum des Gesetzgebers gedeckt [769].
Insbesondere sprach neben den Vereinfachungsgesichtspunkten auch die europafreundlichere Ausgestaltung für das jetzige System.
Somit ist die Schlechterstellung aus steuersystematischer und verfassungsrechtlicher Sicht nicht zu beanstanden.

ddd) Investitionsanreiz bezüglich niedrig besteuerter ausländischer Körperschaften mit aktiven Einkünften

Durch das Halbeinkünfteverfahren soll die Definitivbelastung durch die inländische Körperschaftsteuer in Höhe von 25 % ausgeglichen werden. Das Halbeinkünfteverfahren gilt nicht nur für inländische, sondern auch für ausländische Dividenden. Zum Schutz vor einer Ausnutzung dieser begünstigten Erfassung wurde auch im Rahmen des Außensteuergesetzes eine definitive Vorbelastung von 25 % als Voraussetzung für die Anwendbarkeit des Halbeinkünfteverfahrens geschaffen. Das AStG greift aber nur bei passiven Einkünften von Zwischengesellschaften und nicht bei ausländischen Kapitalgesellschaften mit aktiven Einkünften.
Sofern bei solchen ausländischen Kapitalgesellschaften mit aktiven Einkünften die Steuerbelastung bei unter 25 % liegt, werden die Dividenden solcher Anteile gegenüber solchen inländischer Kapitalgesellschaften günstiger besteuert.
Dies hat zur Konsequenz, dass Kapital statt in inländische Kapitalgesellschaften in ausländische Kapitalgesellschaften fließen könnte. Hierdurch erscheint es möglich, dass Kapital in das Ausland abwandert. Eine solche Abwanderung von Kapital wirkt dem Ziel der Steuerreform entgegen, die Erhöhung der Beschäftigungsquote im Inland zu erreichen.

eee) Lock- in- Effekt

Einen weiteren Nachteil stellt der „lock- in- Effekt" (Einsperreffekt) dar, durch welchen es zu einer gewissen Einsperrwirkung von thesaurierten Gewinnen innerhalb der Körperschaftsteuersubjekte kommt. Dieser entsteht hauptsächlich durch die Nachbelastung beim einkommensteuerpflichtigen Anteilseigner. Aus dieser Nachbelastung können sich unternehmenswertvernichtende Wirkungen ergeben.
Durch den niedrigen Thesaurierungssteuersatz in Körperschaften von 37,5 % (25 % Körperschaftsteuer zuzüglich Gewerbesteuerbelastung) und die im Ausschüttungsfall eintretende Nachbelastung auf der Einkommensteuerebene werden insbesondere Anteilseigner mit einem Einkommensteuersatz von über 37,5 % versuchen, Gewinne über Kapitalgesellschaften fließen zu lassen und dort zu thesaurieren, sofern nicht die unbedingte Notwendigkeit einer Aus-

---

768 Lang, GmbHR 2000, 453 (458).

769 Lang, GmbHR 2000, 453 (458).

schüttung besteht. Aufgrund der geringeren Steuerbelastung ist die Rendite bei einer derartigen Kapitalanlage für solche Steuerpflichtigen im Thesaurierungsfall größer als bei alternativen Kapitalanlagen. Der Thesaurierungsvorteil wird aufgrund positiver Zins- bzw. Wiederanlageeffekte mit der Anlagedauer größer und führt auch insoweit zu einer Erhöhung der Rendite [770].

Die Begünstigung der thesaurierten Körperschaftsgewinne wirkt sich weiterhin negativ auf die Finanzierungs- und Verwendungsneutralität aus. Der sich durch die begünstigte Gewinnthesaurierung und die Nachbelastung auf Einkommensteuerebene ergebende „lock- in- Effekt" beinhaltet die Gefahr der Kapitalfehlallokation und schwächt die Lenkungsfunktion des Kapitalmarktes [771].

fff) Interessengegensätze innerhalb der Anteilseigner

Wohlhabende Anteilseigner mit anderen Einkunftsquellen werden vom günstigen Thesaurierungssatz profitieren wollen. Geringerverdienende Anteilseigner werden auf eine Ausschüttung pochen, da sie die Dividenden für den persönlichen Lebensunterhalt verwenden wollen. Somit bleiben auch weiterhin die Interessenkonflikte bei der Aufstellung des Gewinnverwendungsbeschlusses erhalten.

dd) Vorteile

Das neue Körperschaftsteuersystem weist gegenüber dem ehemaligen Vollanrechnungsverfahren aber auch noch einige nicht zu unterschätzende Vorteile auf, die im folgenden dargestellt werden sollen.

aaa) Stärkung der Eigenkapitaldecke und Erhöhung von Produktion und Beschäftigung

Mit der Begünstigung der thesaurierten Gewinne bei Körperschaften korrespondiert ein Vorteil. Dieser beruht gerade auf den nachteiligen Wirkungen des „lock- in- Effekts". Die mangelnde Finanzierungs- und Verwendungsneutralität hat zur Konsequenz, dass aufgrund des günstigen Thesaurierungssatzes vielfach die Gewinne thesauriert werden. Dies wiederum führt zur Stärkung der Eigenkapitaldecke der Unternehmen. Nun ist es wie schon ausgeführt nicht zwingende Konsequenz, dass damit auch eine Steigerung der Produktivität und Beschäftigung einhergeht. Insbesondere könnte auch in Finanzanlagen investiert werden, wodurch keine Produktivitäts- bzw. Beschäftigungserhöhung eintreten würde. Allerdings besteht aufgrund der mit dem unternehmerischen Kapital verbundenen höheren Rendite und der Expansionsbestrebungen der Unternehmen zum Ausbau der Marktposition eine große Wahrscheinlichkeit für die Nutzung thesaurierter Gewinne zur Erweiterung des eigenen Unternehmens. Damit steigen auch die Chancen für eine höhere Produktivitäts- und Beschäftigungsquote.

---

770 Wagner/ Baur/ Wader, BB 1999, 1296 (1297 f.).

771 Sondervotum Pollak zu den Brühler Empfehlungen, BB 1999, 1188 (1191); ähnlich Zusatzvotum Rädler zu den Brühler Empfehlungen, BB 1999, 1188 (1192).

bbb) Europatauglichkeit und Vereinfachung

Wie oben schon angeführt kommt es durch das neue KöSt.- System zu einer wesentlichen Vereinfachung für die als Körperschaften organisierten Unternehmen und die Verwaltung. Weiterhin bleibt im Hinblick auf die Europäisierung anzumerken, dass das neue System durch die Gleichbehandlung inländischer und ausländischer Beteiligungen europafreundlicher wird.

ccc) Rückgang verdeckter Gewinnausschüttungen

Zur Zeit des Anrechnungsverfahrens orientierte man die Leistungsvergütungen der Anteilseigner an der oberen Grenze des Ermessenspielraums, um so weit wie möglich die Steuerlast zu drücken. Trotz eines hohen Einkommensteuerspitzensatzes von zeitweise bis zu 53 % war dies günstig, da bei einer durchschnittlich hohen Gewerbesteuer die Steuerbelastung auf der Ebene der Gesellschaft immer noch höher war als der Einkommensteuerspitzensatz. Die Einkommensteuerbelastung auf die Vergütungen der Gesellschafter war grundsätzlich niedriger und damit günstiger [772].
Durch die Ausnutzung des Ermessenspielraums bis an die oberste Grenze bestand die Gefahr von verdeckten Gewinnausschüttungen, welche zu einer nachträglichen steuerlichen Belastung führten. Aus diesem Grund führten die verdeckten Gewinnausschüttungen oft zu Streitigkeiten zwischen Steuerpflichtigem und Finanzverwaltung, mit der Folge, dass eine kaum zu überschauende Rechtsprechungskasuistik entstand.

Das Interesse, den Anteilseignern anstelle der Ausschüttungen Leistungsvergütungen zukommen zu lassen, wurde durch die Absenkung des Körperschaftsteuersatzes stark geschmälert. Auch aufgrund der durch das Halbeinkünfteverfahren eintretenden Begünstigung der oberen Einkommensbezieher mit einem Grenzsteuersatz bei der Einkommensteuer ab 40 % wandelt sich nun das Bild. Bei diesen Einkommensbeziehern erfolgt durch das Halbeinkünfteverfahren eine Überkompensation der körperschaftssteuerlichen Definitivbelastung, was eine Begünstigung zur Folge hat.
Ab einem Grenzsteuersatz von 40 % ist daher die Besteuerung der Dividende relativ gesehen günstiger als die der Leistungsvergütungen. Die Vereinbarung von Leistungsvergütungen ist nicht mehr rentabler als die Ausschüttung der Dividenden, da bei der einkommensteuerlichen Erfassung der Leistungsvergütungen nicht das Halbeinkünfteverfahren mit seinen im oberen Einkommensbereich eintretenden Begünstigungseffekten anwendbar ist.
In diesen Fällen erscheint es jetzt günstiger, die Leistungsvergütungen so niedrig wie möglich anzusetzen, um die Vorteile des Halbeinkünfteverfahrens auf breiter Linie auszunutzen. Anteilseigner mit hohen Einkommen/ Vergütungen werden sich ihre Leistungen für die Gesellschaft über Dividenden vergüten lassen wollen oder auf eine Thesaurierung drängen.
Grundsätzlich müssen alle Anteilseigner entsprechend ihrer Beteiligung an der Ausschüttung teilnehmen, wodurch leistungsbezogen differenzierende Ausschüttungen behindert werden. Solche Ausschüttungsprobleme treten bei „Ein- Mann"- Kapitalgesellschaften oder Familien-

---

772 Wagner/ Baur/ Wader, BB 1999, 1296 (1299).

gesellschaften nicht auf bzw. könnten durch die Ausgabe von Vorzugsaktien [773] zu bewältigen sein.

Die Fälle der verdeckten Gewinnausschüttungen werden daher massiv zurückgehen.

Hiermit geht dann aber auch die Frage einher, ob der Ansatz einer Mindestvergütung aus steuerlicher Sicht verlangt werden kann [774]. Im Steuerrecht ist eine wirtschaftliche Betrachtungsweise gefordert. Für Vergütungen wird es ebenso, wie es zur Abgrenzung einer verdeckten Gewinnausschüttung eine obere Grenze bei der Angemessenheitsprüfung gab, auch eine Mindestgrenze geben müssen. Nur so kann der Umgestaltung tatsächlicher Lebenssachverhalte durch den Steuerpflichtigen Einhalt geboten werden.
Die Ausnutzung des Ermessenspielraums bei den Leistungsvergütungen ist jetzt nur noch für Einkommensbezieher mit einem Grenzsteuersatz von unter 40 % interessant. Da aber insbesondere die Leistungsvergütung eines Gesellschafter- Geschäftsführers grundsätzlich über 100.000 DM liegt, ist dieser Einkommensteuersatz schnell erreicht.

ddd) Aufhebung der Diskriminierung inländischer Betriebstätten ausländischer Kapitalgesellschaften

Die Einführung des einheitlichen Körperschaftsteuersatzes beseitigt die Benachteiligung inländischer Betriebstätten ausländischer Kapitalgesellschaften. Unabhängig von einer Ausschüttung bleibt die Definitivbelastung mit Körperschaftsteuer in Höhe von 25 % erhalten, sodass die Belastung inländischer Tochterkapitalgesellschaften mit der von inländischen Betriebstätten übereinstimmt.
Soweit ein Verstoß gegen die Niederlassungsfreiheit angenommen wurde, erfolgt nun diesbezüglich eine aus europarechtlicher Sicht ordnungsgemäße Besteuerung.

ee) Zwischenergebnis

Durch das neue Halbeinkünfteverfahren und den Wegfall der auf das Inland begrenzten körperschaftssteuerlichen Anrechnungsmöglichkeit werden viele unerwünschte Steuergestaltungen (Dividendenstripping, „Schütt- aus- Hol- zurück- Verfahren“) und europarechtlich bedenkliche Diskriminierungen beseitigt. Weiterhin kommt es zu einer wesentlichen Vereinfachung. Gerade mit dieser Vereinfachung gehen aber weitere Nachteile einher, wie z.B. die Benachteiligung von Beziehern unterer Einkommensgruppen.
Mit der Begünstigung der Thesaurierung wird die durchaus positiv einzustufende Stärkung der Eigenkapitaldecke erreicht. Hieraus resultiert die hohe Wahrscheinlichkeit für eine Expansion der Unternehmen und die damit einhergehende Steigerung von Produktion und Beschäftigung. Nur die zur Bekämpfung der Arbeitslosigkeit notwendige Erhöhung der Beschäftigungsquote kann der Hauptgrund für die Einführung des neuen KöSt.- Systems sein.

---

773 Durch Vorzugsaktien kann den Aktionären ein besonderer Anspruch auf die Dividende eingeräumt werden (Olfert, Finanzierung, S. 194 f.). Insbesondere bei jährlich in ungefähr gleicher Höhe anfallenden Leistungsvergütungen könnten Vorzugsaktien eine Lösungsalternative darstellen.

774 In skandinavischen Staaten wird ein Mindestgeschäftsführergehalt angesetzt, um eine einheitliche Besteuerung des Arbeitseinsatzes zu erreichen (Kiesewetter, StuW 1997, 24 (32)).

Da das neue System aber nur Körperschaften erfasst und nicht auch die ebenso beschäftigungspolitisch wichtigen Personenunternehmen bzw. die private Vermögensverwaltung einbezieht, treten hier die gleichen Folgen wie bei den traditionellen Betriebssteuerkonzepten auf. Die Beschränkung der förderungswürdigen Unternehmen auf Körperschaften hat einen Verstoß gegen den Gleichheitssatz aus Art 3 I GG und damit die Verfassungswidrigkeit zur Konsequenz.
Weiterhin werden neben der Abschaffung missbrauchsanfälliger Systemteile auch neue missbrauchsanfällige Regelungen eingeführt, wie § 3c EStG und § 8b KStG zeigen. Letztlich birgt auch der mit einer begünstigten Besteuerung einhergehende „lock- in- Effekt" diverse Nachteile in sich.

Es bleibt damit festzuhalten, dass die Einführung des neuen Systems teilweise ebensolche Kritikpunkte aufweist, wie sie gerade durch die Abschaffung des alten Systems vermieden werden sollten. Teils kommen noch Kritikpunkte hinzu, welche dem ehemaligen Anrechnungsverfahren fremd waren.

Insbesondere die geforderte Europatauglichkeit hätte durch Weiterentwicklung des ehemaligen Systems besser funktioniert, da das ehemals auch in Deutschland praktizierte Anrechnungsverfahren weiterhin von den in Europa wichtigen Wirtschaftsnationen angewendet wird. Zum Teil erfolgt hier auch schon eine grenzüberschreitende Anrechnung von Körperschaftsteuer. Im Gegensatz dazu werden klassische KöSt.-Systeme nur in kleineren und wirtschaftlich schwächeren EU-Ländern praktiziert.

Zwar ist das neue System zum jetzigen Zeitpunkt gegenüber dem bisherigen Vollanrechnungsverfahren als europafreundlicher einzustufen, trotzdem stellt die Einführung des neuen modifizierten klassischen Systems auf längere Sicht keinen gangbaren Weg zu einer Europäisierung und Rechtsvereinheitlichung dar. Bei dem jetzt eingeschlagenen Weg handelt es sich vielmehr um eine Sackgasse.

Die als allgemeiner Investitionsanreiz zu wertende Absenkung des Körperschaftsteuertarifs auf 25 % hätte auch in ein vereinfachtes Anrechnungsverfahren integriert werden können und ist damit nicht als ein Vorteil des neuen Systems zu werten.

e) Übergangsregelung für den Wechsel vom Vollanrechnungsverfahren zum Halbeinkünfteverfahren

aa) Überblick

Aufgrund der Systemänderung war eine umfangreiche Übergangsregelung erforderlich, auf welche hier aber nur überblicksweise eingegangen werden soll [775].
Sinn der Übergangsregelung ist es, die im Rahmen des Anrechnungsverfahrens aufgelaufenen Körperschaftsteuerminderungspotentiale (EK 40, EK 45) zu erhalten und über einen Zeitraum von 15 Jahren abzubauen. Ebenso soll über den gleichen Zeitraum bei Ausschüttungen aus dem EK 02 die Körperschaftsteuererhöhung sichergestellt werden.
Diese Körperschaftsteuerminderungs- und -erhöhungspotentiale ergeben sich aus der beim Anrechnungsverfahren herzustellenden Ausschüttungsbelastung von 30 %. Danach musste die Körperschaftsteuerbelastung bei einer Ausschüttung aus dem EK 45 um 15 % bzw. bei einer Ausschüttung aus dem EK 40 um 10 % auf 30 % herabgeschleust werden. Umgekehrt musste die Körperschaftsteuerbelastung bei einer Ausschüttung aus den unbelasteten EK 02, 03 auf 30 % heraufgeschleust werden.
Nach der Übergangsregelung wird nun die Steuerbelastung der EK 40, 45 auf 30 % heruntergefahren. Das hierbei entstehende KöSt.- Guthaben wird gesondert festgestellt und mindert bei einer Ausschüttung (wobei das Altkapital des EK 40 als zuerst verwendet gilt) die Körperschaftsteuer des Jahres, in dem die Ausschüttung erfolgt. Die Minderung beträgt 1/ 6 der Gewinnausschüttung. Um diesen Betrag mindert sich auch das KöSt.- Guthaben. Besteht nach dem Ablauf des Übergangszeitraums noch ein Restguthaben, so verfällt dieses.

Hinsichtlich des EK 02 kommt es dagegen zu einer Körperschaftsteuererhöhung in Höhe von 3/ 7 des Ausschüttungsbetrages. Das EK 02 gilt allerdings erst zur Ausschüttung verwendet, wenn alle Neu- und Altgewinne ausgeschüttet worden sind. Nach Ablauf des Übergangszeitraums entfällt eine Körperschaftsteuererhöhung bei Ausschüttung des EK 02.

Die zu bildende Summe aus EK 01 und EK 03 bleibt dagegen im Ausschüttungsfall von einer Körperschaftsteuererhöhung verschont (§ 38 I, II KStG).

Der Endbestand des EK 04 wird der Anfangsbestand des neu zu bildenden Einlagekontos. Dieses gilt erst als für eine Ausschüttung verwendet, wenn auch das EK 02 vollständig ausgeschüttet wurde. Die Rückzahlung der Einlagen ist steuerfrei und zieht keine Belastung mit Körperschaftsteuer nach sich. Das Einlagekonto bleibt über den Übergangszeitraum hinaus bestehen.

bb) Zweckerreichung

Durch die Übergangsregelung sollten insbesondere steuerbedingte Totalausschüttungen und damit zusammenhängende Steuererstattungen bis zur Einführung des neuen KöSt.- Systems

---

[775] zu den Einzelheiten siehe Rödder/ Schumacher, DStR 2000, 353 (359 ff.); Günkel/ Fenzl/ Hagen, DStR 2000, 445 (449 f.); bezüglich einer optimalen Ausschüttungspolitik unter Ausnutzung der Vorteile und Umgehung der Nachteile der Übergangsregelung siehe Kiesel, BB 2000, 1014 ff.

vermieden werden. Dazu hätte die vollständige Anrechnung der Körperschaftsteuer über einen längeren Zeitraum beibehalten werden müssen.

Dagegen kommt es trotz Übergangsregelung mit Ablauf des Jahres 2001 zu einem entschädigungslosen Verfall des Anrechnungspotentials, welches auf die bis 2000 gebildeten Eigenkapitalanteile entfiel. Dies rührt daher, dass die Übergangslösung grundsätzlich eine Herab- bzw. Heraufschleusung der Körperschaftsteuerbelastung auf die ehemalige Ausschüttungsbelastung von 30 % sicherstellt. Diese Belastung von 30 % ist allerdings nicht wie innerhalb des Anrechnungsverfahrens anrechenbar, sondern definitiv. Die Übergangsregelung bezieht sich damit nur auf die Herstellung der ehemaligen Ausschüttungsbelastung und die Sicherung des in diesem Zusammenhang auftretenden Körperschaftsteuerminderungs- bzw. Körperschaftsteuererhöhungspotentials. Von der Übergangsregelung wird dagegen nicht die zum Zeitpunkt der Erwirtschaftung der Gewinne bestehende Möglichkeit der Körperschaftsteueranrechnung im Rahmen der Einkommensteuer erfasst. Der durch die Übergangsregelung zum EK 30 gewandelte Rücklagenanteil des Altkapitals ist bei seiner Ausschüttung ab dem Jahre 2002 mit 30 % Körperschaftsteuer belastet, welche ab diesem Zeitpunkt nicht mehr angerechnet werden kann, sondern definitiv wirkt. Soweit auf der Einkommensteuerebene beim Anteilseigner keine Besteuerung erfolgen würde (unterhalb Sparerfreibetrag; zu versteuerndes Einkommen unterhalb des Grundfreibetrages), entspricht dies einem Enteignungssatz von 30 %. Die Ausschüttung der Altrücklagen ist für alle Steuerpflichtigen mit einem ESt.- Satz von unter 46, 2 % nach dem Anrechnungsverfahren günstiger als nach dem Halbeinkünfteverfahren [776]. Der Grund liegt hierfür in dem neuen modifizierten klassischen System der Doppelbelastung durch eine Definitivbelastung des Altkapitals von 30 % und dem Halbeinkünfteverfahren auf Einkommensteuerebene.
Da sich somit für einen Großteil der Anteilseigner eine Ausschüttung in 2001 lohnen würde, ist mit entsprechenden Gesellschafterbeschlüssen zu rechnen. Der drohende Verfall der Anrechnungsansprüche für Eigenkapitalanteile, welche zwischen 1977 und 2000 gebildet wurden, dürfte zu einer Ausschüttungswelle in 2001 führen, wodurch der Zweck der Übergangsregelung verfehlt wird.

cc) Verfassungsrechtliche Prüfung

Verfassungsrechtliche Bedenken bestehen insoweit aber nicht, da dem Gesetzgeber verfassungsrechtlich nicht verwehrt sein kann, das KöSt.- System zu wechseln [777].
Es ist Konsequenz des neuen Systems, dass die nicht ausgeschütteten Gewinne aufgrund der Nichtanrechnung einer gemilderten Doppelbelastung zum Zweck einer pauschalen Einmalbesteuerung unterliegen. Der damit zusammenhängende Verlust bestehender Anrechnungspotentiale verletzt aufgrund des Gestaltungsspielraums des Gesetzgebers daher nicht Art. 14 GG. Die Position der Besteuerung ist innerhalb des Art. 14 GG nicht ganz klar. Eine Verletzung des Art. 14 GG scheidet aber auch dann aus, wenn man den Schutzbereich des Art. 14 GG

---

776 Berechnung bei Homburg/ Theisen, DB 2000, 1930 (1931).

777 Lang, GmbHR 2000, 453 (458).

tangiert sieht, weil die Besteuerung nicht schlechthin eine Schranke des Eigentums sei [778] und hier die konkrete Körperschaftsteuerforderung belastet wird [779].
Der Systemwechsel ist verfassungsrechtlich solange nicht zu beanstanden, wie im neuen System die Altrücklagen und die neu erwirtschafteten Gewinne im Ausschüttungsfall ungefähr gleich belastet sind. Auch hinsichtlich der Altrücklagen gilt das Halbeinkünfteverfahren. Die um 5 % höhere Definitivbelastung liegt noch im vertretbaren Bereich und wird durch das nachfolgende Halbeinkünfteverfahren relativiert, wodurch die Differenz letztlich noch geringer ist. Des Weiteren resultiert die höhere Definitivbelastung aus der Ausschüttungsbelastung des ehemaligen Systems. Die Beibehaltung einer 30 %igen Belastung auf Körperschaftsebene rechtfertigt sich auch aus dem Fakt, dass davon ausgegangen wurde, die Ausschüttungsbelastung von 30 % entspreche der durchschnittlichen Einkommensteuerbelastung [780]. Der Ausschüttungszeitpunkt ist insofern unerheblich.

Eine Verletzung der Grundrechte aus Art. 3 GG und Art. 14 GG [781] liegt somit nicht vor.
Ebenso ist die Erfassung der Altkapitalanteile ohne die ehemals mögliche Anrechnung der Körperschaftsteuer unter dem Blickpunkt der Rückwirkung verfassungsrechtlich zulässig, da mangels Ausschüttung noch keine Disposition vorlag. Auch aus Sicht des BVerfG ist der Sachverhalt als noch nicht abgeschlossen einzustufen. Demzufolge handelt es sich um eine grundsätzlich zulässige unechte Rückwirkung.

f) Weitere wichtige systembedingte Änderungen im Zusammenhang mit der Einführung des neuen KöSt.- Systems

aa) Die Änderung des § 17 EStG

aaa) Grund

Zur Vermeidung von Gestaltungen zur Steuerumgehung wurde die Beteiligungsgrenze aus Systemgründen auf ein Prozent herabgesetzt, nachdem schon im StEntlG 99/ 00/ 02 diese aus schlichten Gegenfinanzierungsüberlegungen auf 10 % gesenkt wurde.
Die weitere Absenkung wurde erforderlich, damit die grundsätzliche Nachbelastung der durch die Körperschaft erwirtschafteten und dort einer geringen Definitivbesteuerung unterliegenden Gewinne, auf Einkommensteuerebene sichergestellt ist. Über den Veräußerungspreis werden dem veräußernden Anteilseigner auch die thesaurierten Gewinne vergütet. Sofern man die thesaurierten Gewinne aufgrund einer hohen Beteiligungsgrenze im Rahmen des § 17 EStG in den meisten Fällen nicht erfasst, würden die nicht wesentlich beteiligten Anteilseigner auf eine Thesaurierung der Gewinne drängen. Durch eine Veräußerung der Anteile könnten diese Anteilseigner in den Genuss der thesaurierten Gewinne kommen, ohne dass eine Nachbelastung auf Einkommensteuerebene erfolgte. Ohne eine Änderung des § 17 EStG und die verstärkte Erfassung der Anteilsveräußerungsfälle wären die Anteilseigner über eine Veräußerung der Anteile einer Nachbelastung durch das Halbeinkünfteverfahren entgangen.

---

[778] So aber Zitzelsberger, Die Gewerbesteuer, S. 203.

[779] Badura, Verfassungsrecht, Rdnr. 42 zu § 10.

[780] Nur insoweit behielt man die Körperschaftsteuer als „Vorwegeinkommensteuer“ vorerst.

[781] Tipke/ Lang, Steuerrecht, Rdnr. 155 zu § 4.

bbb) Gegenargument: Mehrfachbelastung

Dem Argument zur Absenkung der Wesentlichkeitsgrenze könnte aber entgegen gehalten werden, dass damit eine Mehrfachbelastung droht. Die thesaurierten Gewinne werden schon bei der Ausschüttung an eine unbeschränkt einkommensteuerpflichtige Person erfasst. Sofern durch die Absenkung der Beteiligungsgrenze die thesaurierten Gewinne grundsätzlich auch noch im Veräußerungsfall auf Veräußererseite erfasst werden, kommt es so zu einer Mehrfachbelastung. Allerdings können die Anteile bei einer Veräußerung auch an ausländische Anteilseigner gelangen, mit der Folge, dass eine Besteuerung in Deutschland nicht mehr im vollen Umfang gewährleistet ist [782]. Schon aus diesem Grund ist zum Zweck der grundsätzlichen Sicherstellung einer vollen Inlandsbesteuerung thesaurierter Gewinne dem deutschen Fiskus ein Vorziehen des Steuerzugriffs auf den Veräußerungsfall zuzugestehen.
Außerdem werden gerade nicht nur thesaurierte Gewinne über den Veräußerungspreis vergütet, die einen Steuerzugriff rechtfertigen könnten. Der Veräußerungspreis wird vielmehr aus der Kombination von Kurspotential und zu erwartenden Dividendenzahlungen gebildet [783]. Die Besteuerung über die offenen Reserven hinaus ist nach dem neuen KöSt.- System aus systematischer Sicht nicht nötig und könnte daher eine schlichte Gegenfinanzierungsmaßnahme darstellen.
Eine Aufteilung des Veräußerungspreises erscheint aber problematisch und kaum durchführbar, da auch der Höhe nach schwierig zu beziffernde Ausschüttungswahrscheinlichkeiten hinsichtlich der offenen Reserven den Veräußerungspreis beeinflussen.
Schließlich stellen die Anteile an den Kapitalgesellschaften aufgrund der zusätzlichen Besteuerungsebene bzw. des Trennungsprinzips Wirtschaftsgüter dar. Deren Besteuerung liegt im Gestaltungsspielraum des Gesetzgebers, da verfassungsrechtlich kein Gebot hinsichtlich der Umsetzung des Quellen- oder des Vermögenszuwachsprinzips besteht [784].

Weiterhin ist die oben angesprochene Doppelbesteuerung der thesaurierten Gewinne durch die Nachbelastung im Ausschüttungsfall und die Erfassung im Veräußerungsfall nicht zwingend. Gelangen die Anteile beim einkommensteuerpflichtigen Erwerber in ein Betriebsvermögen, so kann dieser im Ausschüttungsfall eine ausschüttungsbedingte Teilwertabschreibung vornehmen [785].

Die Absenkung der Wesentlichkeitsgrenze und die Erfassung der Veräußerungsgewinne aus dem Verkauf von Anteilen an Kapitalgesellschaften ist aus systematischer Sicht nicht zu beanstanden.

ccc) Relative oder absolute Grenze

Die Beteiligungsgrenze ist bei § 17 EStG in der Hauptsache relativ ausgestaltet. Bedenklich könnte dies unter dem Aspekt erscheinen, dass somit Beteiligungen an kleineren Kapitalgesellschaften eher von § 17 EStG erfasst werden als solche an größeren Kapitalgesellschaften. Hierbei kann die absolute Höhe der Beteiligungen gleich bzw. die Beteiligung an der kleine-

---

782 Bei beschränkter Steuerpflicht bliebe nur die Kapitalertragsteuer. Sofern es sich um Anteile an ausländischen Kapitalgesellschaften handelt, entfällt eine zukünftige Besteuerung gänzlich.

783 Haase/ Arnolds, FR 2000, 485 (489).

784 Insofern ist aber die rechtsformneutrale einheitliche Umsetzung eines Prinzips erforderlich.

785 Die Teilwertabschreibung ist aber nach § 3c II EStG beschränkt.

ren Kapitalgesellschaft kann sogar geringer sein. Dies erscheint aus Sicht des Leistungsfähigkeitsprinzips bedenklich. Anteilseigner mit hinsichtlich der absoluten Höhe nach kleinen Beteiligungen werden von § 17 EStG erfasst, während die Veräußerung von im Privatvermögen gehaltenen werthöheren Beteiligungen an großen Publikumsgesellschaften möglicherweise steuerfrei bleibt.
Zur Begründung könnte man die relative Beteiligungshöhe auf die Stimmrechte und damit auf die Möglichkeit der Einflussnahme beziehen. Eine diesbezügliche Argumentation konnte bei der früheren Anknüpfung an eine 25 %ige Beteiligung (bis einschließlich Veranlagungszeitraum 1998) aufgrund der damit zusammenhängenden Sperrminorität noch greifen (§§ 179 II, 293 I AktG, 53 II GmbHG, 50, 65 UmwG). Bei einer einprozentigen Beteiligung greift dieses Argument nicht, da mit dieser Beteiligungshöhe keine besonderen Einflussnahmemöglichkeiten verbunden sind.

Eine Anknüpfung an eine relative Beteiligungshöhe erklärt sich aber aus dem Fakt, dass gerade auch Anteile von kleineren Kapitalgesellschaften erfasst werden sollen. Insbesondere hier sind Absprachen hinsichtlich einer Umgehung der Nachbelastung durch das Halbeinkünfteverfahren möglich.

ddd) Überwachungsproblem

Bei der praktischen Umsetzung ergibt sich nach der Absenkung der Wesentlichkeitsgrenze ein verwaltungstechnisches Problem. Es erscheint zweifelhaft, ob dem Fiskus jetzt noch die lückenlose Erfassung aller § 17 EStG- Fälle und deren Überwachung über einen fünfjährigen Zeitraum gelingt, da sich die Zahl der Betroffenen vervielfacht hat. Hier dürften ähnlich große Probleme entstehen wie bei der Erfassung von privaten Veräußerungsgeschäften i.S.d. §23 I EStG [786].

eee) Veräußerungsverluste

Die Anwendung des Halbeinkünfteverfahrens hat eine Einschränkung bei der Geltendmachung von Verlusten zur Folge, soweit diese nach § 17 II 4 EStG überhaupt berücksichtigt werden konnten.
Eine explizite Regelung hinsichtlich eines entstehenden Verlustes fehlt. Die zwingende Folge eines nur hälftigen Ansatzes von Veräußerungspreis und Anschaffungskosten ist aber, dass sich auch ein Verlust nur hälftig auswirken kann.

fff) Freibetrag § 17 III EStG

Hier erscheint fraglich, ob sich die Freigrenze auf den ganzen oder nur hälftigen Veräußerungsgewinn bezieht und ob der sich ergebende Freibetrag vom ganzen oder nur vom hälftigen Veräußerungsgewinn abzuziehen ist.
Aus systematischen Gründen beziehen sich sowohl der Freibetrag als auch die Freigrenze auf den hälftigen Gesamtgewinn, da der steuerpflichtige Gewinn aufgrund der §§ 3 Nr. 40, 3c II

---

786 Korezkij, BB 2000, 1273 (1274).

EStG eben schon nur die Hälfte des Gesamtgewinns ist. Dies hat letztlich eine faktische Verdopplung des Freibetrages und der Freigrenze zur Folge [787].
Eine solche faktische Verdopplung von Freibeträgen als Konsequenz des Halbeinkünfteverfahrens hat die Bundesregierung in ihrer Begründung zum StSenkG insbesondere im Fall des § 20 III EStG auch anerkannt [788].

ggg) Vorteil

Als Vorteil ergibt sich, dass die Veräußerungsgewinne i.S.d. § 17 EStG nun nicht mehr der begrenzten Begünstigung des § 34 EStG unterliegen, sondern dem Halbeinkünfteverfahren. Die Vorteile des Halbeinkünfteverfahrens sind der Höhe nach unbegrenzt und bis auf wenige Einzelfälle größer als die Begünstigung durch § 34 EStG i.d.F. des StEntlG 99/ 00/ 02 [789].

hhh) Verfassungsrechtliche Bedenken

aaaa) Verfassungsrechtliches Rückwirkungsproblem

Durch die weitere Absenkung der Beteiligungsgrenze werden nun auch Veräußerungsgewinne bezüglich solcher Beteiligungen besteuert, welche bisher nicht in den Anwendungsbereich des § 17 EStG fielen. Der BFH hat die Wertsteigerungen der Anteile in Zeiträumen, in denen eine Steuerverhaftung nach § 17 EStG noch nicht bestanden hat, stets bei der Berechnung des Veräußerungsgewinns mit berücksichtigt.
Insoweit handelt es sich um eine verfassungsrechtlich bedenkliche Rückwirkung, da der Erwerb der Anteile abgeschlossen ist und dem Steuerpflichtigen hinsichtlich einer steuerlichen Erfassung von späteren Veräußerungen im Privatvermögen Vertrauensschutz zu gewähren ist. Der Steuerpflichtige muss sich im Zeitpunkt seiner Disposition grundsätzlich auf die hinsichtlich der Überschusseinkünfte im Gesetz aufgeführten Ausnahmen von der Quellentheorie verlassen können. Er muss daher grundsätzlich schon im Zeitpunkt der Anschaffung (Disposition) darauf vertrauen können, ob die spätere Veräußerung steuerpflichtig ist oder nicht.

Die Absenkung der Wesentlichkeitsgrenze und die einheitliche Erfassung des Neu- und Altkapitals ist aber zur Durchsetzung des Halbeinkünfteverfahrens notwendig. Dieses begünstigt den Anteilseigner sowohl bei Ausschüttungen aus Neu- wie aus Altkapital gleichermaßen. Eine Vermeidung der Nachbelastung des Altkapitals wäre aus Sicht des Fiskus zu verkraften gewesen, da diesbezüglich schon eine Definitivbelastung von 30 % vorliegt und das Altkapital der Höhe nach begrenzt ist. Allerdings führt die gesonderte Behandlung des Altkapitals innerhalb des neuen KöSt.- Systems zu einer starken Verkomplizierung des gesamten Systems. Als deren Folge wäre eine gleichmäßige Besteuerung nicht mehr durchführbar.
Zur Vermeidung von Umgehungen der Nachbelastung durch das Halbeinkünfteverfahren ist die Rückwirkung aber systembedingt notwendig. Ein genereller Verzicht auf eine Nachbelastung für einen bestimmten Zeitraum bis zur vollständigen Ausschüttung des Altkapitals ist

---

787 in Bezug auf § 20 III EStG insoweit: Günkel/ Fenzl/ Hagen, DStR 2000, 445 (447); Rödder/ Wochinger, FR 2000, 1 (11).

788 Hier diente die faktische Verdopplung des Sparerfreibetrages zur Rechtfertigung der Benachteiligung der Kleinanleger.

789 Diesbezügliche Berechnungen sind bei Korezkij, BB 2000, 1273 (1277) zu finden.

nicht möglich. Die Absenkung der Beteiligungsgrenze schützt insofern vor enormen Steuerausfällen.
Da somit zwingende Gründe des Gemeinwohls vorliegen, ist die Rückwirkung auf frühere Anschaffungsvorgänge zulässig.

Auch bezüglich des die Veräußerungsvorgänge betreffenden zeitlichen Anwendungsbereiches der neuen Regelung bestehen keine Bedenken. Die Absenkung der Wesentlichkeitsgrenze im Rahmen des StSenkG erfasst nur Veräußerungsfälle, die nach der Verkündung des StSenkG erfolgten. Im Gegensatz dazu war die Absenkung der Beteiligungsgrenze im Rahmen des StEntlG 99/ 00/ 02 als verfassungswidrig einzustufen. Dort wurden Veräußerungen innerhalb des gesamten Veranlagungszeitraums 1999 von der damaligen Absenkung der Beteiligungsgrenze auf 10 % erfasst (§§ 17 i.V.m. 52 I EStG i.d.F. des StEntlG 99/ 00/ 02). Das Gesetz kam allerdings erst am 24.3.1999 zustande, sodass hinsichtlich der rückwirkend bis zum 1.1.1999 betroffenen Fälle eine unzulässige Rückwirkung vorlag [790].

bbbb) Rechtfertigung der Besteuerung nach § 17 EStG nach Absenken der Beteiligungsgrenze

Seit 1925 gilt im deutschen Einkommensteuerrecht der Dualismus von Quellen- und Vermögenszuwachstheorie. Für die Gewinneinkunftsarten gilt die Vermögenszuwachstheorie, nach welcher alle Mehrungen des Betriebsvermögens und damit auch die Gewinne aus Veräußerungsgeschäften steuerlich erfasst werden. Dagegen ist im Rahmen der Überschusseinkünfte grundsätzlich die Quellentheorie verwirklicht worden, wonach lediglich die aus der Quelle fließenden Erträge, aber nicht die Quelle selbst als Indiz wirtschaftlicher Leistungsfähigkeit angesehen und besteuert werden. Somit wären Gewinne aus der Veräußerung von Privatvermögen steuerlich nicht zu erfassen. Die Besteuerung von Veräußerungsgewinnen der im Privatvermögen gehaltenen Beteiligungen an Kapitalgesellschaften nach § 17 EStG bildet hierzu eine Ausnahme. Diese Durchbrechung des Einkommensteuersystems bedarf der verfassungsrechtlichen Rechtfertigung, da der Gesetzgeber von dem von ihm geschaffenen Ordnungssystem nicht willkürlich abweichen kann.

Allerdings führt nicht jede Durchbrechung des vom Gesetzgeber selbst geschaffenen Ordnungssystems zur Verfassungswidrigkeit.
Maßstab bei der verfassungsrechtlichen Beurteilung sind hauptsächlich die Grundrechte. Dabei stehen bei der Überprüfung von Lenkungsnormen, welche ein bestimmtes Verhalten beim Steuerpflichtigen bezwecken sollen, neben dem Gleichheitssatz die Freiheitsrechte im Vordergrund. Dagegen müssen sich reine Fiskalzwecknormen, welche also allein fiskalische Interessen verfolgen, hauptsächlich am Gleichheitssatz messen lassen [791].

Die Besteuerung der Gewinne lässt sich nicht damit rechtfertigen, dass es sich um eine eng begrenzte Ausnahme vom Grundsatz der Steuerfreiheit privater Veräußerungsgewinne handelt. Durch die Absenkung der Wesentlichkeitsgrenze wurde der Anwendungsbereich des § 17 EStG entscheidend ausgeweitet, was zu einer noch stärkeren Durchbrechung des Systems als bisher führte.

---

790 Ebenso Schaumburg, DB 2000, 1884 (1890).

791 Birk, StuW 1990, 300 (304 ff.); Kirchhof, StuW 1984, 297 (299 ff.).

Bis zur Änderung der Wesentlichkeitsgrenze von 25 % auf 10 % durch das StEntlG 99/ 00/ 02 kam als steuersystematische Rechtfertigung insbesondere die Begründung des BVerfG in Betracht [792]. Hiernach wurde ein Veräußerungsgewinn durch einen zu 25 % an der Kapitalgesellschaft beteiligten Anteilseigner für besteuerungswürdig angesehen, weil dieser durch seine gesellschaftsrechtliche Stellung (Sperrminorität §§ 179 II, 293 I AktG, 53 II GmbHG, 50, 65 UmwG) in der Lage war, auf die Ausschüttungs- und Rücklagenpolitik und damit auf die Entstehung von Veräußerungsgewinnen Einfluss zu nehmen.
Diese Rechtfertigung greift bei einer Absenkung der Wesentlichkeitsgrenze auf ein Prozent nicht mehr, da solch gering beteiligten Anteilseignern nicht einmal die Minderheitsrechte aus den §§ 122 I AktG, 50 GmbHG zustehen.

Nach der Änderung des § 17 EStG durch das StSenkG dürfte die Regelung nicht als reine Fiskalzwecknorm einzuordnen sein. Durch diese Norm soll nun verhindert werden, dass der Steuerpflichtige die im neuen KöSt.- System angelegte Nachbelastung auf der Einkommensteuerebene umgeht. Insofern soll auch ein bestimmtes Verhalten des Steuerpflichtigen erreicht werden.

Hier zeigt sich, dass schon Zweifel an einer Durchbrechung des vom Gesetzgeber geschaffenen Ordnungssystems bestehen, da § 17 EStG gerade der Durchsetzung des Halbeinkünfteverfahrens als einem neuen (Teil-) Ordnungssystem dient. Die Einführung des neuen KöSt.- Systems machte auch eine Systemänderung bezüglich des § 17 EStG erforderlich. Insoweit ist die Durchbrechung des anderen (Teil-) Ordnungssystems (des Einkünftedualismus) und damit im Zusammenhang die Anpassung des Einkommensteuer- Gesamtsystems systembedingt notwendig gewesen.

Aber auch sofern man eine Durchbrechung des gewählten Ordnungssystems annimmt, könnte hier nur eine Verletzung des Gleichheitssatzes in Betracht kommen, da die Veräußerung von Privatvermögen nur in bestimmten Fällen einer Besteuerung unterliegt (z. B. §§ 17, 23 EStG). Insofern müssen die Gründe für die Durchbrechung des gewählten Ordnungssystems ebenso gewichtig sein wie die Intensität der Abweichung vom Ordnungssystem.
Spätestens an dieser Stelle kommt dann die Durchsetzung des neuen KöSt.- Systems und damit die Verhinderung enormer Steuerausfälle als gewichtiger Grund in Betracht. Durch die Regelung soll gerade erreicht werden, dass thesaurierte und ausgeschüttete Gewinne beim Anteilseigner einer typisierten Einmalbesteuerung in gleicher Höhe unterworfen werden. Hiergegen wird angeführt, dass zu einem Prozent beteiligte Anteilseigner das Ausschüttungsverhalten nicht beeinflussen können. Solche gering beteiligten Anteilseigner hätten damit letztlich keinen Einfluss auf eine Umgehung des Halbeinkünfteverfahrens durch Gewinnthesaurierung und späteren Anteilsverkauf [793]. Dies hätte zum Ergebnis, dass die Änderung des §17 EStG nicht der Durchsetzung des neuen KöSt.- Systems dienen würde und in Bezug auf den Gleichheitssatz als verfassungsrechtlich zweifelhaft einzustufen wäre.
Dieses Argument trifft aber nur sehr beschränkt zu, da auch Mitläufer, welche von den Entscheidungen einflussreicher Anteilseigner profitieren, erfasst werden müssen. Außerdem kommt es durch die fast durchgängige Erfassung der Anteilseigner auch zu einer Gleichbehandlung der Anteilseigner untereinander. Des Weiteren können bei kleineren Kapitalgesellschaften bzw. bei Familienkapitalgesellschaften öfters auch unter 25 % beteiligte Anteilseig-

---

792 BVerfG vom 7. 10. 1969, BStBl. II 1970, S. 160 (165).

793 Schulte, DB 2000, 1043 (1046).

ner Einfluss nehmen. Dies gilt ebenso bei geringen Beteiligungen in den Händen führender bzw. schwer ersetzbarer Mitarbeiter oder Gesellschafter, wie z. B. bei Experten, Managern, Patentinhabern. Insoweit ist die Absenkung der Wesentlichkeitsgrenze zur Durchsetzung des neuen KöSt.- Systems und zur Verhinderung dessen Umgehung geeignet und erforderlich. Außerdem werden die ehemals bei der Veräußerung von Beteiligungen des Privatvermögens interessanten Quintettlösungen (bei Geltung einer Wesentlichkeitsgrenze von 25 % im VZ 1998) zur Erreichung der Steuerfreiheit bedeutungslos.

Durch die Absenkung der Wesentlichkeitsgrenze kommt es außerdem zu einer weitgehenden Anpassung an die Behandlung der im Betriebsvermögen gehaltenen Beteiligungen. Dies ist zu begrüßen, da es zwar kein verfassungsrechtliches Gebot zur Durchsetzung des Quellen- oder des Vermögenszuwachsprinzips gibt, jedoch unter dem Aspekt des Art. 3 I GG die Verwirklichung eines dieser Prinzipien und nicht das Nebeneinander beider Prinzipien wünschenswert ist.
Da hier die Besteuerung auf einige private Veräußerungsgeschäfte ausgedehnt wurde, ist die Erweiterung des Wirkungskreises der Vermögenszuwachstheorie auch aus diesem Grund zu begrüßen. Bei späteren Gesetzesvorhaben sollte dieser eingeleitete Weg unter grundsätzlicher Abschaffung des Quellenprinzips fortgesetzt werden. Nur so kann eine völlige Gleichbehandlung der Steuerpflichtigen hinsichtlich realisierter Veräußerungsgewinne erreicht werden. Die durchgängige steuerliche Erfassung privater Veräußerungsgeschäfte ist dem EStG auch nicht völlig fremd, da das EStG von 1920 schon einmal so ausgestaltet war.

Die Regelung des § 17 EStG ist in seiner Fassung durch das StSenkG verfassungsgemäß [794].

bb) Die Fälle des § 23 I Nr. 2 EStG

Auch hier kommt es zu einer Verbesserung für den Steuerpflichtigen, da auf diese Fälle das Halbeinkünfteverfahren anwendbar ist. Allerdings kommt es dementsprechend auch nur zu einer hälftigen Berücksichtigung eines unter Umständen anzusetzenden Verlustes (insoweit wie § 17 EStG). Ebenso wie bei § 17 EStG ist die Konsequenz eine faktische Verdopplung der Freigrenze (§ 23 III EStG).

cc) Die Neufassung des AStG

Zur Vermeidung der Steuerflucht durch Verlagerung von Einkunftsquellen in Niedrigsteuerstaaten kommt es durch die §§ 7 ff. AStG zu einer Hinzurechnungsbesteuerung. Hiernach werden deutschen Anteilseignern bestimmte „passive" Einkünfte von ausländischen Gesellschaften als Einkünfte aus Kapitalvermögen hinzugerechnet, wenn die Summe der Beteiligungen aller unbeschränkt Steuerpflichtigen 50 % übersteigt (Anteils- oder Stimmenmehrheit) und die Einkünfte der ausländischen Gesellschaft einer niedrigen Ertragsbelastung unterliegen [795].

---

[794] A. A. Schulte, DB 2000, 1043 (1047), der die Absenkung der Wesentlichkeitsgrenze für verfassungsrechtlich bedenklich hält.

[795] Morgenthaler, IStR 2000, 289 (291).

Da die begünstigte Erfassung der durch die Körperschaft erwirtschafteten Gewinne innerhalb des Halbeinkünfteverfahrens auf der definitiven Körperschaftsteuerbelastung in Deutschland basiert, musste für die begünstigte Nachbelastung auf Einkommensteuerebene eine ausreichende Vorbelastung auf Körperschaftsebene sichergestellt werden. Im Rahmen der Einführung des Halbeinkünfteverfahrens erfolgte eine Änderung dahingehend, dass eine niedrige Besteuerung i.S.d. §§ 7 ff. AStG dann vorliegt, wenn die Ertragsteuerbelastung der ausländischen Gesellschaft unter 25 % liegt (§ 8 III AStG).
Passive Einkünfte sind nach dem Umkehrschluss aus § 8 I AStG insbesondere solche aus Vermögensverwaltung sowie aus Finanz- und Beteiligungsmanagement.
Das AStG fingiert durch eine Ausschüttungsfiktion bei den inländischen Anteilseignern Dividendenerträge unabhängig von einer Thesaurierung oder tatsächlichen Ausschüttung.
Der Hinzurechnungsbetrag wird einem besonderen Steuersatz von 38 % unterworfen (§ 10 II AStG).
Die für die Hinzurechnungsbesteuerung notwendigen Informationen sollen von den ausländischen Gesellschaften in Hinzurechnungsbilanzen zusammengefasst werden, was für diese aber einen hohen Arbeitsaufwand bedeutet [796].

Die deutsche Hinzurechnungsbesteuerung lässt Bedenken an der Legitimität des deutschen Steuerzugriffs aufkeimen. Insbesondere wird das Zuflussprinzip und das im deutschen Zivil- und Steuerrecht geltende Prinzip von der rechtlichen Eigenständigkeit juristischer Personen verletzt. Danach könnte grundsätzlich nur das disponible Einkommen bei den Anteilseignern der Einkommensbesteuerung unterworfen werden (insofern siehe die Kritik zur Teilhabersteuer).
Der deutsche Fiskus muss sich aber nicht immer allein auf den Wettbewerb der Steuersysteme beschränken. Insbesondere, wenn andere Länder die Möglichkeit zur gezielten Umgehung der deutschen Besteuerung bieten und dies auch das Ziel der anderen Steuersysteme ist [797], kann auf vorstehende Mittel zur Eindämmung solcher Steuervermeidungsstrategien zurückgegriffen werden.

Nach *Morgenthaler* ist die Hinzurechnungsbesteuerung nicht als Durchbrechung der durch DBA's konkretisierten ursprungsorientierten Außenbesteuerung einzustufen, sondern zu deren Durchsetzung notwendig und damit gerechtfertigt [798]. Die Hinzurechnungsbesteuerung ist danach in einer ursprungsorientierten internationalen Steuerrechtsordnung legitim, „weil das Ursprungsprinzip als materieller Grundsatz der internationalen Einkommensbesteuerung nur dann zu einer gerechten Lastenverteilung unter den Steuerpflichtigen und zur steuerlichen Standortneutralität führt, wenn jeder Staat den ihm zugewiesenen Einkommensanteil aller Steuerpflichtigen auch tatsächlich besteuert. Unterlässt er dies, so setzt er einen unfairen Investitionsanreiz, den andere Staaten nicht hinnehmen müssen.“.

Allerdings kommt es nach den §§ 7 ff. AStG zu einer „Doppel-“ Belastung, da sowohl der Hinzurechnungsbetrag als auch der ausgeschüttete Gewinn erfasst werden. Hierbei wird der Gewinn lediglich um die Hinzurechnungssteuer gekürzt (§ 11 AStG). Dadurch kann es zu

---

796 Roser, IStR 2000, 78 (78).

797 Grundsätzlich wird damit der weitergehende Zweck verfolgt, Vermögen bzw. potentielle Investoren anzulocken.

798 IStR 2000, 289 (294).

einer verfassungsrechtlich bedenklichen Übermaßbesteuerung bzw. zu einer Verletzung des Halbteilungsgrundsatzes kommen (Gesamtbelastung bis ca. 53 %) [799].

Hinsichtlich der weiteren Änderungen handelt es sich in der überwiegenden Mehrzahl um solche, die nichts mit der Unternehmenssteuerreform zu tun haben [800]. Das Regelungswerk des AStG ist äußerst nebulös und lässt eine klare Konzeption vermissen. Von daher wäre eine vereinfachende Strukturierung erforderlich gewesen, deren Veranlassung aber nicht in der Unternehmensteuerreform liegt. Letztlich sind die Änderungen des AStG durch das StSenkG europarechtlich bedenklich und kaum der Globalisierung der deutschen Wirtschaft dienlich [801].

dd) Die Änderungen des UmwStG

Die meisten Änderungen innerhalb des Umwandlungssteuerrechts betreffen die Regelungen der §§ 3 bis 10 UmwStG zur Verschmelzung einer Kapitalgesellschaft auf eine Personengesellschaft bzw. eine natürliche Person. Die Änderungen resultieren grundsätzlich aus dem Systemwechsel bei der Körperschaftsteuer und sind damit zu recht als Teil der Unternehmenssteuerreform im StSenkG verankert.

aaa) Verschmelzung einer Kapitalgesellschaft auf eine Personengesellschaft oder eine natürliche Person (§§ 3 bis 10 UmwStG)

aaaa) Übernahmegewinn

Geändert hat sich die Behandlung eines Übernahmegewinns. Ein Übernahmegewinn ergibt sich, wenn der Unterschiedsbetrag zwischen dem Buchwert des übernommenen Betriebsvermögens und den Anschaffungskosten der schwindenden Beteiligung positiv ist. Dieser ist letztlich auch mit den offenen Rücklagen der übertragenden Gesellschaft gleichzusetzen [802]. Die Umwandlung der Kapitalgesellschaft auf ein Personenunternehmen steht der Ausschüttung der offenen Rücklagen gleich.
Demnach unterlag nach bisheriger Rechtslage ein Übernahmegewinn nach § 4 V UmwStG a. F. in voller Höhe der Einkommen- bzw. der Körperschaftsteuer. Dieser erhöhte sich noch nach § 10 UmwStG a. F. um die anzurechnende Körperschaftsteuer.

Der Systemwechsel zum Halbeinkünfteverfahren machte eine Änderung in § 4 VII UmwStG n. F. dergestalt notwendig, dass der Übernahmegewinn nur zur Hälfte besteuert wird, soweit er auf eine natürliche Person als Übernehmer bzw. auf einen Mitunternehmer der übernehmenden Personengesellschaft entfällt (parallel zu § 3 Nr. 40 Satz 1 Buchstabe d EStG). Handelt es sich bei dem Mitunternehmer der übernehmenden Personengesellschaft um ein Körperschaftsteuersubjekt, so bleibt der Übernahmegewinn gar gänzlich außer Ansatz (parallel zu

---

799 Wassermeyer, IStR 2000, 193 (195); (Hinzurechnungsbesteuerung: 38 %; Halbeinkünfteverfahren: (100 %-38 % Hinzurechnungssteuer) x 0. 5 x 48,5 %= 15 %, insgesamt ca. 53 %). Die ausländische Ertragsteuer kann außer Betracht bleiben, da diese nach § 12 I AStG angerechnet werden kann.

800 Wassermeyer, IStR 2000, 193 (196). Zu den Änderungen im Einzelnen Wassermeyer, a.a.O., 193 ff.

801 Wassermeyer, IStR 2000, 114 (118).

802 Thiel, FR 2000, 493 (494).

§ 8b I KStG). Aufgrund des Wegfalls der KöSt.- Anrechnung konnte die Regelung des § 4 V UmwStG a. F., wonach sich der Übernahmegewinn um die anzurechnende KöSt. nach § 10 UmwStG a. F. erhöht, gestrichen werden.
Damit verbleibt es wie bisher bei der Übernahmegewinnbesteuerung auf der Gesellschafterebene auf der Basis einer Totalausschüttung, ohne dass dem ein Liquiditätszufluss gegenübersteht [803]. Die Besteuerung wurde insoweit nur dem neuen KöSt.- System angepasst.

bbbb) Übernahmeverlust

Ein Übernahmeverlust ergibt sich, wenn der Buchwert des übernommenen Betriebsvermögens unter dem Buchwert der schwindenden Beteiligung liegt oder anders ausgedrückt, wenn bei Beteiligungserwerb stille Reserven vergütet wurden [804]. Ein solcher Übernahmeverlust war nach § 4 VI UmwStG a. F. über eine Aufstockung der Bilanzwerte der übergegangenen Wirtschaftsgüter in voller Höhe abziehbar. Ebenso wie ein Übernahmegewinn war auch ein Übernahmeverlust vollständig steuerlich wirksam. Die Berücksichtigung des Übernahmeverlustes rechtfertigte sich aus der Steuerpflicht des Veräußerungsgewinns. Somit konnten nicht abschreibungsfähige Beteiligungen in abschreibungsfähige Wirtschaftsgüter verwandelt werden (Umwandlungsmodell durch „step- up“).

Nach der Neufassung des § 4 VI UmwStG bleibt ein Übernahmeverlust nun stets und unabhängig vom Anteilseigner außer Ansatz. Zur Begründung wird angeführt, dass hiermit insbesondere die nachfolgende Gestaltung verhindert werden soll: Sofern ein Einzelunternehmer sein Unternehmen zu Buchwerten in die Kapitalgesellschaft einbringt und anschließend die Anteile an der Kapitalgesellschaft veräußert, unterliegt der Veräußerungsgewinn neuerdings der Halbeinkünftebesteuerung. Kommt es nun durch den Erwerber zu einer Rückumwandlung in ein Personenunternehmen, ergibt sich ein Übernahmeverlust, da im Rahmen des Kaufpreises die stillen Reserven des Betriebs der Kapitalgesellschaft vergütet wurden. Könnte nun in Höhe des Übernahmeverlustes eine Buchwertaufstockung mit der Konsequenz neuen Abschreibungspotentials bei den Wirtschaftsgütern nach § 4 VI UmwStG vorgenommen werden, käme es im Fall der anschließenden Veräußerung zu keinem Veräußerungsgewinn, da die stillen Reserven der Wirtschaftsgüter schon nach § 4 VI UmwStG aufgedeckt wurden. Im Endeffekt würden die stillen Reserven aufgedeckt, ohne dass eine vollständige Einmalbesteuerung erfolgte.
Die Nichtberücksichtigung des Übernahmeverlustes ist die Konsequenz aus der Steuerfreistellung (§ 8b II KStG) bzw. der Begünstigung nach dem Halbeinkünfteverfahren (§ 3 Nr. 40 EStG) der Veräußerungsgewinne. Durch steuerbegünstigte Veräußerungen darf kein steuerwirksames Abschreibungspotential geschaffen werden. Ein „step- up“ hat damit bei der übernehmenden Gesellschaft zu unterbleiben. Die Anordnung der steuerlichen Unwirksamkeit des Übernahmeverlustes in § 4 VI UmwStG ist in systematischer Hinsicht grundsätzlich konsequent.

Hiermit ist das Ende des Umwandlungsmodells besiegelt, wonach die Anschaffungskosten der Anteile an den Kapitalgesellschaften durch Umwandlung in ein Personenunternehmen in Abschreibungspotential umgewandelt werden konnten [805].

---

803 Pung, DB 2000, 1835 (1835).
804 Thiel, FR 2000, 493 (495).
805 Haritz/ Wisniewski, GmbHR 2000, 789 (790).

Des Weiteren werden nun die Verschmelzung von Kapitalgesellschaften, bei welcher schon bisher kein Übernahmeverlust berücksichtigt werden konnte, und die Umwandlung von Kapitalgesellschaften in Personenunternehmen nach den gleichen Grundsätzen behandelt. Außerdem tritt die übernehmende Gesellschaft wie bei anderen Formen der Betriebsübertragung (z.B. § 6 III EStG) ohne Aufstockung in die Rechtstellung der übertragenden Gesellschaft ein [806].

Die Neuregelung scheint aber insoweit nicht zu Ende gedacht zu sein, als dass die Veräußerung einbringungsgeborener Anteile erst nach dem Ablauf einer Behaltefrist von sieben Jahren steuerlich begünstigt ist (§ 3 Nr. 40 Satz 3 EStG, § 8b IV 2 KStG). Innerhalb dieser Frist ist die Veräußerung voll steuerpflichtig, sodass insoweit der vollen Berücksichtigung des Übernahmeverlustes eine Begünstigung des Veräußerungsgewinns nicht entgegensteht. Es tritt in diesem Zeitraum insoweit keine Änderung zur ehemaligen Rechtslage ein. In diesen Fällen wäre die Berücksichtigung eines Übernahmeverlustes die richtige Schlussfolgerung gewesen.

cccc) Absenkung der Beteiligungsgrenze in § 17 EStG

Nach § 5 II 1 UmwStG gelten die wesentlichen Beteiligungen i.S.d. § 17 EStG an der übertragenden Kapitalgesellschaft als mit den Anschaffungskosten in das Betriebsvermögen der Personenunternehmung eingelegt. Durch die Absenkung der Beteiligungsgrenze innerhalb des § 17 EStG auf ein Prozent wird der Anwendungsbereich des § 5 II 1 UmwStG erweitert.

dddd) Anpassung des § 7 UmwStG

Bisher hatten die nicht wesentlich Beteiligten i.S.d. § 17 EStG das anteilig auf sie entfallende vEK der übertragenden Körperschaft sowie das hierauf entfallende KöSt.- Guthaben nach § 7 UmwStG als Einkünfte aus Kapitalvermögen zu versteuern (ausgenommen das anteilige EK 04).
An dieser grundsätzlichen Regelung hält auch die Neufassung des § 7 UmwStG fest. Den nicht wesentlich beteiligten Anteilseignern i.S.d. § 17 EStG, welche ihre Beteiligung im Privatvermögen halten, werden die offenen Reserven (ausgenommen die Einlagen i.S.d. § 27 KStG) der übertragenden Gesellschaft als Einkünfte aus § 20 EStG zugerechnet. Diese unterliegen aufgrund des Systemwechsels jetzt dem neuen Halbeinkünfteverfahren nach § 3 Nr. 40 EStG.

eeee) KöSt.- Guthaben und KöSt.- Schuld

Durch die Einführung des Halbeinkünfteverfahrens entfällt die KöSt.- Anrechnung und damit die Erhöhung des Übernahmegewinns. Das auf die Alt- Rücklagen nach § 37 KStG entfallende KöSt.- Minderungspotential mindert nach § 10 UmwStG n. F. im Veranlagungszeitraum der Umwandlung die Körperschaftsteuer der übertragenden Gesellschaft.
Da die Minderung das zu übertragende Betriebsvermögen erhöht, ergibt sich ein entsprechend höherer Übernahmegewinn/ niedrigerer Übernahmeverlust bzw. höhere Einkünfte aus Kapitalvermögen nach § 7 UmwStG n. F. [807].

---

806 Thiel, FR 2000, 493 (496).

807 Pung, DB 2000, 1835 (1836).

Entsprechend sieht § 10 UmwStG auch die KöSt.- Erhöhung nach § 38 KStG auf das EK 02 bei der übertragenden Körperschaft vor.

Aufgrund mangelnder KöSt.- Anrechnung kann es auf Seiten des übernehmenden Personenunternehmens nicht mehr zu einer Steuererstattung kommen.

bbb) Verschmelzung einer Kapitalgesellschaft auf eine Kapitalgesellschaft (§§ 11 bis 13 UmwStG)

aaaa) Übergang der Rücklagen

Bisher war das vEK der übernehmenden Körperschaft entsprechend den §§ 38, 38b KStG um das vEK der übertragenden Körperschaft aufzustocken. Nach dem Wegfall der Gliederungsrechnung regeln die §§ 27 VI, 40 I KStG n. F. den Übergang des Einlagekontos, des KöSt.-Guthabens und des EK 02 auf die Übernehmerin.

bbbb) Übertragungsgewinn

Sofern die spätere Besteuerung der stillen Reserven der übergegangenen Wirtschaftsgüter nicht sichergestellt ist (§ 11 I 1 Nr. 1 UmwStG) oder eine Gegenleistung nicht in Gesellschaftsrechten besteht (§ 11 I 1 Nr. 2 UmwStG), ist eine Aufdeckung stiller Reserven zwingend vorzunehmen. Der Übertragungsgewinn ist voll steuerpflichtig, auch wenn der Übertragungsgewinn auf Anteile an einer anderen Körperschaft entfällt. Dies erscheint nicht systemgerecht, da ein Veräußerungsgewinn nach § 8b II KStG n. F. steuerfrei wäre [808].

cccc) § 12 II 2, 3 UmwStG zur Rückgängigmachung einer früheren Teilwertabschreibung

War die Übernehmerin vor dem Vermögensübergang an der übertragenden Körperschaft beteiligt und wurde auf die tatsächlichen Anschaffungskosten der Beteiligung eine steuerlich wirksame Teilwertabschreibung vorgenommen, so muss nach § 12 II 2 UmwStG ein Betrag in dieser Höhe versteuert werden. In den Fällen einer steuerlich unwirksamen Teilwertabschreibung nach § 8b III KStG n.F. unterbleibt eine Hinzurechnung (§ 12 II 3 UmwStG).

dddd) Verschmelzung auf eine Körperschaft, deren Leistungen beim Empfänger nicht zu Einkünften aus § 20 I 1 Nr. 1 EStG führen

Kommt es zu einer Verschmelzung der Kapitalgesellschaft auf eine Körperschaft, deren Leistungen beim Empfänger nicht zu Leistungen aus § 20 I 1 Nr. 1 EStG führen, wird eine Totalausschüttung unterstellt (§ 12 V UmwStG). Diese soll eine Versteuerung der offenen Reserven zur Folge haben, wobei die offenen Reserven anteilig der übernehmenden Körperschaft als Einkünfte aus Kapitalvermögen zugerechnet werden. Eine zur Steuerfreiheit führende Anwendung des § 8b I KStG ist umstritten, aber wohl zu verneinen, da der offensichtliche Wille des Gesetzgebers eine Versteuerung fordert [809].

---

[808] Pung, DB 2000, 1835 (1837).

[809] Ebenso Pung, DB 2000, 1835 (1838); a. A. Haritz/ Wisniewski, GmbHR 2000, 789 (791).

ccc) Auf-/ Abspaltung einer Kapitalgesellschaft auf eine Kapitalgesellschaft (§ 15 UmwStG)

Hier regeln nach dem Wegfall der Gliederungsrechnung die §§ 27 VII, 40 II KStG den Übergang des anteiligen Einlagekontos, des anteiligen KöSt.- Guthabens und des anteiligen Ek 02 auf die Übernehmerin.
Auch hier ist ein entstehender Übertragungsgewinn voll steuerpflichtig § 15 I i.V.m. § 11 I 1 UmwStG. Insofern besteht das gleiche Problem wie bei der Verschmelzung auf eine Kapitalgesellschaft.

ddd) Auf-/ Abspaltung einer Kapitalgesellschaft auf eine Personengesellschaft (§ 16 UmwStG)

Auch hier erfolgt die Verringerung des Einlagekontos, des KöSt.- Guthabens und des EK 02 nach §§ 27 VII, 40 II KStG n. F. im entsprechenden Verhältnis. Durch § 16 II UmwStG wird die analoge Anwendung des § 10 UmwStG angeordnet, wodurch es dann zu einer KöSt.- Minderung bzw. KöSt.- Erhöhung bei der übertragenden Körperschaft kommt [810].

eee) Einbringung in eine Kapitalgesellschaft

Hier ergibt sich eine Besonderheit bei der Besteuerung einbringungsgeborener Anteile. Die Gewinne aus deren Veräußerung können neben der Begünstigung innerhalb des Halbeinkünfteverfahrens keine weitere Entlastung durch § 34 EStG erfahren. Zur Vermeidung einer solchen Doppelbegünstigung wurde § 21 I 2 UmwStG a. F. aufgehoben und § 20 V 1 UmwStG angepasst.
Allerdings greift das Halbeinkünfteverfahren für einbringungsgeborene Anteile erst nach einer sieben- jährigen Behaltefrist § 3 Nr. 40 Satz 3, 4 EStG. Die Streichung des § 21 I 2 UmwStG erscheint daher insoweit nicht systematisch, da bei einer Veräußerung innerhalb der siebenjährigen Frist das Halbeinkünfteverfahren nicht greift und eine Doppelbegünstigung nicht eintreten würde. In diesen Fällen ist der Veräußerungsgewinn jetzt in voller Höhe steuerpflichtig [811].

---

[810] Zur Behandlung eines Übernahmegewinns bzw. eines Übernahmeverlustes siehe oben aaa).

[811] Pung, DB 2000, 1835 (1838).

3. *Die strukturelle Änderung bei der Besteuerung von Personenunternehmen nach dem StSenkG*

a) Das gescheiterte Optionsmodell

Das noch im Entwurf des StSenkG enthaltene Optionsmodell wurde im Vermittlungsverfahren gestrichen. Hiernach konnten sich Personenunternehmen wie eine Körperschaft besteuern lassen. Dieses Modell war in letzter Zeit durch die Brühler Empfehlungen ins Gespräch gekommen und als Maßnahme zur Gleichbehandlung mit den Kapitalgesellschaften gedacht [812].

Die Ausübung der Option hätte sich jedoch nur für dauerhaft gewinnstarke Personenunternehmen mit einem relativ geringen Ausschüttungsbedarf gelohnt [813]. Eine solche Optionsmöglichkeit wäre aber ein erster Schritt auf dem Weg zu einer rechtsformneutralen Betriebssteuer nach dem *Lang' schen* Konzept gewesen. Zwar hätte eine mangelnde Einbeziehung der privaten Vermögensverwaltung immer noch zu einer Verletzung des Gleichheitssatzes geführt, jedoch hätten zumindest Personenunternehmen mit Gewinneinkünften die Möglichkeit gehabt, den begünstigenden Thesaurierungssatz bei der Körperschaftsteuer zu nutzen. Insofern wäre die Besteuerung der Unternehmen rechtsformneutraler ausgestaltet worden. Vor allem unter dem Blickpunkt des Gleichheitssatzes wäre dies zu begrüßen gewesen.

b) Die typisierte Ermäßigung der Einkommensteuer um die Gewerbesteuer

Im Rahmen der Steuerreform 2000 hat sich zur Entlastung der gewerblichen Personenunternehmen ein Teilanrechnungsmodell durchsetzen können. Nachdem das Optionsmodell gescheitert war, verbleibt nun allein die typisierte Ermäßigung der Einkommensteuer um die Gewerbesteuer als Entlastung der gewerblichen Personenunternehmen.
Die pauschalierte Anrechnung der Gewerbesteuer auf die Einkommensteuer dient, im Gegensatz zum Optionsmodell, nicht der Herstellung der Rechtsformneutralität, sondern vielmehr der Gleichbehandlung von gewerblichen und nichtgewerblichen Einkünften.

Durch das Teilanrechnungsmodell bleibt die Gewerbesteuer in ihrer Ausgestaltung an sich unberührt. Aufgrund der in den letzten Jahren zunehmenden Kritik [814] an der Gewerbesteuer wird vor der verfassungsrechtlichen Überprüfung des Anrechnungsmodus die Verfassungsmäßigkeit der Gewerbesteuer an sich zu untersuchen sein.

---

812 Kommission zur Reform der Unternehmensbesteuerung, BB 1999, 1188 (1189 (Modell 1)).

813 Lang, GmbHR 2000, 453 (460).

814 Arbeitsgruppe der Deutschen Steuerjuristischen Gesellschaft, StuW 1996, 203 (206); eine Auflistung der Argumente und weitere Nachweise bei Wöhe, Betriebswirtschaftliche Steuerlehre I/ 1, S. 356 ff.

aa) Verfassungsmäßigkeit der Gewerbesteuer

Die Gewerbesteuer war in letzter Zeit zahlreichen Angriffen ausgesetzt und wurde als verfassungswidrig bezeichnet. Zunächst soll daher untersucht werden, ob die Gewerbesteuer in ihrer derzeitigen Ausgestaltung verfassungsgemäß ist.
Vor einer Überprüfung der Grundrechtskonformität der Gewerbesteuer ist zuerst die Stellung der Art. 105, 106 GG zum Grundrechtskatalog zu untersuchen.
Fraglich erscheint insofern, ob durch die Auflistung der Steuern in Art. 106 GG eine Überprüfung an den Grundrechten entfällt.

aaa) Art. 105, 106 GG

Nach der Änderung des Art. 106 VI GG durch die ausdrückliche Nennung der Gewerbesteuer wird zum Teil davon ausgegangen, dass die Gewerbeertragsteuer nun verfassungsrechtlich abgesichert und damit auch verfassungskonform sei [815].
Das Bundesverfassungsgericht formulierte (schon vor der Änderung des Grundgesetzes vom 20.10.1997) [816] wie folgt: *„Das Grundgesetz geht selbst davon aus, dass die Erhebung einer Gewerbesteuer zulässig ist.“* [817], wobei es aber nicht zu dem Schluss kam, alle Normen des GewStG zu billigen.
Im Grundgesetz sind hinsichtlich der Besteuerung nur die Gesetzgebungsbefugnis (Art. 105 GG) und die Ertragszuständigkeit (Art. 106 GG) geregelt. Über die Zulässigkeit einer Besteuerung kann dem Wortlaut des Grundgesetzes nichts entnommen werden. Vielmehr geht die Verfassung selbst von der Konzeption der Bundesrepublik als Steuerstaat aus [818].
Aus den Kompetenznormen der Art. 105 ff GG ist ersichtlich, dass das Grundgesetz den angesprochenen Besteuerungsgegenstand als regelungsfähig ansieht.
In den Art. 105 ff GG wird in der Bezeichnung der Steuern vom herkömmlichen Steuerrecht ausgegangen, wodurch auf deren traditionelle Bedeutung Bezug genommen wird [819]. Dies gilt seit der Änderung des Art. 106 VI GG auch für die Gewerbesteuer.
Unter der Bezeichnung der Steuer wird daher nur ein bestimmter Steuertypus verstanden, der zwar eine gewisse Variationsbreite aufweisen kann, aber durch einen Kerngehalt charakterisiert ist. Außerdem würde sonst durch die Bezeichnung der Steuer die in der Verfassung bestimmte Ertragsverteilung zur Disposition des Bundes- bzw. Landesgesetzgebers stehen, ohne dass verfassungsändernde Mehrheiten beachtet werden müssten (Art. 79 II GG).

Allerdings kann die Nennung der Gewerbesteuer in einer kompetenzrechtlichen Norm nicht von einer grundrechtskonformen Ausgestaltung befreien [820]. In einer rechtsstaatlichen Verfassung, in der die Steuertypen auf eine gewisse Besteuerungstradition zurückgehen, ist es eher unwahrscheinlich, dass eine in der Verfassung genannte Steuer verfassungswidrig ist. Eine verfassungswidrige Verfassungsnorm ist aber nicht schlechthin unmöglich. Es spricht daher

---

815 Hofmeister in Blümich, Rdnr. 10 zu § 1 GewStG; für die Verfassungsmäßigkeit der Gewerbesteuer aufgrund der Nennung in Art. 106 GG auch Scholz in Maunz/ Dürig/ Herzog, Rdnr. 84d zu Art. 28 GG, ohne daraus eine institutionelle Garantie abzuleiten.

816 Gesetz zur Änderung des GG 20. 10. 1997, BGBl. I 1997, S. 2470.

817 BVerfG vom 13. 5. 1969, E 26, 1 (8); BVerfG vom 25. 10. 1977, E 46, 224 (236).

818 Kirchhof, HdBStR VI, RdNr. 45 zu § 88.

819 Vogel, HdBStR VI, RdNr. 55 zu § 88.

820 Wendt, BB 1987, 1677 (1678).

nur eine Vermutung für die Verfassungsmäßigkeit der Steuer (Sekundärwirkung der Kompetenznorm) [821]. Dieses Indiz kann natürlich nur für den Regelungskern zum Zeitpunkt des Erlasses der Kompetenznorm gelten.
Die Gewerbesteuer ist mit Gesetz vom 20.10.1997 [822] wortwörtlich in die Verfassung aufgenommen worden und sollte in ihrer damaligen Fassung und Ertragszuweisung abgesichert werden.

Allein eine bestehende Vermutung hindert aber nicht die Kontrolle der Norm an der Verfassung.

Zwischenergebnis:

Die Nennung der Gewerbesteuer in den Art. 105 ff GG befreit somit nicht von einer Überprüfung am Maßstab der Verfassung, insbesondere nicht von der Überprüfung ihrer Grundrechtskonformität.

Allein die Aufführung der Steuern in Art. 106 GG stellt keine verfassungsrechtliche Absicherung dar [823]. Nach Art. 106 GG werden nur die real existierenden Steuern verteilt. Es ist hieraus keine institutionelle Bestandsgarantie der dort erfassten Steuern zu entnehmen [824].

bbb) Zur grundsätzlichen Rechtfertigung der Gewerbesteuer

In einem Vielsteuersystem bedarf auch die einzelne Steuer der Rechtfertigung. Nach *Tipke* bedeutet dies zu begründen, dass die einzelne Steuer gerecht ist; da sie nur dann „gerecht"-fertigt ist [825]. Steuergerechtigkeit ist aber nicht mit Steuergleichheit identisch, vielmehr ist letztere nur ein Teilaspekt der Steuergerechtigkeit [826].
Eine Steuer ist gerechtfertigt, wenn sie entsprechend der verfassungsrechtlichen Wertordnung ausgestaltet ist [827]. Die Steuerrechtfertigung führt dabei notwendigerweise über das verfassungsrechtlich Zulässige hinaus, weil es in der Verfassung hierzu an einer ausreichenden Konkretisierung mangelt [828].
Die Frage nach der Rechtfertigung darf daher verfassungsrechtlich auch nicht überbewertet werden [829]. Im Rahmen der Überprüfung der Ausgestaltung der Gewerbesteuer und des Teilanrechnungsmodells wird die Untersuchung grundsätzlich auf die Verfassungsmäßigkeit beschränkt. Sofern die Gewerbesteuer und der Anrechnungsmodus sich innerhalb der verfas-

821 BVerfG vom 13. 5. 1969, E 26, 1 (8); Zitzelsberger, Die Gewerbesteuer, S. 172.
822 BGBl I 1997, S. 2470.
823 A.A. Kirchhof, JURA 1983, 505 (508).
824 Tipke, Die StRO, Band II, S. 529.
825 Tipke, Die StRO, Band II, S. 517.
826 Zitzelsberger, Die Gewerbesteuer, S. 181.
827 Tipke/ Lang, Steuerrecht, Rdnr. 61 zu § 4.
828 Tipke/ Lang, Steuerrecht, Rdnr. 62 zu § 4.
829 Ebenso Lang, Brühler Empfehlungen zur Unternehmensbesteuerung, Kommissionsbericht, Anhang I, S. 56.

sungsrechtlichen Grenzen bewegen, können sie Teil des Steuersystems bleiben, auch wenn noch keine Idealübereinstimmung mit dem Wertsystem des Grundgesetzes erreicht ist [830].

Eine Steuer im Sinne der Verfassungsmäßigkeit zu rechtfertigen, heißt aber auch darzulegen, welcher sachlich einleuchtende Grund für die Besteuerung gerade dieses Sachverhaltes besteht. Zwar hat der Gesetzgeber bei der Bestimmung des Steuergegenstandes einen gewissen Gestaltungsspielraum, jedoch muss die Besteuerung begründbar sein. Die für die Besteuerung maßgebenden Gründe müssen dann bei der Ausgestaltung der Steuer konsequent umgesetzt werden.

Nach oft vertretener Ansicht findet die Gewerbesteuer ihre Rechtfertigung im Äquivalenzprinzip (die Steuer als „Entgelt" öffentlicher Leistungen)[831]. Sofern man unter Äquivalenz allerdings in einem eingeschränkten Sinne nur die Steuerbemessung nach individueller Kostenverursachung oder Nutzungsgewährung versteht, ist eine Rechtfertigung der Gewerbesteuer aus diesem Grunde kaum möglich. Das konkrete Ausmaß der Lastenverursachung durch den einzelnen Betrieb ist grundsätzlich nicht feststellbar [832].

(1) Äquivalenztheorie und Leistungsfähigkeitsprinzip

Nach Zitzelsberger ist die Fassung der Äquivalenztheorie zu Recht weiter zu sehen. Danach begründet das Interesse der Besteuerten die Steuer [833].
Zwischen ortsansässigem Gewerbe und der Gemeinde stellt die gruppenbezogene Interessenverbindung eine lokalisierbare Nachfrage- Angebotskorrelation dar [834].
Die Gemeinde ist als Partner der Gewerbebetriebe anzusehen. Sie hält Infrastruktur und Arbeitskräfte vor. Dies sind gerade für die Gewerbebetriebe entscheidende, wesentliche Produktions- bzw. Marktfaktoren.
Auch das Bundesverfassungsgericht geht davon aus, dass es sich bei der Lastenverursachung um eine „pauschale Rechtfertigung" handelt [835].

Die Äquivalenztheorie wird hier aber nicht als Gegenvorstellung zum Leistungsfähigkeitsprinzip gesehen. Vielmehr sieht *Zitzelsberger* den Äquivalenzgedanken als übergeordnetes Globalprinzip über die Leistungsfähigkeitsbesteuerung als konkrete Steuerverteilungsmaxime [836]. Demnach wird von einer gruppenmäßigen Äquivalenzverbindung ausgegangen, wobei innerhalb der Gruppe nach der Leistungsfähigkeit differenziert wird.

---

[830] Zur meiner Ansicht nach optimal mit der verfassungsrechtlichen Wertordnung übereinstimmenden Gemeindesteuer i.S.d. Art. 28 II 3 GG wird auf obige Ausführungen zur Ausgestaltung einer zukünftigen Unternehmensbesteuerung verwiesen (siehe oben C II e bb).

[831] So z.B. die Bundesregierung in BT- Drucks. VI/ 3418, S. 51; Popitz, Der künftige Finanzausgleich zwischen Reich, Ländern und Gemeinden, S. 114 f.

[832] BVerfG vom 25. 10. 1977, E 46, 224 (236 f.).

[833] Zitzelsberger, Die Gewerbesteuer, S. 150 oben.

[834] Zitzelsberger, Die Gewerbesteuer, S. 157.

[835] BVerfG vom 10. 6. 1969, E 26, 172 (182); BVerfG vom 25. 10. 1977, E 46, 224 (236).

[836] Zitzelsberger, Die Gewerbesteuer, S. 159 f.; ebenso Lang, Brühler Empfehlungen zur Unternehmensbesteuerung, Kommissionsbericht, Anhang I, S. 56 f.

Allerdings bedarf die Besteuerung nach der individuellen Leistungsfähigkeit einer Modifikation, da dieses Prinzip grundsätzlich als persönlich und individuell aufgefasst wird. Bei einem Unternehmen ist kein Adressat einer solchen Leistungsfähigkeit auszumachen. Dies ist aber kein Grund, dass die Leistungsfähigkeitstheorie auf die Personenbesteuerung beschränkt bleibt. Vielmehr ist mit *Zitzelsberger* von einer Ausweitung des Leistungsfähigkeitsbegriffs auf Unternehmen auszugehen [837]. Hierzu wird nicht auf die Steuerzahlfähigkeit der Unternehmen abgestellt, da Unternehmen auf Dauer keine Steuerlasten tragen können. Maßgebend ist bei den Unternehmen im Sinne der Leistungsfähigkeit die Überwälzfähigkeit von Steuerlasten [838].

(2) Problem der Zuordnung der zu entgeltenden Gemeindeleistungen

Dem Äquivalenzprinzip wird oft entgegengehalten, dass es sich bei den zu entgeltenden Leistungen um Kollektivleistungen handelt, welche allen Einwohnern und nicht nur den Gewerbebetrieben zugute kommen [839].
Es ist richtig, dass Kostenverursacher in den meisten Fällen der Mensch und nicht der Betrieb ist [840]. Aber gerade in einer Wirtschaftsgesellschaft und spätestens seit der Wiedervereinigung ziehen Industrie- und Wirtschaftsstandorte Menschen aus schwächeren Regionen vorübergehend oder auf Dauer an. Das hat auch der Gesetzgeber durch die Abzugsfähigkeit der Kosten einer doppelten Haushaltsführung im Rahmen der Einkommensteuer anerkannt (§ 9 I 3 Nr. 5 EStG).
Die Unternehmen profitieren in besonderer Weise von den Arbeitnehmern. Daher trifft das Unternehmen auch eine besondere Verantwortung für seine Arbeitnehmer und deren Familien. Insofern tritt das Unternehmen zum Teil in die Rolle der Gemeinde. Hierfür spricht auch, dass zwischen Arbeitgeber und Arbeitnehmer ein intensives Vertrauensverhältnis besteht, da sich der Arbeitnehmer im Rahmen des Arbeitsverhältnisses in eine gewisse Abhängigkeit begibt. Diese Verantwortung des Arbeitgebers spricht hinsichtlich der zu entgeltenden Gemeindeleistungen für die Anknüpfung an eine mittelbare Kostenverursachung.
Für eine solche Anknüpfung spricht auch, dass das besondere Vertrauensverhältnis zwischen Arbeitnehmern und Arbeitgeber oftmals intensiver ist als das Verhältnis der Gemeinde zu seinen Bürgern. Insofern sind hinsichtlich der sozialen Verantwortung die Gewerbetriebe/ Unternehmen in ihrer Funktion als Arbeitgeber noch vor den Gemeinden einzuordnen. Die Gewerbebetriebe haben als Arbeitgeber, begründet durch die große gesellschaftlich soziale Bedeutung des Arbeitsplatzes, eine Sogwirkung der ihnen zurechenbaren Leistungen zur Folge. Außerdem kommen den Gewerbetreibenden als Arbeitgeber und Nutznießer der Arbeitskräfte auch mittelbar die Leistungen zugute, welche die Gemeinde allein gegenüber den Arbeitnehmern erbringt. Die Gewerbetreibenden profitieren beispielsweise nicht nur von einer speziell auf ihre Betätigung zugeschnittenen Infrastruktur. Für sie wirkt sich auch eine auf die Bedürfnisse der Arbeitnehmer zugeschnittene Infrastruktur begünstigend aus, da so die Ansiedlung qualifizierter Fachkräfte erleichtert wird, auf welche die Betriebe zurückgreifen kön-

837 Ebenso Frenz, StuW 1997, 116 (124 f.).

838 Zitzelsberger, Die Gewerbesteuer, S. 163; Rose, DB 2000, 1062 (1062).

839 Wendt, BB 1987, 1257 (1262 oben).

840 Pagenkopf, Das Gemeindefinanzsystem und seine Problematik, S.138.

nen. Des Weiteren ist die auf einer guten Wohn- und Freizeitlage basierende Lebensqualität auch der Arbeitsmoral förderlich.

Somit ist ersichtlich, dass die Betriebe zwar nicht immer die direkten Kostenverursacher sind, aber ihnen als Arbeitgeber der Kostenverursachungsfaktor „Mensch" aufgrund ihrer sozialen Verantwortung zuzurechnen ist. Der Gemeinde bleibt insoweit nur die Verantwortung gegenüber Nichtarbeitnehmern. Es spricht nichts gegen eine solche indirekte Verursachung als Anknüpfungspunkt, zumal schon den einzelnen Personen eine genaue individuelle Kostenverursachung nicht nachweisbar ist.
Der Gesetzgeber ist meines Erachtens bei der Auffindung von Steuerquellen ziemlich frei [841]. Da er sich insofern von finanzpolitischen, volkswirtschaftlichen, sozialpolitischen und steuertechnischen Erwägungen leiten lassen kann, sollte er den Steuergegenstand daneben auch an eine indirekte Kostenverursachung anknüpfen können.

Zum Teil wird eine Kostenverursachung durch die Betriebe mit dem Argument verneint [842], dass auch Gemeinden mit wenig beziehungsweise keinen Gewerbebetrieben die einwohnerbezogenen Leistungen erbringen müssen. Hierbei darf aber nicht übersehen werden, dass bei einer bestehenden Gewerbeansiedlung die einwohnerbezogenen Leistungen ein ganz anderes Ausmaß annehmen müssen, als wenn kein Gewerbe in der Gemeinde angesiedelt wäre und die Einwohner keiner Beschäftigung nachgingen. Außerdem kann mangels vorhandener Betriebe gerade nicht die mittelbare Verursachung der Kosten als Zurechnungskriterium greifen. Die Verantwortung zur Erbringung einwohnerbezogener Leistungen kann dann nicht auf Gewerbebetriebe abgewälzt werden, sondern verbleibt bei den Gemeinden.
Man muss zwischen der Pflicht und der Beschaffung der Mittel zur Erfüllung dieser Pflicht unterscheiden, sofern man eine Anknüpfung an eine indirekte Verursachung anerkennt.

(3) Umlage aus Art. 106 VI 4 GG

Weiterhin wird gegen das Äquivalenzprinzip vorgebracht, dass selbiges schon aufgrund der in Art. 106 VI 4 GG aufgeführten Umlage nicht tragbar sei [843].
Hierzu ist zu sagen, dass die äquivalenztheoretischen Ansätze sich nicht auf die Gemeinden beschränken. Wie *Tipke* formuliert, ist die Gewerbesteuer keine geborene bzw. natürliche Nur- Gemeindesteuer [844]. Dem Gesetzgeber soll es danach freistehen, ohne Berücksichtigung äquivalenztheoretischer Gesichtspunkte, die gerechtfertigte Steuer dem Bund, den Ländern oder/ und den Gemeinden zuzuteilen. Dass durch die Umlage die Länder und der Bund an der Gewerbesteuer beteiligt werden, ändert schon nichts an einer Rechtfertigung aus dem Äquivalenzprinzip.
Zu beachten ist weiterhin, dass die Äquivalenzbeziehungen nicht auf die Gemeinden beschränkt sind. Die Umlage kann als Entschädigung für die von den Finanzämtern als Landesfinanzbehörden wahrgenommene teilweise Verwaltung der Gewerbesteuer bzw. für die vom Bund erfolgende Gesetzgebung angesehen werden. Des Weiteren darf nicht vergessen werden,

---

841 so auch Zitzelsberger, Die Gewerbesteuer, S.184 ff.; BVerfG vom 30. 10. 1961, E 13, 181 (202 f.).
842 Wendt, BB 1987, 1257 (1262).
843 Wendt, BB 1987, 1257 (1263).
844 Tipke, Die StRO, Band II, S. 827.

dass auch der Bund und die Länder den Gewerbebetrieben öffentliche Leistungen zukommen lassen.

Die Umlage in Art. 106 VI 4 GG bringt die Rechtfertigung der Gewerbesteuer durch das Äquivalenzprinzip nicht zu Fall.

(4) Abgrenzung von Steuer und Gebühr

Wie schon festgestellt fehlt es an der genauen Nachweismöglichkeit der den Betrieben zugute kommenden Leistungen. Zu Recht hat nach *Flämig* das Äquivalenzprinzip als Gerechtigkeitsmaßstab der Gewerbesteuer nur den Namen mit dem Äquivalenzprinzip des Gebühren- und Beitragsrechtes gemeinsam, denn im Gegensatz dazu liegt dem gewerbesteuerlichen Äquivalenzprinzip nur eine pauschale Rechtfertigung der Gewerbesteuer zugrunde [845]. Dies ist aber auch nach § 3 I AO ausreichend, da Steuern Geldleistungen sind, welche nun gerade nicht ein Entgelt für eine besondere Leistung darstellen.
Bezüglich einer Gruppenäquivalenz ist zu beachten, dass die Äquivalenzbetrachtung nicht bei den Gemeinden und den einzelnen Betrieben stehen bleiben darf. Es müssen vielmehr die gesamten Gewerbebetriebe und die diesen Betrieben zukommenden Leistungen miteinander verglichen werden [846].

In Abgrenzung der Steuer zur Gebühr bzw. zum Beitrag darf keine konkrete Verbindung zwischen der Steuer und den Leistungen der öffentlichen Hand bestehen. Insoweit muss es aus Sicht des Äquivalenzgedankens gerade genügen, wenn es Leistungen gibt, welche direkt durch die Gewerbebetriebe verursacht sind, ohne dass aber eine konkrete, messbare Zuordnung möglich ist [847].
Nach der hier vertretenen Ansicht kommt außerdem die indirekte Verursachung durch den Kostenfaktor Mensch hinzu. Hierunter kann man zum einen die aufgrund des Arbeitsprozesses durch die Arbeitnehmer verursachten Kosten verstehen (z.B. die Straßenabnutzung durch Fahrten zur Arbeit, Kindertagestätten usw.).
Man könnte zum anderen aber auch an alle Leistungen anknüpfen, die den Arbeitnehmern zuteil werden, wenn man einen indirekten Verursachungsbeitrag als Anknüpfungspunkt genügen lässt.
Der Ansatz bei den Gewerbebetrieben ist insofern sachgerecht, da gerade diese die Masse der Arbeitnehmer beschäftigen [848].

Meines Erachtens muss eine solche pauschale Rechtfertigung im Rahmen der Äquivalenztheorie genügen, da sonst die Erhebung in Form von Gebühren/ Beiträgen erfolgen müsste.

---

845 Flämig, DStJG Band 12 (1989), S. 33 (38); ebenso BVerfG vom 10. 6. 1969, E 26, 172 (182); vom 25. 10. 1977, E 46, 224 (236).

846 Zu dem Problem, welche Leistungen den Gewerbebetrieben zurechenbar sind, siehe vorstehend unter (2).

847 Z.B. Ausweisung von Gewerbegebieten, Sondermülldeponien, Gemeinkosten der Gewerbeämter sowie auch den Einwohnern zugute kommende Leistungen, welche aber auch für die Gewerbebetriebe direkt von Nutzen sind und dadurch für die Gemeinde kostenintensiver werden, wie ordnungsrechtliche Aufgaben der Polizei/ Feuerwehr, Straßenbau usw..

848 Siehe nachfolgend Unterpunkt ccc aaaa (1).

Die Äquivalenztheorie taugt im Rahmen einer Steuerrechtfertigung in Anbetracht des verfassungsrechtlichen Steuerbegriffs [849] eben nur zu einer pauschalen Rechtfertigung. Das ist auch gerade einer der Gründe, warum das Äquivalenzprinzip nur ausnahmsweise zur Rechtfertigung herangezogen werden kann.

Die Äquivalenztheorie ist trotz vieler Kritik als sachlich einleuchtender Grund für die Besteuerung der Gewerbebetriebe an sich tauglich.

(5) Weitere Rechtfertigungsgründe

Zum Teil werden weitere Rechtfertigungsgründe für die Gewerbesteuer aus der Finanzverfassung abgeleitet, auch wenn diesbezüglich eine institutionelle Bestandsgarantie verneint wird. *M. Rodi* sieht solche Rechtfertigungsgründe darin, dass innerhalb des verfassungsrechtlichen Systems der Steuerertragsverteilung an die Existenz der Gewerbesteuer angeknüpft (Finanzausgleichsfunktion) und diese zu einem wichtigen Bestandteil des Gemeindefinanzsystems gemacht wird (Gemeindesteuerfunktion) [850].
Demnach soll die Finanzverfassung eine verfassungsrechtliche Legitimationsgrundlage der Gewerbesteuer darstellen, woraus auf eine Rechtfertigung der Gewerbesteuer geschlossen wird.

ccc) Die Gewerbesteuer und die Grundrechte

aaaa) Die Gewerbesteuer und ihr Verhältnis zum Gleichheitssatz des Art. 3 I GG

Hierzu ist vorweg anzumerken, dass die Leistungsfähigkeit nicht auf Individuen begrenzt ist, sondern auch Unternehmen betrifft. Allerdings ist bei Unternehmen die Leistungsfähigkeit anders zu ermitteln, da Unternehmen auf Dauer keine Steuern tragen können. Vielmehr ist hier, wie schon festgestellt, auf die Überwälzbarkeit abzustellen [851].

Des Weiteren ist nochmals darauf aufmerksam zu machen, dass der Steuergesetzgeber bei der Auffindung und Abgrenzung von Steuerquellen weitgehend frei ist, da der Gleichheitssatz aufgrund seiner Struktur inhaltsleer ist.
Die Steuerbegründungsfreiheit unseres Staates unterliegt daher nur wenigen Beschränkungen [852] (insbesondere Art. 1 I, 3 II, III, 14, 106 GG). Auch die Äquivalenztheorie gibt keinen Anhaltspunkt für die zwanghafte Begründung einer bestimmten Steuerquelle. Es genügt, wenn sachlich einleuchtende Gründe für die jetzige Abgrenzung des von der Gewerbesteuer erfassten Steuergegenstandes vorliegen .

---

849 Entspricht dem Steuerbegriff des § 3 I AO; Tipke/ Lang, Steuerecht, § 3 Rdnr. 9,10 (S. 48 f.); Vogel, HdBStR, Rdnr. 54 zu § 87.

850 Rodi, Die Rechtfertigung von Steuern als Verfassungsproblem, S. 179 ff. Daneben führt Rodi die verfassungsrechtliche Anerkennung des Leistungsfähigkeitsprinzips als ergänzende Legitimationsgrundlage an (a.a.O., S. 182).

851 Ebenso Kirchhof auf einem Symposion, zusammengefasst von Balke, StuW 1996, 192 (195).

852 Lenski/ Steinberg, Anm. 9 zu § 1 GewStG.

(1) Einbezogene Unternehmen

Unter diesem Blickwinkel ist nochmals auf einen der Hauptkritikpunkte an der Gewerbesteuer einzugehen. Vielfach stößt man sich daran, dass von der Gewerbesteuer nur Gewerbebetriebe und nicht allgemein Unternehmen (insbesondere auch Freiberufler) erfasst werden [853].
Es wird anerkannt, dass Unternehmenssteuern, wie die Gewerbesteuer, aus äquivalenztheoretischen Gesichtspunkten gerechtfertigt seien, da Leistungen der öffentlichen Hand den Unternehmen zugute kommen. Allerdings erfordere der Äquivalenzansatz und Art. 3 I GG, dass alle Unternehmen und nicht nur Gewerbebetriebe erfasst werden [854]. Insoweit sei ein Verstoß gegen Art. 3 I GG gegeben.
Der Gesetzgeber müsse die Steuerquellen so wählen, dass sie neben einer gleichen Belastung von Personen auch zu einer gleichen Belastung aller Unternehmen führen [855]. Demnach ist der Gesetzgeber bei der Auffindung und Außenabgrenzung von Steuerquellen nicht so weitgehend frei, wie es hier vertreten wird.

Mit *Zitzelsberger* bin ich der Auffassung, dass eine Einbeziehung aller ökonomischen Betriebe in die Gewerbesteuer naheliegender und besser mit dem Wertsystem der Verfassung zu vereinbaren ist [856]. Dies ist aber verfassungsrechtlich nicht zwingend notwendig. Grundsätzlich kann der Gesetzgeber die Sachverhalte selbst auswählen, an die er die gleiche Rechtsfolge knüpft. Allerdings muss die Differenzierung auf sachlichen Erwägungen beruhen und darf nicht willkürlich sein. Nach dem BVerfG kann sich der Gesetzgeber insoweit von finanzpolitischen, volkswirtschaftlichen, sozialpolitischen und steuertechnischen Erwägungen leiten lassen [857]. Eine gleiche Belastung aller Unternehmen kann nur gefordert werden, wenn bei allen Unternehmen im gleichen Umfang der Anknüpfungspunkt für die Besteuerung vorliegt.
Der Gesetzgeber ist daher bei der Auffindung und Abgrenzung der Steuerquellen nur sehr wenigen Beschränkungen unterworfen [858].

Es müssen daher zumindest sachlich einleuchtende Gründe dargelegt werden, welche für eine Nichterfassung der land- und forstwirtschaftlichen Unternehmen und der Unternehmen der Freiberufler sprechen. Die willkürliche Besteuerung irgendeines Steuergegenstandes ist unzulässig.
Das BVerfG bringt zur Außenabgrenzung der Gewerbesteuer bezüglich der Land- und Forstwirte und der Freiberufler als sachgerechte Gründe an, dass die Kombination der Produktionsfaktoren Boden, Arbeit und Kapital grundlegend verschieden sei. Bei den Gewerbetreibenden stehe das Kapital so im Vordergrund, dass der Gesetzgeber diese wirtschaftliche Betätigung besteuern kann [859]. Diese Aussage erscheint ziemlich pauschal. Zu Recht hätte nach *Tipke* vielmehr aufgezeigt werden müssen, aus welchem Grund die Frage der Rechtfertigung aus

---

853 Tipke, Die StRO, Band II, S. 833; auch Wendt, StuW 1992, 66 (77) sieht hierin einen Verstoß gegen das Leistungsfähigkeitsprinzip und dem in Art. 3 I GG verankerten Grundsatz der staatsbürgerlichen Lastengleichheit.

854 Tipke, Die StRO, Band II, S. 831.

855 Tipke, Die StRO, Band II, S. 832.

856 Zitzelsberger, Die Gewerbesteuer, S. 186; ebenso der obige Vorschlag zur Gewinnzuschlagsteuer.

857 BVerfG vom 30. 10. 1961, E 13, 181 (202 f.).

858 Zitzelsberger, Die Gewerbesteuer, S. 186; ebenso Brockmeyer in Schmidt- Bleibtreu/ Klein, Rdnr. 6 zu Art. 105 GG.

859 BVerfG vom 13. 5. 1969, E 26, 1 (8 f.); BverfG vom 25. 10. 1977, E 46, 224 (240).

dem Äquivalenzprinzip vom unterschiedlichen Gewicht verschiedener Produktionsfaktoren abhängig gemacht werden kann [860].

Als sachgerechter Grund für die Außenabgrenzung wird zum Teil noch angebracht, dass die von den Gewerbetreibenden erzielten Renditen erheblich über dem normalen Kapitalzins liegen und daher die Gewerbetreibenden leistungsfähiger sind [861]. Aber auch dies ist nur eine auf die gesamte Berufsgruppe bezogene unzulässige Pauschalaussage ohne die notwendigen Schlussfolgerungen.

Nach *Flämig* ergibt sich aber eine sachgerechte Differenzierung daraus, dass freiberufliche Praxen weniger Kosten verursachen als Gewerbebetriebe und den Freiberuflern die von den Gemeinden erbrachten Leistungen weniger zugute kommen [862]. Dieser Ansatz erscheint gerade aus Äquivalenzgesichtspunkten, welche zur Rechtfertigung der Gewerbesteuer herangezogen werden, richtig zu sein.
Man muss sich hier nochmals mit dem Gedanken auseinandersetzen, dass Gewerbebetriebe in einem viel größeren Ausmaß Arbeitsplätze schaffen. Außerdem kann aus Äquivalenzgesichtspunkten gerade auch an eine den Gewerbebetrieben zurechenbare indirekte Kostenverursachung (Kostenfaktor Mensch) angeknüpft werden. Somit scheint unter dem Äquivalenzprinzip ein sachgerechter Differenzierungsgrund gefunden zu sein.
Hiergegen wird weiter vorgebracht, dass dies aber noch lange nicht eine gänzliche Ausgrenzung der Freiberufler rechtfertigen kann [863].
Eine Ausgrenzung sei nur gerechtfertigt, wenn die den Freiberuflern zugute kommenden Leistungen sich quantitativ so stark von denen der den Gewerbetreibenden zugute kommenden Leistungen unterscheiden, dass sie vernachlässigt werden dürfen. Soweit man auch eine mittelbare Verursachung genügen lässt, ist aufgrund der wenigen von den Freiberuflern bereitgestellten Arbeitsplätze ein solcher Unterschied gegeben. Die Kostenverursachungsdifferenz bezüglich der in Anspruch genommenen Gemeindeleistungen ist zwischen Gewerbebetrieben und Freiberuflern sehr groß. Es muss nicht jede kleinere Kostenverursachung bei der Ausgestaltung des Steuergegenstandes berücksichtigt werden. Schon aus Praktikabilitätsgründen muss dem Gesetzgeber daher eine Ausgrenzung der Freiberufler möglich sein.
Hinsichtlich der freiberuflichen Unternehmen mangelt es somit schon an einem ebenso ausgeprägten Anknüpfungspunkt der Steuer.

Gerade aufgrund der von den Freiberuflern zu erbringenden individuellen Leistungen, welche auf höchstpersönlichen Vertrauensverhältnissen basieren, sind die Freiberuflerpraxen in gewisser Weise den natürlichen Personen/ Arbeitnehmern angenähert. Somit sind auch aus diesem Grund Differenzierungen gerechtfertigt.

Nach anderer Ansicht wäre eine unterschiedliche Behandlung von Gewerbetreibenden und Freiberuflern nur gerechtfertigt, wenn Freiberufler besondere Überwälzungsschwierigkeiten haben [864]. In diesem Sinne ist zu bedenken, dass viele Freiberufler, insbesondere Rechtsan-

---

[860] Tipke, Die StRO, Band II, S. 831.

[861] Schnädter, KStZ 1986, 141 ff.

[862] Flämig, DStJG Band 12 (1989), S. 33 (41/ 42).

[863] Tipke, Die StRO, Band II, S. 832.

[864] Tipke, Die StRO, Band II, S. 833.

wälte und Ärzte, grundsätzlich an festgelegte Honorarabrechnungen gebunden sind (z.B. Abrechnungen der Rechtsanwälte nach der BRAGO). Diese bundeseinheitlichen Honorarfestsätze könnten die unterschiedlichen Hebesätze der Gemeinden bei der Überwälzung auf den Kunden/ Mandanten nicht berücksichtigen. Somit sind Überwälzungsschwierigkeiten zu bejahen.

Für eine Ausgrenzung der Land- und Forstwirte sprechen dagegen sozialpolitische und volkswirtschaftliche Erwägungen. Hier kann die Ausgrenzung unter Subventionsgesichtspunkten sachgerecht begründet werden. Die ständige Verringerung der Bauernhöfe soll nicht durch eine weitere Belastung mit Gewerbesteuer vorangetrieben werden. Die Versorgung der Bevölkerung soll nicht allein auf Importen beruhen, sondern auf einer eigenen funktionstüchtigen Landwirtschaft basieren. Die Abhängigkeit von ausländischen Versorgern macht die Sicherstellung der Ernährung für die in Deutschland lebende Bevölkerung krisenanfälliger. Durch eine eigene intakte Versorgungsstruktur kann somit dem Risiko, von Missernten und Kriegen in anderen Ländern abhängig zu sein, entgegengewirkt werden.

Weiterhin bleibt anzumerken, dass es nicht einleuchtend erscheint, nicht auch innerhalb der Unternehmen nochmals zu unterteilen, wenn dies durch sachliche Fakten begründbar ist. Auch das historisch gewachsene Vielsteuersystem der Bundesrepublik lässt eine weitere Verzweigung zu als nur eine Aufteilung in Personen und Unternehmen.

Letztlich ist die Gewerbesteuer nicht als Annexsteuer zur Einkommensteuer bzw. nicht als Sonderbelastung fundierter Einkommen zu sehen [865].
Die Gewerbesteuer ist eine Realsteuer und keine zusätzliche Personensteuer. Eine Objektsteuer ist aber immer ein aliud gegenüber einer die subjektive Leistungsfähigkeit berücksichtigenden Personensteuer [866].
Somit liegt auch keine dem Gleichheitssatz widersprechende Sonderbelastung der Gewerbebetriebe in Form einer Zusatzeinkommensteuer vor.

(2) Sondersteuer für Großbetriebe

Als weiterer Hauptkritikpunkt wird angebracht, dass die Gewerbesteuer aufgrund des hohen Freibetrages und des Staffeltarifs zu einer Sondersteuer für Großbetriebe geworden ist (nur annähernd ein Drittel der Gewerbebetriebe zahlen Gewerbesteuer [867]). Aus diesem Grund werde die Gewerbesteuer dem Äquivalenzgedanken sowie Art. 3 I GG nicht mehr gerecht [868].

Nach *Zitzelsberger* ist eine innere Aushöhlung der Gewerbesteuer so lange gerechtfertigt, wie diese durch sozialpolitische Gründe bzw. durch Praktikabilitätserwägungen gedeckt ist [869]. Unter Praktikabilitätsgesichtspunkten wäre ein geringer rechtsformunabhängiger Freibetrag von bis zu 10.000 DM zweifellos gerechtfertigt, da sonst schon der Verwaltungsaufwand grö-

---

865 Zitzelsberger, Die Gewerbesteuer, S. 188; a. A. Wendt, BB 1987, 1257 (1260 f.).

866 Hierzu und zur damit überflüssigen "Fundustheorie" Tipke, Die StRO, Band II, S.829.

867 Tipke, Die StRO, Band II, S. 833.

868 Tipke/ Lang, Steuerecht, Rdnr. 1 zu § 12.

869 Die Gewerbesteuer, S. 197.

ßer als das entsprechende Gewerbesteueraufkommen ist. Der derzeitige Freibetrag von 48.000 DM für Einzelunternehmen bzw. Personengesellschaften erscheint dagegen auf den ersten Blick zu hoch. Dieser muss aber unter dem Gesichtspunkt betrachtet werden, dass bei Einzelunternehmen bzw. Personengesellschaften ein Unternehmerlohn in Form von Geschäftsführergehältern nicht gewerbeertragsmindernd berücksichtigt wird [870]. Der erhöhte Freibetrag dient nur einer Annäherung an die Kapitalgesellschaft und will die aufgrund der Rechtsformwahl auftretenden Differenzen verringern. Eine pauschale Abgeltung des nicht den Gewerbeertrag mindernden Geschäftsführergehaltes ist gerechtfertigt, da meines Erachtens das Trennungsprinzip und damit vertragliche Gestaltungen zwischen Gesellschaftern und Gesellschaft auch bei der Personengesellschaft anzuerkennen sind. Sofern sich der Gesetzgeber allerdings für eine rechtsformneutral ausgestaltete Betriebssteuer entscheiden sollte, sind rechtsformabhängig unterschiedliche Freibeträge nicht mehr gerechtfertigt, da allein die Rechtsform keine steuerliche Leistungsfähigkeit verkörpert.

Problematischerweise steht der erhöhte Freibetrag aber auch den Einzelunternehmern zu, welche keine zivilrechtlich wirksamen Verträge mit sich selbst abschließen können. Aus Gründen der Gleichbehandlung muss auch beim Einzelunternehmer ebenso wie bei den Personen- und Kapitalgesellschaften der Unternehmerlohn gewerbeertragsmindernd berücksichtigt werden [871]. Dies kann auch in pauschaler Form über einen Freibetrag erfolgen.

Bedenken können aber hinsichtlich der Anzahl der Freibeträge entstehen. Personengesellschaften erhalten unabhängig von der tatsächlichen Anzahl der Gesellschafter- Geschäftsführer den gleichen Freibetrag wie ein Einzelunternehmer. Dies wäre als Vereinfachungsregel nur zu tolerieren, wenn die Personengesellschaften grundsätzlich nur einen Gesellschafter- Geschäftsführer hätten. Hierfür spricht, dass dies für kleinere Unternehmen in der Form der Personengesellschaft oft zutrifft. Großunternehmen sind dagegen meist in der Form einer Kapitalgesellschaft organisiert.
Ob durch den gleichen Freibetrag für Einzelunternehmer und Personengesellschaften und der damit zusammenhängenden Berücksichtigung nur eines Gesellschafter- Geschäftsführergehaltes der typische Grundfall erfasst ist, bleibt aber zu bezweifeln. Der Freibetrag müsste vielmehr mit der Anzahl der Geschäftsführer vervielfacht werden.

Außerdem ist die Höhe des Freibetrages bedenklich. Es steht nur ein Betrag in Höhe von 48.000 DM für die pauschale Berücksichtigung des Gesellschafter- Geschäftsführergehaltes zur Verfügung. Dies ist für Geschäftsführer eines mittelständischen Unternehmens zu knapp bemessen. Durch diesen Betrag können bei größeren Unternehmen auch nicht annähernd die vergleichbaren Geschäftsführergehälter bei Kapitalgesellschaften ausgeglichen werden.
Jedoch ist zu beachten, dass den Personenunternehmen zusätzlich ein sehr großzügiger Staffeltarif gewährt wird, so dass die Summe der Vergünstigungen im Regelfall die Nachteile hinsichtlich der Geschäftführer- Gehälter annähernd aufwiegen.

Der Freibetrag steht aufgrund dieser Argumente auf der Kippe zur Unverhältnismäßigkeit. Die rechtsformabhängigen Differenzierungen werden nur in sehr grober Form ausgeglichen.

---

870 A. A. zu Recht Knobbe- Keuk, Bilanz- und Unternehmensteuerrecht, 6 b cc/ dd bei § 22, hier schon aus Gründen des GewStG und nicht über die Nichtanwendung des Trennungsprinzips für Personengesellschaften bei der ESt.

871 In diese Richtung auch Reiß, DStJG 17 (1994), S. 3 (26).

Der Freibetrag sollte für Einzelunternehmer und Personengesellschaften noch weiter erhöht und bei Personengesellschaften mit einer Vervielfältigungsmöglichkeit ausgestattet werden, um für alle Betriebe, unabhängig von der Rechtsform, eine gleiche Ausgangsbasis zu schaffen. Eine andere Möglichkeit wäre die Hinzurechnung der Geschäftsführer- Gehälter bei den Kapitalgesellschaften [872]. Als weiterer Lösungsansatz könnten die Geschäftsführergehälter bei Personengesellschaften ebenso wie bei Kapitalgesellschaften anerkannt werden, während bei Einzelunternehmern ein fiktiver Unternehmerlohn zum Abzug von der gewerbesteuerlichen Bemessungsgrundlage zuzulassen wäre. Bei der Umsetzung einer dieser Alternativen müsste der rechtsformabhängige Staffeltarif abgeschafft werden.
Unabhängig von der Anerkennung schuldrechtlicher Vertragsbeziehungen könnte Einzelunternehmern, Personen- und Kapitalgesellschaften ein einheitlicher geringer Praktikabilitätsfreibetrag in Höhe von bis zu 10.000 DM gewährt werden.

Die Freibeträge sind an sich zur Bildung einer gleichen Ausgangsbasis für die Erfassung des objektiv ausgestalteten Steuergegenstandes sinnvoll.
Insoweit liegt weder ein Verstoß gegen den Grundsatz der Allgemeinheit der Besteuerung noch gegen die Gleichmäßigkeit der Besteuerung nach Art. 3 I GG vor.
Allerdings bedarf die jetzige Freibetragsregelung einer Überarbeitung, um die verfassungsrechtlichen Bedenken hinsichtlich der Verhältnismäßigkeit auszuräumen.

(3) Folgen von Systembrüchen

Fraglich ist, ob schon allein ein Systembruch zur Verfassungswidrigkeit führt. Eine Verfassungsverletzung liegt nicht vor, wenn der Gesetzgeber grundsätzlich ein identifizierbares Motiv für die Abweichung von seinem selbst gewählten System hat und sich dieses Motiv generell vor der Verfassung rechtfertigen lässt.
Sofern man die innerhalb der Einkommensteuer begründeten Probleme ausklammert, sind die innerhalb der Gewerbesteuer auftretenden Systembrüche bei großzügiger Betrachtung grundsätzlich gerechtfertigt. Insbesondere Vereinfachungsgründe und volkswirtschaftliche Aspekte tragen hier zu einer Rechtfertigung bei. Auch die bei den Hinzurechnungs- und Kürzungsvorschriften erscheinenden Ungereimtheiten stellen keinen Verstoß gegen den Gleichheitssatz dar. Hier werden grundsätzlich alle gleich behandelt. Außerdem dienen diese Vorschriften der Abgrenzung des Steuergegenstandes. Dem Gesetzgeber ist hierbei ein größerer Gestaltungsspielraum zuzugestehen als bei differenzierenden Detailregelungen.

Eine Verletzung von Art. 3 I GG ist aber gegeben, wenn ein Regelungsbereich so systemlos ist, dass kein identifizierbarer Gestaltungszweck erkennbar wird und auch sonst eine sinnvolle Auslegung nicht möglich ist [873].
Ein solcher Zustand ist bei der derzeitigen Ausgestaltung der Gewerbesteuer aber grundsätzlich nicht gegeben [874]. Allerdings sind Ansätze im Bereich der gewerbesteuerlichen Erfassung der Personengesellschaften vorhanden [875].

---

872 Lang, Brühler Empfehlungen zur Unternehmensbesteuerung, Kommissionsbericht, Anhang I, S. 73 f.

873 Benda, DStZ 1984, 159 (162).

874 Zitzelsberger, Die Gewerbesteuer, S. 194.

875 Zitzelsberger, Die Gewerbesteuer, S. 259 ff.; Hier erscheint gerade die zu starke Anlehnung an die Einkommensteuer bedenklich.

(4) Zwischenergebnis

Eine Verletzung des Art. 3 I GG scheidet entgegen vieler Behauptungen grundsätzlich aus. Verfassungsrechtliche Zweifel in Bezug auf den Gleichheitssatz sind nur hinsichtlich des Freibetrages und der die Personengesellschaft betreffenden Regelungen berechtigt.

bbbb) Beachtung des Art. 14 GG

Eine verfassungsgemäße Besteuerung muss sich nicht allein nach dem Gleichheitssatz mit seinem Verteilungsmaßstab der wirtschaftlichen Leistungsfähigkeit richten, sondern auch die in der Verfassung verankerten Freiheitsrechte beachten. Neben der gleichmäßigen Verteilung der Steuerlasten ist auch die Einhaltung der absoluten freiheitsrechtlichen Grenzen sicherzustellen [876].
Zum Teil wird vertreten, dass die Besteuerung innerhalb des Art. 14 eine quantitative Schrankenbestimmung sui generis darstellt und das Wieviel der Begrenzung regelt [877].
Andere meinen, dass die Besteuerung nicht schlechthin eine vorgegebene Schranke des Eigentums ist [878]. Es bestehe danach die Besonderheit, dass nicht einzelne Rechte belastet oder beschränkt werden, sondern dass eine Leistungspflicht besteht, welche der Pflichtige mit den ihm zur Verfügung stehenden Mitteln nach seiner Wahl erfüllen kann [879].

Unzulässig nach Art. 14 GG sind aus der Sicht des BVerfG Abgaben, welche erdrosselnd bzw. konfiskatorisch wirken [880], also den Steuerpflichtigen übermäßig belasten und dessen Vermögensverhältnisse grundlegend beeinträchtigen. Dies bedeutet, dass das „... *geschützte Freiheitsrecht ... nur so weit beschränkt werden (darf), dass dem Grundrechtsträger (Steuerpflichtigen) ein Kernbestand des Erfolges eigener Betätigung im wirtschaftlichen Bereich in Gestalt der grundsätzlichen Privatnützlichkeit des Erworbenen und der grundsätzlichen Verfügungsbefugnis über die geschaffenen vermögenswerten Rechtspositionen erhalten bleibt.*" [881].
Ebenso sind Abgaben, welche in die Kapitalsubstanz eingreifen, nach Art. 14 GG unzulässig [882].
Durch Art. 14 GG wird nicht das Vermögen als solches geschützt. Damit besteht grundsätzlich auch kein Schutz vor der Auferlegung öffentlich- rechtlicher Geldleistungspflichten [883]. Soweit aber Geldleistungspflichten an den Bestand oder die Verwendung von als Eigentum

---

876 Friauf während eines Symposiums zusammengefasst von Balke, StuW 1996, 192 (194).

877 Zitzelsberger, Die Gewerbesteuer, S. 203.

878 Badura, Verfassungsrecht, Rdnr. 42 zu § 10.

879 Wendt, NJW 1980, 2111 ff.

880 BVerfG vom 24. 7. 1962, E 14, 221 (241); BVerfG vom 31. 5. 1990, E 82, 159 (190).

881 BVerfG vom 25. 9. 1992, E 87, 153 (169).

882 BVerfG vom 19. 12. 1978, E 50, 57 (105).

883 BVerfG vom 8. 4. 1987; hiergegen die überwiegende Literatur: Starck in v. Mangoldt/ Klein/ Starck, Rdnr. 150 zu Art. 2 I GG; Papier in Maunz/ Dürig/ Herzog, Rdnrn. 165 ff. zu Art 14 GG jeweils mit weiteren Nachweisen.

schutzfähigen Positionen anknüpfen, sind diese beeinträchtigt, sofern Substanzeingriffe zu befürchten sind [884].
Bezüglich der Gewerbesteuer kam insoweit die heute abgeschaffte Gewerbekapitalsteuer in Betracht, da sie als Bestandsteuer einen Sollertrag voraussetzte. Da hier nicht an den Istertrag angeknüpft wurde, war die Möglichkeit eines Substanzeingriffs gegeben.
Aber auch durch die Gewerbeertragsteuer (Istertragsteuer) ist ein Substanzeingriff nicht generell undenkbar. Ein solcher Eingriff im Sinne des Ausschaltens der Privatnützigkeit der Eigentumsnutzung ist hier im Einzelfall möglich, wenn der Betriebsinhaber die Steuer letztlich tragen muss, wobei dies allerdings nicht im Typus der Gewerbesteuer angelegt ist [885].
Aufgrund der Hinzurechnungen zum Gewinn nach § 8 GewStG enthält gerade auch die Gewerbesteuer Substanzsteuerelemente [886]. Allerdings kommt es im Rahmen der Ermittlung des Gewerbeertrages auch zu Kürzungen vom Gewinn nach § 9 GewSt. Somit ist unter weiterer Berücksichtigung der Freibeträge und Gewinne grundsätzlich nicht von einem Substanzeingriff auszugehen. Des Weiteren erfolgen die Hinzurechnungen zwar unsystematisch, aber gedrosselt (z.B. Dauerschuldzinsen werden nur zur Hälfte hinzugerechnet). Im Gegensatz zur abgeschafften Gewerbekapitalsteuer, welche völlig unabhängig von der tatsächlichen Gewinnlage einen Sollertrag unterstellte, geht die Gewerbeertragsteuer im Grundsatz vom Gewinn aus. Dieser erfährt durch diverse Hinzurechnungen (z.B. Dauerschuldzinsen) und Kürzungen zum Zwecke der Verobjektivierung eine Korrektur.
Damit bleibt festzustellen, dass es im Regelfall nicht zu einem Substanzeingriff durch die Gewerbeertragsteuer kommt.

Neuerdings ist im Rahmen einer Gesamtbetrachtung unter Einbeziehung weiterer Steuern auf den über die Erdrosselung und Konfiskation hinausgehenden Halbteilungsgrundsatz des BVerfG einzugehen [887]. Dieser wird aus Art. 14 GG hergeleitet [888]. Der Halbteilungsgrundsatz als eine der Kernaussagen der Einheitswert- Beschlüsse konkretisiert das von P. Kirchhof entwickelte Prinzip eigentumsschonender Besteuerung, wonach das *„Grundrecht des Eigentümers ... eine eigentumsschonende Deckung des staatlichen Finanzbedarfs"* fordert [889].
Entsprechend fordert das BVerfG, dass die steuerliche Gesamtbelastung des Sollertrages in der Nähe einer hälftigen Teilung zwischen privater und öffentlicher Hand bleibt [890]. Hierbei hat eine typisierende Betrachtung von Einnahmen, abziehbaren Aufwendungen und sonstigen Entlastungen zu erfolgen. Erst durch diesen Schritt wurde klar, dass die Eigentumsgarantie des Grundgesetzes dem Zugriff des Staates auf das Vermögen und Einkommen des Steuerpflichtigen auch der Höhe nach Grenzen setzt [891]. Ein schrankenloser bis an die Grenze der

884 Jarass in Jarass/ Pieroth, Rdnrn. 12, 50 zu Art. 14 GG.

885 Zitzelsberger, Die Gewerbesteuer, S. 207.

886 Lang, StuW 1990, 107 (123).

887 Beschlüsse des BVerfG vom 22. 06.1995 zur VSt. und ErbSt., BVerfGE 93, 121 ff. = BStBl. II 1995, S. 655 (661) = NJW 1995, 2615 (LS 3).

888 Hiergegen die abweichende Meinung von Richter Böckenförde am BVerfG, dass Art. 14 GG keine Grundlage für ein steuerrechtstheoretisches Konzept abgibt. Nach seiner Auffassung ist aus verfassungsmäßiger Sicht ein wesentlich größerer Spielraum für die Steuererhebung gegeben. Die Steuererhebung endet demnach erst dort, wo eine Steuer erdrosselnd wirkt. (BStBl. II 1995, S. 665).

889 Kirchhof, VVDStRL 39 (1981), 213 (281).

890 Gegen diese Halbteilungsgrenze Frenz, StuW 1997, 116 (121); FG Düsseldorf vom 05.11.1997, EFG 1998, 378 (378f); FG Münster vom 15.05.1998, EFG 1998, 1656 (1657f).

891 Seeger, DStR 2000, 10 (15).

Konfiskation reichender Steuerzugriff wird damit unterbunden. Der Halbteilungsgrundsatz schließt durch seine Anknüpfung an den Sollertrag aber nicht automatisch Substanzeingriffe aus, da ein Ertrag unterstellt wird, der eventuell überhaupt nicht vorliegt.
Eine konkrete Obergrenze für die Steuerbelastung ist dem Wortlaut des Art. 14 GG nicht zu entnehmen. Der Halbteilungsgrundsatz hat vielmehr programmatischen Charakter dergestalt, den Gesetzgeber zu einer wohlstandsfreundlichen Ausgestaltung zu verpflichten, nach welcher dem Steuerpflichtigen grundsätzlich die Hälfte des Hinzuerworbenen verbleibt [892]. Die Prüfung hat dort anzusetzen, wo die typische und nicht allein durch Besonderheiten des Einzelfalls bedingte Steuerbelastungskonstellation die Obergrenze überschreitet.
Der Sollertrag wird dabei als Bruttovermögenszuwachs vor Abzug von erwerbssichernden (BA/ WK) und existenzsichernden Ausgaben (Sonderausgaben, außergewöhnliche Belastungen) definiert [893]. Wie die Berechnungen bei *Mannek* zeigen, wird nur in Ausnahmefällen diese Grenzbelastung durch Kumulation von Ertragsteuern (einschließlich der Gewerbesteuer) erreicht [894]. Dass als Bemessungsgrundlage für die hälftige Teilung der Rohertrag maßgebend sein solle, wird zu Recht als störend empfunden [895].
In die Kumulation einzubeziehen sind nach einhelliger Meinung zumindest die Einkommensteuer,[896] Gewerbesteuer und die Kirchensteuer [897]. Da insoweit die Grenze noch nicht erreicht ist, besteht auch noch genügend Spielraum für die vom BVerfG angesprochene Einbeziehung der Umsatzsteuer und anderer Verbrauchs- und Verkehrssteuern. Sofern allerdings, wie auch öfters vertreten wird [898], alle bestehenden Steuern einzubeziehen sind, dürfte die Obergrenze in den meisten Fällen erreicht bzw. überschritten sein. In diesem Fall hat eine generelle Senkung der Steuerbelastung zu erfolgen, welche aber nicht zwingend bei der Gewerbesteuer ansetzen muss. Günstiger wäre hier ein Ansatz bei einer Breitensteuer wie der Einkommen- bzw. Umsatzsteuer. In diesem Sinne erfolgten im Rahmen des StEntlG 99/ 00/ 02 und der Steuerreform 2000 Steuersatzsenkungen mit der Konsequenz, dass es auf breiter Linie zu einer Steuerentlastung kam. Insoweit dürften die gröbsten Bedenken hinsichtlich des Halbteilungssatzes ausgeräumt sein.

Gerade im Umfeld des Art. 14 GG tritt das Spannungsverhältnis zwischen Staat und Bürger zu Tage. Der Staat hat Sorge für das Ganze zu tragen. Er ist auch für das Leben und das Zusammenleben aller seiner Bürger verantwortlich. Dies ist aber kein Grund, dem Staat einen Handlungsspielraum bis in die Nähe der Konfiskation zu gewähren [899]. Vielmehr muss auch gerade das einzelne Individuum vor einer übermäßigen Besteuerung geschützt sein.

---

892 Tipke/ Lang, Steuerrecht, Rdnr. 223 zu § 4.

893 Mannek, NWB- Beilage 1/ 1996, S. 8.

894 Mannek, NWB- Beilage 1/ 1996, S. 9 ff. Beispiele 1- 6; ebenso geht auch Halaczinsky, NWB Fach 10, S. 693 (Stand 9 /96) davon aus, dass die durchschnittliche Vorbelastung durch Ertragsteuern bei 40 % liegt; zu einem anderen Ergebnis kam Rose, DB 95, 1879. Hinsichtlich der Berechnung bei Rose ist aber zu beachten, dass der Sollertrag nicht mit dem „zu versteuernden Einkommen" gleichgesetzt werden kann.

895 Ebenso Tipke auf einem Symposium, zusammengefasst von Balke, StuW 1996, 192 (202).

896 Kirchhof auf einem Symposium, zusammengefasst von Balke, StuW 1996, 192 (195) will dagegen noch die Grund- und die Grunderwerbsteuer einbezogen wissen.

897 Krüger/ Kalbfleisch/ Köhler, DStR 1995, 1452 (1454).

898 Tipke/ Lang, Steuerrecht, Rdnr. 223 zu § 4.

899 So aber Böckenförde, BVerfGE 93, 149 = BStBl. II 1995, S. 665.

Die große Verantwortung des Staates wirkt sich aber insofern zu seinen Gunsten aus, als dass bezüglich des Steuergegenstandes ein Handlungsspielraum bis an die vom BVerfG aufgezeigte Grenze der Grundrechte besteht.
Dem Grundrecht des Art. 14 GG wird zu Recht die Verpflichtung des Staates zu einer eigentumsschonenden Besteuerung entnommen. Der Art. 14 GG stellt insoweit eine absolute Grenze für die Höhe der Besteuerung dar (Hälftigkeitserfordernis).

Somit kann festgehalten werden, dass die Gewerbesteuer weder in der Einzelbetrachtung noch in der Zusammenschau mit anderen Ertragsteuern gegen Art. 14 GG verstößt.

cccc) Gewerbesteuer und Art. 12 GG

Das BVerfG zieht bei Abgaben, welche auf einen Beruf bezogen sind, nur ausnahmsweise Art. 12 GG dem Prüfungsmaßstab des Art. 2 I GG vor. Dies ist insbesondere dann der Fall, wenn die Steuer an die Erlangung der Erlaubnis zur Ausübung eines bestimmten Berufs anknüpft bzw. wenn die Steuer eine bestimmte berufliche Tätigkeit eindämmen soll [900].

Entsprechend dem Apothekenurteil des BVerfG [901] ist zu prüfen, ob die Regelung - hier die Gewerbesteuer - die Berufswahl oder die Berufsausübung einschränkt. Die Gewerbesteuer knüpft an die Ausübung eines Gewerbes an.
Berufsausübungsregeln sind zulässig, wenn sie durch vernünftige Erwägungen des Gemeinwohls gerechtfertigt werden und verhältnismäßig sind.
Als Gründe für die Erhebung kommen sowohl das Äquivalenzprinzip als auch die Konzeption der Bundesrepublik als Steuerstaat und die damit zusammenhängende Finanzierung wichtiger öffentlicher Aufgaben in Betracht. Die Erhebung der Gewerbesteuer ist somit durch vernünftige Erwägungen des Gemeinwohls gerechtfertigt.

Aus Art. 12 GG ergeben sich insoweit keine verfassungsrechtlichen Bedenken.

ddd) Änderung des Art. 106 GG und die Abschaffung der Gewerbekapitalsteuer

Durch die Streichung des Begriffs der Realsteuer und die explizite Nennung der Gewerbesteuer in Art. 106 VI GG sollte die Ertragszuweisung der Gewerbesteuer an die Gemeinden abgesichert werden. Insofern ist der Realsteuercharakter der Gewerbeertragssteuer nicht mehr erforderlich. Die verfassungsrechtliche Fixierung in Art. 106 VI GG hilft natürlich bei einem Verstoß gegen die Grundrechte nicht weiter, insoweit spricht nur ein Indiz für die Verfassungsmäßigkeit der Gewerbesteuer [902].
Im gleichen Zug wurde die Gewerbekapitalsteuer zum 01.01.1998 abgeschafft. Durch den Wegfall der Gewerbekapitalsteuer ist aber nicht die Rechtfertigung der Gewerbesteuer an sich

---

900 BVerfG vom 5. 3. 1974, E 37, 1 (17); vom 12. 10. 1976, E 42, 374 (384).

901 BVerfG vom 11. 6. 1958, E 7, 377.

902 Tipke/ Lang, Steuerrecht, Rdnr. 2 zu § 12.

entfallen. Vielmehr konnte die Gewerbekapitalsteuer aufgrund ihres Aufkommens nur als Mindeststeuer angesehen werden [903].
Aus verfassungsrechtlicher Sicht war die Abschaffung der Gewerbekapitalsteuer überfällig, da es bei dieser Steuer zu Substanzeingriffen und daher zu einer Verletzung des Art. 14 GG kommen konnte.

eee) Realsteuercharakter und Bemessungsgrundlage

Zum Teil wird angebracht, dass die richtige Bemessungsgrundlage eher vom Gewinn als vom Gewerbeertrag ausgehen müsste [904]. Sofern man vom Ertrag ausgehe, soll dies einer besonderen Rechtfertigung bedürfen.
Das Grundgesetz ging zumindest im Art. 106 VI a. F. GG von der Gewerbesteuer als Realsteuer aus.
Der bis Ende 1997 verfassungsrechtlich gebotene Real-/ Objektsteuercharakter der Gewerbesteuer erforderte, dass allein das Steuerobjekt „Gewerbebetrieb" erfasst werden soll [905].
Aber auch nach dem traditionellen Kerngehalt des Steuertypus der Gewerbesteuer dürfen die persönlichen Verhältnisse der Betriebsinhaber keinen Einfluss auf die gewerbesteuerliche Belastung haben.
Seit der Neufassung des Art. 106 VI GG [906] ist der Realsteuercharakter nicht mehr verfassungsrechtlich festgeschrieben. Der Realsteuercharakter ergibt sich heute nur noch bundesgesetzlich aus § 3 II AO sowie aus dem traditionellen Kerngehalt des Steuertypus der Gewerbesteuer.

Der besseren Erfassung des Steuerobjektes sollen nach Ansicht des Gesetzgebers auch die Hinzurechnungen und Kürzungen der §§ 8, 9 GewStG dienen (Verobjektivierung des Gewinns).

Meines Erachtens ergibt sich aus der Verfassung aber grundsätzlich kein Anhaltspunkt, an welche Größe zur Erfassung der Unternehmensleistungsfähigkeit unter Berücksichtigung des Äquivalenzprinzips anzuknüpfen sei. Der Verfassung sind nur Vorgaben bezüglich der Höhe der Besteuerung zu entnehmen.
Hinsichtlich der Gewerbesteuer bestehen auch heute noch Unsicherheiten bei der Erfassung des Steuergegenstandes, da nicht klar ist, was überhaupt besteuert werden soll.

Es bleibt letztlich Sache des Gesetzgebers, auf welche Messgröße er zur Erfassung der Unternehmensleistungsfähigkeit zurückgreift. Er kann sich insoweit von finanzpolitischen, volkswirtschaftlichen, sozialpolitischen und steuertechnischen Erwägungen leiten lassen [907].
Voraussetzung ist nur, dass die Messgrößen geeignet sind, Unternehmensleistungsfähigkeit und Wirtschaftskraft zu erfassen. Es kann aus Sicht der Verfassung daher sowohl auf den Ge-

---

903 so auch Zitzelsberger, Die Gewerbesteuer, S. 237.

904 Tipke, Die StRO, Band II, S. 841.

905 Nach Wöhe, Betriebswirtschaftliche Steuerlehre I/ 1, S. 356 soll dagegen die Objektbesteuerung schon seit 1891 jegliche Rechtfertigung verloren haben.

906 BGBl. I 1997, S. 2470.

907 BverfG vom 30. 10. 1961, E 13, 181 (202 f.).

werbeertrag i.S.d. §§ 7 ff. GewStG als auch auf den bloßen Gewinn (wie bei der anfangs vorgeschlagenen Gewinnzuschlagsteuer) oder die Wertschöpfung abgestellt werden [908].

Eine Voraussetzung an die Bezugsgröße der Gewerbesteuer als Gemeindeeinnahme stellt aber Art. 28 II 3 GG, solange keine andere Steuer die dortigen Anforderungen erfüllt. Danach muss die Gewerbesteuer wirtschaftskraftbezogen sein. Dies ist bei allen drei Anknüpfungspunkten der Fall (Gewerbeertrag, Gewinn, Wertschöpfung).

Gerade auch durch die Bezugnahme auf die Wertschöpfungen würde der Steuergegenstand des Gewerbebetriebes erfasst werden. Nach *Zitzelsberger* soll dies der ideale Ausgangspunkt für die Bemessungsgrundlage zur Verwirklichung jenes Real-/ Objektsteuerprinzips sein. Die Wertschöpfung ermittelt sich aus dem Gewinn abzüglich der Beteiligungserlöse, abzüglich der Zinserträge, abzüglich der Mieterträge, zuzüglich der Zinsaufwendungen, zuzüglich der Mietaufwendungen und zuzüglich der Löhne [909]. Auch diese Größe verkörpert die verobjektivierte Wirtschaftskraft des Betriebes und ist Zeichen von Unternehmensleistungsfähigkeit.

Gegen die Wertschöpfung als Anknüpfungspunkt wird angeführt, dass die vom Schuldner getätigten Aufwendungen durchweg beim Gläubiger und nicht teilweise beim Schuldner zu erfassen sind, da die Leistungsfähigkeit des Gläubigers aufgrund des Zuflusses gesteigert ist [910].
Diesem Argument ist aber entgegenzuhalten, dass es hier um die Leistungsfähigkeit der Gewerbebetriebe geht. Diese stellt sich in der Überwälzbarkeit von Steuern dar. Der Leistungsfähigkeitsbegriff der Unternehmen ist insofern gegenüber der persönlichen und individuellen Leistungsfähigkeit etwas modifiziert. Dies hat zur Folge, dass es zu Überschneidungen kommt. Zinsaufwendungen, Mietaufwendungen und Löhne erhöhen die Leistungsfähigkeit der empfangenden Personen. Dies wird im Rahmen der Einkommensteuer auch berücksichtigt.
Die vorstehenden Aufwendungen können als Wertschöpfung, aber auch ein Zeichen der Unternehmensleistungsfähigkeit sein. Auf diese kommt es letztlich im Rahmen der Gewerbesteuer an [911]. Die Wertschöpfung als Messgröße erfasst die Aktivität und die Intensität der Marktteilnahme und damit auch die Überwälzfähigkeit. Es besteht daher aus Leistungsfähigkeitsgesichtspunkten kein Zwang zur Erfassung beim Gläubiger. Sofern an die Wertschöpfung angeknüpft wird, muss durch die Ausgestaltung sichergestellt sein, dass es wegen Art. 14 GG im Grundsatz zu keinen Substanzeingriffen kommt [912].

---

[908] Rodi, a.a.O., S. 175 f.

[909] Zitzelsberger, Die Gewerbesteuer, S.322.

[910] Lang, StuW 1990, 107 (124).

[911] Zitzelsberger, Die Gewerbesteuer, S. 116, 163.

[912] Lang, StuW 1990, 107 (124).

fff) Ergebnis

Mag die Gewerbesteuer in vielerlei Hinsicht nicht zufrieden stellen, so ist sie trotzdem in ihren Grundstrukturen gerade noch als verfassungsgemäß anzusehen [913]. Die Gewerbesteuer entspricht insbesondere noch dem traditionellen Bild einer Realsteuer und führt nicht zu einer zusätzlichen personalen Besteuerung gewerblicher Einkünfte, weshalb sie einer gleichmäßigen Belastung durch die Einkommensteuer nicht entgegensteht. In ihrer jetzigen Form entspricht die Gewerbesteuer aber nicht idealerweise den Vorgaben der verfassungsrechtlichen Wertordnung. Von einer Rechtfertigung i.S. einer optimalen Berücksichtigung des verfassungsrechtlichen Wertsystems kann daher nicht die Rede sein. Die Grenze zur Verfassungswidrigkeit ist jedoch grundsätzlich noch nicht überschritten. Nur hinsichtlich des Freibetrages bestehen zu Recht verfassungsrechtliche Bedenken.
Es ist anzumerken, dass die Gewerbesteuer nicht noch weiter von ihren Grundprinzipien abgerückt werden darf, da sie schon jetzt aufgrund ihrer Systemlosigkeit, ihrer Inkonsequenz und der aus dem Einkommensteuerbereich herrührenden rechtsformabhängigen Besteuerung auf der Kippe zur Verfassungswidrigkeit steht [914]. Dies gilt insbesondere für die gewerbesteuerliche Behandlung der Personengesellschaft [915].

bb) Die Verfassungsmäßigkeit des Teilanrechnungsmodells

Nachdem die Einführung des Optionsmodells gescheitert ist, tritt die Anrechnung der Gewerbesteuer als das entscheidende Instrument zur Entlastung der gewerblichen Personenunternehmen in den Vordergrund.
Die Grundzüge dieses Teilanrechnungsmodells gehen auf einen Vorschlag des Landes Rheinland- Pfalz zurück [916]. Dieses Modell hat sich dann auch in modifizierter Form im Rahmen der Steuerreform 2000 durchgesetzt. Auch innerhalb der Brühler Empfehlungen wurde dieses Modell als geeignete Maßnahme zur Gleichbehandlung mit der Entlastung bei den Kapitalgesellschaften vorgeschlagen [917].

Wie schon ausgeführt kann durch dieses Teilanrechnungsmodell aber keine Gleichbehandlung mit den Kapitalgesellschaften erfolgen. Vielmehr wird nur eine annähernde Gleichstellung von gewerblichen und nichtgewerblichen Einkünften erreicht. Es trat nur eine gewisse steuerentlastungstechnische Gleichbehandlung auf, da neben den Kapitalgesellschaften eben auch die gewerblichen Personenunternehmen gezielt entlastet wurden. Mit dem Erlass der voneinander unabhängigen Entlastungsmaßnahmen war aber keine rechtsformneutralere Ausgestaltung der Unternehmensbesteuerung verbunden.

---

913 gleiche Ansicht Zitzelsberger, Die Gewerbesteuer, S. 197; Hofmeister in Blümich, Rdnrn. 10, 14 zu § 1 GewStG; Tipke/ Lang, Steuerrecht, Rdnr. 62 zu § 4; Lenski/ Steinberg, Rdnr. 9 zu § 1 GewStG; Scholz in Maunz/ Dürig/ Herzog, Rdnr. 84 d zu Art. 28 GG; a.A. Tipke, Die StRO, Band II, S. 844; Seeger, DStR 2000, 10 (14); Vorlagebeschluss des FG Niedersachsen vom 24. 6. 1998, EFG 1998, 1428 (1428).

914 Benda, DStZ 1984, 159 (162).

915 Zur Kritik an der Systematik der Gewerbesteuer siehe Zitzelsberger, a.a.O., S. 241 ff., insbesondere S. 259 ff.

916 Landtags- Drucksache Rheinland- Pfalz, 10/ 2185.

917 Kommission zur Reform der Unternehmensbesteuerung, BB 1999, 1188 (1189 (Modell 3)).

Statt dessen entfernte man sich von dem Ziel einer rechtsformneutralen Unternehmensbesteuerung mit dem Teilanrechnungsmodell noch mehr. Insbesondere sind die der Körperschaftsteuer unterliegenden Unternehmen nicht berechtigt, die Gewerbesteuer in Anrechnung zu bringen. Hier hat man sich allein für eine Entlastung in Form der Begünstigung des einbehaltenen Gewinns entschieden. Die Unternehmensbesteuerung wurde durch die unterschiedlichen rechtsformbezogenen Entlastungsmaßnahmen noch rechtsformabhängiger als bisher ausgestaltet.
Somit wird auch in Zukunft die Rechtsformwahl von den günstigeren steuerlichen Folgen abhängen.

Das Teilanrechnungsmodell ist wie folgt ausgestaltet [918]:

- Grundsätzlich ermäßigt sich die Einkommensteuer, soweit sie anteilig auf im zu versteuernden Einkommen enthaltene gewerbliche Einkünfte entfällt, um die Gewerbesteuer i.H. des 1,8 fachen Gewerbesteuermessbetrages. Dies gilt unabhängig vom tatsächlichen Hebesatz und der tatsächlichen Zahlung. Erfasst werden nur Einzelunternehmer und Personengesellschaften, nicht dagegen der Körperschaftsteuer unterliegende Unternehmen.

- Weiterhin bleibt die gesamte Gewerbesteuer unter Berücksichtigung des tatsächlichen Hebesatzes wie bisher bei der Gewinnermittlung in voller Höhe als Betriebsausgabe abzugsfähig.

Grundsätzlich bleibt es also bei der Ausgestaltung der derzeitigen Gewerbesteuer.
Durch dieses Modell soll bei Personenunternehmen im Rahmen der Einkommensteuer eine Entlastung durch die weitgehende Kompensation der Gewerbesteuerbelastung sichergestellt werden.

Durch die typisierte Teilanrechnung der Gewerbesteuer tritt insbesondere ein Vorteil gegenüber der ebenfalls zur Kompensation der Gewerbesteuerbelastung gedachten Tarifbegrenzung nach § 32c EStG bestehender Vorteil auf. Nach dem neuen § 35 EStG kommt die Einkommensteuerminderung, im Gegensatz zum ehemaligen § 32 c EStG a. F., allen Steuerpflichtigen unabhängig vom persönlichen Einkommensteuersatz zugute. Allerdings bleibt die ebenso im Vorlagebeschluss des BFH zu § 32 c EStG a. F. gerügte Ungleichbehandlung gegenüber der ebenfalls mit Gewerbesteuer vorbelasteten Dividenden bestehen [919]. Insofern erfolgt keine Steuerermäßigung.

Da die Anrechnung immer das 1, 8 fache des Gewerbesteuermessbetrages unabhängig vom tatsächlichen Hebesatz beträgt und zusätzlich der Betriebsausgabenabzug erhalten bleiben soll, ergibt sich in der Spitzenbelastung (ESt., GewSt., SolZ.) bei Hebesätzen von knapp unter 400 % [920] ein vollständiger Ausgleich der angefallenen Gewerbesteuer [921]. Bei entsprechend niedrigen Hebesätzen kann es auch zu einer Überkompensation der Gewerbesteuerbelastung kommen. Die Einkommensteuerspitzenbelastung der gewerblichen Einkünfte liegt in dem Fall unter der Einkommensteuerspitzenbelastung anderer Einkünfte des Steuerpflichtigen. Die

---

918 Bezüglich einer detaillierten Darstellung sei hier auf Scholz, BB- Beilage 11/ 1988, 1 ff. verwiesen.

919 BFH- Beschluss v. 24. 2. 99, BStBl. II 1999, S. 450.

920 Nach dem Tarif 2001/ 2002 bei einem Hebesatz von unter 389 %; in 2003/ 2004 bei einem Hebesatz von unter 377 %; in 2005 bei unter 341 %.

921 Herzig/ Lochmann, DB 2000, 1728 (1734).

Gewerbesteueranrechnung enthält insofern eine positive strukturpolitische Komponente, welche die Gewerbeansiedlung in strukturschwachen Gemeinden fördern soll. In Abhängigkeit des Hebesatzes kann es somit zu Minderbelastungen kommen. Sofern die Hebesätze über diesen Ausgleichspunkten liegen, verbleibt es bei einer, nun allerdings deutlich abgesenkten, Mehrbelastung gewerblicher Einkünfte.

Das Teilanrechnungsmodell wirft in diesem Zusammenhang auch verfassungsrechtliche Zweifel auf.

aaa) Bedenken allgemeiner Natur und hinsichtlich des Leistungsfähigkeitsprinzips sowie gegenüber Art. 3 I GG

aaaa) Pauschalierter Steuerermäßigungstatbestand als Steuerverrechnung

Bei der Verwirklichung des Teilanrechnungsmodells würde der anzurechnende Teil der Gewerbesteuer aus Sicht des Steuerpflichtigen zu einer bloßen Vorauszahlung auf die individuelle Einkommensteuer verkommen. Aufgrund der gewinnunabhängigen Elemente der derzeitigen Gewerbesteuer wird für die Vorauszahlung auf einen sachfremden Maßstab zurückgegriffen. Insofern wäre eine Ausgestaltung der Gewerbesteuer als Gewinnzuschlagsteuer und ein Wegfall der Hinzurechnungen und Kürzungen von Vorteil. Außerdem unterliegt die Gewerbesteuer als Unternehmensteuer einem ganz anderen Leistungsfähigkeitsbegriff. Es kommt zu einer Vermischung von Personen- und Unternehmenssteuern [922]. Eine Senkung des Gewerbesteuertarifs hätte eine Erhöhung der auf die gewerblichen Einkünfte entfallenden Einkommensteuer und eine Erhöhung des Gewerbesteuertarifs eine (teilweise) Senkung der auf die gewerblichen Einkünfte entfallenden Einkommensteuer zur Folge. Die Gläubiger der Einkommensteuer mindern also ihr Aufkommen um einen Anteil des dem Gewerbesteuer- Gläubiger zukommenden Ertrages.

Die Bundesregierung führt in ihrem Gesetzesentwurf allerdings aus, dass es sich bei diesem Teilanrechnungsmodell nicht um eine Steuerverrechnung handelt. Vielmehr werde die Anrechnung in Form eines pauschalierten Steuerermäßigungstatbestandes in das einkommenssteuerliche Festsetzungsverfahren integriert [923]. Da es aber auch durch einen pauschalen Steuerermäßigungstatbestand zu einer rechnerischen Berücksichtigung der Gewerbesteuer kommt und der Schuldner insoweit eine Entlastung bei der Einkommensteuer erfährt, liegt hier eine Verrechnung vor [924]. Die Pauschalierung in der rechnerischen Berücksichtigung erfolgt nur aus Gründen der Verwaltungsvereinfachung und aus strukturpolitischen Aspekten. Dies spricht nicht gegen eine Verrechnung. Die Anrechnung im Rahmen eines Steuerermäßigungstatbestandes ändert nichts an dem Fakt der Verrechnung, da die Gewerbesteuerbelastung pauschal von der Einkommensteuer abgezogen wird und sich so in voller Höhe im Rahmen der Zahllast auswirkt. Es tritt insoweit die gleiche Wirkung ein, als würde die Gewerbesteuer in typisierter Form im Anrechnungsteil des Steuerbescheides berücksichtigt. Aufgrund der Pauschalierung ist eine Erfassung der Gewerbesteuerbelastung im Anrechnungsteil des Steuerbe-

---

922 Zitzelsberger, a.a.O., S. 310.

923 Referentenentwurf zum Unternehmenssteuerreform- und Steuersenkungsgesetz, S. 128.

924 Köbler, Juristisches Wörterbuch, S. 413 („Verrechnung"); Hidien, BB 2000, 485 (486).

scheides aber unsachgemäß und die Ausgestaltung als Steuermäßigungstatbestand vorteilhafter.

Sofern durch den Steuerermäßigungstatbestand die Belastung mit anderen Steuern ausgeglichen werden soll, handelt es sich in gewisser Höhe auch immer um eine Steuerverrechnung [925].
Inwieweit die Steuerverrechnung durch Integration der pauschalierten Anrechnung der Gewerbesteuer in das einkommenssteuerliche Festsetzungsverfahren mit dem Leistungsfähigkeitsprinzip zu vereinbaren ist, bleibt zu untersuchen.

bbbb) Verstoß gegen das Leistungsfähigkeitsprinzip

Ein Verstoß gegen das Leistungsfähigkeitsprinzip dürfte insoweit vorliegen, als dass die gesamte Gewerbesteuer weiterhin als Betriebsausgabe bei der Gewinnermittlung abzugsfähig ist, obwohl daneben eine pauschalierte Anrechnung im Festsetzungsverfahren erfolgt. Zumindest in Höhe der anzurechnenden Gewerbesteuer liegt keine Belastung vor, da diese vom Gläubiger des Einkommensteueraufkommens übernommen wird. Aus diesem Grund ist mindestens in dieser Höhe ein Betriebsausgabenabzug zu versagen, da die individuelle Leistungsfähigkeit des Steuerpflichtigen insoweit nicht gemindert ist.

M. E ist sogar noch weiter zu gehen. Es handelt sich grundsätzlich um zwei verschiedene selbständige Steuern. Die Gewerbesteuer ist nämlich gerade keine „Vorbelastungs-" Steuer, wie z.B. die Körperschaftsteuer in ihrer Ausformung nach dem Anrechnungsverfahren (§§ 36 II Nr. 3, 36b, 36c, 36d EStG). Bei ihr handelt es sich auch nicht um eine durch Steuerabzug erhobene Einkommensteuer i. S. d. § 36 II Nr. 2 EStG (wie z.B. die Lohnsteuer, § 38 I EStG oder die Kapitalertragsteuer, § 43 I EStG). Die Gewerbesteuer ist ebenso wenig als Zusatzeinkommensteuer anzusehen [926]. Nur bei vorstehend genannten unselbständigen Steuern bzw. Steuern des gleichen Steuertyps (z.B. innerhalb von Personensteuern) kann eine Verrechnung aus Gründen der Vermeidung einer Doppel-/ Mehrfachbelastung erfolgen. Ein solcher Fall liegt hier aber nicht vor.
Damit kann die Gewerbesteuer als Belastung nur von der Bemessungsgrundlage, also bei der Ermittlung des zu versteuernden Einkommens, abgezogen werden.
Im Ergebnis kann keine, auch nicht pauschale, Verrechnung der Gewerbesteuer mit der Einkommensteuer erfolgen, sondern es kann nur (wie bisher) der Abzug von der Bemessungsgrundlage zugelassen werden. Das persönliche Leistungsfähigkeitsprinzip als das Hauptprinzip der Einkommensteuer lässt grundsätzlich nur Berücksichtigungen in der Bemessungsgrundlage zu. Dies gilt insbesondere, wenn es sich um selbständige und verschiedene Steuern (hier die ESt. als Personen- und die GewSt. als Unternehmensteuer) handelt und Mehrfachbelastungen durch den gleichen Steuergegenstand erfassende Steuern nicht zu befürchten sind. Aufgrund vorstehender Argumente müsste eine Verrechnung schon aus diesem Grund unterbleiben.

---

925 So auch die Bundesregierung selbst in ihren Allgemeinen Informationen zur Steuerreform 2000 vom 21.12.99, S. 17 (www.bundesfinanzministerium.de (Steuerreform 2000 (Allgemeine Informationen))).

926 Zitzelsberger, Die Gewerbesteuer, S. 188; Tipke, Die StRO, Band II, S. 829.

Neben einer rechtsformabhängigen Ausprägung der Besteuerung verletzt eine Begünstigung der gewerblichen Gewinne von Personenunternehmen auch das Gebot einer grundsätzlich gleichen und folgerichtigen Belastung der verschiedenen Einkunftsarten, ohne dass dies durch einen sachgerechten Grund gerechtfertigt wäre. Eine Begünstigung aller Unternehmen kann unter Beachtung der verfassungsrechtlichen Vorgaben des Art. 3 I GG insbesondere durch eine oben vorgeschlagene rechtsformneutrale Betriebsteuer erreicht werden.
Auch die Belastung gewerblicher Einkünfte mit Gewerbesteuer stellt keinen hinreichenden Grund für eine Steuerbegünstigung in Form eines pauschalierten Steuerermäßigungstatbestandes dar. Dieser Belastung wird durch die Abzugsfähigkeit als Betriebsausgabe entsprochen.

Andere Steuerpflichtige, deren Belastungen nur durch die Abzugsfähigkeit von der Bemessungsgrundlage und nicht durch eine Verrechnung mit der ESt.- Zahllast berücksichtigt werden, sind benachteiligt. Deren zu berücksichtigende Belastungen mindern die Einkommensteuerzahllast nur in Höhe des Einkommensteuersatzes und nicht zu 100% bzw. darüber hinaus, wie das bei der jetzigen pauschalen Verrechnung durch das Teilanrechnungsmodell der Fall ist. Es liegt insbesondere ein Widerspruch zu der grundsätzlichen Wertung des Gesetzgebers vor, dass alle Wertzuflüsse im Rahmen der synthetischen Einkommensteuer gleich zu belasten sind [927]. Das EStG wendet sich in § 2 III EStG durch die Zusammenführung der verschiedenen Einkunftsarten zur „Summe der Einkünfte" gerade gegen eine „Schedulensteuer". Jeder Einkommensanteil muss innerhalb einer synthetischen Einkommensteuer entsprechend seiner Höhe besteuert werden, da alle Einkunftsarten die gleiche wirtschaftliche Leistungsfähigkeit verkörpern.
Durch das Teilanrechnungsmodell erfolgt eine Ungleichbehandlung von Einkunftsarten und eine Vorantreibung der ungeliebten Schedulierung. Insofern bestehen hier ähnliche verfassungsrechtliche Bedenken wie gegen § 32c EStG a.F.. Somit verstößt auch aus diesem Grund die Teilanrechnung gegen das Leistungsfähigkeitsprinzip und gegen das Prinzip der synthetischen Einkommensteuer.

Des Weiteren wird aufgrund der Ausgestaltung der Regelung des § 35 EStG n. F. eine Verletzung des Grundsatzes der Gleichmäßigkeit der Besteuerung angenommen [928]. Begründet wird dies damit, dass die Steuerermäßigung von dem Anfall entsprechender auf die gewerblichen Einkünfte entfallender Einkommensteuer abhängig ist.
Daher kann es trotz gewerbesteuerlicher Belastung (z.B. aufgrund von Hinzurechnungen) zur Wirkungslosigkeit der Steuerermäßigung kommen, wenn mangels entsprechender Einkommensteuer die Ermäßigung nicht greift. Das Anrechnungspotential verfällt insoweit. Somit entsteht auch eine Ungleichbehandlung der Gewerbetreibenden untereinander, wenn trotz gleich hoher Gewerbesteuerbelastung die Ermäßigung von der jeweiligen Höhe gewerblicher Einkommensteuer abhängig gemacht wird.
Das Gesetzesziel der Entlastung von der Gewerbesteuer kann insoweit durch die Konstruktion des § 35 EStG n. F. aufgrund der Verschiedenartigkeit von ESt. und GewSt. nicht durchweg erreicht werden. Das ist aber die Konsequenz aus der unterschiedlichen Systematik und Bemessungsgrundlage bei Gewerbe- und Einkommensteuer. Abhilfe könnte diesbezüglich aber ein Vortrag nicht ausgenutzter Ermäßigungsbeträge schaffen, wodurch eine zeitlich verschobene Entlastung gesichert wäre. Dies bedürfte einer Gesetzesänderung.

---

927 So der X. Senat bezüglich des § 32 c EStG in seinem Vorlagebeschluss vom 24. 2. 99 an das BVerfG, BStBl. II 1999, S. 450 (454).

928 Söffing, DB 2000, 688 (692).

Zur vollständigen und zeitnahen Erreichung des Gesetzesziels müsste bei der Abschaffung der Gewerbesteuer angesetzt werden.

Zwischenergebnis:

Sofern ein voller Betriebsausgabenabzug hinsichtlich der Gewerbesteuer, trotz deren Verrechnung mit der Einkommensteuer, erfolgt, liegt ein Verstoß gegen das Leistungsfähigkeitsprinzip und gegen Art. 3 I GG vor. Das gilt in jedem Fall, sofern es in Höhe der verrechneten Gewerbesteuer auch noch zu einem Betriebsausgabenabzug kommt.
Nach der hier vertretenen Ansicht verstößt eine Verrechnung der Gewerbesteuer im Rahmen der Abrechnung der Einkommensteuerzahllast sogar generell gegen das Leistungsfähigkeitsprinzip.

cccc) Rechtfertigung der Verletzung des Leistungsfähigkeitsprinzips durch Art. 14 GG (Halbteilungsgrundsatz)

Auch ein Verweis des Gesetzgebers auf den „Halbteilungsgrundsatz" des BVerfG, wodurch deutlich gemacht werden soll, dass eine integrierte Betrachtung der steuerlichen Belastung durch Einkommensteuer und Gewerbesteuer gefordert sei, greift nicht für eine Rechtfertigung ein.
Zum Teil werden die Ausführungen des BVerfG zur Steuerbelastung für die Beurteilung der Einkommensteuer und der Gewerbesteuer für unverbindlich gehalten [929].
Zum anderen sind andere Entlastungswege möglich als nur die pauschalierte Anrechnung der Gewerbesteuer auf die Einkommensteuer (z.B. Abschaffung der GewSt. oder deren Senkung mit gleichzeitiger Ausweitung des Anwendungsbereichs) [930].

dddd) Rechtfertigungsversuch durch Bezugnahme auf § 35 EStG a.F.

Auch ein Verweis auf die Steuerermäßigung des § 35 EStG a.F. führt nicht zu einer Rechtfertigung. Zum einen sollte nur eine bei der Erbschaftsteuer zu berücksichtigende Einkommensteuerregelung hinsichtlich der zeitlichen Erfassung von Einnahmen ausgeglichen werden und zum anderen wurden diesbezüglich nur Härtefälle erfasst [931]. Es sollte bei wirtschaftlich weitgehend gleichen Sachverhalten auch steuerrechtlich zu einer annähernden Gleichbehandlung kommen.
Im Gegensatz zur Steuerermäßigung um die Gewerbesteuer nach § 35 EStG n.F. handelte es sich um die Bereinigung von Ungereimtheiten innerhalb der bestehenden Verquickungen zwischen Erbschaftsteuer und Einkommensteuer.

---

929 So der BFH in seinem Urteil vom 11.8. 99, BStBl. 1999, S. 771.

930 Herzig/ Lochmann, DB 2000, 540 (541).

931 Glannegger in Schmidt, Anm. 1 zu § 35 EStG (18. Auflage 1999).

eeee) Nichteinbeziehung der Körperschaften als Verstoß gegen Art. 3 I GG

Bei Körperschaften ist eine typisierte Anrechnung von Gewerbesteuer nicht möglich. Diese unterliegen aber ebenfalls einer Gewerbesteuerbelastung. Bei den in der Rechtsform der Körperschaft geführten Unternehmen soll eine Annäherung an die nichtgewerblichen Einkünfte (der Einkommensteuer) nicht erreicht werden. Ein sachgerechter Grund, warum die Körperschaften rechtsformabhängig von einer Anrechnungsmöglichkeit der Gewerbesteuer ausgeschlossen werden, liegt nicht vor. Als solcher kommt auch nicht die nur die Körperschaften betreffende Begünstigung der thesaurierten Gewinne in Betracht. Diese Begünstigung hat nichts mit der gewerbesteuerlichen Belastung zu tun und ist daher schon nicht geeignet, die Ungleichbehandlung zu rechtfertigen. Des Weiteren ist auch diese Begünstigung rechtsformabhängig ausgestaltet worden und muss aufgrund des Verstoßes gegen den Gleichheitssatz korrigiert werden. Die mangelnde Abstimmung und die mit den Entlastungsmaßnahmen verfolgten unterschiedlichen Ziele können auch im Rahmen einer Globalbetrachtung der Gesamtsteuerbelastung nicht zu einer Gleichbehandlung führen [932].
Es liegen keine wirtschaftlichen Fakten vor, die eine solche rechtsformabhängige unterschiedliche Behandlung rechtfertigen könnten. Es ist daher eine ungerechtfertigte Ungleichbehandlung gleicher Sachverhalte gegeben.
Der ungerechtfertigte rechtsformabhängige Ausschluss der Körperschaften von dem Teilanrechnungsmodell verstößt gegen den Grundsatz der rechtsformneutralen Besteuerung und damit auch gegen Art. 3 I GG.

ffff) Geringer Verwaltungsaufwand

Positiv anzumerken ist, dass zusätzlicher Verwaltungsaufwand vermieden wird. Als Ausgangspunkt der Ermittlung des Anrechnungsbetrages wird vom Gewerbesteuermessbetrag und nicht von der aufgrund des Gewerbesteuerbescheides an die Gemeinde gezahlten Gewerbesteuer ausgegangen. Somit sind weitere aufwendige Verkopplungen zwischen den verschiedenen Verwaltungen unnötig, da die Finanzämter auch für die Feststellung des Gewerbesteuermessbetrages zuständig sind.

bbb) Art. 106 GG

Allerdings handelt es sich um Steuern verschiedener Steuergläubiger. Die Anrechnung könnte daher einen Eingriff in die Steuerertragszuweisungsnorm des Art. 106 GG darstellen und damit einen Verfassungsverstoß begründen.

aaaa) Verteilungsschlüssel

Erfolgt eine Anrechnung, so ist letztlich das Aufkommen der Steuer betroffen, bei welcher angerechnet wird.
Die Anrechnung der Gewerbesteuer stellt sich somit als Vorauszahlung auf die Einkommensteuer dar. Bezüglich des anzurechnenden Teils der Gewerbesteuer wird letztlich nur das Auf-

932 Hierzu schon unter Punkt D II 2 d bb ccc.

kommen der Einkommensteuer verteilt. Die Aufteilung des Einkommensteueraufkommens erfolgt nach einem Verteilungsschlüssel, auf den die Gewerbesteuer je nach Ausgestaltung der Anrechnung mehr oder weniger Einfluss hat (hier das 1,8 fache des Gewerbesteuermessbetrages). Der anzurechnende Teil der Gewerbesteuer wird also für die Steuergläubiger der Einkommensteuer zu einem besonderen Verteilungsschlüssel für die Beteiligung der Gemeinden am Einkommensteueraufkommen [933].
Aufgrund der Anrechnung von Gewerbesteuer verteilt sich somit das Aufkommen der Einkommensteuer in der Weise, dass den Gemeinden in Höhe der anzurechnenden Gewerbesteuer ein Anteil am Aufkommen der Einkommensteuer zufließt. Hierzu kommt zusätzlich der Gemeindeanteil an der Einkommensteuer nach Art. 106 V GG. Diese Beteiligung der Gemeinden am Aufkommen dieser Gemeinschaftssteuern widerspricht eindeutig dem Verteilungsschlüssel des Art. 106 III, V GG, wonach den Gemeinden nur der Anteil an der Einkommensteuer nach Art. 106 V GG zusteht.
Es würde somit ein Verstoß gegen das finanzverfassungsrechtliche Ertragsteuerverteilungssystem vorliegen.

(1) Gewerbesteuer als grundsätzliche Minderung der ESt.- Bemessungsgrundlage

Als Argument gegen eine Verletzung des Art. 106 GG könnte sprechen, dass die Gewerbesteuer als Betriebsausgabe bei der Gewinnermittlung abziehbar ist.
Es wird daher zum Teil vertreten, dass bei einem Ersatz des Betriebausgabenabzuges durch eine Teilanrechnung kein qualitativer Unterschied, sondern nur ein solcher quantitativer Natur vorliegt [934].
Hier erfolgt die Anrechnung zusätzlich zum Betriebsausgabenabzug und ersetzt diesen nicht. Weiterhin würden sich Bedenken gegen dieses Argument schon daraus ergeben, dass von einem Abzug von der Bemessungsgrundlage auf einen Abzug von der Steuer übergegangen wird. Dies hat eine starke Veränderung in der Entlastungswirkung zur Folge.

Der Betriebsausgabenabzug der Gewerbesteuer ergibt sich steuersystematisch aus dem § 4 IV EStG und ist Ausfluss des Leistungsfähigkeitsprinzips der Personensteuern. Gerade weil es sich bei der Gewerbesteuer um eine Unternehmens- bzw. Objektsteuer [935] handelt, stellt diese eine Betriebsausgabe dar und unterfällt nicht dem § 12 Nr. 3 EStG.

Dagegen stellt eine Teilanrechnung der Gewerbesteuerzahllast bei der Einkommensteuerzahlung im Festsetzungsverfahren eine steuerunsystematische Vermischung von Personen- und Objektsteuern dar. Durch diese Vorgehensweise wird man nicht den verschiedenen Leistungsfähigkeitsbegriffen für Personen (Steuerzahlfähigkeit) und Unternehmen (Steuerüberwälzfähigkeit) gerecht [936].
Die Überwälzungsfähigkeit wird nun nämlich mittelbar für die Steuerzahlfähigkeit relevant.

---

933 Zitzelsberger a.a.O., S. 310.

934 Scholz, BB- Beilage 11/ 1988, S. 10 oben.

935 Glanegger in Schmidt, Rdnr. 2 zu § 32c EStG.

936 Entgegen der hier vertretenen Ansicht wird in dem Gesetzesentwurf zum Unternehmenssteuerreform- und Steuersenkungsgesetz S. 128 immer noch von der Gewerbesteuer als Sondereinkommensteuer ausgegangen.

Die Anrechnung der Gewerbesteuer auf die Einkommensteuer als Personensteuer ist nicht mit deren finanzverfassungsrechtlicher Einordnung als Objektsteuer zu vereinbaren und daher nicht systemgerecht [937].
Somit würde neben einem quantitativen Unterschied auch ein qualitativer Unterschied bei einem angeblichen Übergang vom Betriebsausgabenabzug zur Teilanrechnung vorliegen.

(2) Ehemalige KöSt.- Anrechnung verfassungsrechtlich unbedenklich

Weiterhin wird zur Rechtfertigung dieses Modells auf die frühere Anrechnung der Körperschaftsteuer bei der Einkommensteuer verwiesen [938]. Ebenso wie dort soll daher auch eine Anrechnung von Gewerbesteuer zulässig sein [939].

Die Anrechnung der Körperschaftsteuer kann aber nicht mit der Anrechnung von Gewerbesteuer verglichen werden. Die Einkommensteuer als auch die Körperschaftsteuer sind beides Personensteuern [940]. Die Körperschaftsteuer erfasst grundsätzlich juristische Personen und ist als Vorbelastung der später an den Anteilseigner ausgeschütteten Gewinne zu sehen [941]. Es handelt sich insoweit um die „Einkommensteuer" der Körperschaften. Hierfür spricht auch die entsprechende Anwendung einkommenssteuerlicher Vorschriften im Körperschaftsteuerrecht.
Die Gewerbesteuer ist aber gerade keine „Zusatz-" oder „Vorbelastungs-" Einkommensteuer und somit auch nicht Personensteuer, sondern eine Unternehmens- bzw. Objektsteuer. Hier ist Besteuerungsgegenstand keine Person (weder eine natürliche noch eine juristische), sondern ein Objekt in Form des Gewerbebetriebes [942]. Durch die Anrechnung der Körperschaftsteuer sollte eine Doppelbelastung der Ausschüttungen von Körperschaften mit zwei Personensteuern vermieden werden.
Da die Gewerbesteuer aber eine Unternehmensteuer ist, kann diesbezüglich keine Doppelbelastung auftreten, der durch eine Anrechnung entgegengewirkt werden müsste.

Art. 106 GG garantiert keine bestimmte Aufkommenshöhe. Es ist aber bei der Anrechnung der Körperschaftsteuer auf die Einkommensteuer zu beachten, dass nach Art. 106 III 2 GG an beiden Steuern der Bund jeweils zur Hälfte beteiligt ist. Zwar steht den Gemeinden nach Art. 106 V GG ein Anteil an der Einkommensteuer zu, jedoch ergibt sich aus der Systematik des Art. 106 III GG und dem Wortlaut der Sätze 1 und 2, dass die Aufkommensverteilung zwischen Bund und Ländern erfolgt und die Zuweisung des Gemeindeanteils sich allein nach Art. 106 V GG richtet. Der Gemeindeanteil wird insoweit ausgeklammert.
Nach Art. 106 III GG ändert sich somit durch die Anrechnung der Körperschaftsteuer bei der Einkommensteuer an den Beteiligungsverhältnissen nichts, da sowohl an der Körperschaftsteuer als auch an der Einkommensteuer Bund und Länder je zur Hälfte beteiligt sind.

---

[937] Hey, BB 1999, 1192 (1197).

[938] Scholz, BB- Beilage 11/ 1988, S. 10 (6.4).

[939] Im Rahmen der Steuerreform 2000 wurde das KöSt- Anrechnungsverfahren abgeschafft.

[940] Seer, StuW 1993, 114 (115).

[941] Die überkommene Vollanrechnung der KöSt. hatte materiell den Charakter einer Quellensteuer auf die Kapitaleinkünfte des Anteilseigners. Hidien, BB 2000, 485 (487).

[942] Seer, StuW 1993, 114 (115).

Es wird weiter vertreten, dass aufgrund des geringen Anrechnungsanteils im Verhältnis zum Gesamtaufkommen der Steuern vom Einkommen kein Verstoß gegen das verfassungsrechtlich abgesicherte Finanzausgleichsystems des Art. 106 GG vorliegt [943]. M.E. steht der sich aus Art. 106 GG ergebende Verteilungsschlüssel unter Bestandschutz und kann nicht durch ein einfachgesetzlich verankertes Teilanrechnungsmodell umgangen werden. Dies gilt auch bei geringen Änderungen, da es sonst zu einer Aushöhlung des Systems kommen kann.

Die angeführten Argumente ändern also nichts an dem Verstoß gegen Art. 106 GG. Bezüglich des Teilanrechnungsmodells sind somit verfassungsändernde Mehrheiten erforderlich, um das finanzverfassungsrechtliche Ertragsteuerverteilungssystem (Art. 106 GG) anzupassen [944].

bbbb) Finanzausgleichsexterne Finanztransfers

Alle steuerbelastenden bzw. -entlastenden Änderungen bestehender Steuern haben auch Ertragswirkungen zur Folge. Daher hat der Steuergesetzgeber bei der Ausgestaltung der Besteuerung auch auf das System der Verteilung der Steuererträge Rücksicht zu nehmen, da infolge der auftretenden Ertragswirkungen der Finanzausgleich berührt wird.
Es handelt sich insofern um einen „stillen" oder „versteckten" Finanzausgleich. Hierunter sind alle finanzwirksamen Maßnahmen einer Gebietskörperschaft außerhalb des Finanzausgleichsgesetzes zu verstehen, welche die Finanzsituation einer anderen Gebietskörperschaft beeinflussen (finanzausgleichsexterne Finanztransfers) [945].

(1) Möglichkeit eines Verstoßes gegen Art. 104a GG

Die Steuervergünstigungen ziehen innerhalb der Einkommensteuer aufgrund einer Ertragsreduzierung eine negative Finanzwirksamkeit nach sich. Die Steuervergünstigungen dienen grundsätzlich Lenkungszwecken und verkörpern außerfiskalische Interessen. Als solche dürfte auch das vom Regeltatbestand der Einkommensteuer abweichende Teilanrechnungsmodell einzuordnen sein [946]. Aufgrund des Verbundcharakters der Einkommensteuer tragen diese vom Bundesgesetzgeber veranlassten Mindereinnahmen der Bund, die Länder und die Gemeinden anteilig (Art. 106 III 1, V GG). Nach zum Teil vertretener Ansicht unterfällt dieses außerfiskalische Steuerrecht den allgemeinen Kompetenzvorschriften der Art. 70 ff. GG [947]. Als Folge dessen richtet sich die Finanzierung dieser außerfiskalischen Steuervergünstigungen nach Art. 104a GG. Eine Lastenbeteiligung der Gemeinden ist hier aber nicht vorgesehen. Nach dieser Ansicht würde daher das Teilanrechnungsmodell einen Verstoß gegen Art. 104a GG begründen.

---

943 Scholz, BB- Beilage 11/ 1988, S. 9 (6.3).

944 Ebenso Zitzelsberger, a.a.O., S. 239.

945 Hidien, BB 2000, 485 (486).

946 Mit diesem Teilanrechnungsmodell sollen die für nicht optierende Personenunternehmen entstehenden Nachteile gegenüber der begünstigten Besteuerung von Kapitalgesellschaften aufgehoben werden (mittelstandsfreundliche Entlastungskomponente).

947 Schaden, Die Steuervergünstigung als staatliche Leistung, Finanzverfassung und Gleichheitssatz, S. 63 ff., 79 ff..

Gegen die vorstehende Ansicht spricht, dass nach dem traditionellen Begriff der Steuer, an welchen auch die Verfassung anknüpft, die Einnahmeerzielung auch Nebenzweck sein kann [948]. Die Steuergesetzgebungskompetenz kann daher auch zur Erzielung von Lenkungswirkungen eingesetzt werden. Für diese außerfiskalischen Erwägungen ist neben Art. 105 GG keine besondere Sachgesetzgebungskompetenz aus Art. 70 ff. GG erforderlich [949]. Somit sind außerfiskalische Steuerermäßigungen nach Art. 105 GG zu beurteilen.
Grenzen können sich nur im Einzelfall, insbesondere bei Missbrauch, ergeben. Ein solcher Ausnahmefall scheint hier aber nicht vorzuliegen.

Ein Verstoß gegen Art. 104a GG ist nicht zu verzeichnen.

(2) Möglichkeit der Ertragsaushöhlung

Finanzausgleichsrechtliche Konsequenzen ergeben sich, wenn der Steuergesetzgeber mit zwei unterschiedlichen steuerlichen Abgaben die gleiche „Steuerquelle" abschöpft (Steuerertragskonkurrenz). Zu finanzausgleichsrechtlichen Konsequenzen kommt es auch, wenn das Steueraufkommen in der Art und Weise verkürzt wird, dass zwei unterschiedliche Steuern im Tatbestand oder in der Rechtsfolge verkoppelt werden (Steuerertragsverschränkung) [950]. Insoweit kann es zu einer Beeinträchtigung des Steuerertragsverteilungssystems kommen.

Konflikte zeigen sich immer dann, wenn im Fall der Ertragskonkurrenz die betroffenen Steuern unterschiedlichen Ertragsberechtigten zustehen. Dies ist insbesondere der Fall, wenn Bundessteuern (z.B. Tabaksteuer) das Aufkommen von Gemeinschaftssteuern (z.B. die Umsatzsteuer) beeinflussen [951]. Für diese Fälle hat das BVerfG das Verbot der Ertragsaushöhlung aufgestellt [952]. Aufgrund des deutschen Vielsteuersystems und der damit zusammenhängenden Steuerquellendualität sind solche Ertragsrisiken allerdings der Finanzverfassung systemimmanent. Spätestens der Grundsatz des bundes- und länderfreundlichen Verhaltens setzt dieser Ertragskonkurrenz aber verfassungsrechtliche Grenzen [953]. In diesem Sinne ist es wegen der zentralen funktionalen Bedeutung der Steuerverteilung im deutschen Bundesstaat dem Bundesgesetzgeber untersagt, das finanzielle Ausgleichssystem so zu Lasten eines (anderen) Ertragsberechtigten zu ändern, dass von den Vorstellungen des Grundgesetzes zum „Charakter" einer Steuer abgewichen wird [954]. Innerhalb des bestehenden Spielraums können aber Änderungen vorgenommen werden. Durch eine Änderung des Finanzausgleichsgesetzes (hier insbesondere im Bereich der Verteilung des Umsatzsteueraufkommens) kann bis zu einem gewissen Punkt eine Kompensation erreicht werden. Hierzu kann der Finanzausgleichsgesetzgeber aufgrund des Grundsatzes des bundes- und länderfreundlichen Verhaltens auch verpflichtet sein.

---

948 So auch die Bestimmung des Steuerbegriffs in § 3 I AO.

949 BVerfG vom 22. 5. 1963, E 16, 147 (162); Pieroth in Jarass/ Pieroth, Rdnr. 5 zu Art. 104a GG; Brockmeyer in Schmidt- Bleibtreu/ Klein, Rdnr. 6 zu Art. 105 GG; Maunz in Maunz/ Dürig/ Herzog, Rdnr. 24 zu Art. 105 GG m.w.N.

950 Hierzu Hidien, BB 2000, 485 (487).

951 Hidien, BB 2000, 485 (487).

952 BVerfG vom 9. 2. 1972, E 32, 333 (338).

953 BVerfG vom 9. 2. 1972, E 32, 333 (338); vom 28. 2. 1961, E 12, 205 (254 f.); vom 24. 7. 1962, E 14, 197 (215).

954 Hidien, BB 2000, 485 (487).

Konflikte entstehen aber auch dann, wenn eine Steuerverschränkung vorliegt. Hier erfolgt der Ansatz nicht bei der „Steuerquelle“, sondern beim Steuertatbestand, was eine unmittelbare Verkürzung des Steueraufkommens zur Folge hat. Die obigen Ausführungen zur Steuerertragsaushöhlung sollen daher grundsätzlich auch hier gelten [955].
Eine Steuerverschränkung ist insbesondere auch dann gegeben, wenn es durch den Bundesgesetzgeber durch die Anrechnung einer anderen Steuer zu einer Verkürzung von Gemeinschaftssteuern kommt.

Man sieht in der pauschalierten Anrechnung der Gewerbesteuer im Rahmen eines Steuerermäßigungstatbestandes innerhalb der Einkommensteuer eine beachtliche Steuerertragsaushöhlung. Das dem Bund, den Ländern und den Gemeinden zustehende Einkommensteueraufkommen wird durch das Teilanrechnungsmodell um die typisiert angerechnete Gewerbesteuer verkürzt. Aus diesem Grund nimmt man einen Verstoß gegen die in den Artn. 104a ff. GG festgelegte Finanzordnung an [956].

Hiergegen ist aber anzuführen, dass im vorliegenden Fall die Steuerverkürzung aber gerade bei der Einkommensteuer als einer Gemeinschaftsteuer auftritt. Bezüglich der Verabschiedung solcher gesetzlicher Änderungen ist die Zustimmung der Länder über den Bundesrat erforderlich Art. 105 III GG. Wie sich gerade auch bei der Zustimmung zum Steuersenkungsgesetz zeigte, wird eine Zustimmung zu solchen Ertragsminderungen oft erst gegen Zusage andersartiger Finanzhilfen gewährt. Auf jeden Fall haben die Länder über den Bundesrat Einfluss auf ertragsmindernde Steueränderungen. Im Fall der Zustimmung erklären sie ihr Einverständnis. Da die benachteiligten Gebietskörperschaften entsprechend der Verfassung an ihrer Benachteiligung beteiligt waren und dieser ihre Zusage erteilten, scheidet eine Beeinträchtigung der Finanzordnung aus. Eines Schutzes der benachteiligten Ertragsberechtigten durch die Finanzverfassung bedarf es in diesem Fall nicht.
Solche ertragsmindernden Steueränderungen, welche mit Zustimmung der betroffenen Ertragsgläubiger ergehen, stellen daher keinen Verstoß gegen die Finanzordnung unseres Bundesstaates dar.

Des Weiteren wird von der Finanzordnung durch die Einführung des Teilanrechnungsmodells nicht so stark abgewichen, dass sich der ertragsspezifische Charakter der Einkommensteuer ändert.

ccc) Art. 28 II GG

Nach Art. 28 II 3 GG haben die Gemeinden das Recht auf eine wirtschaftskraftbezogene mit Hebesatzrecht ausgestattete Steuerquelle. Sofern die Gewerbesteuer im Einzelfall mehr als das 1, 8 fache des Gewerbesteuer- Messbetrages beträgt und eine Anrechnung nicht mehr erfolgt, sind die Voraussetzungen des Art. 28 II GG zweifelsfrei erfüllt.
Fraglich erscheint dies aber bei dem anzurechnenden Teil der Gewerbesteuer. Dieser wird insbesondere in den Fällen relevant, wo aufgrund der niedrigen Hebesätze die gesamte Gewerbesteuer angerechnet wird. Hier erhalten die Gemeinden nur einen Anteil am Einkommensteueraufkommen. Entscheidend im Sinne des Art. 28 II GG ist aber, nach welchem Maß-

---

955 Hidien, BB 2000, 485 (487).

956 Hidien, BB 2000, 485 (487).

stab sich dieses der Gemeinde zustehende Steueraufkommen zusammensetzt. Der aufgrund des Teilanrechnungsmodells auf die Gemeinden entfallende Anteil am Einkommensteueraufkommen richtet sich am Maßstab der Gewerbesteuer aus. Diese ist wirtschaftskraftbezogen und außerdem mit einem Hebesatzrecht ausgestattet (siehe oben). Die Einwirkungsmöglichkeit der Gemeinden bleibt voll erhalten. Ihr Steueraufkommen wird nun allerdings nicht allein vom Steuerpflichtigen aufgebracht, sondern von den ESt.- Gläubigern mitgetragen.

Somit ist auch bei geringeren Gewerbesteuer-Hebesätzen von der Einhaltung der Voraussetzungen des Art. 28 II GG auszugehen. Eine Verletzung des Art. 28 II GG liegt daher nicht vor.

ddd) Ergebnis

Das Teilanrechnungsmodell ist in Bezug auf Art. 106 GG nur durch eine Anpassung der Finanzverfassung verfassungsrechtlich unbedenklich (insoweit sind verfassungsändernde Mehrheiten nach Art. 79 GG erforderlich).

Des Weiteren könnte der mit dem Teilanrechnungsmodell verfolgte Effekt auch durch eine Abschaffung der Gewerbesteuer und einen unmittelbaren Finanztransfer aus dem Gemeinschaftssteueraufkommen erzielt werden [957]. Hierbei müssten die Vorgaben des Art. 28 II 3 GG auf andere Art und Weise gewahrt werden.

Die durch das Teilanrechnungsmodell beabsichtigte Steuersenkung könnte auch durch eine Senkung der Gewerbesteuer erreicht werden. Die Minderung sollte aber nicht durch Erhöhung der Freibeträge erreicht werden, um eine Mutation in Richtung Sondersteuer für Großbetriebe zu vermeiden. Vielmehr muss eine generelle Absenkung der Steuermesszahlen erfolgen. Insofern wären auch gleich die Voraussetzungen des Art. 28 II 3 GG erfüllt.
Zu beachten bleibt, dass es bei einer solchen Variante nicht zu einer Kompensation der aufgrund der begünstigten Besteuerung nach dem aktuellen Körperschaftsteuerrecht entstehenden Differenzen kommt. Die Entlastungswirkungen der Körperschaftsteuer würden noch stärker bei der Wahl der Rechtsform ins Gewicht fallen. Insofern kann nur wieder auf das oben vorgeschlagene Betriebsteuerkonzept hingewiesen werden.

cc) Die Regelung des § 35 EStG n. F.

aaa) Grundlegende Konzeption

Nach der Berücksichtigung der Gewerbesteuer als Betriebausgabe wird die verbleibende Belastung mit Gewerbesteuer nicht betragsmäßig angerechnet, sondern mindert in typisierter Form die Einkommensteuer (i. H. des 1,8 fachen des Gewerbesteuermessbetrages). Aufgrund der typisierten Anrechnung kann es nur in Einzelfällen zu einer vollständigen Entlastung von der Gewerbesteuer kommen [958].

---

957 Zitzelsberger, a.a.O., S. 310.

958 Dies gilt bei einer Spitzenbelastung mit ESt. (Spitzensteuersatz 48,5 %), GewSt. (Gewerbesteuermesszahl 5%) und SolZ. für Hebesätze unter 389 %.

Im Gegensatz zu § 32c EStG wirkt sich die Steuerermäßigung des § 35 EStG n. F. im gesamten Tarifverlauf entlastend aus. Das setzt allerdings voraus, dass die Ermäßigungspotentiale auch im Rahmen der auf die gewerblichen Einkünfte entfallenden tariflichen Einkommensteuer wirksam werden können.

bbb) Systematische Einordnung des § 35 EStG n. F.

Da es sich bei § 35 EStG n. F. um eine Steuerermäßigung handelt, setzt die Regelung den Anfall tariflicher Einkommensteuer voraus. Soweit der Ermäßigungsbetrag nach § 35 EStG n. F. die tarifliche Einkommensteuer übersteigt, ist eine Erstattung ausgeschlossen.
Ebenso kann eine Ermäßigung nur bis zur Höhe der anteilig auf die gewerblichen Einkünfte entfallenden tariflichen Einkommensteuer erfolgen.

ccc) Die Ermäßigungsbeträge

Die Ermäßigung erfolgt typisiert und beträgt das 1, 8 fache des maßgebenden (anteiligen) Gewerbesteuermessbetrages. Bezüglich der Ermittlung des maßgeblichen Messbetrages wird zwischen Einzelunternehmern und Mitunternehmern unterschieden.

aaaa) Einzelunternehmer

Bei gewerblichen Einzelunternehmern ist der für deren Unternehmen festgesetzte Gewerbesteuermessbetrag maßgebend. Sofern im Betriebsvermögen eine Beteiligung an einer Mitunternehmerschaft gehalten wird, so wird auch diesbezüglich ein nach § 35 III EStG ermittelter Anteil am Gewerbesteuermessbetrag im Rahmen der Steuerermäßigung berücksichtigt.

bbbb) Mitunternehmer

Bei Einkünften aus einer Mitunternehmerschaft nach § 15 I 1 Nr. 2 und 3 EStG ist der anteilige Gewerbesteuermessbetrag des Mitunternehmers Grundlage der Steuerermäßigung nach §35 EStG n. F. Der Anteil berechnet sich nach § 35 III EStG. Maßgebend ist allein der allgemeine Gewinnverteilungsschlüssel. Sondervergütungen sowie Ergänzungs- bzw. Sonderbilanzen werden nicht berücksichtigt. Der so errechnete Anteil wird nach § 35 III 1 EStG einheitlich und gesondert festgestellt.

Bei einer mehrstöckigen Mitunternehmerschaft wird durch § 35 III 4 EStG n. F. sichergestellt, dass bei der Obergesellschaft auch die anteiligen Gewerbesteuermessbeträge aus deren Beteiligungen an anderen Mitunternehmerschaften einzubeziehen sind. Dies war aufgrund der Hinzurechnungen und Kürzungen nach §§ 8 Nr. 8; 9 Nr. 2 GewStG erforderlich. Die anteiligen Gewinne und Verluste an anderen Mitunternehmerschaften fließen nämlich nicht in den Gewerbesteuermessbetrag des Unternehmens ein.

cccc) Sonderregelung bei gewerbesteuerlicher Organschaft

Liegt nur eine gewerbesteuerliche, aber keine körperschaftssteuerliche Organschaft vor, erfolgt nach § 35 II EStG n. F. eine Aufteilung des festgestellten Gewerbesteuermessbetrages in einen nach § 35 I EStG n. F. begünstigungsfähigen und einen nicht begünstigungsfähigen Teil. Begünstigungsfähig ist insofern nur der auf den Organträger entfallende Anteil am Gewerbe-

steuermessbetrag. Dieser berechnet sich aus dem Verhältnis des Gewerbeertrages des Organträgers vor Zurechnung der Gewerbeerträge der Organgesellschaften zur Summe der Gewerbeerträge des gesamten Organkreises. Negative Gewerbeerträge werden hierbei mit Null angesetzt.
Das Ziel der Regelung besteht darin, Gewerbeerträge von Kapitalgesellschaften, welche nur im Rahmen einer gewerbesteuerlichen Organschaft dem Gewerbeertrag des Organträgers zugerechnet werden, von der Steuermäßigung auszuschließen.

ddd) Bezugspunkt für die Berechnung der anteiligen tariflichen Einkommensteuer

Zur Berechnung der auf die gewerblichen Einkünfte entfallenden tariflichen Einkommensteuer bestanden mehrere Möglichkeiten.
Richtigerweise kann zur Ermittlung des Anteils an der tariflichen Einkommensteuer aber nur auf das Verhältnis der gewerblichen Einkünfte zur „Summe der Einkünfte" abgestellt werden [959]. Dies ergibt sich schon aus systematischen Gründen. Stellt man auf eine bei der Ermittlung des zu versteuernden Einkommens der „Summe der Einkünfte" nachfolgende Stufe ab, ist keine gleichmäßige Verteilung der allen Einkünften zuzuordnenden Abzüge gewährleistet.

eee) Summen- oder Einzelbetrachtung der gewerblichen Einkünfte

Fraglich bleibt weiterhin, ob die Berechnung der anteiligen tariflichen Einkommensteuer für die Summe aus allen gewerblichen Einkünften oder aber für jeden Gewerbebetrieb einzeln zu erfolgen hat. Für eine Einzelbetrachtung spricht die technische Anknüpfung an die einzelnen Gewerbesteuermessbeträge.
Vorteilhaft wirkt sich bei dieser Betrachtung gegenüber der Summenbetrachtung die Unbeachtlichkeit eines horizontalen Verlustausgleichs innerhalb der Einkünfte aus Gewerbebetrieb aus. Insoweit erfolgt keine Reduzierung der auf die gewerbesteuerlich belasteten Einkünfte entfallenden anteiligen tariflichen Einkommensteuer.
Die Einzelbetrachtung kann aber auch zu Nachteilen führen, da der Gewerbeertrag und die entsprechenden einkommensteuerlichen Einkünfte nicht notwendig korrespondieren. Zu einem solchen Nachteil kommt es beispielsweise, wenn negative Einkünfte trotzdem mit Gewerbesteuer belastet sind. Durch die gesonderte Betrachtung entfällt auf diese Einkünfte dann keine anteilige Einkommensteuer, sodass eine Steuerermäßigung ausgeschlossen ist.

fff) Konsequenzen der Beschränkungen

Aus der Natur der Steuerermäßigung des § 35 EStG folgt, dass eine Minderung der Einkommensteuer ausgeschlossen ist, wenn das Ermäßigungspotential den entsprechenden Anteil an der Einkommensteuer übersteigt. Die für einen Erhebungszeitraum festgesetzten Gewerbesteuermessbeträge können nur im entsprechenden Veranlagungszeitraum der Einkommensteuer zu einer Steuerermäßigung führen. Soweit ein Abzug im entsprechenden Veranlagungszeitraum ausscheidet, verfallen potentielle Ermäßigungsbeträge ersatzlos. Das Entstehen solcher Anrechnungsüberhänge wird nicht die Ausnahme sein, da sowohl Steuerobjekt und -subjekt als auch die Bemessungsgrundlagen bei der Einkommensteuer und der Gewerbesteuer

---

959 Ebenso jetzt Herzig/ Lochmann, DB 2000, 1728 (1730); vorher stellten diese auf das zu versteuernde Einkommen ab (DB 2000, 1192 (1192f.)).

unterschiedlich sind. Der hieraus resultierende mangelnde Abbau der Gewerbesteuerbelastung läuft dem Ziel der Regelung, eine weitgehende Entlastung von der Gewerbesteuer zu erreichen, entgegen.

ggg) Möglichkeiten zur optimalen Ausnutzung der Regelung unter Vermeidung von Anrechnungsüberhängen

Um eine optimale Ausnutzung der Regelung zu erhalten, müssen die Ursachen der zur Vernichtung von Ermäßigungspotential führenden Anrechnungsüberhänge aufgedeckt werden. Als Ursachen kommen in Betracht:

1. Trotz einer hohen Gewerbesteuerbelastung sind die Einkünfte aus Gewerbebetrieb sehr niedrig. Damit kann auf diese Einkünfte auch nur ein geringer Anteil der tariflichen Einkommensteuer entfallen, wodurch der Steuermäßigung Grenzen gesetzt sind, da nur eine Ermäßigung bis zur Höhe der auf die gewerblichen Einkünfte entfallenden Einkommensteuer möglich ist. Mit dem Entstehen des Anrechnungsüberhangs geht eine Vernichtung von Ermäßigungspotenzial einher.

2. Es besteht wiederum eine Gewerbesteuerbelastung. Nun ist aber das zu versteuernde Einkommen und damit die gesamte tarifliche Einkommensteuer an sich schon sehr gering. Auch hier ist die Steuerermäßigung beschränkt. Die über der anteiligen Einkommensteuer liegende Ermäßigung, der sog. Anrechnungsüberhang, verfällt wiederum.

Zu 1) Hierunter fallen insbesondere die Fälle, in denen es aufgrund der Unterschiede in der Bemessungsgrundlage von Einkommen- und Gewerbesteuer trotz geringer Einkünfte zu einer hohen Gewerbesteuerbelastung kommt. Dies kann zum einen auf gewerbesteuerlichen Hinzurechnungen basieren. Zum anderen kann dies auch auf die Aufteilungsregel des § 35 III 2 EStG für Mitunternehmerschaften zurückzuführen sein. Im Rahmen der Gewerbesteuer werden Ergänzungs- und Sonderbilanzen berücksichtigt. Bei der Ermittlung des anteiligen Gewerbesteuermessbetrages i. S. d. § 35 III EStG entfällt dagegen eine solche Berücksichtigung.

In solchen Fällen kann eine Verringerung des Anrechnungsüberhangs durch eine Erhöhung des auf die gewerblichen Einkünfte entfallenden Einkommensteueranteils erreicht werden. Dazu müssen die gewerblichen Einkünfte erhöht werden, wofür sich insbesondere die Mittel der Bilanzpolitik eignen. Dies führt zwar zur grundsätzlichen Erhöhung der Gewerbe- und Einkommensteuer im aktuellen Veranlagungszeitraum. Es kommt insoweit jedoch grundsätzlich nur zu einer Verschiebung, da die in späteren Veranlagungszeiträumen zu erfolgende Versteuerung stiller Reserven vorgezogen wird. Die Steuerbelastung bleibt über einen Totalzeitraum also ungefähr gleich, während im aktuellen Veranlagungszeitraum Ermäßigungspotential gerettet werden kann, wodurch die Steuererhöhung wiederum (teilweise) kompensiert wird.

Bei Mitunternehmerschaften besteht das Problem, dass gegenläufige Interessen bestehen können und dadurch der Einsatz bilanzpolitischer Mittel nicht immer möglich ist.

Sofern hier Sonderbetriebsvermögen auf Dauer für Anrechnungsüberhänge verantwortlich ist, könnten diese durch eine Trennung des Sonderbetriebsvermögens vom Betriebsvermögen der Mitunternehmerschaft vermieden werden [960]. Insofern bietet sich die Überlassung durch eine GmbH & Co. KG an, deren alleiniger Gesellschafter der Mitunternehmer ist [961]. Aufgrund der Rechtsprechung zur Nutzungsüberlassung durch Schwesterpersonengesellschaften sind die überlassenen Wirtschaftsgüter im Betriebsvermögen der GmbH & Co. KG und nicht mehr als Sonderbetriebsvermögen der nutzenden Mitunternehmerschaft zu erfassen [962]. Insoweit kann eine weitgehende Übereinstimmung zwischen dem gewerbesteuerlichen Anrechnungsbetrag und der einkommenssteuerlichen Bemessungsgrundlage des Mitunternehmers erreicht werden.

Zu 2) Durch einen Verlustausgleich mit anderen Einkünften, durch § 10 d EStG oder durch den Abzug von Sonderausgaben und außergewöhnlichen Belastungen kann das zu versteuernde Einkommen stark reduziert worden sein. Die Folge wäre, dass keine bzw. nur eine geringe tarifliche Einkommensteuer anfällt. Sofern hier ein entsprechend hoher Gewerbesteuermessbetrag vorliegt, kommt es zu Anrechnungsüberhängen. Um dieser Ursache der Anrechnungsüberhänge entgegenzuwirken, muss letztlich das zu versteuernde Einkommen erhöht werden. Hierbei kann auf jeder Stufe der Ermittlung des zu versteuernden Einkommens angesetzt werden (Erhöhung der Einnahmen bzw. Senkung der Aufwendungen). Neben den Mitteln der Bilanzpolitik und der Ausübung von Wahlrechten bieten sich auch tatsächliche Sachverhaltsgestaltungen an [963]. Beispielhaft seien hier nur die Beeinflussung des Ausschüttungsverhaltens der Kapitalgesellschaften und die Einflussnahme auf die Zahlungszeitpunkte in Bezug auf §11 EStG genannt.
Durch die Ausnutzung des Ermäßigungspotentials wird die aus der Erhöhung des zu versteuernden Einkommen resultierende Steuer (teilweise) kompensiert.

hhh) Mehr- oder Minderbelastung gewerblicher Einkünfte durch die Neuregelung in Abhängigkeit vom Hebesatz im Vergleich zu nicht gewerbesteuerpflichtigen Einkünften

Durch die typisierte Ermäßigung kann es im Vergleich zu nicht gewerbesteuerpflichtigen Einkünften des Steuerpflichtigen zu Mehr- oder Minderbelastungen kommen. Bei einer angenommenen Spitzenbelastung in Höhe des Einkommensteuerspitzensatzes (Tarif 2001/ 2002: 48,5 %), der maximalen Gewerbesteuermesszahl von 5 % und des Solidaritätszuschlages entspricht diese Spitzenbelastung der gewerblichen Einkünfte bei einem Gewerbesteuer- Hebesatz von 389 % genau derjenigen Spitzenbelastung (nur ESt. und SolZ.) der nicht gewerbesteuerpflichtigen Einkünfte [964].
Ist der Hebesatz unter sonst gleichen Bedingungen höher, erfolgt keine vollständige Kompensation der Gewerbesteuerbelastung, sodass die gewerblichen Einkünfte gegenüber anderen Einkünften weiterhin aufgrund der Gewerbesteuer höher belastet sind.

---

960 Herzig/ Lochmann, DB 2000, 1728 (1732).

961 Durch die Änderung des § 6 V EStG im Rahmen des StSenkG sollten bestimmte Übertragungen ähnlich dem ehemaligen Mitunternehmererlass wieder steuerneutral möglich gemacht werden.

962 BFH- Urteil vom 24. 11. 98, BStBl. II 1999, S. 483.

963 Herzig/ Lochmann, DB 2000, 1728 (1733).

964 Zur Berechnung Herzig/ Lochmann, DB 00, 1728, 1734 f.; ebenso Haase/ Diller, BB 2000, 1068 (1070).

Liegt der Hebesatz unter 389 %, kommt es zu einer Überkompensation der Gewerbesteuerbelastung, mit der Folge, dass die Belastung der gewerblichen Einkünfte unter derjenigen der anderen Einkünfte liegt.
Somit kann sich in Zukunft bei niedrigen Hebesätzen eine Gewerbesteuerpflicht positiv auswirken. Bei den derzeit durchschnittlichen Hebesätzen von um die 400 % dürften sich die Bestrebungen der Steuerpflichtigen zur Vermeidung gewerbesteuerpflichtiger Einkünfte verringern, da in diesem Bereich durch die Gewerbesteuer keine übermäßigen Mehrbelastungen zu erwarten sind[965].
In der Vielzahl der Fälle erreicht man ein ähnliches Ergebnis wie durch die Abschaffung der Gewerbesteuer.

iii) Ergebnis zur Neuregelung des § 35 EStG n. F.

Das Gesetzesziel wurde grundsätzlich erreicht. Bei durchschnittlichen Hebesätzen wird unter Einbeziehung des Solidaritätszuschlages für gewerbliche Einkünfte eine ähnliche Gesamtbelastung wie bei anderen Einkünften erreicht. Problematisch erscheint im Zusammenhang mit der gewerbesteuerlichen Entlastung aber das Entstehen von Anrechnungsüberhängen zu sein. Diesbezüglich würde sich eine Gesetzesänderung dahingehend anbieten, dass in Anrechnungsüberhängen konkretisiertes Ermäßigungspotential in späteren Veranlagungszeiträumen zum Abzug zugelassen wird. Aber auch durch einen solchen Vortrag kommt es nicht immer zu einer zeitnahen Entlastung.
Insoweit wäre nur eine Abschaffung der Gewerbesteuer hilfreich.

dd) Zusammenfassung zur Entlastung durch das Teilanrechnungsmodell

Im Verhältnis zu den nicht der Körperschaftsteuer unterliegenden Unternehmen ist durch die Begrenzung des begünstigenden Thesaurierungssatzes auf Körperschaften eine Verletzung von Art. 3 I GG zu konstatieren. Nach dem Scheitern des Optionsmodells können nur diese Unternehmen von dem begünstigenden Thesaurierungssatz profitieren. Somit konnte schon hinsichtlich der thesaurierten Gewinne keine rechtsformneutrale Besteuerung erreicht werden.
Ebenso erscheint der Ausschluss der Körperschaften von der pauschalierten Anrechnung der Gewerbesteuer verfassungsrechtlich bedenklich. Ein sachgerechter Grund ist für den Ausschluss nicht ersichtlich. Insbesondere kommt als solcher nicht die auf die Körperschaften begrenzte Begünstigung der thesaurierten Gewinne in Betracht, da dies nichts mit der angestrebten Gleichbehandlung von gewerbesteuerlich belasteten und nicht gewerbesteuerlich belasteten Einkünften zu tun hat. Daher ist eine Verletzung von Art. 3 I GG gegeben.

Von der Regelung des § 35 EStG werden auch viele Unternehmen überhaupt nicht erreicht. Hierzu zählen insbesondere nicht gewerbesteuerpflichtige Personenunternehmen, wie solche der Land- und Forstwirtschaft oder solche von Freiberuflern oder besonders kleine gewerbliche Unternehmen, deren Gewerbeertrag unter dem Freibetrag von 48.000 DM liegt.
Diese Unternehmen können auch nicht vom niedrigen Thesaurierungssatz bei der Körperschaftsteuer profitieren, sofern sie nicht in der Rechtsform einer Kapitalgesellschaft geführt

---

[965] Haase/ Diller; BB 2000, 1068 (1069).

werden. Das StSenkG hält für diese Unternehmen und die private Vermögensverwaltung keinerlei entlastende Wirkungen bereit.

Aufgrund vorstehender Missstände bleibt der Wunsch nach einer einheitlichen und rechtsformneutralen Unternehmenssteuer bestehen.
Hinsichtlich der Einzelregelung des § 35 EStG treten in Einzelfällen beim Entstehen von Anrechnungsüberhängen schwer zu korrigierende Ungereimtheiten auf. In der Masse der Fälle wird aber das Gesetzesziel, die Entlastung der Personenunternehmen von der Gewerbesteuer, erreicht.
In Betracht auf den Korrekturbedarf der Regelung sei nochmals auf die Möglichkeit der Senkung der Gewerbesteuerbelastung des Einzelnen durch Verbreiterung des Anwendungsbereiches in der Ausgestaltung als Gewinnzuschlagsteuer verwiesen. Weitergehend könnte nochmals an die Abschaffung der Gewerbesteuer [966] und eine Umlage des den Gemeinden zukommenden Gewerbesteueraufkommens auf alle Einkommensteuersubjekte erinnert werden. Insoweit müsste nach Art. 28 II GG der den Gemeinden zustehende Anteil an der Einkommensteuer mit einem Hebesatzrecht nach Art. 106 V 3 GG versehen werden.

966 Für eine generelle Abschaffung der Gewerbesteuer auch Borggräfe, BB 1997, 2189 (2196).

4. *Belastungsvergleich bei der Besteuerung der verschiedenen Rechtsformen nach Erlass des StSenkG*

Nach der Einführung des StSenkG mangelt es weiterhin an der Rechtsformneutralität der Besteuerung. Von daher erscheint es aus Beratersicht interessant, bei welchen Unternehmenssituationen sich welche Rechtsform als vorteilhaft erweist.

Trotz des geringen Thesaurierungssatzes bei der Körperschaftsteuer von 25 %, der Anerkennung schuldrechtlicher Leistungsbeziehungen zwischen dem Betrieb und den Gesellschaftern sowie der Möglichkeit der Bildung von Pensionsrückstellungen für Gesellschafter-Geschäftsführer stellt sich die Rechtsform der Kapitalgesellschaft nur unter bestimmten Voraussetzungen als die günstigere Variante dar. Als Nachteile der Kapitalgesellschaft und der Körperschaftsteuer sind insbesondere die mangelnde Anrechenbarkeit der Gewerbesteuer, der fehlende Grundfreibetrag, die Nichtberücksichtigung privater Aufwendungen und die Nachbelastung der Ausschüttung auf der Einkommensteuerebene durch das Halbeinkünfteverfahren aufzuführen. Hier liegen dann auch die Vorteile für die Strukturierung des Betriebes als Personenunternehmen.

Solange der Gewinn in der Körperschaft thesauriert ist, liegt die Belastung mit Körperschaftsteuer (25 %) und Gewerbesteuer (Hebesatz 400 %) bei 37,5 % [967]. Eine solche Belastung ist bei einem gewerblichen Unternehmen eines Einkommensteuersubjektes mit einem dem Betriebsinhaber zuzurechnenden Einkommen von ca. 170.000 DM erreicht [968]. Sobald das Einkommen höher liegt, wäre die Rechtsform der Kapitalgesellschaft im Thesaurierungsfall vorteilhafter.
Nutzt man durch schuldrechtliche Leistungsbeziehungen zwischen der Körperschaft und ihren Anteilseignern die Vorteile der einkommenssteuerlichen Progression, so verschiebt sich der Indifferenzpunkt noch weiter nach unten. Die Rechtsform der Kapitalgesellschaft erweist sich bei der Besteuerung dann schon ab einem noch geringeren gewerblichen Gewinn günstiger als die Organisation des gleichen Unternehmens als Personenunternehmen. So könnten durch die Gewährung des Gesellschafter- Geschäftsführergehaltes insbesondere der Grundfreibetrag und die niedrigen Eingangsteuersätze der Einkommensteuer ausgenutzt werden. Für die in den Einkommensteuerbereich verlagerten Vergütungen kommt es weiterhin zu einer Entlastung von der Gewerbesteuer, sofern es sich nicht um Einnahmen i.R.d. § 15 EStG handelt. Die Rechtsform der Kapitalgesellschaft ist dann schon ab einem deutlich geringeren Einkommen vorteilhaft [969].

Stellt man allein auf die Thesaurierung ab, kommt man daher zu dem Ergebnis, dass schon bei mittleren Einkommen die Besteuerung als Kapitalgesellschaft günstiger ist. Dies ergibt sich hauptsächlich aus dem Fakt, dass bei Personenunternehmen bereits eine Endbesteuerung des

---

967 Lang, GmbHR 2000, 453 (460).

968 Zur Berechnung Haase/ Diller, BB 2000, 1068 (1071), wobei hier noch von einer Gewerbesteueranrechnung in Höhe des 2 fachen anstelle des 1,8 fachen des Gewerbesteuermessbetrages ausgegangen wird. Somit liegt aufgrund geringerer Gewerbesteuerentlastung das Indifferenzeinkommen unter den dort berechneten 173.700 DM. Letztlich wurde dort auch der Solidaritätszuschlag außer Betracht gelassen.; ähnlich Herzog/ Lochmann, DB 2000, 540 (545).

969 Nach den Berechnungen von Haase/ Diller, BB 2000, 1068 (1072) ist bei einem Gesellschafter-Geschäftsführergehalt i.H.v. 100.000 DM die Besteuerung als Körperschaft schon ab einem Einkommen von ca. 110.000 DM günstiger.; ebenso mit geringen Abweichungen Herzig/ Lochmann, DB 2000, 540 (545).

aus dem Unternehmen stammenden Einkommens erfolgt. Hinsichtlich der Besteuerung von Körperschaften kommt es erst bei einer Ausschüttung an ein Einkommensteuersubjekt durch die gemilderte Nachbelastung des Halbeinkünfteverfahrens zu einer Endbesteuerung.

Da die Gewinne in vielen Fällen aber nicht zum Zweck einer dauerhaften Thesaurierung erwirtschaftet werden, sondern letztlich dem Konsum dienen, muss in den Vergleich auch der Ausschüttungsfall bzw. der Anteilsverkauf einbezogen werden. Nur durch den Vergleich der jeweiligen Endbesteuerung erhält man einen verwertbaren Überblick bei der Rechtsformwahl.

Durch das Hinzutreten der Besteuerung auf der Einkommensteuerebene durch das Halbeinkünfteverfahren steigt die kumulierte Steuerbelastung der durch eine Körperschaft erwirtschafteten Gewinne an. Die Ertragsteuerbelastung einer Personengesellschaft liegt im Vergleich zu einer vollausschüttenden Kapitalgesellschaft durchgehend niedriger [970]. Dies liegt im wesentlichen an einer mangelnden Gewerbesteuerentlastung bei der Körperschaft und an den kumulativen Wirkungen des neuen KöSt.- Systems, welche durch das Halbeinkünfteverfahren nur unzureichend abgemildert werden. Auch durch die bei Kapitalgesellschaften anerkannte Vereinbarung von Gesellschafter- Gesellschaftsverträgen erreicht man grundsätzlich keine niedrigere Belastung als bei einer Personenunternehmung [971]. Ursache hierfür ist die neue Anrechnung der Gewerbesteuer auf die Einkommensteuer, wodurch der ehemalige Hauptvorteil, die aus vereinbarten Gesellschafter- Gesellschaftsverträgen meist resultierende Gewerbesteuerfreiheit, geschmälert wurde. Durch die Anrechenbarkeit bei der Einkommensteuer mindert sich bei Personenunternehmen die Relevanz der Gewerbesteuerbelastung.

Auch durch einen Verkauf der Anteile an den Körperschaften treten ungünstige Kumulativeffekte auf. Nur sofern der Verkauf im Ausnahmefall nicht steuerpflichtig ist, also wenn es sich um eine nicht wesentliche Beteiligung i.S.d. § 17 EStG im Privatvermögen handelt und auch nicht der Fall des § 23 I 1 Nr. 2 EStG vorliegt, kann eine Nachbelastung der thesaurierten Gewinne vermieden werden.

Damit kann gesagt werden, dass bei einem normalen Ausschüttungsverhalten grundsätzlich die Rechtsform einer Personengesellschaft bzw. eines Einzelunternehmers vorteilhafter ist. Dies gilt insbesondere für kleinere ertragsschwache Unternehmen, deren Inhaber zur Finanzierung ihres Lebensunterhaltes auf die Vollausschüttung der Gewinne angewiesen sind [972].
Nur sofern es sich um durchgängig ertragsstarke Unternehmen handelt, deren Inhaber einen relativ geringen Ausschüttungsbedarf haben, lohnt sich aus steuerlichen Gründen die Rechtsform der Kapitalgesellschaft [973]. Weiterhin sollte auch kein steuerpflichtiger Anteilsverkauf geplant sein.

---

970 Nachweis bei Haase/ Diller, BB 2000, 1068 (1073); Herzig/ Lochmann, DB 2000, 540 (545).

971 Nur in Fällen, in denen fast der gesamte Gewinn über die Zahlung eines Gesellschafter-Geschäftsführergehaltes gewerbesteuerfrei und unter Vermeidung des Halbeinkünfteverfahrens ausgeschüttet werden kann, bleibt die Rechtsform der Kapitalgesellschaft im Rahmen der Endbesteuerung vorteilhafter (z.B. § 9a 1 Nr. 1 EStG), da insoweit nur die normale Einkommensteuerbelastung entsteht. Diesbezügliche Gestaltungen kommen aber nur für gewinnstabile Unternehmen in Betracht, da das Gesellschafter- Geschäftsführergehalt auch im Verlustfall gezahlt und versteuert werden muss. Ein Ausgleich mit den auf der Körperschaftsebene entstehenden Verlusten kommt nicht in Betracht.

972 Lang, GmbHR 2000, 453 (460).

973 Herzig/ Lochmann, DB 2000, 540 (545); a. A. wohl Grotherr, BB 2000, 849 (861).

Allerdings kommt es bei den Körperschaften durch die zeitlich nachgelagerte Besteuerung auf Einkommensteuerebene zu Liquiditäts- und Zinsvorteilen, welche die Nachteile des Halbeinkünfteverfahrens wieder teilweise kompensieren.

Letztlich zeigt daher nur eine Untersuchung am Einzelfall, welche Rechtsform die günstigere ist, da die wirtschaftlichen Verhältnisse und das Ausschüttungsverhalten der Unternehmen von Einzelfall zu Einzelfall stark variieren. Außerdem spielt der von Gemeinde zu Gemeinde unterschiedliche Gewerbesteuerhebesatz aufgrund der in § 35 EStG geregelten Teilanrechnung der Gewerbesteuer eine be- bzw. entlastende Rolle.
Bei der Rechtsformwahl sollten im Rahmen notwendiger Planberechnungen daher alle diesbezüglich steuerlich relevanten Verhältnisse berücksichtigt werden.
Von einer grundsätzlich vorteilhaften Unternehmensform kann nicht ausgegangen werden. Diese ist vielmehr von den jährlich variierenden Gewinnen und Ausschüttungen abhängig.

Die Gesamtsteuerbelastung zwischen Körperschaften und Personenunternehmen hat sich angenähert. Die Annäherung resultiert aus der typisierten Ermäßigung der Einkommensteuer um die Gewerbesteuer bei den Personenunternehmen (Teilanrechnungsmodell). Vor dem Erlass des StSenkG ergab sich bei Körperschaften ein Steuervorteil daraus, dass es durch die Zahlung von Geschäftsführergehältern an Gesellschafter zu einer Gewerbesteuerentlastung der Gewinne kam. Bei Personenunternehmen waren die Gehälter der Gesellschafter- Geschäftsführer dagegen mit Gewerbesteuer belastet (§ 15 I 1 Nr. 2 EStG i.V.m. § 7 GewStG). Dieser Steuervorteil der Körperschaften gegenüber den Personenunternehmen ist mit dem StSenkG entfallen. Auch bei Personenunternehmen erfolgt jetzt durch das Teilanrechnungsmodell eine grundsätzliche Kompensierung der Gewerbesteuerbelastung.
Die übrige Belastung der Ausschüttungen mit Körperschaftsteuer und Einkommensteuer ist im Grundsatz gleich geblieben, da durch das typisierende Halbeinkünfteverfahren und den niedrigen Körperschaftsteuertarif die gleiche steuerliche Belastung erreicht werden soll, wie bei dem früheren Vollanrechnungsverfahren [974].

---

974 Siehe hierzu auch Punkt D II 2 d bb aaa.

5. Weitere wichtige Maßnahmen des StSenkG

Im Rahmen des StSenkG kam es zu weiteren einschneidenden Veränderungen, welche in der Hauptsache zur Gegenfinanzierung gedacht waren bzw. Regelungen des StEntlG 99/ 00 / 02 aufheben oder nachbessern sollten.

a) Änderungen bei den Abschreibungen

Diese Änderungen sind eindeutig als Gegenfinanzierungsmaßnahmen einzustufen und wurden als solche auch schon in den Brühler Empfehlungen aufgeführt [975]. Gerade die geänderten AfA- Vorschriften gehören zu den wenigen und systematisch eher unproblematischen Änderungen durch das StSenkG innerhalb der für die steuerlichen Gewinnermittlung relevanten Vorschriften (§§ 4 bis 7 EStG).

aa) Degressive AfA nach § 7 II EStG

Die degressive AfA wurde für bewegliche Wirtschaftsgüter auf das Doppelte der linearen AfA und höchstens 20 % beschränkt. Diese Regelung gilt aber erst für Wirtschaftsgüter, die nach dem 31.12.2000 angeschafft oder hergestellt werden (§ 52 XXIa StSenkG).

bb) Degressive AfA nach § 7 IV EStG

Ebenso wurde die degressive AfA für Gebäude in § 7 IV EStG verkürzt. Hiernach beträgt der AfA- Satz für im Betriebsvermögen befindliche, nicht zu Wohnzwecken dienende Gebäude, wenn der Bauantrag nach dem 31.03.1985 gestellt wurde, nur noch 3 % anstelle der bisherigen 4 %. Nach § 52 XXIb StSenkG gilt diese Regelung nur für erst nach dem 31.12.2000 angeschaffte oder hergestellte Gebäude.

cc) Ansparabschreibung und Sonderabschreibung nach § 7g EStG

Nachdem die Vorschrift des § 7g EStG erst abgeschafft werden sollte, hat man sich im Vermittlungsverfahren letztlich auf die Beibehaltung der Ansparabschreibung geeinigt. Die Begrenzung auf eine Höhe von 40 % ist letztlich nur Folge der Änderung des § 7 II EStG, da der Steuerpflichtige neben der Sonderabschreibung nach § 7g I EStG i.H.v. 20 % neuerdings nur noch höchstens 20 % AfA nach § 7 II EStG im Jahr der Anschaffung oder Herstellung geltend machen könnte.

dd) Anpassung der amtlichen AfA- Tabellen

Des Weiteren wurden die amtlichen AfA- Tabellen an die tatsächliche betriebsgewöhnliche Nutzungsdauer angepasst. Grundsätzlich erfolgte eine Verlängerung des Nutzungszeitraumes und damit eine Absenkung der AfA- Beträge. Hierdurch kommt es aber nicht zu echten Steuermehreinnahmen, sondern nur zu einer vorgezogenen Besteuerung.

---

975 Kommission zur Reform der Unternehmensbesteuerung, BB 1999, 1188 (1190).

b) Die Änderung des § 6 V EStG

aa) Der neue § 6 V 3 EStG

Hiermit war die (Teil-) Wiedereinführung des Mitunternehmererlasses beabsichtigt, nachdem dieser durch das StEntlG 99/ 00/ 02 außer Kraft gesetzt wurde. Durch die neue Vorschrift des § 6 V 3 EStG ist beabsichtigt, die Übertragung von Wirtschaftsgütern zwischen den Mitunternehmern und ihrer Personengesellschaft steuerneutral möglich zu machen. Der Zweck der Änderung ist gerechtfertigt, da solche Umstrukturierungen selbst keine steuerliche Leistungsfähigkeit verkörpern, sondern erst herbeiführen sollen. Gerade der steuerneutralen Übertragung von Wirtschaftsgütern innerhalb von Personengesellschaften kommt neben den Fällen des UmwStG eine erhöhte Bedeutung zu, um betriebswirtschaftlich notwendige Anpassungen nicht steuerlich zu blockieren.

Bei den Übertragungen zwischen den Mitunternehmern und der Personengesellschaft bzw. zwischen den Mitunternehmern untereinander sind verschiedene Fallgruppen zu unterscheiden.

aaa) Transfer zwischen dem Privatvermögen und dem Sonderbetriebsvermögen bzw. dem Gesamthandsvermögen der Personengesellschaft

Die Überführung von Wirtschaftsgütern zwischen dem Privatvermögen eines Gesellschafters und dessen Sonderbetriebsvermögen bei einer Personengesellschaft richtet sich wie bisher nach den Entnahme- und Einlageregeln des § 6 I Nr. 4 und 5 EStG.
Wird das Wirtschaftsgut aus dem Privatvermögen im Wege der offenen Sacheinlage in das Gesamthandsvermögen der Personengesellschaft gegen Gewährung von Gesellschaftsrechten übertragen, handelt es sich um einen zur Gewinnverwirklichung führenden tauschähnlichen Vorgang. Bei anderen Gegenleistungen ist ein entgeltliches Geschäft gegeben. Sofern der Überführung keine ausreichende Gegenleistung gegenübersteht, kommen die Einlagegrundsätze zum Tragen.

bbb) Überführungen zwischen einem Betriebsvermögen des Mitunternehmers und dessen Sonderbetriebsvermögen bei der Personengesellschaft

Auch diesbezüglich erfolgte keine Änderung durch das StSenkG. Nach dem unveränderten § 6 V 1 und 2 EStG hat die Überführung zu Buchwerten zu erfolgen. Ein Wahlrecht besteht insoweit nicht.

ccc) Übertragungen zwischen dem Betriebsvermögen oder dem Sonderbetriebsvermögen eines Mitunternehmers und dem Gesamthandsvermögen der Personengesellschaft bzw. Übertragungen zwischen den Sonderbetriebsvermögen verschiedener Mitunternehmer einer Personengesellschaft

Hier setzt die Neuregelung des § 6 V 3 EStG an. Da in diesen Fällen die Übertragung einen Eigentümerwechsel zur Folge hatte, waren nach dem bisherigen § 6 V 3 EStG i. d. F. des StEntlG 99/ 00/ 02 die Teilwerte zwingend anzusetzen. Nunmehr kann die Übertragung in diesen Fällen zum Buchwert erfolgen, wenn die Besteuerung der stillen Reserven sichergestellt ist (§ 6 V 3 i.V.m. 1 EStG). Ausnahmsweise hat ein Teilwertansatz nach § 6 V 4 und 5 EStG zu erfolgen, soweit Körperschaften beteiligt sind.

Fraglich erscheint aber, welche Übertragungen in § 6 V 3 EStG überhaupt gemeint sind. Daher bleibt zunächst unklar, wie weit der Anwendungsbereich des § 6 V 3 EStG letztlich geht und inwiefern eine dem Mitunternehmererlass entsprechende Rechtslage wiederhergestellt werden konnte.

aaaa) Übertragung gegen Gewährung von Gesellschaftsrechten

Im Gegensatz zum Mitunternehmererlass ist diese Art der Übertragung nicht steuerneutral möglich. Die Einzeleinbringung gegen Gewährung von Gesellschaftsrechten stellt sich als tauschähnlicher Umsatz dar [976]. Dieser ist nach der Einfügung des § 6 VI 1 EStG im Rahmen des StEntlG 99/ 00/ 02 erfolgswirksam. Aufgrund seines spezielleren Wortlauts geht der § 6 VI 1 EStG dem § 6 V 3 EStG vor [977]. Diesbezüglich hätte im Rahmen des StSenkG auch eine Änderung des § 6 VI 1 EStG erfolgen müssen.

bbbb) Übertragung gegen sonstiges Entgelt

Werden Einzelwirtschaftsgüter gegen ein über dem Buchwert liegendes sonstiges Entgelt (z.B. bar bzw. Gutschrift auf einem Gesellschafterdarlehenskonto oder Schuldübernahme) veräußert, liegt nach allgemeinen Grundsätzen ebenfalls ein gewinnverwirklichendes Geschäft vor. Dies galt auch schon nach dem Mitunternehmererlass [978].

cccc) Unentgeltliche Übertragungen

Merkmal der unentgeltlichen Übertragung ist die Entreicherung auf Seiten des Übertragenden. Dieser erlangt keinerlei Gegenwert. Bei unentgeltlichen Übertragungen ist § 6 IV EStG zu beachten. Soweit nicht der Ausnahmefall einer Einlage beim Erwerbenden vorliegt, sind die Voraussetzungen des § 6 IV EStG erfüllt. Dieser geht dann als die speziellere Vorschrift dem § 6 V 3 EStG vor. Als Rechtsfolge ordnet § 6 IV EStG den Ansatz des gemeinen Wertes und damit die Aufdeckung der stillen Reserven bei solchen Übertragungen an.

Nur sofern die Übertragung beim Erwerbenden eine Einlage darstellt, sind die Voraussetzungen des § 6 IV EStG nicht erfüllt. Insofern besteht Raum für eine Anwendung des § 6 V 3 EStG. Da § 6 I Nr. 4 und 5 EStG nur die Bewertungsgrundsätze für Entnahmen und Einlagen aufstellt, ist diesmal § 6 V 3 EStG vorrangig. Die Übertragung hat nun zu Buchwerten zu erfolgen.

dddd) Schlichte Einlagen

Ein weiterer Anwendungsfall des § 6 V 3 EStG ist bei sogenannten schlichten Einlagen gegeben, wenn die Einlage ohne Gewährung von Gesellschaftsrechten oder sonstigem Entgelt erfolgt. Im Gegensatz zur unentgeltlichen Übertragung ist der Übertragende nicht entreichert,

---

976 BFH vom 19. 10. 1998, BStBl. II 2000, S. 230.

977 Schmidt in Schmidt, Rdnr. 665a zu § 15 EStG.

978 Dort Rdnr. 22 f.

sondern erlangt einen Gegenwert in Form einer Wertsteigerung im Gesellschaftsvermögen [979].

Der Fall einer schlichten Sacheinlage liegt beispielsweise vor, wenn die Einlage einer gesamthänderischen Kapitalrücklage gutgeschrieben wird. Als weiterer Fall einer schlichten Einlage wird meines Erachtens zu Recht die Verbuchung auf dem gesellschafterbezogenen Kapitalkonto II angesehen, da dieses keine Stimmrechte und auch keinen Anteil an den stillen Reserven vermittelt [980]. Es handelt sich also bei einer Verbuchung der Einlage auf dem Kapitalkonto II nicht um eine Übertragung gegen Gewährung von Gesellschaftsrechten, wodurch eine dem § 6 V 3 EStG vorrangige Anwendung des § 6 VI EStG ausscheidet.

Bei einer Verbuchung auf dem Kapitalkonto II i.H. des Buchwertes des übertragenen Wirtschaftgutes liegt auch kein über dem Buchwert liegendes sonstiges Entgelt vor, welches zur Aufdeckung stiller Reserven zwingen würde.

Diese Ansicht kommt auch dem vom Gesetzgeber mit der Regelung des § 6 V 3 EStG verfolgten Zweck entgegen, wonach die Anwendungsfälle steuerneutraler Übertragung von Wirtschaftsgütern erhöht werden sollten.

Auch in den vorgenannten Fällen ist somit eine steuerneutrale Buchwertübertragung möglich.

ddd) Zwischenergebnis

Durch die Wirkung der durch das StEntlG 99/ 00/ 02 in den § 6 EStG eingefügten Absätze 4 und 6 kann mit dem neuen § 6 V 3 EStG nicht mehr der Wirkungskreis des ehemaligen Mitunternehmererlasses erreicht werden. Von einer Wiedereinführung des Mitunternehmererlasses kann daher nicht die Rede sein. Trotz eines geringeren Anwendungsbereiches ist die Regelung des § 6 V 3 EStG zu begrüßen. Innerhalb der Personengesellschaft muss die Übertragung von Einzelwirtschaftsgütern steuerneutral möglich sein, um erforderliche Umstrukturierungen nicht zu behindern. Daher bleibt die Hoffnung auf eine Ausweitung des Anwendungsbereiches steuerneutraler Übertragungsmöglichkeiten im Rahmen nachfolgender Gesetzesänderungen bestehen.

bb) Die Regelung des § 6 V 4, 5 EStG

Die Beschränkung des § 6 V 3 EStG durch § 6 V 4, 5 EStG war durch die Einführung des Halbeinkünfteverfahrens für die Veräußerung von Anteilen an Kapitalgesellschaften durch natürliche Personen (§ 3 Nr. 40, § 3c II EStG) notwendig geworden. Aber auch die Steuerfreiheit für derartige Veräußerungen durch Kapitalgesellschaften unter den Voraussetzungen des § 8b II KStG machte diese Beschränkungen erforderlich.

Die Veräußerung von Anteilen an Kapitalgesellschaften ist günstiger als die Veräußerung anderer Wirtschaftsgüter. Dies regt zu Gestaltungen der Art an, das Veräußerungsprivileg für Kapitalanteile auf Einzelwirtschaftsgüter auszudehnen.

---

979 van Lishaut, DB 2000, 1784 (1785 (Fn. 16)).

980 van Lishaut, DB 2000, 1784 (1786).

Man könnte dies einerseits damit erreichen, dass man die begünstigte Anteilsveräußerung über das einzelne Wirtschaftsgut legt. Hierzu wird mit Hilfe der Instrumentarien des UmwStG (Einbringung von Betrieben, Teilbetrieben oder Mitunternehmernteilen) das zu veräußernde Wirtschaftsgut in eine Kapitalgesellschaft steuerneutral transferiert. Später werden die Anteile an der Kapitalgesellschaft steuerbegünstigt veräußert. Diese Gestaltungen werden aber schon durch die Einbringungsklauseln des § 3 Nr. 40 Satz 3, 4 EStG und des § 8b IV KStG erfasst und eingedämmt.

Andererseits könnten durch die Neuregelung des § 6 V 3 EStG Wirtschaftsgüter auch steuerneutral in Personengesellschaften mit Kapitalgesellschaften als Mitunternehmer eingebracht werden (Hauptfall dürfte die GmbH & Co. KG sein). Damit wären die Wirtschaftsgüter wertmäßig auch über die Anteile der Kapitalgesellschaft zu erfassen, da die Beteiligung an der Personengesellschaft und damit mittelbar auch die eingebrachten Wirtschaftsgüter zum Betriebsvermögen der Kapitalgesellschaft gehören.
Ist nun der andere Mitunternehmer der Personengesellschaft auch an der Komplementärs-GmbH beteiligt, kann er über die steuerbegünstigte Veräußerung dieser Anteile auch den die eingebrachten Wirtschaftsgüter betreffenden Veräußerungsgewinn ebenso steuerbegünstigt erfassen lassen. Die einzelnen Wirtschaftsgüter könnten ohne § 6 V 4, 5 EStG nach Mitunternehmer- Grundsätzen steuerneutral in das Gesamthandsvermögen eingebracht werden. Der über die Anteile der Kapitalgesellschaft zu erfassende Veräußerungsgewinn der einzelnen Wirtschaftsgüter würde dann steuerfrei gelassen (§ 8b II KStG) bzw. dem Halbeinkünfteverfahren unterzogen (§ 3 Nr. 40 EStG, § 3c II EStG). Die stillen Reserven der einzelnen Wirtschaftsgüter hätten nur zum Zweck der begünstigten Übertragung steuerneutral nach den Mitunternehmer- Grundsätzen in Personengesellschaften mit Kapitalgesellschaften als Mitunternehmer eingebracht werden können.
Dies widerspricht dem mit dem Veräußerungsprivileg verfolgten Zweck. Daher sollen solche Konstellationen durch § 6 V 4, 5 EStG verhindert werden.

Allerdings ist diese Klausel nicht ganz ausgereift. Zum Beispiel ist mangels zeitlicher Beschränkung die Regelung des § 6 V 5 EStG kaum durchführbar [981]. Weiterhin bleibt fraglich, ob § 6 V 5 EStG auch beim Formwechsel anwendbar ist [982].
Außerdem wirkt die Sicherungsklausel in § 6 V 4, 5 EStG nur eingeschränkt, da dort nur auf Kapitalgesellschaften Bezug genommen wurde. Die dortige lückenhafte Erfassung von Umgehungsgestaltungen dürfte durch die Begünstigung der Veräußerung von Mitunternehmeranteilen nach §§ 16, 34 EStG und die diesbezügliche Gewerbesteuerfreiheit ebenfalls ungewollte Gestaltungen zur Folge haben [983]. Insoweit bedarf § 6 V 4, 5 EStG der Nachbesserung.

c) Tarifänderungen

Durch die Anrechnung der Gewerbesteuer auf die Einkommensteuer in § 35 EStG wurde die Regelung des § 32c EStG überflüssig, da es sonst zu einer ungerechtfertigten Doppelvergünstigung gekommen wäre. Somit wurde § 32c EStG zu Recht gestrichen.

---

981 van Lishaut, DB 2000, 1784 (1787).

982 van Lishaut, DB 2000, 1784 (1787).

983 Hierzu van Lishaut, DB 2000, 1784 (1789).

Innerhalb der Tarifvorschriften kam es zu weiteren Vergünstigungen für den Steuerpflichtigen. So wurde bei der Einkommensteuer der erst für den Veranlagungszeitraum 2002 vorgesehene Tarif auf den Veranlagungszeitraum 2001 vorgezogen. Als „Gegenleistung" für die Zustimmung des Bundesrates zum StSenkG wurde der Spitzensteuersatz des Veranlagungszeitraumes 2005 um einen weiteren Prozentpunkt auf 42 % abgesenkt (§ 32a i.V.m. § 52 Abs. 41 Nr. 3 EStG i.d.F. des StSenkErgG). Damit verringert sich auch die Spreizung zwischen Thesaurierungssatz bei der Körperschaftsteuer (25 %) und dem Spitzensteuersatz bei der Einkommensteuer von vorerst geplanten 26 Prozentpunkten in 2001 bis zum Veranlagungszeitraum 2005 auf 17 Prozentpunkte [984]. Es kommt zu einer Entspannung der durch die Spreizung hervorgerufenen Konfliktlage. Insofern werden soziale Missstände vermieden. Außerdem wird sich aus diesem Grund das Umwandlungsbestreben in die Rechtsform der Kapitalgesellschaft in engen Grenzen halten. Dies gilt nicht nur, sofern die Gesellschafter zumindest einen kleinen bis mittleren Ausschüttungsbedarf haben, sondern auch bei einer Thesaurierung. Unter Einbeziehung der Gewerbesteuerbelastung der Kapitalgesellschaften und der gewerbesteuerlichen Entlastung bei den Personenunternehmen ist trotz Vertiefung der rechtsformabhängigen Besteuerung eine Annäherung bei der Gesamtsteuerbelastung dieser Unternehmen zu verzeichnen.
Allerdings geht der internationale Trend zu einer weiteren starken Absenkung der KöSt.- Sätze (z.B. in Irland bis 2003 auf 12,5 %; in Großbritannien partiell auf 10 %). Daher ist eine Spreizung zwischen KöSt.- Satz und Einkommensteuerspitzensatz in Zukunft kaum vermeidbar. Insoweit wird die Gesamtsteuerbelastung zwischen Kapitalgesellschaft und Personengesellschaft wieder auseinander driften. Eine rechtsformneutrale Ausgestaltung ist trotz einer derzeitigen Annäherung bei der Gesamtsteuerbelastung der verschiedenen Rechtsformen nicht zu umgehen.

d) Vorteile bei der Betriebsveräußerung

Auch bei der Betriebsveräußerung kommt es durch das StSenkG zu einigen Vergünstigungen. Der Freibetrag bei der Veräußerung nach § 16 EStG wurde auf 100.000 DM angehoben. Des Weiteren wurde bezüglich des steuerpflichtigen Veräußerungsgewinns durch einige Länder im Gegenzug für die Zustimmung zum StSenkG eine wirksame Tarifermäßigung ausgehandelt (umgesetzt durch das StSenkErgG). Diese sieht nach dem Vorbild des bis zum Veranlagungszeitraum 1999 gültigen § 34 EStG den hälftigen durchschnittlichen Steuersatz für Betriebsveräußerungen und Betriebsaufgaben für aus dem Berufsleben ausscheidende Unternehmer vor. Diese Tarifvergünstigung kann ab 2001 einmal im Leben von den Unternehmern in Anspruch genommen werden, wenn der Steuerpflichtige das 55. Lebensjahr vollendet hat oder dauernd berufsunfähig ist. Begünstigt sind aber nur Gewinne bis 10 Millionen Mark (§ 34 III 1 EStG). Da der Mindeststeuersatz aber trotzdem bei 19,9 % liegt (§ 34 III 2 EStG), wirkt die Vergünstigung nicht bei allen Unternehmern gleichmäßig. Die Begrenzung der Vergünstigung auf einen Unternehmensveräußerungs- bzw. -aufgabefall erscheint dagegen sinnvoll, da die Altersvorsorge so im Normalfall gesichert ist.
Bedauerlicherweise werden Vorgänge aus den Jahren 1999/ 2000 nicht von § 34 III EStG erfasst und erfahren nur eine geringe Entlastung nach § 34 I EStG. Ab 2001 besteht neben §34 I EStG die zusätzliche Möglichkeit des § 34 III EStG.

---

984 Nach dem StEntlG 99/ 00/ 02 war für 2001 noch ein Höchststeuersatz von 51 % vorgesehen.

6. *Zusammenfassung zum StSenkG/ StSenkErgG*

a) Strukturelle Änderungen

(1) Der Wechsel des Körperschaftsteuersystems war grundsätzlich nicht geboten. Insbesondere konnte durch das neue System nicht die gegenüber dem ehemaligen Vollanrechnungsverfahren bestehende Kritik ausgeräumt werden.
Durch die rechtsformabhängige Ausprägung der Körperschaftsteuer kommt es weiterhin zu einer Verletzung des Gleichheitssatzes in Art. 3 I GG. Diesbezügliche verfassungsrechtliche Bedenken werden solange bestehen bleiben, bis die Körperschaftsteuer ähnlich dem Konzept von *J. Lang* zu einer allgemeinen Betriebsteuer ausgestaltet wurde. Inwieweit mit der niedrigen Thesaurierungsbelastung die wirtschaftlichen Erwartungen erfüllt werden, muss in der Praxis abgewartet werden.

(2) Die Entlastung der Personenunternehmen im Rahmen des Teilanrechnungsmodells hat zur Folge, dass hier die gewerbesteuerliche Belastung im Normalfall fast ausgeglichen wird. Um die Wirkung des Teilanrechnungsmodells zu optimieren, müsste die Regelung des § 35 EStG n.F. in Bezug auf Anrechnungsüberhänge nochmals überarbeitet werden.
Gegenüber der Gewerbesteuer mehren sich zu Recht verfassungsrechtliche Zweifel. Die Gewerbesteuer selbst ist aber gerade noch als verfassungsmäßig anzusehen. Allerdings bestehen gegen das Teilanrechnungsmodell verfassungsrechtliche Bedenken, da eine Umgehung der in Art. 106 GG festgelegten Verteilung des Einkommensteueraufkommens erfolgt.
Durch die Nichteinbeziehung der körperschaftssteuerlichen Unternehmen kommt es auch hier wieder zu einer rechtsformabhängigen Besteuerung und den damit zusammenhängenden verfassungsrechtlichen Verstößen.

(3) Strukturelle systematische Änderungen zur Aufhebung der rechtsformabhängigen Besteuerung erfolgten nicht. Ebenso wenig konnte der Einkünftedualismus beseitigt werden. Generell bleibt die unterschiedliche Erfassung steuerpflichtiger Einnahmen von der Einkunftsart und der Art der Einnahmen abhängig. Von dem Ideal einer einheitlichen synthetischen Einkommensteuer ist man daher sehr weit entfernt.

b) Konsumorientierte Besteuerung

Partiell ist aufgrund der mit dem neuen Körperschaftsteuersystem zusammenhängenden Änderungen eine Konsumorientierung festzustellen. Diese resultiert aus einem niedrigen proportionalen Körperschaftsteuersatz und der nachgelagerten Besteuerung auf der Einkommensteuerebene. Dadurch wird die meist für Konsumzwecke verwendete Ausschüttung höher besteuert. Insoweit sind Parallelen zum oben vorgestellten Betriebssteuerkonzept gegeben. Allerdings ist die Verwendung der Ausschüttung für Konsumzwecke zwar wahrscheinlich, aber nicht zwingend. Insbesondere können die Ausschüttungen auch in andere Anlagealternativen investiert werden. Im Gegensatz zum vorgestellten Betriebssteuerkonzept kommt es leider auch in diesem Fall zu einer nachgelagerten progressiven Besteuerung.
Neben der zu verfassungsrechtlichen Bedenken führenden rechtsformabhängigen Ausgestaltung erscheint es auch unter dem Aspekt einer konsumorientierten Besteuerung problematisch, dass es nur bei in Kapitalgesellschaften thesaurierten Gewinnen zur Anwendung eines

niedrigen Proportionalsteuersatzes kommt. Insbesondere bei Personenunternehmen oder der privaten Vermögensverwaltung kommt es zu keiner konsumorientierten Besteuerung. Aber nur unter Einbeziehung auch dieser Bereiche können wir unserer Verantwortung gegenüber der Umwelt, den Entwicklungsländern und den nachfolgenden Generationen gerecht werden. Es mangelt daher an einer notwendigen durchgängigen Durchsetzung der Konsumorientierung.
Insofern wäre die geplante, aber letztlich gescheiterte Optionsmöglichkeit der Personenunternehmen, sich wie eine Körperschaft besteuern zu lassen, wünschenswert gewesen.

Je stärker der Körperschaftsteuersatz in Zukunft gesenkt wird, desto höher kann die progressive Nachbelastung auf der Einkommensteuerebene sein. Dadurch könnte man fast eine vollständig nachgelagerte Besteuerung erreichen. Des Weiteren kann so die Einkommensteuer besser auf ihr synthetisches Ideal zurückgeführt werden.

Die Absenkung des Körperschaftsteuersatzes kann nur als ein erster Schritt zu einer konsumorientierten Besteuerung gesehen werden. Bis zu einer breiten allgemeinen Betriebssteuer ist es noch ein weiter Weg.
Positiv bleibt anzumerken, dass man nun zumindest mit der konsumorientierten Ausprägung der Besteuerung begonnen hat. Jetzt ist im deutschen Ertragsteuerrecht durch den Wechsel des Körperschaftsteuersystems erstmals eine Konsumorientierung deutlich erkennbar.
Diese Ausprägung ist aber nicht allein als Vorteil des Halbeinkünfteverfahrens zu werten, sondern vielmehr auch dem niedrigen Körperschaftsteuersatz zuzuschreiben. Eine Konsumorientierung hätte auch unter Beibehaltung des Anrechnungsverfahrens bei extremer Absenkung des Körperschaftsteuertarifs erreicht werden können, wenn der Einkommensteuersatz bei den Anteilseignern grundsätzlich höher liegen würde.

c) Flankierende Maßnahmen

Im Rahmen des Steuersenkungsgesetzes erfolgten kaum Änderungen, welche die Gewinnermittlung betreffen. Die Anpassung der AfA- Vorschriften und der AfA- Tabellen an die tatsächlichen Gegebenheiten diente hauptsächlich der Gegenfinanzierung.
Die meisten flankierenden Maßnahmen stehen systembedingt im Zusammenhang mit der Strukturreform (insbesondere die Neukonzeption des § 17 EStG und des UmwStG).

Die das AStG berührenden Änderungen sind teilweise ohne Bezug zu den strukturellen Änderungen des StSenkG. Das AStG sollte generell neu überdacht und strukturiert werden.

Zum Teil sollten aber auch nur im Rahmen des StEntlG 99/ 00/ 02 vorgenommene vorschnelle Änderungen rückgängig gemacht werden.
In diesem Zusammenhang ist nochmals auf die Regelung des § 6 V 3 EStG einzugehen. Hier sollte es das Ziel des Gesetzgebers sein, in seinen nächsten Reformvorhaben die nach dem ehemaligen Mitunternehmer- Erlass bestehende Rechtslage wieder herzustellen und notwendige Umstrukturierungen weitestgehend steuerlich nicht zu blockieren. Insbesondere kann auf die Instrumente des UmwStG nicht immer zurückgegriffen werden. Soweit die Regelung des § 6 V 3 EStG i.d.F. des StSenkG den ehemaligen Rechtszustand nicht herbeiführt, besteht weiterhin Änderungsbedarf.

III Fazit zu den gesetzgeberischen Reformmaßnahmen der Jahre 1999 und 2000

Das StEntlG 99/ 00/ 02 schaffte insbesondere die tariflichen und die damit zusammenhängenden finanziellen Grundvoraussetzungen für die Unternehmenssteuerreform. Innerhalb der Einkommensteuer erfolgte eine erhebliche Absenkung des Tarifs. Die Absenkung der Tarife wurde durch das StSenkG innerhalb der Körperschaftsteuer massiv fortgeführt. In Vorbereitung auf die Strukturreform kam es durch das StEntlG 99/ 00/ 02 weiterhin zu einer Glättung der Bemessungsgrundlage durch Änderung der Gewinnermittlungsvorschriften.

Die eigentliche Unternehmenssteuerreform erfolgte durch das Steuersenkungsgesetz. Hier kam es zu spürbaren Strukturänderungen. Diese konnten aber nicht rechtsformneutral durchgesetzt werden, sodass die Rechtsformabhängigkeit der Besteuerung noch vertieft wurde. Die Verletzung des Art. 3 I GG bleibt insoweit bestehen. Positiv ist diesbezüglich allein festzustellen, dass es trotz großer systematischer Unterschiede innerhalb der rechtsformabhängigen Besteuerung zu einer grundsätzlichen Annäherung bei der Gesamtsteuerbelastung der Unternehmen kommt. Im Grundsatz hat jetzt die Besteuerung auf die Wahl der Rechtsform einen geringeren Einfluss. Im konkreten Einzelfall können sich allerdings in Abhängigkeit von der jeweiligen Rechtsform noch große Unterschiede bei der steuerlichen Belastung ergeben.
Eine rechtsformunabhängige und mit dem Leistungsfähigkeitsprinzip übereinstimmende Besteuerung wird daher solange nicht erreicht sein, wie es nur für einige Unternehmen abhängig von der Rechtsform eine zweite differenzierende Besteuerungsebene gibt (wie derzeit durch die Körperschaftsteuer).

Bezüglich der Höhe der Tarife konnten auch im Rahmen des StSenkG erhebliche Absenkungen erfolgen. Die Bundesrepublik Deutschland hält sich hinsichtlich der Höhe der Körperschaftsteuer- und Einkommensteuertarife nun im Mittelfeld auf. Insofern konnten auch für ausländische Investoren deutliche Zeichen gesetzt werden. Ob die Tarifsenkungen den vorhergesagten Erfolg haben und die Volkswirtschaft ankurbeln, wird sich in naher Zukunft zeigen.
Der Entlastung der Steuerpflichtigen durch die Absenkung der Tarife steht allerdings eine Verbreiterung der Bemessungsgrundlage gegenüber. Insofern werden die Vorteile der Tarifabsenkungen wieder abgemildert.

Nachdem durch das StSenkG eine gewisse konsumorientierte Ausrichtung der Ertragsbesteuerung eingeführt wurde, muss diese noch ausgeweitet und rechtsformneutral ausgestaltet werden. Hinsichtlich einer konsumorientierten Besteuerung bleibt daher noch Reformbedarf erhalten.

Neben dem weiterhin bestehenden Handlungsbedarf bei der Kodifizierung eines eigenständigen Steuerbilanzrechts wäre es wünschenswert, wenn betriebswirtschaftlich notwendige Umstrukturierungen innerhalb der Unternehmen nicht durch die zwanghafte Aufdeckung stiller Reserven blockiert würden.

Bei der Gemeindefinanzierung kam es zu keinen einschneidenden Änderungen. Diese ist weiterhin durch die Gewerbesteuer sichergestellt. Die überholungsbedürftige Gewerbesteuer selbst wurde von den gesetzgeberischen Neuerungen nicht berührt. Jedoch kommt es für die

Masse der Personenunternehmen durch Änderungen innerhalb der Einkommensteuer zu einer Entlastung von der Gewerbesteuer. Dies ist zu begrüßen.

Es zeigt sich somit, dass die zum Zeitpunkt des Regierungswechsels bestehende Kritik an der Unternehmensbesteuerung durch die legislativen Neuerungen nur teilweise beseitigt werden konnte.

In Bezug auf die einschneidenden Änderungen jahrelang angewendeter und veralteter Rechtsnormen und Strukturen ist die Unternehmensteuerreform 1999/ 2000 als revolutionär anzusehen. Jedoch wurde gemessen am Erforderlichen nur ein erster Schritt gemacht.
Die nur teilweise, insbesondere unter volkswirtschaftlichen Aspekten, erfolgte Beseitigung der vor der Reform an der Unternehmensbesteuerung bestehenden Kritik offenbart, dass sich der Gesetzgeber nicht immer vom rechtlich Notwendigen leiten lässt. Der Handlungsbedarf des Gesetzgebers bleibt weiterhin bestehen.

Es muss aber resümiert werden, dass die erfolgten gesetzgeberischen Maßnahmen trotz fehlender Beseitigung der Hauptkritikpunkte in vielen Fällen als positiv einzustufen sind, da sich die Neuerungen bis auf wenige Ausnahmen in die bestehende Steuersystematik einfügen.
Allerdings kam es im Rahmen der Unternehmensteuerreform 1999/ 2000 auch zu verfassungsrechtlichen Verstößen, wie insbesondere gegen das Leistungsfähigkeitsprinzip als Ausfluss des Gleichheitssatzes (Art. 3 I GG) und die Finanzverfassung (Art. 106 GG).

Für eine Steuervereinfachung sorgte aber auch diese Unternehmenssteuerreform nur in geringem Umfang. Insbesondere mit der Mindestbesteuerung kam es nicht nur zu einer verfassungsrechtlich bedenklichen, sondern auch zu einer äußerst komplizierten Regelung, welche sich zudem negativ auf die synthetische Ausgestaltung der Einkommensteuer auswirkt.
Gerade auch die Steuervereinfachung wirkt positiv auf die gesellschaftliche Akzeptanz. Je schwerer der Steuerpflichtige die Besteuerungsstrukturen durchblicken kann, desto stärker glaubt er durch die Besteuerung ungerecht belastet zu sein und einen Nachteil zu erleiden. Diese „angeblichen" Nachteile versucht der Bürger dann oft durch eine Steuerumgehung zu kompensieren.

Nach alledem kann letztlich nur festgestellt werden, dass es sich bei der Unternehmenssteuerreform 1999/ 2000 trotz großer Fortschritte noch nicht um die seit langem überfällige grundlegende Reform des Unternehmenssteuer*rechts* handelt.

E Ausblick

Obwohl im Rahmen der Arbeit nur ein Teil der zu untersuchenden Problembereiche angesprochen werden konnte, zeigt sich, dass der Steuergesetzgeber durch seine in den Jahren 1999 und 2000 vorgenommenen legislativen Neuerungen noch lange nicht bei einer optimalen Unternehmensbesteuerung angelangt ist. Der noch bestehende Reformbedarf muss baldigst einer Erledigung zugeführt werden. Hierbei sollte der Gesetzgeber aber nicht vorschnell und überhastet reagieren. Vielmehr muss bei der Erarbeitung neuer gesetzgeberischer Maßnahmen von Anfang an gewissenhaft und mit Fachkompetenz gearbeitet werden, da sich nur so nachträgliche und oft verfassungsrechtlich bedenkliche Reparaturgesetze vermeiden lassen.
Der durch die Unternehmenssteuerreform erzeugte Schwung und Mut zu Reformen sollte für nachfolgende gesetzgeberische Maßnahmen ausgenutzt werden.
In diesem Zusammenhang müssen auch die im Rahmen der Unternehmenssteuerreform 1999/2000 hervorgebrachten Mängel beseitigt werden.

Es bleibt zu hoffen, dass in Zukunft die gesellschaftliche Akzeptanz der Besteuerung steigt und die Hinterziehung von Steuern sowie die Suche nach Steuervermeidungsstrategien nachlassen.

Anlage 1

Wortlaut des § 4 IVa EStG in der Fassung des StEntlG 99/ 00/ 02:

(4a) Für die Berücksichtigung von Schuldzinsen als Betriebsausgaben gilt folgendes:

1. Unterhält der Steuerpflichtige ein Konto, insbesondere bei einem Kreditinstitut, über das betriebliche und private Zahlungsvorgänge abgewickelt werden, ist nur der durch betrieblich veranlasste Zahlungsvorgänge entstehende Sollsaldo maßgebend.
Insoweit gelten die Regelungen in Nummer 2 entsprechend.

2. Unterhält der Steuerpflichtige für die Abwicklung des betrieblichen Zahlungsverkehrs mehrere Konten, insbesondere bei Kreditinstituten, sind deren Bestände zusammenzufassen. Ist der zusammengefasste Bestand negativ und erhöht sich der Negativbetrag durch eine Entnahme, sind die hierauf nach der Zinszahlenstaffelmethode entfallenden Schuldzinsen keine Betriebsausgaben. Entsprechendes gilt, soweit durch die Entnahme der zusammengefasste Kontenbestand negativ wird. Erhöht sich der Negativbetrag auf Grund einer in zeitlichem Zusammenhang erfolgten Entnahme und einer Betriebsausgabe, gilt die Betriebsausgabe als zuerst erfolgt. Sind die zusammengefassten Kontenbestände positiv und bewirkt der Steuerpflichtige die Entnahme durch Vergrößerung eines Sollsaldos eines der Konten, sind die hierauf entfallenden Schuldzinsen keine Betriebsausgaben. Betriebseinnahmen berühren die sich nach den vorstehenden Sätzen ergebende Zuordnung der Schuldzinsen zu den privat veranlassten Ausgaben nicht. Die vorstehenden Sätze gelten sinngemäß auch für Darlehensverbindlichkeiten, soweit sie zum Zweck der Umschuldung eines negativen Kontenbestandes eingegangen sind.

3. Werden Wirtschaftsgüter des Anlagevermögens entnommen, können die für deren Anschaffung, Herstellung oder Erhaltung nach dem Zeitpunkt der Entnahme aufgewandten Schuldzinsen nicht mehr als Betriebsausgaben abgezogen werden. Entsprechendes gilt, wenn Wirtschaftsgüter veräußert werden und der Veräußerungserlös entnommen wird, sowie im Falle der Veräußerung im Sinne des § 16.

4. Die Ermittlung der nicht abziehbaren Schuldzinsen nach der Zinszahlenstaffelmethode kann unterbleiben, wenn die Schuldzinsen der nach den Nummern 1 und 2 maßgebenden Konten insgesamt nicht mehr als 8000 Deutsche Mark betragen. Die Schuldzinsen sind in diesem Fall zu 50 vom Hundert nicht als Betriebsausgaben abziehbar.

Anlage 2

Wortlaut des § 4 IVa EStG in der Fassung des StBereinG 1999:

(4a) Schuldzinsen sind nach der Maßgabe der Sätze 2 bis 5 nicht abziehbar, wenn Überentnahmen getätigt worden sind. Eine Überentnahme ist der Betrag, um den die Entnahmen die Summe des Gewinns und der Einlagen des Wirtschaftsjahres übersteigen. Entnahmen und Einlagen, die in den letzten drei Monaten eines Wirtschaftsjahres getätigt werden, sind nicht zu berücksichtigen, soweit sie in der Summe in den nächsten drei Monaten des Folgejahres wieder rückgängig gemacht werden. Die nicht abziehbaren Schuldzinsen werden typisiert mit sechs vom Hundert der Überentnahme des Wirtschaftsjahres zuzüglich der Überentnahmen vorangegangener Wirtschaftsjahre und abzüglich der Beträge, um die in den vorangegangenen Wirtschaftsjahren der Gewinn und die Einlagen die Entnahmen überstiegen haben (Unterentnahmen), ermittelt. Der sich dabei ergebende Betrag, höchstens jedoch der um 4000 DM verminderte Betrag der im Wirtschaftsjahr angefallenen Schuldzinsen, ist dem Gewinn hinzuzurechnen. Der Abzug von Schuldzinsen für Darlehen zur Finanzierung von Anschaffungs- oder Herstellungskosten von Wirtschaftsgütern des Anlagevermögens bleibt unberührt. Die Sätze 1 bis 6 sind bei der Gewinnermittlung nach § 4 III sinngemäß anzuwenden; hierzu sind Entnahmen und Einlagen gesondert aufzuzeichnen.

LITERATURVERZEICHNIS

- *Adler, Hans/ Düring, Walther/ Schmaltz, Kurt*, Rechnungslegung und Prüfung der Unternehmen, 5. Auflage 1987, Loseblatt (Stand 1992).
- *Arbeitsgruppe für Steuerreform der Deutschen Steuerjuristischen Gesellschaft e. V.*, Beschlüsse zur Reform des Steuerrechts, StuW 1996, 203 ff.
- *Arndt, Hans- Wolfgang/ Schumacher, Andreas*, Die verfassungsrechtlich zulässige Höhe der Steuerlast – Fingerzeig des BVerfG an den Gesetzgeber?, NJW 1995, 2603 ff.
- *Balke, Michael*, Symposium zu Ehren von Klaus Tipke aus Anlass seines 70. Geburtstages, StuW 1996, 192 ff.
- *Bareis, Peter*, Steuerberaterkongressreport 1997, Die Neuordnung der Ertragsbesteuerung, S. 51 ff.
- *Baum, Heinz Georg*, Umweltrechtliche und steuerrechtliche Behandlung kontaminierter Grundstücke, DB 1995, 153 ff.
- *Baumbach, Adolf/ Hopt, Klaus J.*, Kommentar zum HGB, 29. Auflage 1995.
- *Beck' scher Bilanzkommentar*, Handels- und Steuerrecht, §§ 238 bis 339 HGB, 3. Auflage 1995.
- *Beiser, Reinhold*, Kontokorrentzinsen: Aufteilung in betrieblich und privat veranlasste Schuldzinsen nach der Zinszahlenstaffelmethode, DStZ 1991, 197 ff.
- *Beisse, Heinrich*, Normqualität und Normstruktur von Bilanzvorschriften und Standards, BB 1999, 2180 ff.; Gläubigerschutz – Grundprinzipien des deutschen Bilanzrechts, in FS Beusch, 1993, S. 77 ff.; Verhältnis von Bilanzrecht und Betriebswirtschaftslehre, StuW 1984, 1 ff.
- *Benda, Ernst*, Die Wahrung verfassungsrechtlicher Grundsätze im Steuerrecht, DStZ 1984, 159 ff.
- *Benda, Ernst/ Maihofer, Werner/ Vogel, Hans- Jochen*, Handbuch des Verfassungsrechts, 2. Auflage 1994.
- *Betriebsteuerausschuss der Verwaltung für Finanzen, Bericht und Gesetzesentwürfe zur Betriebsteuer*, StuW 1949, 929 ff.
- *Biergans, Enno*, Schuldzinsenabzug bei der Einkunftsermittlung, NWB- Fach 3, S. 8175 (vom 3. 2. 1992).
- *Birk, Dieter*, Verfassungskonforme Auslegung im Steuerrecht, StuW 1990, 300 ff.; Das Leistungsfähigkeitsprinzip als Maßstab der Steuernormen, 1983.
- *Blumers, Wolfgang/ Beinert, Stefan/ Witt, Sven- Christian*, Realteilung von Personengesellschaften, BB 1999, 1786 ff.
- *Blümich*, Kommentar zum EStG, KStG und zum GewStG, Loseblatt (Stand September 2000).
- *Bonk, Heinz Joachim*, Verfassungsrechtliche Aspekte der Gewerbesteuer im Rahmen einer Unternehmensteuerreform, FR 1999, 443 ff.
- *Bordewin, Arno*, Schuldzinsenbzug bei gemischtem Kontokorrentkonto, DStR 1991, 409 f.
- *Borggräfe, Joachim*, Kritische Analyse des Standes der Unternehmensbesteuerung, BB 1997, 2189 ff.
- *Breidenbach, Berthold/ van Lishaut, Ingo*, Steuerneutrale Übertragung einzelner Wirtschaftsgüter nach Abschaffung des Mitunternehmererlasses ?, DB 1999, 1234 ff.
-*Cattelaens, Heiner*, Steuerentlastungsgesetz 1999/ 2000/ 2002: Neuregelung der Übertragung von Wirtschaftsgütern, DB 1999, 1083 ff; Steuerentlastungsgesetz 1999/ 2000/ 2002: Teilwertabschreibung und Wertaufholung, DB 1999, 1185 ff.

- *Crezelius, Georg*, Zur Bildung von Rückstellungen für Umweltschutzmaßnahmen, DB 1992, 1353 ff.; Maßgeblichkeit in Liquidation ?, DB 1994, 689 ff.
- *Döllerer, Georg*, Maßgeblichkeit der Handelsbilanz in Gefahr, BB 1971, 1333 ff.
- *Dorenkamp, Christian*, Unternehmenssteuerreform und partiell nachgelagerte Besteuerung vom Einkommen, StuW 2000, 121 ff.
- *Dötsch, Ewald/ Pung, Alexandra*, StEntlG 99/ 00/ 02: Änderungen des KStG, DB 1999, 867 ff.; Steuerbereinigungsgesetz 1999: Die Änderungen des KStG, des UmwStG und des GewStG, DB 2000, 61 ff.
- *Dreier, Horst*, Kommentar zum Grundgesetz, Band I (Art. 1- 19 GG) 1996, Band II (Art. 20 bis 82 GG) 1998, Band III (Art. 83 bis 146 GG) 2000.
- *Dziadkowski, Dieter*, Umgestaltung, Revitalisierung oder Ersatz der Gewerbesteuer ?, StuW 1987, 330 ff.; Reformüberlegungen zur Gewerbesteuer, FR 1995, 425 ff.; Die Überschussrechnung- eine Alternative zur Steuerbilanz?, BB 2000, 399 ff.
- *Eggesiecker, Fritz/ Ellerbeck, Eike*, Verluste als Überentnahmen?- Auslegungsproblem beim neuen § 4 IVa EStG, DB 2000, 594 ff.
- *Elschen, Rainer*, Steuerliche Gerechtigkeit- Unzulässiger oder unzulänglicher Forschungsgegenstand der Steuerwissenschaften ?, StuW 1988, 1 ff.
- *Elschen, Rainer/ Hüchtbrock, Michael*, Steuerneutralität in Finanzwissenschaft und Betriebswirtschaftslehre- Diskrepanzen und Konsequenzen, Finanzarchiv (Band 41) 1983, 253 ff.
- *Elser, Thomas/ Neininger, Monika*, Abgrenzbarkeit privat veranlasster Schuldzinsen aus ökonomischer Sicht, DB 1999, 172 ff.
- *Endriss, Walter*, Vorschläge zur Reform der Besteuerung von Kapitalgesellschaften und anderen Gewerbetreibenden, DB 1998, 1250 ff.
- *Engels, Wolfram/ Stützel, Wolfgang*, Teilhabersteuer, Ein Beitrag zur Vermögenspolitik, zur Verbesserung der Kapitalstruktur und zur Vereinfachung des Steuerrechts, 2. Auflage 1968.
- *Englisch, Joachim*, Rechtsformneutralität der Unternehmensbesteuerung bei Ertragsteuern, DStZ 1997, 778 ff.
- *Euler, Roland*, Steuerbilanzielle Konsequenzen der internationalisierten Rechnungslegung, StuW 1998, 15 ff.
- *Fasolt, Volker*, Das deutsche Steuerrecht zu Beginn des 21. Jahrhunderts- Notwendige Reformen aus der Sicht des steuerberatenden Berufsstandes, DStR 2000, 7 ff.
- *Felix, Günther*, Konsequenzen aus den Entscheidungen des Bundesverfassungsgerichts zur Vermögens- und Erbschaftsbesteuerung, BB 1995, 2241 ff.
- *Flämig, Christian*, Rechtsformneutrale Besteuerung der Unternehmen, ZRP 1980, 237 ff.; Die Ausgestaltung der Gewerbesteuer als verfassungsrechtliches Problem, in DStJG 12 (1989) Steuerrecht und Verfassungsrecht, S. 33 ff.
- *Flume, Werner*, Die Beschlüsse des Bundesverfassungsgerichts zu den Einheitswerten in Hinsicht auf die Vermögen- und Erbschaftsteuer, DB 1995, 1779 ff.; Die Betriebsertragsteuer als Möglichkeit der Steuerreform, DB 1971, 692 ff.
- *Forster, Eduard/ Robisch, Martin/ Treisch, Corinna*, Bericht über die Sächsische Steuertagung 1997, StuW 1997, 361 ff.
- *Frenz, Walter*, Unternehmenssteuerkonzeptionen im Lichte des Eigentumsgrundrechts und des Leistungsfähigkeitsprinzips, StuW 1997, 116 ff.
- *Fülbier, Rolf Uwe/ Gassen, Joachim*, Wider die Maßgeblichkeit der International Accounting Standards für die steuerliche Gewinnermittlung, DB 1999, 1511 ff.
- *Gattermann, Hans H.*, Perspektiven der Steuerpolitik, BB 1989, 917 ff.
- *Glade, Anton*, Steuerentlastungsgesetz: Einschränkung handelsrechtlich ordnungsgemäßer

Rückstellungen als „Steuerschlupflöcher", DB 1999, 400 ff.; Teilwerte und außergewöhnliche Abschreibungen beim Umlaufvermögen in der Steuerbilanz und Auswirkungen auf die Handelsbilanz, DB 2000, 844 ff.
- *Graß, Arno*, Unternehmensformneutrale Besteuerung, 1992.
- *Gratz, Kurt/ Müller, Rolf*, Unternehmensverkauf gegen Leibrente- Ein Ausweg aus der Steuerfalle, DB 2000, 693 ff.
- *Grett, Hans- Dieter*, Zur praktischen Nichtanwendbarkeit des § 15 Abs. 1b UStG, DB 2000, 639 ff.
- *Groh, Manfred*, Bilanzrecht vor dem EuGH, DStR 1996, 1206 ff.
- *Grotherr, Siegfried*, Das neue Körperschaftsteuersystem mit Anteilseignerentlastung bei der Besteuerung von Einkünften aus Beteiligungen, BB 2000, 849 ff.
- *Günkel, Manfred/ Fenzl, Barbara/ Hagen, Christiane*, Steuerliche Überlegungen zum Übergang auf ein neues Körperschaftssteuersystem , insbesondere zum Ausschüttungsverhalten bei Kapitalgesellschaften, DStR 2000, 445 ff.
- *Haase, Klaus Dittmar/ Arnolds, Sven*, Unternehmenssteuerreform: Anrechnungssystem oder klassisches Körperschaftsteuersystem mit Halbeinkünfteverfahren?, FR 2000, 485 ff.
- *Haase, Klaus Dittmar/ Diller, Markus*, Optionsrecht von Personenunternehmen für die Körperschaftsbesteuerung: Vorteilhaftigkeit und Risiken, BB 2000, 1068 ff.
- *Haritz, Detlef/ Wisniewski, Thomas*, Das Umwandlungssteuerrecht nach Verabschiedung der Unternehmenssteuerreform, GmbHR 2000, 789 ff.
- *Heidinger, Gerald*, Nochmals: Für und Wider Betriebsteuer, StuW, 1982, 268 ff.
- *Heinrich, Johannes*, Österreich: System der Besteuerung von Dividenden auf dem Prüfstand des EuGH, IStR 2000, 238 ff.
- *Hennrichs, Joachim*, Der steuerrechtliche sog. Maßgeblichkeitsgrundsatz gem. § 5 EStG -- Stand und Perspektiven-, StuW 1999, 138 ff.
- *Hergarten, Lothar*, Zur geplanten Abschaffung des Zwei-/ Drei- Konten- Modells, DStR 1999, 54 ff.
- *Herrmann, Carl/ Heuer, Gerhard/ Raupach, Arnd*, Kommentar zum Einkommensteuer- und Körperschaftsteuergesetz, Loseblatt (Stand Mai 2000).
- *Herzig, Norbert*, Körperschaftsteuerguthaben oder verwendbares Eigenkapital, GmbHR 1985, 37 ff.; Körperschaftsteuersystem und europäischer Binnenmarkt, in Gedächtnisschrift für Knobbe- Keuk, 1997, S. 627 ff.
- *Herzig, Norbert/ Dautzenberg, Norbert*, Die Einwirkungen des EG- Rechts auf das deutsche Unternehmenssteuerrecht, DB 1997, 8 ff.
- *Herzig, Norbert/ Förster, Guido*, Steuerentlastungsgesetz 1999/ 2000/ 2002: Die Änderung von § 17 und § 34 EStG mit ihren Folgen, DB 1999, 711 ff.
- *Herzig, Norbert/ Lochmann, Uwe*, Das Grundmodell der Besteuerung von Personenunternehmen nach der Unternehmenssteuerreform, DB 2000, 540 ff.; Die Steuermäßigung für gewerbliche Einkünfte bei der Einkommensteuer nach dem Entwurf zum Steuersenkungsgesetz, DB 2000, 1192 ff.; Steuersenkungsgesetz: Die Steuerermäßigung für gewerbliche Einkünfte bei der Einkommensteuer in der endgültigen Regelung, DB 2000, 1728 ff.
- *Herzog, Roman*, Der Weg zum Bundesverfassungsgericht- Das Verhältnis zwischen Verfassungsgerichtsbarkeit und Steuergerichtsbarkeit, DStZ 1988, 287 ff.
- *Hey, Johanna*, Die Brühler Empfehlungen zur Reform der Unternehmensbesteuerung, BB 1999, 1192 ff.
- *Hidien, Jürgen W.*, Steuerreform 2000- Anmerkungen zum gewerbesteuerlichen Anrechnungsmodell, BB 2000, 485 ff.

- *Hoffmann, Wolf- Dieter*, Lehren aus Holzmann für die Gewinnermittlung durch Vermögensvergleich, DStR 2000, 15 ff.
- *Homburg, Stefan/ Theisen, Manuel Rene*, Steuersenkungsgesetz: Das gefangene Eigenkapital, DB 2000, 1930 f.
- *Hörger, Helmut/ Mentel, Thomas/ Schulz, Andreas*, Ausgewählte Fragen zum Steuerentlastungsgesetz 1999/ 2000/ 2002: Unternehmensumstrukturierungen, DStR 1999, 565 ff.
- *Horschitz, Harald/ Gross, Walter/ Weidner, Werner*, Bilanzsteuerrecht und Buchführung, 8. Auflage 2000.
- *Hundsdoerfer, Jochen/ Henning, Michael*, Konzept und Praktikabilität einer eigenkapitalbezogenen Begrenzung des Schuldzinsenabzuges- zum neuen § 4 IVa EStG, BB 2000, 542 ff.
- *Isensee, Josef/ Kirchhof, Paul*, Handbuch des Staatsrechts der Bundesrepublik Deutschland, Band I, Grundlagen von Staat und Verfassung, 1987; Band II, Demokratische Willensbildung- Die Staatsorgane des Bundes, 1987; Band III, Das Handeln des Staates, 1988; Band IV, Finanzverfassung- Bundesstaatliche Ordnung, 1990; Band V, Allgemeine Grundrechtslehren, 1992; Band VI, Freiheitsrechte, 1989.
- *Jacobs, Otto H.*, Internationale Unternehmensbesteuerung: deutsche Investitionen im Ausland; ausländische Investitionen im Inland, 4. Auflage, 1999.
- *Jakob, Wolfgang*, Schuldzinsenabzug bei kreditfinanzierter Entnahme- § 4 Abs. 4a EStG i.d.F. des Steuerbereinigungsgesetzes 1999, DStR 2000, 101 ff.
- *Jarass, Hans Dieter/ Pieroth, Bodo*, Kommentar zum Grundgesetz, 4. Auflage 1997.
- *Joecks, Wolfgang*, Abzugsverbot für Bestechungs- und Schmiergelder, DStR 1997, 1025 ff.
- *Kanzler, Hans- Joachim*, Steuerreform: Von der synthetischen Einkommensteuer zur Schedulenbesteuerung ?, FR 1999, 363 ff.
- *Kessler, Harald*, Grenzüberschreitende Körperschaftsteuer- Gutschriften Gestaltungsmöglichkeiten nach geltendem Recht, IStR 1995, 405 ff.
- *Kiesel, Hanno*, Ausschüttungspolitik unter Berücksichtigung des Regierungsentwurfes zum Steuersenkungsgesetz, IStR 2000, 1014 ff.
- *Kiesewetter, Dirk*, Theoretische Leitbilder einer Reform der Unternehmensbesteuerung, StuW 1997, 24 ff.
- *Kirchhof, Paul*, Der verfassungsrechtliche Auftrag zur Besteuerung nach der finanziellen Leistungsfähigkeit, StuW 1985, 319 ff.; Steuergleichheit, StuW 1984, 297 ff.; Die Finanzierung des Leistungsstaates- Die verfassungsrechtlichen Grenzen staatlicher Abgabenhoheit, JURA 1983, 505 ff.; Besteuerung und Eigentum, VVDStRL 39 (1981), 213 ff.; Der Einfluß des Verfassungsrechts auf die Entwicklung des Steuerrechts, Stbg 1995, 68 ff.
- *Kirchhof, Paul/ Söhn, Hartmut*, Kommentar zum EStG, Loseblatt (Stand Oktober 2000)
- *Klein, Alexander*, Steuerreform und Akzeptanz, BB 1998, 1180 ff.
- *Knobbe- Keuk, Brigitte*, Möglichkeiten und Grenzen einer Unternehmenssteuerreform, DB 1989, 1303 ff.; Bilanz- und Unternehmensteuerrecht, 9. Auflage 1993.
- *Köbler, Gerhard*, Juristisches Wörterbuch, 7. Auflage, 1995.
- *Kommission zur Reform der Unternehmensbesteuerung*, Brühler Empfehlungen zur Reform der Unternehmensbesteuerung, BB 1999, 1188 ff. bzw. FR 1999, 580 ff.; Brühler Empfehlungen zur Unternehmensbesteuerung, Kommissionsbericht, BMF- Schriftenreihe Heft 66, 1999.
- *Korezkij, Leonid*, Einkommensteuerliche Behandlung von Veräußerungsvorgängen i.S.d. § 17 EStG nach dem Entwurf des StSenkG, BB 2000, 1273 ff.
- *Korioth, Stefan*, Der Finanzausgleich zwischen Bund und Ländern, 1997.
- *Kraeusel, Jörg*, Änderungen im Steuerrecht durch das Steuerentlastungsgesetz 1999/ 2000/ 2002, DStZ 1999, 401 ff.; Das Steuerentlastungsgesetz 1999/ 2000/ 2002, 1999.

- *Krebs, Hans- Joachim,* Überlegungen zur Vereinfachung des Körperschaftsteuer- Anrechnungsverfahrens, BB 1984, 1862 ff.
- *Krollmann, Heinz,* Private PKW- Nutzung bei der Einkommensteuer und der Umsatzsteuer, DB 2000, 2079 ff.
- *Krüger, Dirk/ Kalbfleisch, Eberhard/ Köhler, Stefan,* Die Entscheidungen des Bundesverfassungsgerichts zu den Einheitswerten- Analyse und erste Beratungshinweise, DStR 1995, 1452 ff.
- *Kruhl, Alfred,* Bundeskabinett beschließt „ Zukunftsprogramm zur Sicherung von Arbeit, Wachstum und sozialer Stabilität", BB 1999, 1461 ff.
- *Küting, Karlheinz/ Kessler, Harald,* Zur geplanten Reform des bilanzsteuerrechtlichen Rückstellungsrechts nach dem Entwurf des Steuerentlastungsgesetzes 1999/ 2000/ 2002, DStR 1998, 1937 ff.
- *Küting, Karlheinz/ Weber, Claus- Peter,* Handbuch der Rechnungslegung- Kommentar zur Bilanzierung und Prüfung, 3. Auflage 1990.
- *Lademann,* Kommentar zum Einkommensteuergesetz, Loseblatt (Stand 4/ 1999).
- *Lang, Joachim,* Reform der Unternehmensbesteuerung, StuW 1989, 3 ff.; Reform der Unternehmensbesteuerung auf dem Weg zum europäischen Binnenmarkt und zur deutschen Einheit, StuW 1990, 107 ff.; Unternehmenssteuerreform, in FS für Schneider, 1997, S. 399 ff.; Brühler Empfehlungen zur Reform der Unternehmensbesteuerung, Kommissionsbericht, Anhang I –Perspektiven der Unternehmenssteuerreform-, BMF- Schriftenreihe Heft 66, 1999; Die Unternehmenssteuerreform- Eine Reform pro GmbH, GmbHR 2000, 453 ff.
- *Langer, Michael,* Steuerbereinigungsgesetz 1999: Änderungen bei der Umsatzsteuer, DB 2000, 244 ff.
- *Lehner, M.,* Einkommensteuerrecht und Sozialhilferecht, 1993.
- *Lenski, Edgar/ Steinberg, Wilhelm,* Kommentar zum GewStG, 9. Auflage, Loseblatt (Stand Januar 2000)
- *van Lishaut, Ingo,* Steuersenkungsgesetz: Mitunternehmerische Einzelübertragungen i.S. des § 6 V 3 ff. EStG n.F., DB 2000, 1784 ff.
- *Löhr, Dirk,* Die Brühler Empfehlungen – Wegweiser für eine Systemreform der Unternehmensbesteuerung, StuW 2000, 33 ff.
- *Maas, Ernst,* Überlegungen zur Vereinfachung des körperschaftssteuerlichen Anrechnungverfahrens, BB 1985, 45 ff.
- *v. Mangoldt, Hermann/ Klein, Friedrich/ Starck, Christian,* Das Bonner Grundgesetz-Kommentar, 4. Auflage 2000.
- *Mannek, Wilfried,* Mögliche zukünftige Ausgestaltung der Vermögensteuer, Erbschaftsteuer und der Einheitsbewertung des Grundbesitzes, NWB 1996 Beilage 1.
- *Manssen, Gerrit,* Rechtswissenschaft im Aufbruch, Greifswalder Antrittsvorlesungen, 1996.
- *Maunz, Theodor/ Dürig, Günter/ Herzog, Roman,* Kommentar zum Grundgesetz, Loseblatt (Stand Oktober 1999)
- *McNulty, John K.,* Struktur der Einkommensteuer und Reformtendenzen der Besteuerung in den Vereinigten Staaten, StuW 1989, 120 ff.
- *Meilicke, Wienand,* Zur Abzugsfähigkeit von Schuldzinsen nach § 4 Abs. 4a Nr. 2 EStG, DB 99, 1285 ff.
- *Meincke, Jens Peter,* Gedanken zur Erbschaftsteuerreform vor dem Hintergrund der verfassungsrechtlichen Vorgaben, DStR 1996, 1305 ff.
- *Meyer, Bernd/ Ball, Jochen,* Die mitunternehmerische Betriebsaufspaltung, FR 1998, 1075 ff.; Erste Beratungsempfehlungen zum Schuldzinsenabzug nach dem Steuerbereinigungsgesetz 1999, INF 2000, 76 ff.

- *Mitschke, Joachim*, Methoden der indirekten Konsummessung für Zwecke einer persönlichen allgemeinen Ausgabensteuer, Finanzarchiv (Band 38) 1980, 274 ff.
- *Morgenthaler, Gerd*, Steueroasen und deutsche Hinzurechnungsbesteuerung- Zur Deutung der §§ 7 ff. AStG, IStR 2000, 289 ff.
- *Mössner, Jörg Manfred*, Gerechtigkeit und Moral im Steuerrecht, DStZ 1990, 132 ff.
- *Moxter, Adolf*, Zum Verhältnis von Handelsbilanz und Steuerbilanz, BB 1997, 195 ff.; Periodengerechte Gewinnermittlung und Bilanz im Rechtssinne, in FS für Döllerer, 1988, S. 447 ff.
- *v. Münch, Ingo/ Kunig, Philip*, Grundgesetz- Kommentar, Band 3: Art. 70- 146 GG, 3. Auflage 1996.
- *Neufang, Bernd*, Steuerentlastungsgesetz 1999/ 2000/ 2002: Beseitigung des Mehrkontenmodells, DB 1999, 765 ff.
- *Oestreicher, Andreas/ Spengel, Christoph*, International Accounting Standards, Maßgeblichkeitsprinzip und Besteuerung, DB 1999, 593 ff.; Replik auf Fühlbier/ Gassen (DB 1999, 1511 ff.), DB 1999, 1513 ff.
- *Offerhaus, Klaus*, Die Steuerreform- Eine Herausforderung an den Rechtsstaat, DStZ 2000, 9 ff.
- *Olfert, Klaus*, Finanzierung, 8. Auflage, 1994.
- *Osterloh, Lerke*, „Öko- Steuern" und verfassungsrechtlicher Steuerbegriff, NVwZ 1991, 823 ff.
- *Pagenkopf, Hans*, Das Gemeindefinanzsystem und seine Problematik, 1978.
- *Pieroth, Bodo/ Schlink, Bernhard*, Grundrechte- Staatsrecht II, 12. Auflage 1996.
- *Patt, Joachim*, Übertragung von Grundstücken mit dazugehörigen Schulden aus dem Gesamthandsvermögen einer Personengesellschaft auf eine mitunternehmerisch tätige Schwesterpersonengesellschaft, GmbHR 1998, 970 ff.
- *Park, Tido*, Die Ausweitung des Abzugsverbots für Bestechungs- und Schmiergelder durch das Steuerentlastungsgesetz 1999/ 2000/ 2002, DStR 1999, 1097 ff.
- *Petersberger Beschlüsse*, Schriftenreihe des BMF, Heft 61, 1997.
- *Pezzer, Heinz- Jürgen*, Bilanzierungsprinzipien als sachgerechte Maßstäbe der Besteuerung, in DStJG 14 (1991) Probleme des Steuerbilanzrechts, S. 3 ff.
- *Popitz, Johannes*, Der künftige Finanzausgleich zwischen Reich, Ländern und Gemeinden, 1932.
- *Prinz, Ulrich*, Unternehmenssteuerreform: Auch die Organschaft gehört auf den Prüfstand !, FR 1999, 646 ff.; Konzeptionsändernde Neufassung des § 4 Abs. 4a EStG (Schuldzinsenabzug) durch das StBereinG 1999 mit Rückwirkung – Erste Einschätzung, FR 2000, 134 ff.
- *Pung, Alexandra*, Steuersenkungsgesetz: Änderungen des UmwStG, DB 2000, 1835 ff.
- *Rädler, Albert J.*, Eine Europareform für den Steuerstandort Deutschland, StuW 1996, 252 ff.
- *Rädler, Albert J./ Lausterer, Martin*, Standortsicherungsgesetz: Verstärkte Steuersatzdiskriminierung ausländischer Betriebstätten ein klarer Verstoß gegen EWG-Vertrag und Doppelbesteuerungsabkommen, DB 1993, 451 ff.
- *Reiß, Wolfram*, Rechtsformabhängigkeit der Unternehmensbesteuerung, in DStJG 17 (1994) Grundfragen der Unternehmensbesteuerung, S. 3ff.
- *Ritter, Wolfgang*, Reform der Unternehmensbesteuerung aus Sicht der Wirtschaft, StuW 1989, 319 ff.
- *Rödder, Thomas/ Schuhmacher, Andreas*, Unternehmenssteuerreform 2001- Eine erste Analyse des Regierungsentwurfs aus Beratersicht, DStR 2000, 353 ff.

- *Rödder, Thomas/ Wochinger, Peter*, Konzentration auf Kerngeschäftsfelder im Konzern- Gestaltungsalternativen und deren ertragsteuerliche Beurteilung, FR 2000, 1 ff.
- *Rodi, Michael*, Die Rechtfertigung von Steuern als Verfassungsproblem, Münchener Universitätsschriften (Band 101) 1994.
- *Rose, Gerd*, Unternehmensrechtsformwahl- Versuch einer Auflistung kautelarjuristischer und betriebswirtschaftlicher Schwerpunkte, in Jahrbuch der Fachanwälte für Steuerrecht 1986/ 87, S. 55 ff.
- *Rose, Manfred*, Argumente zu einer "konsumorientierten Neuordnung des Steuersystems", StuW 1989, 191 ff.; Die strategieorientierte Reform der Unternehmensbesteuerung, StVj 1990, 1 ff.; Konsumorientierte Neuordnung des Steuersystems, 1991; Sinn und Unsinn einer Besteuerung von Gewinnen aus der Veräußerung von Anteilen an Unternehmen, BB 2000, 1062 ff.
- *Roser, Frank*, Erforderliche Änderungen der Hinzurechnungsbesteuerung, IStR 2000, 78 ff.
- *Sachs, Michael*, Kommentar zum Grundgesetz, 2. Auflage 1999.
- *Schaden, Michael*, Die Steuervergünstigung als staatliche Leistung, Finanzverfassung und Gleichheitssatz, 1998.
- *Schaumburg, Heide*, Rückwirkung und Planungssicherheit im Steuerrecht, DB 2000, 1884 ff.
- *Scheipers, Thomas*, Betriebsausgabenabzug bei Schachteldividenden- Änderung des § 8b VII KStG durch das Steuerbereinigungsgesetz 1999, DStR 2000, 89 ff.
- *Schemmel, Lothar*, Zur Aufnahme des Leistungsfähigkeitsprinzips und anderer Grenzen für den Steuerstaat in das Grundgesetz, StuW 1995, 39 ff.
- *Schiffers, Joachim*, Die Besteuerung der Kapitalgesellschaften und deren Anteilseigner nach dem Regierungsentwurf eines „StSenkG", GmbHR 2000, 205 ff.
- *Schmalenbach, Eugen*, Grundlagen dynamischer Bilanzlehre, 1925.
- *Schmidt- Bleibtreu, Bruno/ Klein, Franz*, Kommentar zum Grundgesetz, 9. Auflage 1999.
- *Schmidt, Ludwig*, Kommentar zum EStG, 19. Auflage 2000.
- *Schmitz, Theo*, Steuerentlastungsgesetz 1999/ 2000/ 2002 und (umgekehrte) Maßgeblichkeit, DB 1999, 1974 ff.
- *Schnädter, Helmut*, Ist die Beschränkung der Gewerbesteuerpflicht auf die Gewerbetreibenden verfassungsgemäß?, KStZ 1986, 141 ff.
- *Schneeloch, Dieter/ Trockels- Brand, Tanja*, Körperschaftssteuerliches Anrechnungsverfahren versus Reformpläne, DStR 2000, 907 ff.
- *Schneider, Dieter*, Körperschaftsteuerreform und Gleichmäßigkeit der Besteuerung, StuW 1975, 97 ff.; Reform der Unternehmensbesteuerung aus betriebswirtschaftlicher Sicht, StuW 1989, 328 ff.; Höhere Unternehmenssteuerbelastung durch Senken der Gewinnsteuersätze!, BB 2000, 1322 ff.
- *Schoch, Friedrich*, Der Gleichheitssatz, DVBl. 1988, 863 ff.
- *Scholz, Bertold*, Das Gewerbesteuer- Teilanrechnungsmodell- Ein Beitrag zur Reform der kommunalen Steuern ?, BB 1988 Beilage 11.
- *Schön, Wolfgang*, Die Steuerbilanz zwischen Handelsrecht und Grundgesetz, StuW 1995, 366 ff.
- *Schreiber, Ulrich*, Hat das Maßgeblichkeitsprinzip noch eine Zukunft?, in FS Beisse, 1997, S. 491 ff.
- *Schulte, Wilfried*, Die geplante Absenkung der Beteiligungsgrenze des § 17 EStG im System des Einkommensteuerrechts, DB 2000, 1043 ff.
- *Schulze-Osterloh, Joachim*, Handelsbilanz und steuerrechtliche Gewinnermittlung, StuW 1991, 284 ff.; Herstellungskosten in der Handels- und Steuerbilanz, StuW 1989, 242 ff.; Deut-

sches Bilanzrecht und Ertragsteuerrecht vor dem Europäischen Gerichtshof, DStZ 1997, 281 ff.
- *Schulze zur Wiesche, Dieter*, Kritische Anmerkungen zu den Brühler Empfehlungen zur Reform der Unternehmensbesteuerung, FR 1999, 698 ff.; Überlegungen zur Unternehmenssteuer, DB 1999, 350 ff.; Realteilung einer Personengesellschaft und Sachwertabfindung an ausscheidende Gesellschafter nach dem Steuerentlastungsgesetz 1999/ 2000/ 2002, DStZ 1999, 425 ff.
- *Seeger, Siegbert F.*, Das deutsche Steuerrecht zu Beginn des 21. Jahrhunderts- Notwendige Reformen aus Sicht der Finanzgerichtsbarkeit, DStR 2000, 10 ff.
- *Seer, Roman*, Rechtsformabhängige Unternehmensbesteuerung, StuW 1993, 114 ff.
- *Seidl, Christian*, Betriebsteuer und Neutralität, StuW 1989, 350 ff.
- *Selmer, Peter*, Finanzordnung und Grundgesetz, AÖR 101 (1976), 399 ff.
- *Siegel, Theodor*, Umweltschutz im Jahresabschluss, BB 1993, 326 ff.
- *Siegel, Theodor/ Bareis, Peter/ Herzig, Norbert/ Schneider, Dieter/ Wagner, Franz W./ Wenger, Ekkehard*, Verteidigt das Anrechnungsverfahren gegen unbedachte Reformen, BB 2000, 1269 f.
- *Söffing, Günter*, Die neue Rechtsprechung zum Schuldzinsenabzug und ihre Auswirkungen, FR 1984, 185; Die neuen Schuldzinsenabzugsverbote des § 4 Abs. 4a EStG, BB 1999, 929 ff.; Die Mängel im Entwurf zu § 35 EStG, DB 2000, 688 ff.
- *Sorgenfrei, Ulrich*, Zum Urteil des BFH in Sachen „Dividenden- Stripping", FR 2000, 441 ff.; Zur Neuregelung der Besteuerung von Verlusten aus betrieblichen Termingeschäften, DStR 1999, 1928 ff.
- *Spengel, Christoph/ Jaeger, Claudia/ Müller, Katja*, Europarechtliche Beurteilung des Gesetzesentwurfs zur Senkung der Steuersätze und zur Reform der Unternehmensbesteuerung, IStR 2000, 257 ff.
- *Stern, Klaus*, Das Staatsrecht (Band II: Staatsorgane, Staatsfunktionen Finanz- und Haushaltsverfassung, Notstandsverfassung), 1980.
- *Stobbe, Thomas*, Neue Koordinaten des Steuerbilanzrechts?, FR 1997, 361 ff.
- *Stobbe, Thomas/ Loose, Martin*, Steuerentlastungsgesetz 1999/ 2000/ 2002: Auswirkungen auf die handels- und steuerrechtliche Gewinnermittlung, FR 1999, 405 ff.
- *Strahl, Martin*, Gewinnrealisierungszwänge aufgrund des „ Steuerentlastungsgesetzes 1999/ 2000/ 2002" bei Personengesellschaften, FR 1999, 628 ff.
- *Theis, Winfried*, Steuerliche Überlegungen zum Jahresende, DB 2000, 2493 ff.
- *Thiel, Jochen*, Unternehmenssteuerreform : Auswirkungen auf das Umwandlungssteuerrecht- Geplante Änderungen und Ausblick, FR 2000, 493 ff.;Die Besteuerung der Gesellschafter- Eine Crux des Körperschaftsteueranrechnungsverfahrens, StbJb 1996/ 97, S. 79 ff.;Bilanzrecht, 4. Auflage 1990.
- *Thömmes, Otmar*, Unvereinbarkeit des neuen § 8b VII KStG mit der EG- Mutter- Tochterrichtlinie, DB 1999, 500.
- *Tiedke, Klaus/ Wälzholz, Eckard*, Zur Übertragung eines Teilanteils an einem Mitunternehmeranteil und zur verdeckten Einlage nach altem und neuem Recht, DB 1999, 2026 ff.
- *Tipke, Klaus*, Zur Problematik einer rechtsformunabhängigen Besteuerung der Unternehmen, NJW 1980, 1079 ff.; Die Steuerrechtsordnung, 1993, Band I: Wirtschaftsorganisatorische systematische und grundrechtlich- rechtstaatliche Grundlagen, Band II: Steuerrechtfertigungstheorie, Anwendung auf alle Steuerarten, sachgerechtes Steuersystem, Band III: Förderative Steuerverteilung, Rechtsanwendung und Rechtsschutz, Gestalter der Steuerrechtsordnung; Über ungleichmäßige Besteuerung durch kommunale Verbrauch- und Aufwandsteuern, DÖV 1995, 1027 ff.; Steuerrecht- Chaos, Konglomerat oder System?, StuW 1971, 2 ff.

- *Tipke, Klaus/ Lang, Joachim*, Steuerrecht, 16. Auflage 1998.
- *Unvericht, Willi*, Schwachstellen des Steuersenkungsgesetzes- Alternativen, BB 2000, 797 ff.
- *Völkel, Dieter/ Karg, Helmut*, Umsatzsteuer, 4. Auflage 1993.
- *Vogel, K.*, Der Verlust des Rechtsgedankens, in DStJG 12 (1989) Steuerrecht und Verfassungsrecht, S. 123 ff.
- *Wacker, Roland*, Die Realteilung von Personengesellschaften nach dem Steuerentlastungsgesetz 1999/ 2000/ 2002, BB 1999 Beilage 5; Zur steuerrechtlichen Behandlung von Bankkontokorrentschulden, BB 1991, 248 ff.
- *Wagner, Franz W.*, Aufgabe der Maßgeblichkeit bei einer Internationalisierung der Rechnungslegung?, DB 1998, 2073 ff.; Der gesellschaftliche Nutzen einer betriebswirtschaftlichen Steuervermeidungslehre, Finanzarchiv 1986 (Band 84), 32 ff.
- *Wagner, Franz/ Baur, Thomas/ Wader, Dominic*, Was ist von den Brühler Empfehlungen für die Investitionspolitik, die Finanzierungsstrukturen und die Neugestaltung von Gesellschaftsverträgen der Unternehmen zu erwarten?, BB 1999, 1296 ff.
- *Wassermeyer, Franz*, Resümee, in DStJG 17 (1994) Grundfragen der Unternehmensbesteuerung, S. 329 ff; Die Hinzurechnungsbesteuerung aus der Sicht des Entwurfs des Unternehmenssteuerreform- und Steuersenkungsgesetzes, IStR 2000, 114 ff.; Die im Entwurf eines Steuersenkungsgesetzes vorgesehenen Änderungen der Hinzurechnungsbesteuerung, IStR 2000, 193 ff.
- *Weber- Grellet, Heinrich*, Maßgeblichkeitsschutz und eigenständige Zielsetzung der Steuerbilanz, DB 1994, 288 ff.; Handelsrechtliche Bewertungswahlrechte in der Steuerbilanz- Reichweite des steuerrechtlichen Bewertungsvorbehalts, StbJb 1994/ 95, 97 ff.; Maßgeblichkeitsgrundsatz in Gefahr?, DB 1997, 385 ff.; Der Maßgeblichkeitsgrundsatz im Lichte aktueller Entwicklungen, BB 1999, 2659 ff.; Gewinnermittlungsvorschriften des Steuerentlastungsgesetzes 1999/ 200/ 2002- Ein Fortschritt ?, DB 2000, 165 ff.
- *Weissflog, W. E.*, Die konsumbasierte oder Mittelfluss- Einkommensteuer von W. D. Andrews, StuW 1983, 337 ff.
- *Wendt, Michael*, Mehrkontenmodelle- Zweiter Versuch einer gesetzlichen Regelung in § 4 IVa EStG, FR 2000, 417 ff.
- *Wendt, Rudolf*, Reform der Unternehmensbesteuerung aus europäischer Sicht, StuW 1992, 66 ff.; Besteuerung und Eigentum, NJW 1980, 2111 ff; Empfiehlt es sich, das Einkommensteuerrecht zur Beseitigung von Ungleichbehandlungen und zur Vereinfachung neu zu ordnen?, DÖV 1988, 710 ff; Abschaffung und Ersetzung der Gewerbesteuer aus verfassungsrechtlicher Sicht und Verfassungspolitischer Sicht, BB 1987, 1677 ff.; Zur Vereinbarkeit der Gewerbesteuer mit dem Gleichheitssatz und dem Prinzip der Besteuerung nach der Leistungsfähigkeit, BB 1987, 1257 ff.
- *Werra, Matthias*, Unternehmenssteuerreform: Aspekte des nationalen und internationalen Konzernsteuerrechts, FR 2000, 645 ff.
- *Widmann, Werner*, Steuerentlastungsgesetz 1999/ 2000/ 2002: Die Änderungen des UStG, DB 1999, 925 ff.
- *Wittmann, Rudolf*, Die „Einheitswert-“ Entscheidungen des Bundesverfassungsgerichts vom 22. 06. 1995, BB 1995, 1933 ff.
- *Wöhe, Günter*, Betriebswirtschaftliche Steuerlehre I/ 1, 6. Auflage 1988.
- *Zenthöfer, Wolfgang/ Schulze zur Wiesche, Dieter*, Einkommensteuer, 3. Auflage 1994.
- *Zitzelsberger, Heribert*, Das deutsche Steuerrecht zu Beginn des 21. Jahrhunderts- Notwendige Reformen aus der Sicht der Finanzpolitik, DStR 2000, 2 ff.; Grundlagen der Gewerbesteuer, 1990; Die Reform der Unternehmenssteuer, WPg 2000, 51 ff.

Stichwortverzeichnis

Peter Lang · Europäischer Verlag der Wissenschaften

Christian A. Eichner

Management-Buy-Out-Gestaltungen beim Konzern-Spin-Off

Unter besonderer Berücksichtigung der Unternehmenssteuerreform

Frankfurt/M., Berlin, Bern, Bruxelles, New York, Oxford, Wien, 2002.
XXIV, 297 S.
Schriftenreihe zum Gesellschafts- und Kapitalmarktrecht. Bd. 3
Herausgegeben von Lutz Michalski, Axel Jäger und Klaus-Rudolf Wagner
ISBN 3-631-39693-7 · br. € 50.10*

Die Arbeit untersucht die steuer- und gesellschaftsrechtlichen Probleme, die sich beim Verkauf von Tochtergesellschaften aus dem Konzernverbund an deren Manager ergeben. Wegen der einschneidenden Änderungen im Körperschaft- und Umwandlungssteuerrecht liegt der Schwerpunkt im steuerrechtlichen Bereich. Die Darstellung ist nicht nur für den MBO, sondern allgemein für zukünftige Unternehmenskäufe unter Beteiligung mehrstufig aufgebauter Kapitalgesellschaften gültig. Beleuchtet werden insbesondere die neu entstandene Zinsabzugsproblematik im Zusammenhang mit Schachteldividenden sowie die beim share deal nun erheblich erschwerte Transformation des Kaufpreises in Abschreibungsvolumen. Gesellschaftsrechtlich wird vor allem der MBO-charakteristische Zugriff einer Erwerber-GmbH auf das Vermögen der Ziel-GmbH vor dem Hintergrund der Kapitalerhaltungsvorschriften der §§ 30, 31 GmbHG untersucht.

Frankfurt/M · Berlin · Bern · Bruxelles · New York · Oxford · Wien
Auslieferung: Verlag Peter Lang AG
Moosstr. 1, CH-2542 Pieterlen
Telefax 00 41 (0) 32 / 376 17 27

*inklusive der in Deutschland gültigen Mehrwertsteuer
Preisänderungen vorbehalten

Homepage http://www.peterlang.de

Kolibri 360 GmbH
Ferdinand-Jühlke-Straße 7
99095 Erfurt, Deutschland
produktsicherheit@kolibri360.de

Druck:
CPI Druckdienstleistungen GmbH
im Auftrag der
Kolibri 360 GmbH
Ferdinand-Jühlke-Str. 7
99095 Erfurt